श्रीमद्भगवद्गीतामृत गीतयोग

श्रीमद्भगवद्गीतामृत गीतयोग

डॉ. रामवीर सिंह कुशवाह 'पथिक'
(IFS-भारतीय वन सेवा)

KALPAZ

श्रीमद्भगवद्गीतामृत गीतयोग

रुपये 750

ISBN: 978-81-7835-781-2

मूल हिन्दी से अंग्रेज़ी में अनुवाद: गजेन्द्र पाराशर

प्रकाशन वर्ष 2011

कल्पज़ पब्लिकेशन्स

सी-30, सत्यवती नगर, दिल्ली-110052

ई-मेल: kalpaz@hotmail.com

अक्षर मुद्रांकन: क्विक मीडिया, दिल्ली

चावला ओफसेट प्रेस, दिल्ली

समर्पण

The book is devoted to my parets Sri B.P.S. Kushwah & Smt. Premvati Devi

यह पुस्तक परमपूज्यनीय प्रेरणा-स्रोत मेरे माता-पिता को सादर समर्पित है।

चित्र में लेखक की माताश्री–श्रीमती प्रेमवती देवी, पिताश्री–श्री बुद्धपालसिंह कुशवाह (सेवा-निवृत्त शिक्षक)।

विषय-सूची

❊ ❊❊

चिन्मय मिशन

स्वामी प्रशान्तानन्द

चिन्मय आश्रम, लक्ष्मणपुर रीवा–486440
फोन – 07662–263205, 236262,
मोबाइल : 098261177746

डॉ. रामवीर सिंह कुशवाह की लिखी हुई ''गीतयोग'' पुस्तक मैंने देखी।

''वृन्दावन का मुरलीवाला'' श्री कुशवाह के मानस में बैठकर अपनी कही हुई बात को इनके माध्यम से फिर से कहला रहा है।

इसके लिये कुशवाह मुरली बने हैं ।

अभिनन्दन !

प्रशान्तानन्द

(प्रशान्तानन्द)

सीधी
मार्च 26, 2003

सा कला या विमुक्तये

संस्कार भारती

ललित कलाओं के लिए समर्पित
एक अखिल भारतीय अशासकीय संस्था

माधव भवन, 173,
वीर सावरकर नगर,
आगरा-28200

'श्रीमद्‌भगवद्‌गीतामृत गीतयोग भारतीय संस्कृति को जन-साधारण तक पहुँचाने वाला एक अभूतपूर्व तथा योगपूर्ण ग्रन्थ है जो भगवान श्रीकृष्ण की स्वयं की वाणी से उद्‌भूत हुआ है। भारतीय दर्शन को जनमानस तक पहुँचाने का यह अभिनव प्रयास स्तुत्य है।

(योगेन्द्र)
राष्ट्रीय संरक्षक

उमा भारती
मुख्य मंत्री

मध्यप्रदेश शासन
भोपाल – 462004
23 जनवरी 2004

संदेश

मुझे यह जानकर प्रसन्नता हुई कि श्रीमद्‌भगवद्‌गीतामृत गीतयोग पुस्तक का प्रकाशन किया जा रहा है। श्रीमद्‌भगवतगीता भगवान श्रीकृष्ण की वाणी हैं। विश्व के समस्त मनुष्यों का पथ-प्रदर्शन करने वाली श्रीमद्‌भगवतगीता को अनेक भाषाओं में अनुवादित किया जा चुका है।

श्रीमद्‌भगवद्‌गीतामृत गीतयोग सरल भाषा में गीता के ज्ञान को आम जनता तक पहुंचाने की दिशा में उत्कृष्ट प्रयास है। श्रीमद्‌भगवदगीता पर पहले भी इसके भावानुवाद के साथ गद्य एवं पद्य रूप में लिखे जा चुके हैं। इस पुस्तक में गीता के ज्ञान को जनसाधारण की भाषा में सात सौ संस्कृत श्लोकों के माध्यम से दो हजार से अधिक पदों को हिन्दी में रूपांतरित कर लेखक ने अथक परिश्रम किया है। मुझे आशा है कि अधिक से अधिक पाठक इसका लाभ लेंगे।

डॉ. रामवीर सिंह कुशवाह "पथिक", इस ग्रंथ को तैयार करने के लिए बधाई के पात्र हैं। उन्होंने कठिन गीता ज्ञान को आम पाठकों के लिए सरल भाषा में उपलब्ध कराकर सराहनीय कार्य किया है।

मेरी हार्दिक शुभकामनाएं।

(उमा भारती)

राज्यपाल
मध्यप्रदेश

राज भवन
भोपाल – 462003
26 फरवरी, 2002

आमुख

भगवतगीता भारतीय दर्शन का निचोड़ है। महर्षि व्यास ने महाभारत की रचना की और गीता महाभारत की फलश्रुति है। अर्जुन का मोह सामान्य जन का मोह है, जिसके निराकरण के लिए भगवान कृष्ण ने गीता का उपदेश दिया । सामान्य व्यक्ति भिन्न-भिन्न प्रकार की परिस्थिति में मोहग्रस्त होता रहता है। विवेक ही मोह पर विजय पाने का एकमात्र साधन है। जब तक व्यक्ति लौकिक संकीर्णताओं से ऊपर नहीं उठता, तब तक उसके मोह का भी नाश नहीं होता। लौकिक सीमाएँ ही मोह को जन्म देती हैं। श्रीकृष्ण अर्जुन के भौतिक सारथी ही नहीं हैं, वे मानसिक दिग्दर्शक भी हैं। अर्जुन के पूरे मनोजगत का संचालन श्रीकृष्ण ही करते हैं। वे कहते हैं – "*सर्व धर्मान् परित्यज्य, मामेकं शरणं ब्रज*", सारे धर्मों को त्यागकर मेरी शरण में आओ। यह लोकोत्तरता की अनुभूति है। मानस क्षितिज की इस ऊँचाई को पा लेने पर ही व्यक्ति भारतीय दर्शन के समीप पहुंचता है। भारतीय वैचारिक परंपरा ने व्यक्ति को कभी सीमाओं में नहीं बांधा। *विश्वमेक नीड़म्* की अवधारणा भारत में ही विकसित हुई, यहीं *आत्मवत सर्वभूतेषु, यः पश्यति सः पण्डितः* कहा गया। इसी तथ्य को विश्वकवि रविन्द्रनाथ टैगोर ने व्यक्त किया था–एई *भारतीर महामानवेर सागरतीरे।*

गीता पर टीकाओं और महाभाष्यों की कमी नहीं है। इसके काव्यान्तर भी होते रहे हैं। गीता को जनसामान्य तक पहुंचाने का एक अन्य माध्यम् काव्य – रूपान्तर भी है। युग–युग में गीता ने निराश और भ्रमित मानव को राह दिखाई है और प्रेरित किया है। जनता की भाषा में और इसके लिए सुगम छन्दों में गीता की काव्य प्रस्तुति इस ग्रन्थ को जन–जन तक पहुंचाने का एक विनम्र प्रयास है। डॉ. रामवीर सिंह कुशवाह ''पथिक'' ने गीता को इस रूप में जन सामान्य तक पहुंचाने का स्तुत्य प्रयास किया है। आपने सम्पूर्ण गीता को सहज छन्दों, चौपाइयों, दोहों, सोरठों आदि में प्रस्तुत करके गीता के महान काव्य को ग्राह्य बना दिया है।

आशा की जा सकती है कि श्रीमद्भगवद्गीतामृत गीतयोग के रूप में पाठक इस ग्रन्थ के दर्शन तक पहुंच सकेंगे। मैं डॉ. रामवीर सिंह कुशवाह ''पथिक'', भारतीय वन सेवा (मध्य प्रदेश) को गीता पर आधारित इस ग्रन्थ की रचना के लिए बधाई देता हूँ। ईश्वर उन्हें स्वस्थ रखे और इस प्रकार के और महान कार्यों की भी प्रेरणा देते रहें।

इतिशुभम्।

(डा. भाई महावीर)

आदरणीय परम श्रद्धेय

श्री कल्याण बाबाजी

(कल्याण आश्रम, अमरकण्टक, जि० अनुपपूर, म०प्र०)

को बारम्बार शत-शत नमन

नमन करूँ गुरुदेव कों, चरनन शीश झुकाय
धर्म गंग की धार में, डुबकी पूर्ण लगाय।

हे पावन गुरुदेवजी, कृपा करहुँ महाराज
भगवत्चरण पखारि नित, चरनन्ह मँह प्रभुराज।

चरणकमल नित चापिकें, प्रभु प्रसाद की प्रीति
जगे सदा भवतव्यता, परमानन्द की रीति

हे गुरुवर मैं उरिन नहिं, तब प्रसाद होइ पाय
ज्ञान–धरम की धार में, बहकर बहु सुख पाय

❖ ❖ ❖

लेखक की कलम से....

श्रीमद्भागवद्गीता एक पंथ जाति या धर्म बिशेष का ग्रन्थ ही नहीं है, अपितु सही शब्दोंमें एक कर्मग्रन्थ है जो निःसंदेह पग–पग पर समस्त मानव जीवन का पथ–प्रदर्शन करता आया है तथा अनन्तकाल तक करता रहेगा। अर्जुनरूपी जीव के मोहग्रसित हो अपने कर्त्तव्य–पथ को छोड़ देने के पश्चात् भगवान स्वयं, जो मनुष्य शरीर के सारथी हैं, गीताज्ञान स्वयं की वाणी में सुनाकर जीव को कर्तव्य–पथ की ओर वरवश ढ़केलते हैं तथा अतिओजस्वी वाणी में कहते हैं कि *अपना धर्म (कर्त्तव्य) कभी मत छोड़ो, क्योंकि यही जीवनाधार है। सब कुछ भूलकर तुम्हारे शरीर में ही स्थित मुझ एक परमेश्वर की ही शरण में आ जाओ मैं तेरी सारी गलतियाँ क्षमा कर दूँगा, जिससे तू सारे पापों से मुक्त हो जाएगा।* **'सर्वधर्मान् परित्यज्य मामेकम्शरणम् ब्रज** ...' (गीता, 18/66) यही गीता का सार है। यही श्री भगवान को अनुभव करने की सर्वोत्तम विधि है। यद्यपि गीता में मुक्त कण्ठ से भगवान ने परम योग प्राप्त करने की अनेक विधियों का वर्णन किया है, जिनमें कर्मयोग, भक्तियोग एवं ज्ञानयोग प्रमुख हैं। कई विद्वानों नें गीता पर कई टीकाएँ लिखी हैं जिनमें किसी एक योग पक्ष की प्रधानता का वखान हुआ है। परन्तु गीता तो सभी पद्धतियों के बारे में कहती है, समझाती है तथा निज–प्रकृति (निज–स्वभाव) अनुसार ही पद्धति चुनाव पर जोर देती है। यद्यपि सभी योग –पद्धतियाँ एक दूसरे की पूरक हैं, मनुष्य अपना कर्तव्य–कर्म करते हुए इनमें महारथ हासिल करने की कोशिश कर सकता है, तथापि किसी एक पद्धति का चुनाव उसके लिए हितकारी होगा। एक पद्धति को दृढ़तापूर्वक अपनाने से शेष दोनों पद्धतियाँ स्वमेव अन्तर में विकसित होना शुरू हो जाती हैं।

बचपन से ही मेरे परम पूज्य पिताश्री श्रद्धेय बुद्धपाल सिंह कुशवाह (सेवा निवृत्त शिक्षा विभाग म0 प्र0) की प्रेरणा से गीता प्रेस गोरखपुर की

मासिक पत्रिका 'कल्याण' पढ़ने को मिली जिससे गीता ज्ञानमें रुचि जागृत होनी प्रारम्भ हुई। बादमें सन् 1982 से 1984 एवं 1989 से 1990 के मध्य वनाधिकारी एवं वन्यजीव प्रवन्धन प्रशिक्षणों के दौरान देहरादून रहते समय गीताप्रेस की निजी दुकान 'गीता–भवन' ऋषिकेश से गीता *तत्व विवेचनी* एवं *गीता साधक संजीवनी* पुस्तकें क्रयकर पढ़ने के साथ–साथ गीताज्ञान रूपी समुद्र में गोता लगानेकी आदतसी पड़ने लगी। इनके अतिरिक्त और भी कई टीकाएँ–तिलकजी की *गीता–रहस्य,* इस्कोन की श्रीमद्भगवद्गीता यथारूप, स्वामी शिवानन्दजी की गीता, संत ज्ञानेश्वरजी की *श्रीज्ञानेश्वरी,* स्वामी अड़गड़ानंद जी की *'यथार्थ गीता'* जैसे महाविभूतियों को पढ़ने का सौभाग्य प्राप्त हुआ। मैने महसूस किया कि संस्कृत न जानने वालों के लिए गीताके भावों को सही रूपमें ग्राह्य करना बहुत कठिन है। इसी विचारसे इस ग्रन्थकी रचना परमपिता परमात्मा जगद्गुरु श्रीकृष्णजी की प्रेरणा से सन् 1999 में शुरू हुई।

गंगाजी पाप का, चन्द्रमा ताप का, कल्पवृक्ष दीनताके अभिशापका अपहरण करते हैं; परन्तु श्रीमद्भगवद्गीता रूपी सत्संग पाप, ताप और दीनता तीनों का नाश करती है। यह वैदिक ज्ञान का सार है, अतिमहत्वपूर्ण उपनिषद् है जिसे शस्त्रों में ब्रह्मास्त्र की तथा योगरूपीशस्त्रकी भी संज्ञा दी जा सकती है।

ओम् भगवद्गीता तत्सत् मीता, विद्याब्रह्म बिचारहीं
ब्रह्म–अस्त्रमय योगशस्त्रमय, जीवब्रह्म उच्चारहीं
उपनिष्द जो गावा, ब्रह्म सुनावा, गीतपुनीत विचारहीं
जीवार्जुन आत्मा मय परमात्मा, परमानन्द प्रचारहीं ।

(इसी पुस्तक से, गीता दर्शन)

प्रत्येक जीव ब्रह्म है, परन्तु परमपुरुषोत्तम भगवान परमब्रह्म हैं। वे सबके परम आश्रय (परम धाम), भौतिक कल्मषों से अरंजित परमशुद्ध स्वरूप (पवित्रतम), परमभोक्ता (परमपुरुष), शाश्वत (सनातन), अजन्मा (अजम्), दिव्य, आदिदेव (भगवान) तथा महानतम (विभुम्) हैं (गीता, 10/12–14)। गीता का प्रयोजन मनुष्यको भौतिक संसारके अज्ञान से उबारना है। अर्जुन

की तरह हममें से प्रत्येक व्यक्ति इस भौतिक अस्तित्व के कारण चिन्ताओं से पूर्ण हैं, हमारा अस्तित्व ही अनस्तित्व के परिवेश में है। हमारा अस्तित्व सनातन है। हम जीव परम नियन्ता ईश्वर के अंश होनेके नाते सूक्ष्म मात्रा में परमेश्वर के सभी गुणोंसे युक्त हैं। परन्तु हम परमात्मा नहीं है, उसके एक अंश मात्र हैं, जैसे विशाल समुद्र में जल की एक बूंद।

मनुष्यता की शुरूवात जिज्ञासा से उदय होती है– *अथातो ब्रह्म जिज्ञासा* (ब्रह्मसूत्र)। मनुष्यके सारे कार्यकलाप तबतक असफल माने जाते हैं जब तक वह परब्रह्मकी जिज्ञासा न करे, क्योंकि अपने मूलकी जिज्ञासा करनाही उसका धर्म (कर्त्तव्य) अर्थात् उसकी प्रकृति (स्वभाव) है। वस्तुतः यही योग की परिभाषा है —जो बस्तु जहाँ से उद्भूत हुई है वहीं अपने मूलमें वापस समा जाए। अग्निकी उत्पत्ति भगवान सूर्यसे हुई है अतः उसकी लौ हमेशा ऊपर की ओर ही रहती है, सूर्य की ओर ही वापस जाने की चेष्टा करती है। जल की उत्पत्ति समुद्र से हुई है अतः जल सदैव ऊपर से नीचेकी ओर ही वहता है, क्योंकि अपने मूल में जानेकी चेष्टा करना उसका प्राकृतिक स्वभाव है। इसी प्रकार मनुष्य शरीर मे विद्यमान परमतत्वरूपी आत्मा अपने मूल तत्व परमात्मासे उद्भूत हुई है, अतः परमात्माकी ओर उन्मुख होना उसका स्वभाव है। यही सही मायनों में गीता का योग–दर्शन है कि किस प्रकार हम (जीव) अपने मूल (परमात्मा) की ओर उन्मुख हों, जिन्हें हम अनजाने में मोह–बस भुला बैठें हैं।

श्रीमद्भागबद्गीता में धर्म का वर्णन मुख्य है। प्रथम अध्याय के प्रथम पद के प्रथम अक्षर *धर्मक्षेत्रे* (1/1) से 'धर्' और अन्तिम अध्याय के अन्तिम शब्द *मतिर्मम* (18/78) पदसे 'म' लेने पर 'धर्म' प्रत्याहार बन जाता है। अतः पूरी गीता ही धर्म के अन्तर्गत आ जाती है। सभी जीव ईश्वर की सन्तान हैं (15/7)। भजन का अधिकार मानव तन की सार्थकता है (9/33)। मनुष्य की केवल दो ही जातियाँ हैं...दैवीय सम्पद् वाले (देवता) एवं आसुरी सम्पद् वाले (असुर) (16/6)। हर कामना ईश्वर से सुलभ है (9/20)। भगवान् की शरण में आने से पापों का नाश हो जाता है (4/36)। ईश्वर की प्रत्यक्ष जानकारी ही ज्ञान है (13/11)। एक परमात्मा के प्रति समर्पित व्यक्ति ही धर्मान्मा है (9/30)। भगवत्पथ में बीज का कभी नाश नहीं

होता (2/40)। ईश्वर का निवास सभी भूत–प्राणियों के हृदय में है (18/61)। ज्ञान से प्रकाशित आत्मा में संयम रूपी योगाग्नि से हवन करते हैं (4/27)। अनन्य भक्ति द्वारा ईश्वर देखा जा सकता है (11/54)। आत्मा ही सत्य है, सनातन है (2/24) तथा विधाता व उससे उत्पन्न सृष्टि क्षण भंगुर और नश्वर है (8/16)। ऊँ का जाप तथा एक परमात्मा का स्मरण और तत्वदर्शी महापुरुष के संरक्षण में ध्यान...यही परभत्व प्राप्ति की नियत विधि है (8/13)। सदा से चली आ रही कुलमर्यादाओं, रीति रिवाजों, परम्पराओं और जातिओं के रीति रिवाजों को *कुल धर्माः सनातनः* (1/40), *जातिधर्माः* (1/43) पदों में कहा गया है। *धर्मसम्मूढ़चेताः* (2/7), *स्वधर्मम्* (2/31), *स्वधर्मः* (3/35, 18/47) आदि पदों से अपने–अपने वर्ण अनुसार शास्त्रविहित कर्त्तव्य–कर्म का पालन करने पर जोर दिया गया है। इन सभी धर्मों को कर्त्तव्यमात्र समझ कर निष्कामभाव से तत्परतापूर्वक धारण करने से परमात्मप्राप्ति हो जाती है (18/45)। भगवान कहते हैं कि *शाश्वतस्य च धर्मस्य* (14/27) अर्थात् सनातनधर्म मेरा ही स्वरूप है। धर्मका पालन करना है, इसे धारण करना है; परन्तु आश्रय एकमात्र परमात्माका ही लेना है, और किसी का नहीं।

भक्त का भगवानसे सम्बन्ध पाँच प्रकार से हो सकता है –

* *निष्क्रिय अवस्थामें,* जब वह कुछ नहीं कर रहा होता है। सब कुछ भगवान पर ही छोड़े उसके ही भरोसे निष्क्रिय पड़ा है।
* *सक्रिय अवस्थामें,* जब भक्त सक्रिय होकर भगवान की ओर जाने की चेष्टा करता है तथा निष्ठा पूर्वक उसे मानता है।
* सखा रूपमें .... (अर्जुन)
* माता–पिताके रूपमें.... (भक्त ध्रुव)
* दाम्पत्य–प्रेमीके रूपें ..... (मीरा)

अर्जुन का भगवान श्रीकृष्ण से सम्बन्ध सखा रूप में था। प्रत्येक व्यक्ति का, लाखों करोड़ो जीवों में से प्रत्येक जीवका भगवानसे नित्य–विशिष्ट सम्बन्ध है जो भक्तिकी पूर्णता से ही जागृत होता है। यही स्वरूप कहलाता है। विभिन्न साधनाओं एवं भक्तियोग की प्रक्रियाओं द्वारा यह स्वरूप–सिद्धि अवस्था (स्वाभाविक या मूलभूत स्थितिकी पूर्णता) जागृत की जा सकती

है। बस हमारे दृढ़ता पूर्वक मानने, जानने या करने भर की देर है। 'ईश्वर है' – ऐसा मानकर अथवा उसे ज्ञान द्वारा जानकर, अथवा अपने कर्त्व्य का पालन करते हुए इस स्वरूप सिद्ध अवस्था को प्राप्त कर हम स्वयं अपने अन्तर में विराजमान आत्म–तत्व को अनुभव कर सकते हैं।

गीताकी विषय–बस्तुमें पाँच मूल सत्यों (ईश्वर, जीव, प्रकृति, काल, एवं कर्म) का ज्ञान निहित है। ईश्वर, जीव, प्रकृति, काल – ये परस्पर सम्बद्ध व शाश्वत हैं, परन्तु कर्म शाश्वत नहीं है। इस महान ग्रंथमें निम्न तथ्यों की विस्तृत विवेचना की गई है :–

* ईश्वर (जो नियन्ता है) के विज्ञान व जीवों (जो ईश्वरसे नियन्त्रित हैं) के स्वरूपकी स्थिति की विवेचना (अध्याय–15)।
* प्रकृति, काल, कर्म, दृष्य–जगतकी व्याख्या (अध्याय–13)।
* जीवके कार्यकलापों (कर्म) की व्याख्या (अध्याय–2 एवं 3)।
* शाश्वत काल की व्याख्या (अध्याय–7)।
* परिवर्तनशील–कर्म की व्याख्या (अध्याय–5)।
* सकाम–निष्काम, सगुण–निर्गुण, आदि उपासनाएँ; देवीय– आसुरी सम्पत्ति (अध्याय–9, 16)।
* जगत की उत्पत्ति (अध्याय–14)।
* स्वधर्म अर्थात् निज कर्तव्य की महत्ता (अध्याय–16)।
* वर्णाश्रम धर्म (अध्याय–18)।

हम जीव परम नियन्ता ईश्वरके अंश होने के नाते सूक्ष्म मात्रामें परमेश्वर के सभी गुणों से युक्त हैं, अर्थात् हम 'सूक्ष्म–ईश्वर' या 'अधीनस्थ ईश्वर' ही हैं। परन्तु हम परमनियन्ता नहीं हैं। अपरा (भौतिक) तथा परा (उत्कृष्ट) प्रकृतियाँ सदैव भगवानके ही नियन्त्रण में रहती हैं। जीव भगवान जैसी चेतनासे युक्त होने के कारण परा–प्रकृतिका द्योतक तो है, परन्तु पूर्ण सिद्धावस्था में भी अर्थात् कभी किसी भी अवस्था में भी वह परम चेतन नहीं हो सकता। चेतना किसीभी पदार्थ के संयोगसे उत्पन्न नहीं होती, वह तो दिव्य है, शाश्वत् है। जीव अपने कार्यकलापों (मिथ्या अहंकार, देहात्म बुद्धि आदि) से अपनी चेतनाको कल्मष ग्रस्त कर लेता है। श्रीमद्भगवद्गीता हमें इसी कलुषित चेतना को शुद्ध करनेकी शिक्षा देती है तथा बुद्धि एवं अन्तःकरण की शुद्धिकर तदनुसार बद्धजीव की मुक्ति

का मार्ग प्रशस्त करती है। वस्तुतः विश्व के सारे धर्मों की सत्यधारा गीता का ही प्रसारण है।

भगवान श्रीकृष्ण की स्वयंकी वाणी से उद्भूत यह अद्भुत ग्रन्थ अमोध है, अच्युत है, अनमोल है। जो शेाधका विषय नहीं है क्योंकि हमाराशोध कार्य अपूर्ण इन्द्रियों के द्वारा किए जाने के कारण अपूर्ण ही है।

गीता योगशास्त्र है। दो सजातीय तत्वों के मिलने का नाम योग है। आयुर्वेद में दो औषधियों के परस्पर मिलने को योग कहा जाता है। व्याकरण में शब्दों की संधि को योग (प्रयोग) कहा जाता है। पातंजलि ने चित्तवृत्तियों के निरोध को योग कहा है– *योगश्चित्तवृत्ति निरोधः* (पातंजलियोगदर्शन, 1/12)। गीतामें योगकी विलक्षण व्याख्या की गई है–

* *समत्वं योग उच्चयते* (गीता, 2/48) – समस्वरूप परमात्मा के साथ नित्य सम्बन्ध ही योग है।
* *यत्रो परमते चित्तं निरुद्धं योगोवताम्* (गीता, 6/20)– चित्तकी स्थिरता अर्थात् समाधिमें स्थिति ही योग है।
* *पश्यमें योगमैश्वरम्* (गीता, 9/5) –सामर्थ्य, प्रभाव बताने हेतु।

वस्तुतः निष्कामभाव से किए गए शास्त्रविहित सभी शुभकर्म योग के अन्तर्गत आते हैं (अध्याय–4)। गीता में इसी की श्रेष्ठता निरूपित की गई है।

पातंजलिदर्शन में जो योग का परिणाम बताया गया है उसेही गीता में योग नामसे कहा गया है (गीता, 2/48, 6/23)

योगस्थः कुरु कर्माणि संगं त्यक्त्वा धनंजय
सिद्धयसिद्धयोः समो भूत्वा समत्वं योग उच्चयते। (गीता, 2/48)
तं विद्याद् दुःख संयोग–वियोगं योग संचितं (गीता, 6/23)

इस समतारूपी नित्यप्राप्त योग में साधक के स्थित हो जाने पर फिर कभी उससे वियोग नहीं होता। समता में स्थित हो जाने पर *'निर्विकल्प वोध'* हो जाता है जो अवस्थातीत और सम्पूर्ण अवस्थाओं का प्रकाशक तथा सम्पूर्ण योगों का फल है। गीतामें योगकी प्राप्ति के लिए कर्मयोग, ज्ञानयोग, भक्तियोग, घ्यानयोग, अष्टांगयोग, हठयोग, प्राणायाम, सांख्योग आदि अनेक साधनों का वर्णन किया गया है। जब असत्से सम्बन्ध–विच्छेद

होकर सत् (परमात्मा) के साथ नित्य सम्बन्ध की अनुभूति साधक को हो जाती है तब उसे योगकी प्राप्ति हो जाती है। वस्तुतः असत्का संगही योगप्राप्ति में बाधक है, क्योंकि असत्के संगसेही सभी द्वन्द्व (राग–द्वेष, अच्छा–बुरा, अनुकूलता–प्रतिकूलता, सुख–दुःख आदि) पैदा होते हैं। अतः असत्से असंग होते ही योगकी प्राप्ति हो जाती है।

अन्यशास्त्रों में ज्ञान, भक्ति, कर्म योगों के अलग–अलग अधिकारी बताए गए हैं, परन्तु गीतामें वर्णित योगों के अधिकारी सभी मनुष्य है। वैसे भी भगवानका अंश होने के कारण प्राणिमात्र का भगवान के साथ अखण्ड, अटूट व नित्य सम्बन्ध है।

गीता के अनुसार आत्मा सत्य, सनातन है जो योगेश्वर परमात्मा के गुण हैं। अन्तःकरण की सुर–असुर प्रवृत्तियों का संघर्ष युद्ध है तथा इन दोनों का मिटना ही परिणाम है। यह मानव–शरीर ही युद्ध–स्थल है। सद्गुरु के माध्यम से साधना के सही दौर में चलकर साधक जब परमधर्म परमात्मा की ओर अग्रसर होता है, तब यह क्षेत्र 'धर्मक्षेत्र' बन जाता है। दूसरी ओर दस इन्द्रियों और एक मन से बना 'कुरुक्षेत्र' है जो प्रकृति में विश्वास दिलाने वाली नीच–अधम योनियों का कारण बनती है। तत्वदर्शी महापुरुष के संरक्षण में साधन करने पर दैवीय सम्पद् का उत्कर्ष तथा आसुरी सम्पद् का शमन हो जाता है। विकार शेष न रह जाने पर मन का सर्वथा निरोध होकर निरुद्ध मन का भी विलय हो जाता है तब दैवीय सम्पद् की आवश्यकता ही समाप्त हो जाती है।

परमात्मा की प्रत्यक्ष जानकारी 'ज्ञान' तथा संसार के संयोग–वियोग से रहित अव्यक्त ब्रह्म का नाम 'योग' है। आराधना ही 'कर्म' है। स्वयं पर निर्भर हो कर्म में प्रवृत्त होना 'ज्ञान योग' है। इष्ट में निर्भर हो समर्पण के साथ कर्म में प्रवृत्त होना 'निष्काम कर्मयोग' है। साधना की विधि–विशेष का नाम 'यज्ञ' तथा यज्ञ को कार्यरूप देना 'कर्म' है। परमात्मा–पथ से च्युत होना, साधन में भ्रम उत्पन्न हो जाना 'वर्णशंकर' है। 'अवतार' व्यक्ति के हृदय में होता है, बाहर नहीं। 'विराट्–दर्शन' भगवद्–दृष्टि से ही योगी–हृदय में ईश्वर के द्वारा प्रदत्त अनुभूति है। गीता के अनुसार एकमात्र परात्पर ब्रह्म ही "पूजनीय देव" है, जिसे खोजने का स्थल 'हृदय–देश' है तथा महापुरुषों के मार्गदर्शन से उसका प्राप्ति–स्रोत सुलभ है।

गीता में कर्म–योग (कर्तव्य–कर्म करते हुय ईश्वर को पाना अर्थात् निष्काम भाव से कर्म करना अर्थात् यज्ञ करना), ज्ञान योग (ज्ञान प्राप्त कर अर्थात् समत्व–भाव में स्थित होकर ईश्वर–तत्व को जानना, उसकी अनुभूति करना) तथा भक्ति योग (ईश्वर को ही सब कुछ मानते हुए उसी एक परम तत्व के प्रति शरणागत हो जाना) – इन तीनों योग पद्धतियों का प्रमुख रूप से वर्णन हुआ है। प्रधानतः अध्याय एक से छः में कर्मयोग, सात से बारह में भक्ति योग एवं तेरह से अठारह में ज्ञान योग का वर्णन हुआ है, परन्तु ये सभी योग पद्धतियाँ एक दूसरे की पूरक हैं। स्वामी रामसुखदासजी महाराज *'गीता साधक संजीवनी'* में कहते हैं कि कर्मयोग में 'अकर्म' (फल की इच्छा रहित कर्म), ज्ञानयोगमें 'आत्मा', भक्तियोगमें 'परमात्मा' मुख्य हैं। वस्तुतः ये तीनों तत्वसे एक ही हैं तथा एक दूसरे के पूरक हैं। कर्मयोग में 'कर्म का अभाव' तथा 'अकर्म का भाव' है, क्योंकि कर्म करते समय भी अकर्म ज्यों का त्यों रहता है। ज्ञानयोगमें 'सर्वभूत का अभाव' और 'आत्मा का भाव' है, क्योंकि शरीरों के नश्वर रहते हुए भी आत्मा ज्यों की त्यो ही रहती है। भक्तियोग में 'सर्वका अभाव' और 'भागवान का भाव' है, क्योंकि नश्वर संसार के रहते हुए भी परमात्मा ज्यों के त्यों रहते हैं। अकर्म, आत्मा तथा परमात्मा. ये तीनों शाश्वत् व स्वतःसिद्ध हैं जो सभीके लिए हैं, सदा के लिए हैं और सब जगह मौजूद हैं। इन तीनों से ही हमारा नित्य सम्बन्ध है। कर्मसे सम्बन्ध–विच्छेद का अनुभव होने पर अकर्मही शेष रह जाता है। इस अकर्ममें आत्मा भी है और भगवान भी। सर्वभूत से सम्बन्ध–विच्छेद का अनुभव होने पर आत्माही शेष रह जाती है.। आत्मामें अकर्म भी है और भगवान भी। सर्व से सम्बन्ध–विच्छेद का अनुभव होजाने पर भगवानही शेष रह जाते है। भगवान में अकर्म भी है और आत्मा भी। कर्म मे अकर्म का अनुभव करनेवाला *कृतकृत्य* हो जाता है (गीता, 4/48), सर्वभूतमें आत्माका अनुभव करनेवाला *ज्ञातज्ञातव्य* हो जाता है (गीता, 6/29), सर्वमें भगवानका अनुभव करने वाला *प्राप्त प्राप्तव्य* हो जाता है (गीता, 6/30)। कृतकृत्यता (कुछ करना शेष न रहना), ज्ञातज्ञातव्यता (कुछ जानना शेष न रहना) और प्राप्तप्राप्तव्यता (कुछ पाना शेष न रहना) – इन तीनों में से एककी भी प्राप्ति हो जाने पर शेष दोनों बातें स्वतः आ जाती हैं। अतः **करने के लिए केवल सेवा है,**

जानने के लिए केवल अपना स्वरूप है और पानेके लिए केवल भगवान हैं । यही गीता का वास्तविक ज्ञान है।

विद्वता से नहीं बल्कि ईश्वरीय प्रेरणा से ही यह पुनीत कार्य सम्पन्न हो सका है। इस छोटे से ग्रन्थ की रचना में कई विद्वानों, महानुभावों/संस्थाओं द्वारा परोक्ष/अपरोक्ष सहयोग प्राप्त हुआ है, जिन्हें हृदय से कोटिशः धन्यवाद देना मेरा कर्त्तव्य है। सर्वश्री प्रो. श्रीप्रसाद शर्मा (बनारस), प्रो. महेश दुवे (भोपाल), डॉ. देवेन्द्र 'दीपक', प्रो. शैलजा दुंवे, (भोपाल), प्रो. लहरी सिंह (सीधी), प्रो. त्रिभुवन नाथ शुक्ल (जबलपुर), श्री रामभुवन सिंह कुशवाह (ब्यूरो प्रमुख स्वदेश ग्वालियर), श्री बी.के. धर (प्रचार अधिकारी वन विभाग म.प्र.), मा. हिमाद्री मुनि (कल्याण आश्रम, अमरकण्टक), डॉ. परमलाल गुप्त (सतना), पं. कैलाश शर्मा (देवास) आदि को व अन्य बन्धुओं तथा साधु–संतों को हृदयसे कोटिशः धन्यवाद। परम श्रद्धेय कालीपुत्र मृत्युंजय परमहंस आश्रम जबलपुर) एवं मेरे परमपूज्य गुरुजी प्रातः स्मरणीय कल्याण बावा (अमरकंटक) को कोटिशः नमन। मेरे परमपूज्य पिताजी श्री बुद्धपालसिंह कुशवाह एवं माताजी श्रीमती प्रेमवती देवी के चरणोंमें बारम्बार वन्दन। अनुज धर्मवीर सिंह तथा श्यामवीर सिंह को अनेकों धन्यवाद। मेरी पत्नी श्रीमती आभासिंह का आभार तथा बच्चों सुयश, सुजीत, नीरजा व नीतू के प्रति भी हृदय से आभार व्यक्त करता हूँ कि उनके लालन–पालन के समय में से ही कटौती कर ग्रन्थ–रचना हेतु समय निकाल पाया। ग्रन्थ रचना में सहयोग हेतु अन्य सभी भ्राता–भगिनियों का हृदयसे आभारी हूँ।

इस ग्रन्थ प्रकाशन हेतु कल्पज़ पब्लिकेशन्स दिल्ली का विशेष रूप से आभारी हूँ जिन्होंने व्यस्ततम समय में से समय निकालकर इस पुस्तक को प्रकाशित किया, जो भव्य रूप में आपके सामने है। इस हेतु प्राम्प्ट कम्प्यूटर, भोपाल के श्री पूरनलाल द्वारा अक्षर संयोजन का कार्य उत्कृष्ट रूप से किया गया। उनके प्रति भी हृदय से आभार व्यक्त करता हूँ ।

वस्तुतः इस लघु–ग्रन्थ की रचना में मेरी भूमिका मात्र संसारिक ही कही जा सकती है, मूल में तो परम योगेश्वर भगवान श्री कृष्ण ही हैं, जो केवल स्वयं ही इस पावन ग्रन्थ की व्याख्या कर सकने में समर्थ हैं। मैं तो केवल निमित्त मात्र हूँ। यदि मनुष्य को सद्मार्ग दिखाने में, कर्त्तव्य–बोध जागृत कराने में यह पावन धर्म–ग्रन्थ सहायक होता है तो मैं स्वयंको कृत–कृत्य समझूँगा। जनसाधारणको गीताज्ञान का रसास्वादन गीतरूप में

कृत–कृत्य समझूँगा। जनसाधारणको गीताज्ञान का रसास्वादन गीतरूप में कराने वाला यह छोटा सा ग्रन्थ सभीके लिए लाभकारी होगा ऐसी सद्भावना करते हुए मैं गीता–दर्शन से ग्रन्थ का प्रारम्भ करता हूँ। ग्रन्थ के अनुष्ठान नियम व पारायण विधि भी प्रबुद्ध व गंभीर पाठकों हेतु दी गयी है। अनुरोध है शांत चित्त हो विधि–विधान से श्रद्धापूर्वक पाठ करें।

पाठकों के बहुमूल्य सुझावों के लिए मैं सदा आभारी रहूँगा। ईश्वरसे प्रार्थना है कि आप गीताज्ञान का लाभ लेकर कर्मयोगी सिद्ध महापुरुष (2/55–72), ज्ञानयोगी सिद्ध महापुरुष (14/22–25) अथवा भक्तियोगी (12/17) सिद्धमहापुरुषों के रूपमें समता को प्राप्त करें समत्व–भाव में स्थित हो आत्म तत्व की अनुभूति करें। मैत्री, करुणा, सेवा, प्राणिमात्र में सद्भाव, विश्व–सद्भावना, करुणा का भाव पुष्ट हो, ऐसी महान भावना जागृत हो। जिससे सत्–चित्–आनन्द (सत्ता, ज्ञान, सर्वोपरि सुख) की प्राप्ति होकर हम उस परमात्माको अनुभव करें जो हमारे अन्दर ही है। श्री सत्यनारायण गोयंका जी के शब्दों में –

मेरे अर्जित पुण्य में भाग सभी का होय
मेरे सुख में शांति में, भाग सभी का होय।
जल के थल के और गगन के, प्राणी सुखिया होंय
निर्भय हों निर्बैर बनें सब, सभी निरामय होंय।
दृष्य और अदृष्य सभी जीवों का मंगल होय
सबका मंगल, सबका मंगल, सबका मंगल होय।

ऐसी शुभकामनाओं के साथ।

डॉ. रामवीर सिंह कुशवाह 'पथिक'
भारतीय वन सेवा

वरूथिनी एकादशी
वैशाख कृष्ण 11, मंगलवार
सम्वत् 2066
21 अप्रैल सन् 2009,

"वनमण्डल अधिकारी निवास", उदयन मार्ग, कोठी रोड उज्जैन–456010 (म.प्र.)

दूरभाष : 0734–2512103, मो. 9826748432, 9425179466

सोरठा : चरण कमल जेहि ध्यान, सकल पाप कटि जायँ तब
परमतत्व करि पान, पाय दिव्य–पद ज्ञान जब।

दोहा : यमुना सुत मैं वंदिहउँ, राधा कृष्ण सँवारि
यमुना तट पर खेलते, वंदहुँ कृष्ण मुरारि।।

श्रीमदभगवद्गीतामृत गीतयोग

अनुष्ठान नियम एवं पारायण बिधि

श्रीमदभगवद्गीतामृत गीतयोग साक्षात् भगवान की वाणी है। अतः यह सर्व धर्ममयी, सर्व अर्थमयी एवं सर्वकर्ममयी ग्रन्थ कामधेनु से भी बढ़कर सब मनोरथों को पूर्ण करने वाला है। प्रत्येक श्लोक / पद मंत्र है, जिसका श्रद्धा तथा विधिपूर्वक अनुष्ठान किए जाने पर अभीष्ट फल प्रदाय करता है।

भोग सुखों की इच्छा का त्याग कर तथा कामना, ममता व आसक्ति रहित होकर कर्त्तव्य-कर्म करने की आज्ञा देते हुए भगवान निष्काम भाव से कर्म की सर्वश्रेष्ठता निरूपित करते है। प्राचीन धर्मग्रन्धों के अनुसार गीता अनुष्ठान के नियम तथा पारायण विधि नीचे विस्तृत रूप से वर्णित की गई है।

अनुष्ठान नियम

निम्न नियमों का पालन अनुष्ठान करते समय अनिवार्य है :-

1. भूमि पर शयन।
2. सूर्योदय से पूर्व जागरण।
3. एक समय ही शुद्ध सात्विक भोजन ग्रहण करना।
4. अनुष्ठान के दौरान अखण्ड बह्मचर्य का पालन करना।
5. सत्य बोलना तथा यथा संभव मौन रहना।
6. सभी प्रकार के नशा सेवन का सम्पूर्ण रूप से त्याग ।
7. घ्र   व द्वेष भाव का सर्वथा त्याग।
8. यथा साध्य निरन्तर **हरिः शरणम् वासुदेवः सर्वम्** मंत्र का मन ही मन जाप करना।

विशेष

सर्वप्रधान वस्तु श्रद्धा है। अतः जिनके हृदय में दृढ़ श्रद्धा हो, वे ही अनुष्ठान

करें तथा पाठ के दौरान श्रद्धा निरंतर बनी रहे तथा यथासाध्य बढती ही रहे। एक बार में कार्य सिद्ध न होने पर श्रद्धा पूर्वक तीन या सात बार अनुष्ठान करना चाहिए। योगेश्वर भगवान श्रीकृष्ण जी की कृपा से कार्य अवश्य सिद्ध होगा।

मंगला चरण और वंदना

नमन करूँ नरदेव को, नारायण भुवि रूप
सरस्वती देवी विरजि, हृदय वसहुँ भव भूप।1।

अखण्ड रूप व्यापहिं सकल, भुव अरु भुवन नृपाल
सकल चराचर जगत में, नमहुँ पूज्य कृपाल ।2।

नमन करूँ गुरुदेव को, रूप अखण्ड जहान
सकल चराचर व्यापहीं, भुवनेश्वरी महान।3।

नमन करूँ गुरुदेव को, चरनन शीश झुकाय
धर्म गंग की धार मे डुबकी पूर्ण लगाय।4।

हे पावन गुरुदेवजी कृपा करहुँ महाराज
भगवद्‌चरण पखारि नित, चरनन मँह प्रभुराज।5।

चरण कमल नित चापिके, प्रभु प्रसाद प्रति प्रीति
जगे सदा भवतव्यता, परमानन्द की रीति।6।

हे गुरुवर मैं उरिन नहि, तब प्रसाद होइ पाय
ज्ञान-धर्म की धार में, बहकर बहु सुख पाय।7।

कृष्ण जगद्‌गुरु कृष्ण हैं, गुरुवर के गुरु होंय ।
वन्दौं जिनके पद-कमल, भेद-भाव सब खोंय।8।

ब्रह्मदेव को नमन् करि, ब्रह्महिताय स्वरूप
जगहिताय गोविन्द हैं, माधव कृष्ण को रूप।9।

व्यास वशिष्ठ की शक्ति को, पाराशर सो पौत्र
शुकमुनि वन्दौं विप्रवर, तपोनिधिः शुचि गोत्र।10।

व्यास विष्णु को रूप हैं, विष्णु व्यास को रूप
ब्रह्मनिधि को नमन हैं, मुनि वशिष्ठ सो भूप।11।

चतुर्वदन ब्रह्मदेव अरु, द्विभुज हरिः गुणगान
अभाल लोचन शम्भु को, वारम्वार प्रणाम।12।

समग्र पूर्ण मुख रूप शुचि, त्रिनेत्र –विन्दु जगपाल
ज्ञान ज्योति जलती रहे, सदा सुखी सुख पाल।13।

वंशीधारी कृष्ण हे, मुरलीधर गोपाल
पीतवस्त्रयुत शोभित, त्रिपुरारी महिपाल।14।

कृष्ण जगत् गुरु कृष्ण ही, जगदीश्वर मम होंय
कृष्ण सिवा कछु जानुं ना, कृष्ण रूप मँह खोंय।15।

कृष्ण सहचरी रूप मँह, राधाकृष्ण महान
उपमा कठिन सुलोचना, माधव रूप सुहान।16।

सदा वसहिं वृन्दावन, सब जग लीला धाम
जगन्नाथ स्वामी नयन, पथगामी पथ थाम।17।

हे माधव हे कृष्ण हे, मुरलीधर दृग्पाल
सदा बसहुँ मम हृदय नित, त्रिपुरारी महिपाल।18।

ध्यान

दृढ़ संकल्प के साथ ऐसा ध्यान करें:-

कुरुक्षेत्र रूपी रणक्षेत्र है । एक विशाल छायादार अश्वस्थ वृक्ष के नीचे अर्जुन का महान रथ खड़ा है। रथ के भीतर बैठे अर्जुन कातर-भाव से भक्ति पूर्वक हाथ जोड़े भगवान श्रीकृष्ण की ओर अपलक निहार रहे हैं। अखिल सौंदर्य-माधुर्य के सागर-सिंधु रसमय श्री भगवान् मुस्कराते हुए बड़े ही मधुर स्वर में अर्जुन को आश्वासन देते हुए उन्हें गीता ज्ञान रूपी अमृतमय महान उपदेश दे रहे हैं।

कल्पना करें कि अर्जुन की जगह आप स्वयं हैं तथा श्री भगवान् आपको ही उपदेश रहे है तथा आप शरणागत् भाव से भगवान् की महान वाणी को आत्मसात कर भाव विभोर हो रहे है।

इसके पश्चात् निम्न मंत्रों पर ध्यान करें

ॐ केशवाय नमः।

ॐ माधवाय नमः।

ॐ मधुसूदनाय नमः।

ॐगोविन्दाय नमः।

ॐ नमो भगवते वासुदेवायः ।

विनियोग

दाहिने हाथ की अनामिका में कुशकी पवित्री पहन लें। फिर हाथ में जल लेकर नीचे लिखे वाक्य को पढ़कर जल जमीन पर गिरा दे-

ॐ अस्य श्रीमदभगवद् गीतामृत गीतयोग ग्रन्थ माला मंत्रस्य भगवान् वेद व्यास ऋषिः। अनुष्टुप छन्दः। श्रीकृष्णः परमात्मा देवता। अशोच्यान् शोचस्त्वं प्रज्ञावान वाच्य भावसेः इति वीजम्। सर्वधर्मान् परित्यज्य मामेकं

शरणम् बृज **इति शक्तिः।** ***अहं त्वां सर्व पापेभ्यो मोक्षऽयिश्यामि मा शुचः*** **इति कीलकम् । श्री कृष्ण प्रीत्यर्थे जपे विनियोगः।**

करन्यास

करन्यास में हाथ की विभिन्न अंगुलियों में, हथेलियों और हाथ के पीठों में मंत्रों का स्थापन (न्यास) किया जाता है। इसी प्रकार अंगन्यास में हृदय आदि अंगों में मंत्रों की स्थापना होती है। मंत्रों को चेतन और मूर्तिमान मानकर उन-उन अंगों का नाम लेकर उन मंत्रमय देवताओं का ही स्पर्श और प्रणाम किया जाता है। ऐसा करने से पाठ या जप करने वाला व्यक्ति स्वयं मंत्रमय होकर मंत्र देवताओं द्वारा सर्वथा सुरक्षित हो जाता है, उसके भीतर बाहर की शुद्धि सुनिश्चित होती है, दिव्य बल प्राप्त होता है और साधना निर्विघ्नपूर्वक पूर्णरूपेण सम्पन्न तथा लाभ दायक होती है।

अस्त्र-शस्त्र से अपर शरीरी। जरा जन्म से परा शरीरी ।..... इति अंगुष्ठाभ्यां नमः

ऐसा कहकर दोनों हाथों की तर्जनी अंगुलियों से दोनों अँगूठों का स्पर्श करें।

*पावक दाहक सकि न जलाई। गाहक गुण गण देखि भलाई......*इति तर्जनीभ्यां नमः

ऐसा कहकर दोनों हाथों की तर्जनी अंगुलियों को दोनों अँगूठों से स्पर्श करें।

*नीर गील नहिं करहिं गुसाईं। शोषि न सकहिं प्रभंजन साईं। ......*इति मध्यमाभ्यां नमः

ऐसा कहकर दोनों हाथों की मध्यमा अंगुलियों को दोनों अँगूठों से स्पर्श करें।

*अचल नित्य थिर सब जग व्यापी। सत्य सनातन नित्य प्रतापी ।.....*इति अनामिकाभ्यां नमः

ऐसा कहकर दोनों हाथों की अनामिका अंगुलियों को दोनों अँगूठों से स्पर्श करें।

*सत्य सनातन शाश्वत वासी। देही ब्रह्म अनन्त निवासी।.....*इति कनिष्ठकाभ्यां नमः

ऐसा कहकर दोनों हाथों की कनिष्ठका अंगुलियों को दोनों अँगूठों से स्पर्श करें।

*आदि अनादि अनन्त स्वभावा। नित्य लीन अभिनव सद्भावा।.....*इति करतल कर पृष्ठाभ्यां नमः

ऐसा कहकर दोनों हाथों की हँथेलियों और इनके पृष्ठ भागों को दोनों अँगूठों से क्रमशः स्पर्श करें।

अंगन्यास

अंगन्यास में दाहिने हाथ की पांचों अंगुलियों से हृदय आदि अंगों का स्पर्श किया जाता है।

अस्त्र-शस्त्र से अपर शरीरी। जरा जन्म से परा शरीरी ।..... इति हृदयाय नमः

ऐसा कहकर दाहिने हाथ की पांचों अंगुलियों से हृदय का स्पर्श करें।

पावक दाहक सकि न जलाई। गाहक गुण गण देखि भलाई । ......इति शिरसे स्वाहाः।

ऐसा कहकर दाहिने हाथ की पांचों अंगुलियों से मस्तक का स्पर्श करें।

नीर गील नहिं करहिं गुसाईं। शोषि न सकहिं प्रभंजन साईं। ......इति शिखाये वषट्।

ऐसा कहकर दाहिने हाथ की पांचों अंगुलियों से शिखा (चोटी) का स्पर्श करें।

अचल नित्य थिर सब जग व्यापी। सत्य सनातन नित्य प्रतापी। ....इति कवचाय हुम्।

ऐसा कहकर दाहिने हाथ की पांचों अंगुलियों से वायें कंधे का और वायें हाथ की पांचों अंगुलियों से दाये कंधे का साथ-साथ स्पर्श करें।

सत्य सनातन शाश्वत वासी। देही ब्रह्म अनन्त निवासी।.....इति नेत्रयाय बौषट।

ऐसा कहकर दाहिने हाथ की पांचों अंगुलियों के अग्र भाग से दोनों नेत्रों तथा ललाट् के मध्य भाग में गुप्त रूप से स्थित तृतीय नेत्र (ज्ञान चक्षु) का स्पर्श करें।

आदि अनादि अनन्त स्वभावा। नित्य लीन अभिनव सद्भावा।.......इति अस्त्रायफट्।

ऐसा कहकर दाहिने हाथ को सिर के ऊपर से उठाकर अर्थात वार्यी और से पीछे की और ले जाकर दाहिनी ओर से आगे की ओर ले जावें और तर्जनी तथा मध्यमा अंगुलियों से वायें हाथ की हथेली पर ताली बजावे।

यहाँ अंगन्यास में आए हुए *स्वाहाः, वषट् ,* हुम् , बौषट् और फट्- ये पांच शब्द देवताओं को दिये जाने वाले हवनसे संबंध रखने वाले है। यहां इनका उच्चारण आत्मशुद्धि के लिए ही किया जाता है।

पाठ

इसके बाद ग्रन्थ का पाठ प्रारंभ करें।

प्रतिदिन पूरा पाठ हो तो सर्वोत्तम है।

नहीं तो नौ-नौ अध्याय के क्रम से **दो दिन** में पाठ पूर्ण करें।

अथवा छः-छः अध्याय के क्रम से **तीन दिन** में पाठ पूर्ण करें।

अथवा पहले दिन अध्याय एक एवं दो; दूसरे दिन अध्याय तीन, चार एवं पांच; तीसरे दिन अध्याय छः सात एवं आठ; चौथे दिन अध्याय नौ एवं दस; पांचवें दिन अध्याय ग्यारह बारह एवं तेरह; छठे दिन अध्याय चौदह पंद्रह एवं सोलह; और सातवें दिन अध्याय सत्रह एवं अठारह-इस प्रकार **सात दिन** में पाठ पूर्ण करें।

अथवा दो-दो अध्याय प्रति दिन के क्रम से **नौ दिन** में पाठ पूरा कर लेना चाहिए।

अथवा यदि पाठ के लिए समय का अभाव हो तो प्रति दिन एक अध्याय का पाठ करते हुए **अठारह दिन** में पाठ पूरा किया जा सकता है।

श्रीमदभगवद्गीता गीतयोग का एक वर्ष तक बिना नागा प्रतिदिन पाठ करने से निश्चित रूप से प्रत्येक कार्य सिद्ध हो जाता है।

यंत्र

पाठ के पहले निम्न यंत्र-1 (षट्कोण यंत्र) की पूजा करनी चाहिए। इस यंत्र को ताम्रपत्र पर खुदवा लेना चाहिए तथा इसे पवित्रता के साथ रखना चाहिए। अन्यथा चंदन के चौकोर टुकड़े पर अनार की कलम के द्वारा लाल चंदन से लिख लेना चाहिए।

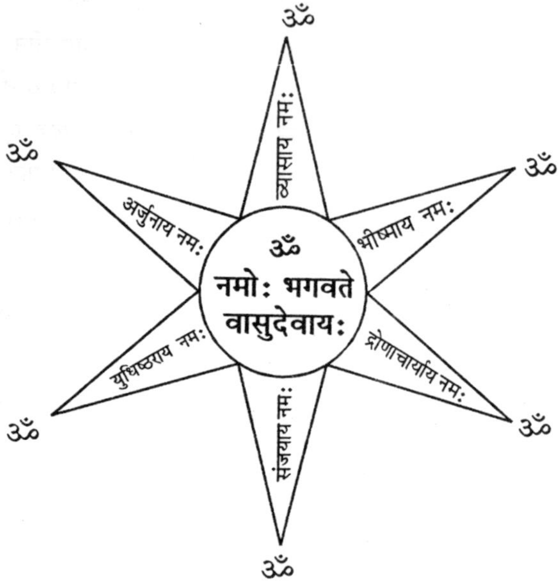

यंत्र –1 : षट्कोण यंत्र

निम्न यंत्र–2 (नवकोष्ठ यंत्र) की भी उपरोक्तानुसार पूजा कर **क्लीं कृष्णाय नमः** मंत्र के तीन हजार जाप प्रतिदिन करने से भी एक वर्ष में कार्य सिद्ध होता है।

कृष्ण	कृष्ण	कृष्ण
कृष्ण	क्लीं कृष्णाय नमः	कृष्ण
कृष्ण	कृष्ण	कृष्ण

यंत्र –2 : नवकोष्ठ यंत्र

● **सब मनोरथों की सिद्धि** के लिए निम्न मंत्र के साथ श्रीमदभगवद्गीता गीतयोग का सम्पुट पाठ करना चाहिए।

जहाँ पार्थ धनुवान धर, तहँ केशव लोकेश
वहाँ विजय श्री नीतिनय, भूति विभूति महेश।

(18/78/238)

● **समस्त रोगों के नाश** के लिए इसी मंत्र से **दशम् अध्याय** का संपुट पाठ करना चाहिए।

● **भोजन से पूर्व** प्रतिदिन **पन्द्रहवें अध्याय** का पाठ करने से बहुत लाभ होता है।

● **विवाह की कामना** के लिए **प्रथम अध्याय से अठारहवें अध्याय तक** पाठ करने से छः माह के अन्दर विवाह होता है।

● मन में दो **बातों की उलझन** हो और उनका समाधान पाना हो तो निम्न मंत्र का पाठ करें।

कहि मिश्रित छल वचन प्रभु, मोहत मन बुधिपाल
निश्चित मत कल्याण करि, कहिए एक गोपाल।....................

(108 पाठ)

(3/2/2)

● भूत–प्रेत की बाधा को दूर करना हो तो निम्न मंत्रों में से किसी एक का पाठ करें।

(1) जेहि नर निरन्तर हे कृपाकर, विमल यश तव गावहीं
जेहि पाय अति अनुराग पावन अमिट आनन्द पावहीं
जेहि असुरगण भयभीत आतुर दसहुँ दिश नित भागहीं
सब सिद्धगण समुदाय सविनय नमन करि पुनि जागहीं। .....(108 पाठ)

(11/36/60)

(2) बारम्बार प्रणाम करि, बहुरि नमामि नमामि
अन्तर्यामी नमन बहु, कोटि–कोटि प्रणमामि।......................(108 पाठ)

(11/39/68)

उक्त मंत्रों को पहले सिद्ध कर लें। फिर जिस व्यक्ति को भूत–प्रेत ने पकड़ा है, उसको इस मंत्र का पाठ करते हुए मोर पंख से झाड़ दें, अथवा अपने हाथ में शुद्ध जल से भरा लोटा ले लें तथा इस मंत्र को बोलकर फूँक मारते रहें, फिर वह अभिमंत्रित जल उस रोगी व्यक्ति को पिला दें। इस प्रयोग में मंत्र को एक सौ आठ बार अष्ट गन्ध से लिखें और ताबीज में डालकर रोगी के गले में लाल धागे से पहना दें।

● **वाद–विवाद, शास्त्रार्थ आदि में विजय पाने हेतु** निम्न मंत्र का पाठ करें :–

(1) जहाँ नीति विभूति वहाँ, विजय श्री सुपुनीति
अचल अलौकिक सम्पदा, धर्म पुनीत् पुनीत्।

(18/78/258)

(2) जहाँ पार्थ धुनवाद धर, तहँ केशव लोकेश
वहाँ विजय श्री नीति नय, भूति विभूति महेश।

(18/78/238)

● **सब जगह भगवद् भाव** जागृत करने के लिए निम्न मंत्रों में किसी एक का पाठ करें।

(1) सकल पदारथ जगत के, प्रतिफल मोरे होय
आत्मा सबके मूल में, नियमित बिकसित होय।

(7/7/34)

(2) मोती धागा ज्यों गुथहिं, मुझमें गुथे जहान।
सर्व सत्य मोहि जानले, आश्रित् दिव्य महान।

(7/7/36)

(3) मोहि से बढ़कर सत्य नहिं, परमश्रेष्ठ मोहि जान
सूक्ष्म–सूक्ष्मतर वृहत्–वृहत्तर, परम सत्य महान।

(7/6–7/37)

(4) वासुदेव सर्वम् जगजानी
ब्रह्म रूप मय जग पहिचानी।

(7/19/83–1)

● **भगवान की भक्ति** प्राप्त करने के लिए निम्न में से किसी एक मंत्र का पाठ करें।

(1) विनय करहुँ कर जोरि अपावन। शरण हुआ प्रभु पावन–पावन।

(9/33/90–1)

(2) विनय भाव से दण्ड प्रनामा। बारम्बार नमामि नमामा।

(9/33/90–2)

(3) एकी भाव प्रगट मोहि जानो। अन्तर्दृष्टि रूप पहिचानो।

(11/53–54/122)

(4) मोरे अर्पण कर्म सब, मोहि परम् हित जानि।
परम भक्त शरणागत, नित्य रूप पहिचानि।

(11/55–56/123)

(5) मम् अन्तर तमजासु चित्, मै ही सकल अधार।
नाहिं मृत्यु संसार से, करौं तुरत भवपार।

(12/7/22)

(6) कर्म धर्म सब मोर हित, ज्ञान मर्म नहिं प्रीति।
छोड़ धर्म सब आसरे, जानहुँ प्रेम कि रीति।

(18/66/206)

जिस कार्य के लिए जो पद ठीक मालुम दें उसी का पाठ करते रहें तो कार्य सिद्ध हो जावेगा। अगर वह पद अर्जुन का है तो स्वयं को अर्जुन मानकर तथा अपने में वह शरणागत भाव लाकर भगवान से प्रार्थना करें। भगवान का पद है तो, भगवान मुझसे ही कह रहे हैं– ऐसा भाव रखते हुए ही पाठ करें। जितना अधिक दृढ़ श्रद्धा–विश्वास होगा, उतना ही शीघ्र कार्य सिद्ध होगा।

सिद्धांततः श्रीमदभगवत् गीता गीतयोग ग्रन्थ का पाठ निष्काम भाव से ही किया जाना चाहिए, तभी हम इसके सार तत्व को ग्रहण कर सकेंगे।

❋ ❋ ❋

ॐ गुं गुरुभ्यो नमः । ॐ गं गणेशाय नमः । ॐ श्री परमात्मने नमः।

गीता-दर्शन

ॐ भगवद्‌गीता गीत पुनीता, विश्वरूप–दर्शन सुपुनीता ।
मम जिय हिय रीता शुचि मनमीता, नमन करूँ हे पावन गीता ।।

सब बिधि सुखकारी प्रभु पद धारी, निश्चल– भक्ति प्रकाशिनि।
शरण–प्रदायिनि सद्‌गुणदायिनि, सकल विकार विनाशिनि।
हरि हिय हारी कमल विहारी, कर्म – सुमर्म प्रकाशिनि प्रीता ।।
ओम् भगवद्‌गीता..... /1

ब्रह्मपरायिनि त्याग सिखायिनि, निर्मल तत्व बखायिनि माता।
सत्–विद्या पावनि ज्ञान सिखावनि, प्रीतम प्रीतियुक्त धाता।
सकल शास्त्रमय धाता माता, स्वामिनि विश्व सकल सुखमीता।
ओम् भगवद्‌गीता..... /2

निर्मल मलहारी बिधि सुखकारी, कामासक्ति विदारिणि–हारिनी ।
हरि रसिका सजनी, हरितम–रजनी, हरि हिय जलज–विहारिनी।
हरि मुखवानी स्वयं वखानी, श्रुतियों की रानी शुचि–प्रीता।
ओम् भगवद्‌गीता..... /3

गुणगीत प्रनामा आत्म बखाना, आत्म–रूप गुण–ज्ञानिनी।
स्व–आत्म प्रकाशिनि, बिघ्न विनाशिनि, गूढ रहस्य प्रसारिणी।
राग–द्वेष भय हारिणि–तारिणि, परमानन्द प्रदायिनि मीता।
ओम् भगवद्‌गीता..... /4

बहुप्रेम दिवाना गुण रस–पाना, सब गंध सुगन्ध मिटावहीं।
उपनिषद् जो ज्ञाना, वेद बखाना, दिव्य–सुपन्थ दिखावहीं ।
हे समता ज्ञाना नित्य पुराणा, अखिल विधान रूप सुपुनीता।
ओम् भगवद्‌गीता..... / 5

दया सुधा बरसावनि माता, हरिपद प्रेम दानकर दाता।
सकलशास्त्रमय ब्रम्हास्त्रमय, पतित पावन जगकी माता।
हे गुणगणखानी श्रीमुखवानी, स्वयं वखानि रूप गुणमीता।

ओम् भगवद्गीता..... |6

निर्मल चित्त त्यागमय समता, विश्वविधाता सद्गुणधाता।
परमशान्तिमय सद्गति सद्मय, ज्ञानगीत गुण–खान विधाता।
हे परमात्मा! निज–मन आत्मा, यहि उपदेश प्राण मनमीता।

ओम् भगवद्गीता..... |7

सकल शास्त्रमय धाता माता, स्वामिनि विश्व सकल सुखदाता ।
हरिमुख वानी, स्वयं बखानी, भक्ति भावमय प्रिय शुचिदाता ।।
राग–द्वेष भय हारिणि–तारिणि, परमानन्द प्रदायिनि माता ।।।

ओम् भगवद्गीता..... |8

सब सुखमय जननी, सब दुख हरनी, निर्मल चित्त प्रदायिनि।
समता गुण ज्ञानी प्रभुपद खानी, स्थिरप्रज्ञ वखानि सुज्ञानिनि ।।
हे परमानन्दी, सुख गुणचन्दी, कर्म ज्ञान अरु भक्ति सुप्रीता।।।

ओम् भगवद्गीता..... |9

ओम् भगवद्गीता तत् सत् मीता, विद्याब्रह्म बिचारहीं
ब्रम्ह्मस्त्रमय योगशस्त्रमय, जीव ब्रह्म उच्चारहीं
उपनिषद् जो गावा, ब्रह्म सुनावा, गीत पुनीत विचारहीं
जीवार्जुन आत्मा मय परमात्मा, परमानन्द प्रचारहीं ।

ओम् भगवद्गीता..... |10

ओम् भगवद्गीता गीत पुनीता, विश्वरूप–दर्शन सुपुनीता ।
मम जियहिय रीता शुचि मनमीता, नमन करूँ हे पावन गीता ।।

❊ ❊ ❊

श्रीमदभगवद्‌गीतमृत गीतयोग

के

उपदेशक, वक्ता एवं प्रणेता

भगवान श्रीकृष्ण

के अवतरण का जीवन–वृत्त

नमन करूँ नरदेव को, नारायण भुवि रूप
सरस्वती देवी विरजि, हृदय बसहुँ, भव भूप।

संक्षिप्त जीवन वृत्त

- भगवान् श्रीकृष्ण का अवतरण अपने मामा कंस के कारागार में भाद्रपद अष्ठमी को रोहिणी नक्षत्र में अर्ध रात्रि को आज से लगभग् 5151 वर्ष पूर्व हुआ था इनके पिता वसुदेव तथा माता देवकी थीं। यह आकाशवाणी सुनकर कि देवकी का आठवां पुत्र कंस का बध करेगा, कंस ने अपनी बहिन देवकी तथा बहनोई मित्र वसुदेव को कारागार में डाल दिया। कालांतर में एक-एक कर छः पुत्रों को जन्म के तुरन्त बाद मार डाला गया। सातवां गर्भ भगवान की योग माया से देवकी की बहन रोहिणी के गर्भ में स्थानांतरित कर दिया, जिससे संकर्षण (कृष्ण के अग्रज) बलराम जी का जन्म हुआ। कृष्ण अवतरण के समय मूसलाधार पानी बरस रहा था। भारी बरसात में यमुना नदी को पार करते हुए रातों रात वसुदेव जी नवजात् शिशु को अपने मित्र गोकुल निवासी नंद जी के घर छोड़ आए। इनकी पत्नी यशोदा रानी थीं।
- जानकारी होने पर कंस ने कृष्ण जी को मारने हेतु कई उपाय किए। पूतना (रक्षसी), तृणावर्त, वकासुर आदि राक्षासों को भेजा। सभी कृष्ण के हाथों मृत्यु को प्राप्त हुए।
- अतिवृष्टि होने पर कृष्ण जी ने गोवर्धन पर्वत धारण कर गोकुलवासियों की रक्षा की।
- शिशु कृष्ण को माटी खाते देख माँ यशोदा ने जब कृष्ण को डांटते हुए मुँह खोलने को कहा तो उन्हें दुर्लभ विश्वरूप दर्शन कराया।
- कुवेर पुत्रों का उद्धार किया।
- एक बार खेल-खेल में गेंद यमुनाजी में गिर गई जिसे निकालने के लिए नदी में कूदे कृष्ण ने कालिया नाग के फनों पर नृत्य करते हुए उनके अहंकार का नाश किए।
- बृजवासियों गोपियों को मनमोहक मुरली की ध्वनि सुनाकर मोहित करते रहे।
- वन में आग लगने पर अपने सखाओं, गोधन को बचाने हेतु सम्पूर्ण आग को पी गए। जब वन्य जीवों, झरने आदि ने उनका अभिषेक अभिनन्दन

किया। रास-लीला में नृत्य करते श्री कृष्ण सभी को अपने हृदय में विराजमान दिखते थे।

- कंस के बुलाने पर मथुरा जा कर उसका वधकर संसार को उसके अत्याचारों से विमुक्त किया। कुवलियापीड़, हाथी, चाणूर-मुष्टिक आदि का उद्धार किया। माता-पिता को कारावास से मुक्त कर कंस के पिता उग्रसेन को राज्याभिषेक किया, स्वयं राजा नहीं बने।
- हृदय में नित्य कृष्ण का ही ध्यान करने वाली रूक्मिणी का हरण व उसके अत्याचारी भाई रूक्मी का विरूपकरण कर रूक्मिणी को अपनी अर्धांगिनी बनाया।
- अश्वत्थामा द्वारा ब्रह्मास्त्र चलाने के वावजूद अभिमन्यु पत्नी उत्तरा के गर्भस्थ शिशु परीक्षित का संरक्षण किया
- कौरव-पाण्डवों के बीच बढ़ते वैमनस्य को देख स्वयं शांतिदूत बनकर कौरवों की सभा में गए। वहाँ सभासदों से शांति वार्ता कर उन्हें विराट रूप दिखाया। महात्मा विदुरजी के घर पधारे।
- महाभारत युद्ध से पूर्व उनकी सहायता मांगने हेतु पहुँचे दोनों पक्षों (अर्जुन व दुर्योधन)को समदर्शिता से संतुष्ट किया दोनों की इच्छा पूर्ण की।
- सखा सुदामा जी को बिना मांगे ही सबकुछ दे दिया।
- पिता वसुदेव जी को ज्ञान प्रदान किया।
- दुष्ट जरासंध का वध पाण्डुपुत्र भीम से कराकर बन्दी राजाओं को मुक्त किया।
- पाण्डवों द्वारा अश्वमेघ यज्ञ करते समय श्रीकृष्ण जी को ही अग्रपूजा जैसे सम्मान के लिए चुना गया।
- कटुवचन कहने वाले दुष्ट शिशुपाल का भी अन्ततः उद्धार किया।
- बचपन से ही श्रीकृष्णजी द्वारा दैनिक समाधि, ब्राह्मण पूजन, दैनिक गोदान, आदि शास्त्र-विहित कर्म किए जाते रहे।
- स्वयं का वध करने वाले व्याध को भी क्षमादान दिया। परमधाम प्रयाण किया।
- सारे भरतवर्ष को एकता-सूत्र में पिरोने हेतु जीवन पर्यन्त प्रयासरत रहे। निज कर्तव्य पालन तथा दूसरों के अधिकारों की रक्षा सम्बन्धी उपदेश अर्जुन को निमित्त मानकर प्रदाय किया। जिससे सखा का मोह-नाश हुआ तथा उसे कर्तव्य-तत्व का बोध हुआ। संसार में उपलब्ध समस्त शास्त्रों का निचोड़ इस पावन उपदेश में निहित है जो "श्रीमद्भगवद्गीता" नाम से विख्यात है। इसी ग्रंथ को आधार मानकर “श्रीमद्भगवद्गीतामृत गीतयोग” की उत्पत्ति हुई।

ॐ गुं गुरुभ्यो नमः । ॐ गं गणेशाय नमः । ॐ श्री परमात्मने नमः।

श्रीमदभगवद्गीतामृत गीतयोग

अध्याय - एक

अर्जुन-जीव विषाद् योग

विराट संसार रूपी कुरुक्षेत्र की रणभूमि में अर्जुन रूपी जीव अक्सर सांसारिक निकट सम्बन्धियो को देख मोहग्रस्त हो जाता है और धनुषवाणरूपी अपने कर्त्तव्य कर्म को ही त्याग देता है। तब वह किम्कर्तव्यविमूढ़ हो असत् को ही सत् समझने लग जाता है। इस कारण व्यर्थ के भ्रमजाल में स्वयं को उलझा लेता है। स्वयं को अपार विद्वान समझता हुआ अपने शरीर रूपी रथ के स्वामी (सारथी) ईश्वर से ही तर्क करने लग जाता है। प्रकृति के दो दृष्टिकोण हैं एक इष्टोन्मुखी प्रवृत्ति अर्थात् 'दैवी सम्पद्', दूसरी बहिर्मुखी प्रवृत्ति अर्थात् 'आसुरी सम्पद्'। एक इष्ट की ओर उन्मुख करती है दूसरी प्रकृति में विश्वास दिलाती है। पहलेदैवी सम्पद् को साधकर आसुरी सम्पद् का अन्त किया जाता है, फिर इस शाश्वत् ब्रह्म का दिग्दर्शन और उसमें स्थित दैवी सम्पद् की आवश्यकता शेष हो जाती है।

प्रत्येक साधक प्रारम्भिक अवस्था में अनुरागी होता है। साधक जब देखता है कि मधुर सम्बन्धों से पारिवारिक मोह का विच्छेद हो जाएगा, तो उसे घबराहट होने लगती है। स्वजनों को मारने में उसे अकल्याण दिखाई देने लगता है, तब वह अपना बचाव प्रचलित रूढ़ियों में ढूँढ़ने लगता है, जैसा अर्जुन ने किया।

वस्तुतः गीता जीवन–संग्राम में शाश्वत विजय का क्रियात्मक

प्रशिक्षण है, यह सदसत् प्रवृत्तियों का संघर्ष है। जो किसी भूखण्ड में नहीं अपितु इस शरीर रूपी कुरुक्षेत्र या धर्मक्षेत्र में सतत जारी है...सत्यमयी दृष्टिकोण से गठित 'दैवी–सम्पद्' तथा मन सहित इन्द्रियमयी दृष्टिकोण से गठित 'आसुरी सम्पद्' के बीच। इष्ट के अनुरूप राग ही पथिक को इस क्षेत्र–क्षेत्रज्ञ के संघर्ष के लिए प्रेरित करता है।

मिलहिं न रघुपति बिनु अनुरागा
किए जोग तप ग्यान विरागा।

(रामचरितमानस)

अनुराग आपके हृदय की भावना विशेष है। अनन्य–भक्ति अनुराग का ही दूसरा रूप है और यही अर्जुन का स्वरूप भी है, जो साधन–पथ का पथिक है। अर्जुन (अनुरागी) के हृदय में भगवान् श्रीकृष्ण (जगदीश्वर) सदैव आत्मा से अभिन्न होकर जाग्रत रहते हैं तथा मार्ग भटकते पथिक का पथ–प्रदर्शन कर सही मार्ग पर ले आते हैं। अतः तुम अर्जुन बनो, अपने हृदय में राग पैदा करो, ईश्वर के प्रति भक्ति जागृत करो और सद्गुरू के मार्गदर्शन में साधन–पथ पर चल पड़ो।

दोहा

पुत्रप्रेमवश मोहित जन्मान्धे कुलराष्ट्र
दिव्य–दृष्टियुत संजय प्रश्न कीन्ह धृतराष्ट्र ।

1/0/1

धृतराष्ट्र उवाच

ॐ धर्मरूप कुरुक्षेत्र मँह, समरेच्छा आधीन
तनय पाण्डु अरु पुत्र मम, जुरि संजय कहकीन।

1/1/2

संजय उवाच

पाण्डव सेन्य लखहिं तब, व्यूह अनेक प्रकार
तेहि बिलोकि दुर्योधन, गुरु सन वचन उचार।

1/1/3

नीतियुक्त वाणी सरल, करहिं निवेदन धीर
धैर्ययुक्त–शालीनता, मिसरी घोल सुधीर।

1/2/4

चौपाई

अतिबल पाण्डव सैन्य अपारा। नाथ विलोकहुँ परम उदारा।।
राउर शिष्य द्रुपदसुत न्यारा। रचना व्यूह बिशेष प्रकारा ।।

1/3/5

यहाँ चापधर शूर अनेका। भीमार्जुन सम सकल विवेका।
महारथी युयुधान से नेता। द्रुपद विराट प्रधान प्रणेता।।

1/4/6

धृष्टकेतु काशीपति वीरा। चेकितान भूपति रणधीरा।
पुरुजित कुन्तिभोज बलवीरा। शैव्य जासु नरपुंग सुधीरा।।

1/5/7

युधामन्यु अभिमन्यु नृपाला। द्रोपदिसुत बहुतेज कृपाला।
उत्तमौज बलवीर्य सुजाना। महारथी रणरथी सो जाना।।

1/6/8

द्विजवरश्रेष्ठ सुनहुँ सुखदायक। सेनपवीर समर के नायक।
ध्यानलीन लवलीन द्विजोत्तम। प्रमुखवीर बलवीर नरोत्तम।।

1/7/9

कर्ण पितामह तुम सर्बोत्तम। कृपाचार्य तव सुत वीरोत्तम।
भूरिश्रवा विकर्ण से नायक। रणविजयी सब विश्वबिधायक।।

1/8/10

अन्य–अनेक शूर रण साने। ममहित लगि प्रिय प्राण न जाने।
ये सब समर पारंगत जाने। अस्त्र–शस्त्र बहु भांति चलाने ।।

1/9/11

दोहा

उभय सैन्य बल विपुल निज, भीष्म निपुण आधीन।
भीम समर्थहिं पाण्डुपति, रिपुबल थोरि कुलीन।।

1/9/12

चौपाई

अपर सैन्यबल विपुल हमारा। भीष्मविनायक निपुण सहारा।
रिपुबल बहुतहिं निर्बल थोरा। भीम समर्थ पाण्डुपति घोरा।।

1/10/13

जाबहुँ तुम सब निज निज थाना। यथाभाग गहि शूर बिठाना।
रक्षा करहुँ भीष्म चहुँ ओरा। जेहि बिधि विजित समर रण घोरा।।

1/11/14

समुझहुँ मर्म पितामह ज्ञानी। समर कबहुँ जिन हार न मानी।
हर्ष पितामह शंख बजाए। सिंह समान गरज घन छाए।।

1/12/15

शंख नगारे पणव बजावा। गोमुख भेरि निशान सजावा।
शब्द भयंकर अतुल सुनावा। संग एक सब समर गुंजावा।।

1/13/16

शुचिसुन्दर स्यंदन नव जोड़े। श्वेत–वरण चंचलगति घोड़े।
तहँ बिरजे हरि शंख बजावा। संग एक सब समर गुँजावा।।

1/14/17

छंद

पांचजन्य हृषिकेश ईश, जगदीश शंख बजावहीं
देवदत्त गुणवत्त धनंजय, वीर सुधीर सजावहीं
पौण्ड्र भयंकर भीम वृकोदर, महाशंख गुंजावहीं
गुंजित नभ–थल रण गतिबल, महापंथ पंजाबहीं।

1/15/18

दोहा

शंख अनन्तविजय तब, ज्येष्ठपुत्र रणदेव
नकुल सुघोष बजावहीं, मणिपुष्पक सहदेव।

1/16/19

चौपाई

काशिराज नरवर धनुधारी। वीर शिखण्डि महारथ भारी।
धृष्टद्युम्न विराट प्रतापी। सात्यकि अपराजित रणचापी।।

1/17/20

बहुरि द्रुपद सबभाँति मिताई । द्रोपदिसुत सर्वश प्रभुताई।
भुज प्रलम्ब अभिमन्यु सजाई। निज निज शंख बजाइ बजाई।।

1/18/21

पाण्डव सेन्य महारथ घोषा । शंख तुमुल ध्वनि घोर सुघोषा।
कम्पित धरा गगन हर ठौरा। कौरवसुत हिय तनमन दौरा।।

1/19/22

हिय–उत्साह आचरण शूरा। सतगुण प्रमुख वाहुबल पूरा।
पक्ष अधर्म कर्म जे धँसहीं। अन्यायी भयमोह से फँसहीं।।

1/19/23

शस्त्रप्रवृत्त सेन भइ जबहीं। धनुष उठाइ पाण्डुसुत तबहीं।
कपिध्वज रथ बैठे मन डोला। हृषीकेष सन वचन ये बोला।।

1/19/24

अर्जुन मोह–विवश रण तौला। मनमोहित प्राणी हिय खोला।
रथी सारथी संग यह बोला। प्रभु सन्मुख पारथ मुख खोला।।

1/20/25

अर्जुन उवाच

दयासिन्धु रथवेगि चलावहुँ। नाथ सेन्य दोउ मध्य मिलावहुँ।
बोले बचन विनीत नृपालहुँ। हे माधव! हे कृष्ण! कृपालहुँ।।

1/21/26

देखन चाहुँ शूर गिरधारी। योधा कवन–कवन भट भारी।
किन किन समर करहुँ त्रिपुरारी। हे माधव! हे कृष्ण मुरारी!।।

1/21/27

समर हेतु जोधा जे आए। लखन चाहुँ केहि–केहि भट भाए।
हे अच्युत! सुनु विनती मोरी। रथ हाँकहुँ रणबीच बहोरी।।

1/22/28

दुष्ट–बुद्धि दुर्योधन प्रियकर। समरेच्छा नृप अतुल धीरधर।
ताकें जय हित भट बहु आए। दुर्मति विजय हेतु रण छाए।।

1/22/29

दृग विलोकि अवलोकन चाहहुँ। रण उतावले लोचन पाहहुँ।
गहि के सद्गति ही जय पावहुँ। दुर्मति दुर्गति दूर भगावहुँ।।

1/23/30

संजय उवाच

हृषीकेश प्रिय बचन सुहाना। अन्तर्यामी मति पहिचाना।
सेन मध्य स्यंदन रथ थापी। श्रीपति समर भूमि सब नापी।।

1/24/31

दोहा

उभयसेन रण थापिके, हरि कहे बचन सुहान।
भीष्म द्रोण रण सामने, लखहुँ हे वीर महान।।

1/24/32

प्रमुख वीर सम्मुख हुए, लखहुँ सबहिं रणधीर।
कुरुवंशी समुदायके, प्रमुख–प्रमुख ये वीर।।

1/25/33

छंद

पारथ सब लोकहुँ इन्हहिं बिलोकहुँ, गुरु मातुल अरु सखा जगे
पितु–पितर पितामह कुलकुरु नामहँ, श्वसुर मित्र उभपक्ष उगे
सुत–पौत्र सो भ्राता सब तनुधाता, कुल बांधव सब वन्धु सगे
रण सकल पधारे निरखि निहारे, पाण्डव–कौरव सिन्धु लगे।

1/25/34

कायरता जागी सद्मति भागी, कुरुनन्दन रणछोड़ खड़े
मनयुक्त बिषादा मुक्त प्रसादा, असत–भाव मन जोड़ जड़े
सांसारिक भावा निज मन पावा, मनमाने मन लोभ पड़े
जग जीव सुजाना पंथ अजाना, ईश मुनीश प्रकोप बढ़े।

1/25/35

बहुगुणगणरूपा आत्म स्वरूपा, मायामोह से डोल पड़े
मन मांहि सुजाना मनहिं सुहाना, चंचल मन के बोल बड़े
मन मोहित नैना लोभित चैना, रूप–कुरूप से तोल पड़े
जीवन जग डोला मन मुख खोला, पाप–रूप बहु बोल बड़े।

1/26–27/36

अर्जुन उवाच

लखि स्वजन साजु–समाजु आजु, विषादयुत मनमोर है
अभिलाष रण की आस भास, सुभाषच्युत तन जोर है
मम अंग रूखहिं संग सूखहिं, अनंग तनु रसभंग है
बहुरंग होइ विहंग भूखहिं, सो तंग कीट–पतंग हैं।

1/28–30/37

तनु रोम सिंचित व्योम किंचित, मन प्रभंजित जंग है
गाण्डीव छूटत कर प्रकम्पित, त्वचा प्रज्जवल अंग है
शोक–विव्हल रोगमति खल, मन भ्रमित बहुरंग है
जिमि चक्र–चक्रिय मोह सक्रिय, तंग है चहुँ अंग हैं।

1 / 28–30 / 38

हे ईश! सुनि जगदीश नाथ सनाथ दीनानाथ प्रभु
मैं हुआ असमर्थ मोह से, भारकाय समर्थ हे प्रभु
मन भी अस्थिर तन नहीं थिर, घोर पीड़ित मै प्रभो
तन–शगुन बनि अपशगुन, रीति ह्वय कुरीति प्रभो।

1 / 28–30 / 39

दोहा

शगुन लखौं विपरीत सब, केशव कृष्ण मुरारि
आपुनु भल देखहुँ नहीं, स्वजन मारि त्रिपुरारि।

1 / 31–32 / 40

चिंता चिता समान है, जीवित तन को जलाय
शोक मोह बहु छोभ हीं, बार–बार लपटाय।

1 / 31–32 / 41

अर्जुन शोक निमग्न अति, कारण इन्द्रि–विकार
शकुन–अपशकुन ज्ञान नहिं, मोह भ्रमित आकार।

1 / 31–32 / 42

केशव जय अभिलाष नहिं, चाहत राज न पाट
लाभ कहाँ जीवित रहहुँ, राजभोग सुख ठाठ।

1 / 31–32 / 43

चौपाई

जिनके हेतु राजसुख आसा। भाँति अनेक भोग सुख भासा।
वे सब बांधव–बन्धु हैं आए। सकल प्राणधन लोभ भुलाए।

1 / 33–36 / 44

रण–इच्छा आधीन सिधारे। त्यागि सकल सुख भोगि पधारे।
गुरु पितु–पौत्र पुत्र परिवारा । मातुल पुत्र पितामह सारा।

1 / 33–36 / 45

श्वसुर पूज्य आचार्य निहारहुँ। सम्बन्धी–जन सकल जुहारहुँ।
जे मोहि हनहिं गहहिं धनुवाना। तबहुँ न मारि सकहुँ सुखखाना।।

1 / 33–36 / 46

पद हित त्रिभुवन कबहुँ न मारौं। भव पुनि हित कहिं पाप सुधारौं।
कौरव बन्धु मारि यदुराई। मिलहिं कवन बिधि भलहिं भलाई।

1 / 33–36 / 47

हनहिं आतताई रण भाई। सत्य पापनिधि परहिं पराई।
बांधव–बंधु हनहिं न सुहाई। मारि न सकहिं दुहाइ दुहाई।।

1 / 33–36 / 48

जेहि कारन निज बाँधव मारहिं। तेहि मारहिं सुखधाम सिधारहिं।
मारि स्वजन सुख केहि बिधि पावहिं। राजभोगि सुखलोभ नसावहिं।।

1 / 37–38 / 49

शुचि विवेक मोहि कछु न सुझावहिं। नाथ कहौं समुझाइ बुझावहिं।
कुल विनाश दोष बहु आवहिं। मित्र द्रोह पातक बहु पावहिं।।

1 / 37–38 / 50

क्लेश–द्वेष कौरवमति छावहिं। पाप न लखहिं दोष मन भावहिं।
जे पापी मन पाप करावा। मित्र सुहृद् सब सखा भुलावा।।

1 / 37–38 / 51

सांसारिक सुख आइ विकारा। होय प्रतीति नहीं सतसारा।
दृष्टि–दोष पर–दृष्टि ले डारा। लखि न सकहिं निज दोष विचारा।।

1 / 39–40 / 52

कुलनाशक दोष जे जानहिं। पाप प्रवृत्ति निवृत्ति ते मानहिं।
कुलक्षय कृत कुलधर्म नसाहीं। धर्म विनष्ट अधर्म धँसाहीं।।

1 / 39–40 / 53

लखि अधर्म दूषित कुल नारी। पापाचार बढ़हिं बहु बारी।
भ्रष्ट कुभ्रष्ट नारि सुत चीन्हा। वर्णशंकर सर्गहिं कुल दीन्हा।।

1/39–40/54

पाय अधर्म विवेक नसाहीं। अंतःकरण विकार धँसावहिं।
सात्विक बोधि धर्म जगावहिं। अन्तःनिर्मल कर्म सुहावहिं।।

1/39–40/55

घातक द्वार नरक गुण संकर। वर्णशंकर बहुरूप भयंकर।
सर्ग अधर्म पाइ कुल–घातक। पितर नरक महँ डारहिं पातक।।

1/41/56

तर्पण–श्राद्ध पितर नहिं पावहिं। वर्णसंकर के दोष गिनावहिं।
पितर नरक परें सुनि ताता। रहें न नाथ पिण्ड जल दाता।।

1/42/57

संकरवर्ण दोष कुलघाती। घातक नरक घात–प्रतिघाती।
जातिधर्म कुल सबहिं नसाईं। बिनशि सनातन धर्म गुसाईं।।

1/43/58

जिन कुलधर्म सकल जन खोई। धर्म सनातन तजि बहु रोई।
स्वर्ग तजहिं सब बिधि सुख नासा। बहुतकाल नर्कन महँ बासा।।

1/44/59

बधन वन्धु उद्यत हम होवहिं। महापाप तत्पर कुल रोवहिं।
स्वजन हनहिं अरु खेद जतावहिं। राजलोभ सुखेच्छा चाहवहिं।।

1/45/60

अस्त्र–शस्त्रधारी मोहि मारहिं। युद्ध विरत मोहि समर पछारहिं।
शस्त्र उठाइ समर नहिं करिहौं। समर बिरत हौं रण में मरिहौं।।

1/46/61

पक्षपाती कौरव मोहि मारौं। शस्त्र विरत हित जानि पछारौं।
बिनु उपाय गहि आयुध नाना। हनहिं मोर कल्याण सुजाना।।

1/46/62

संजय उवाच

दोहा

त्यागिके वान–कमान सब, शोक–विव्हल मनप्रान।
अर्जुन रण रथ मध्यमें, बिरजे जीव समान।

1/47/63

शोकाकुल तन मन हुए, त्यागे धनुष कमान
ईश सारथी निकट तब, पारथ कृष्ण महान।

1/47/64

मोहग्रसित जीवात्मा, शरण हुई जगदीश
हरौं हरौं संकट हरौं, कृष्ण सुजान सुदीश।

1/47/65

कछू न समुझत मोर मन, विगत्स्मृति रणधीर
गीता बचन सुनाइके, हरहुँ सकल भवपीर।

1/47/66

अज्ञानी बालक हुए, विस्मृत सारा ज्ञान
वचन सुनावहुँ ज्ञान के, लग जावे जब ध्यान।

1/47/67

मै बालक अज्ञानवश, शरण गहहुँ प्रभु धीर
ज्ञान दे तम को मिटावहूँ, ज्ञानी गुणी सुधीर ।

1/47/68

सकल योग विस्मृत हुए, भूले हित कल्यान
तिन्हकों देव जगाबहूँ, भक्ति–कर्म अरु ज्ञान।

1/47/69

सुहृद् जीव कोमल हृदय, सेवारत ही भाव
आत्मज्ञान अधिकारि है, भगवद्प्रिय सुचि चाव।

1/47/70

माया ममता मोह से, ओत–पोत मन प्रान
भीषण तन दूषित हुआ, रोम–रोम अज्ञान।।

1/47/71

मधुसूदन माधव शगुन, मुरलीधर गोपाल
ज्ञान तत्व समझाइके, आत्म–तत्व लखिपाल।।

1/47/72

हे त्रिपुरारी शरण मैं, शरणागत मोहि जान
करहुँ कृपा भगवद्मयी, मिटें घोर अज्ञान।

1/47/73

ज्योति जला के ज्ञान की, तम को दूर भगाय
गीतयोग को गायके, पल–पल बहु सुख पाय।।

1/47/74

हे माधव हे कृष्ण हे, रघुवर दीनदयाल
मोह ग्रसित हूँ जीव मै, करहुँ कृपा नरपाल।।

1/47/75

छन्द

ओम् भगवद्गीता तत् सत् मीता, विद्याब्रह्म बिचारहीं
ब्रह्मास्त्रमय योगशस्त्रमय, जीव ब्रह्म उच्चारहीं
उपनिषद् जो गावा, ब्रह्म सुनावा, गीतपुनीत विचारहीं
जीवार्जुन आत्मा मय परमात्मा, परमानन्द प्रचारहीं ।

ओम् इति डॉ. रामवीर सिह कुशवाह 'पथिक' कृत
श्रीमद्भगवद्गीतामृत गीतयोग नामक ग्रन्थ का अर्जुन–जीव
विषाद्योग नामक
प्रथम अध्याय समाप्त हुआ।

❋ ❋❋

प्रथम अध्याय के पात्र–संकेत

पाण्डव–सेना

युधिष्ठर	–	धर्म
अर्जुन	–	अनुराग
भीम	–	भाव
नकुल	–	नियम
सहदेव	–	सत्संग
सात्यकि	–	सात्विक
काशीराज	–	काया में सामर्थ्य
कुन्तिभोज	–	कर्त्तव्य द्वारा भव पर विजय
धृष्टद्युम्न	–	दृढ़ मन
चेकितान	–	भटकते चित्त को खींचकर इष्ट में स्थिर करने वाला
युधामन्यु	–	युद्ध के अनुरूप मन की धारणा
अभिमन्यु	–	शुभ–आधार (सुभद्रा) से उत्पन्न अभय मन
ध्यान रूपी द्रौपदी के पांच पुत्र	–	वात्सल्य, लावण्य, सहृदयता, सौम्यता, स्थिरता

कौरव–सेना

धृतराष्ट्र	–	अज्ञान
दुर्योधन	–	मोह
दुःशासन	–	दुर्बुद्धि
कर्ण	–	विजातीय कर्म
भीष्म	–	भ्रम
द्रोणाचार्य	–	द्वैत का आचरण
अश्वत्थामा	–	आसक्ति
विकर्ण	–	विकल्प
कृपाचार्य	–	अधूरी साधना में कृपा का आचरण
विदुर	–	जीव
भूरिश्रवा	–	भ्रममयी श्वास

ॐ गुं गुरुभ्यो नमः । ॐ गं गणेशाय नमः । ॐ श्री परमात्मने नमः।

श्रीमदभगवद्गीता गीतयोग

अध्याय - दो

गीतासारः सांख्ययोग

शिष्यरूप अर्जुन (जीव) परमनियंता एवं परमपिता श्रीभगवान की शरण ग्रहण करते हैं। नश्वर भौतिक–शरीर एवं नित्य, शाश्वत आत्मा के मूलभूत अन्तर की व्याख्या करते हुए भगवान परम कल्याणमय श्रीमद्भागवद्गीता रूपी महाज्ञान के उपदेश का शुभारम्भ करते हैं। विकारों से युद्ध करने को प्रेरित करते हुए भगवान ईश्वर की निष्काम सेवा, देहान्तरण की प्रक्रिया तथा वीतरागी / स्थिर–प्रज्ञ स्वरूप–पुरूष के गुणों से परिचय कराते हैं। आत्मा शाश्वत् है, सनातन है, उसे जानकर तत्वदर्शी बनो। इसकी प्राप्ति के दो साधन हैं–ज्ञानयोग और निष्काम कर्मयोग (या भक्ति मार्गी)। ज्ञानयोगी अपनी शक्ति समझकर, अपनी हानि–लाभ का विचार कर अपने स्वयं के भरोसे चलता है। जबकि निष्काम कर्मयोगी (भक्त) शरणागत होकर मेरा आश्रय लेकर चलता है। दोनों को ही काम–क्रोधादि शत्रुओं पर विजय पाना है। कामनाओं का त्याग दोनों को ही करना है।

गोस्वामी तुलसीदासजी के शब्दों में–

मोरे प्रौढ़ तनय सम ज्ञानी।
बालक सुत सम दास अमानी।।
जानहि मोर बल निज बल ताही।
दुहु कहँ काम क्रोध रिपु आही।।

(रामचरितमानस, 3 / 42 / 8–9)

भगवान् कहते हैं–"इस कर्म के परिणाम में परमशान्ति को प्राप्त हो जाओगे।"

संजय उवाच

दोहा

कायरता हिय विषद् बहु, श्रवत नयन जलधार
क्षीण–शक्ति लोचन हुई, अश्रुपूर्ण दृग्सार।

2/1/1

पारथ मोह ग्रसित होइ, बोले धीर सुजान
सकल मोह नसाव हित, माधव! कृष्ण! अजान।।

2/1/2

मधुसूदन ईश्वर सकल, जीव जगत आधार
शोक–विषाद उबारेहूँ, सुनि मम वचन उदार।

2/1/3

मोहग्रस्त है जीव नित, अँसुअन से दृग खोय
कायरता परिपूर्ण हिय, भाव कुभाव संजोय।

2/1/4

मधुसूदन के रूप में, ईश्वर सन्मुख होय
मोह–विषाद् विनाशिके, उन्मुख नित्–नित् सोय।

2/1/5

जीव देखि भीगे नयन, जीवन दाता डोल
दृष्टि–शक्ति बिलुप्त है, मुख में नाहीं वोल।

2/1/6

आत्म–शक्ति जागरणहित, परमशक्ति रस घोल
वाणी अमृत बचन नित, पारथ हित–हित बोल।।

2/1/7

आत्मानन्द अनात्म हिय, शक्ति अनन्त सुजान
अनन्य भक्ति गुणशक्ति सब, कर्म ज्ञान गुण खान ।।

2/1/ 8

विनशहुँ मम हिय शोक सब, सुलभ सभ्यता पाउँ
अर्धज्ञान की कीच तजि, परम ज्ञान भव जाउँ।।

2/1/ 9

अश्रुपूर्ण दृग जीव जिय, शरणागत प्रभु जान
मधुसूदन मधु विनय करि, दिव्य ज्ञान पहिचान।

2/1/10

श्रीभगवान उवाच

चौपाई

पार्थ कवन विधि मोह तू लावा। न जाने नर श्रेष्ठ छलावा।
पापमूल बहु शूल प्रकाशी। कीर्तिहीन सकल सुखनाशी।।

2/2/11

स्वर्ग कीर्ति धन नहिं देई। सकल रोग भव–बन्धन सेई।
सकलश्रेष्ठ नर तजहुँ यह मोहा। कायरता नहिं भावहिं सोहा।।

2/2/12

पृथानन्द पुरुषारथ जागो। तुच्छ हृदय दुर्बलता त्यागो।
निडर बनो नरसिंह से लागो। रणहित पारथ जागो–जागो।।

2/3/13

छोड़ नपुंसकता मनत्यागो। मोह–निद्रा तजि तुरतहिं जागो।
अरिसूदन मधुसूदन बोले। सुनिके सरस वचन मन डोले।।

2/3/14

अर्जुन उवाच

हे मधुसूदन! हे अरिसूदन! द्रोण–भीष्म करहुँ नित पूजन।
कवन वान रण करहुँ बिधाता। असरण शरण सुहाय न दाता।।

2/4/15

दोउ गुरु पूजनीय मम प्राना। केहि बिधि हतहुँ हे कृष्ण सुजाना।
प्रभु गुरुजन प्रभाव हनि जरहीं। भीख मांगि जग नीक विचरहीं।।

2/4/16

गुरु जिन अर्थकाम हित मरहीं। रुधिर अहार उदर नित भरहीं।
गुरुजन रक्त सने धन कामा। भोग प्रमुख सुख चाह न रामा।।

2/5/17

नहिं जानहुँ हित कवन भलाई। समर करहुँ या विरत कलाई।
हम जीतें या जय उन पाई। श्रेष्ठ कर्म नहिं जानहुँ भाई।।

2/6/18

जिन्हहिं खोय नहिं जीवन जीना। केहि बिधि हतौं तेहि सुप्रवीना।
जे ठाड़े रण हेतु अगाई। नहिं मारहुँ कौरवसुत भाई।।

2/6/19

दोहा

कौरव सुत गुरुवर खड़े भीष्म पितामह प्राण।
केहि विधि इनको मारहूँ, माया गहि केहि त्राण।।

2/6/20

चौपाई

दोष दीनता पाय स्वभावा। बहु विकार मन मोह प्रभावा।
कायरता उपहत् मन प्राना। धर्म मोह मोहित मम ज्ञाना।।

2/7/21

पूछत नाथ सनाथ गोसाईं। करहुँ कृपा सर्बज्ञ सो साईं।
शरणागत मैं शिष्य कृपाला। शिक्षा निश्चित–श्रेष्ठ नृपाला।।

2/7/22

पथ यथेष्ट मोहि दरस दिखावौं। जान श्रेष्ठ हित ज्ञान सिखावौं।
दीख शोक चहुँ लोक दुखावहिं। मम इन्द्रिय तन सकल सुखावहिं।।

2/7/23

धान्य मान्य धन–प्रान गुहावहिं। बृद्धि–समृद्धि न राज्य सुहावहिं।
राज अकण्टक भुवि भरि पावहुँ। गहि सुरपति पद स्वर्ग न जावहुँ।।

2/7/24

कार्पण्य दोष–विजित स्वभावा। मोह–ग्रसित मन मोरे भावा।
हे माधव, हे कृष्ण मुरारी। शरणागत् हूँ मैं त्रिपुरारी।।

2/8/25

इन्द्रिय सुखद–दुखद अज्ञाना। मोहजनित मन भ्रमित सुजाना।
दीख शोक हर लोक दुखाई। जिन मम इन्द्रिय सकल सुखाई।।

2/8/26

संजय उवाच

दोहा

गुडाकेश अति मोहग्रस, विरत होंय गुणज्ञान
निज करतब विसराइके, रण नहिं करिहौं ठान।

2/9/27

निज आतम विसरी सकल, परमातम नहिं मान
गुडाकेश उर्जा रहित, उर्जावान महान।

2/9/28

पारथ जीव विषादयुत, कर्म–अकर्म न जान
विहँसि ईश जगदीश तब, कर्म–मर्म गुणज्ञान।

2/9/29

अन्तर्यामी ईश तब, जीव सकल हित जान
युद्व–कर्म रण–मध्य में, बोले वचन सुजान।

2/9/30

सुनि नृप सेन–मध्य द्वय, केशव विहँसि खरारि
शोक–मग्न पाण्डव सुतहिं, वोले कृष्ण मुरारि।।

2/9/31

श्री भगवान उवाच

चौपाई

बृथा शोक पारथ तुम्ह कीन्हा। मृथा रोग दुख दारुण दीन्हा।
पण्डित विज्ञ वोल बड़–बोला। ज्ञानि–सुज्ञानि डोल मन डोला।।

2/11/32

प्रानसहित अरु प्रान विहीना। पण्डित जीवित–मृत दुख हीना।
ममता काम शोक बहु रोगा। आदि–अन्त गुण–गण चहुँ भोगा।।

2/11/33

करहिं शोक नहिं विज्ञ सुजाना। जीवित–निर्जीवित जिन ज्ञाना।
हैं अशोच्य जीवित–मृत प्रानी। करतव चिन्ता नहिं कृत ज्ञानी।।

2/11/34

चिन्ता सकल विचार नसावैं। करतव–बोध बोधि सरसावै।
चिन्ता ज्ञान–अभाव निशानी। आत्म–पदार्थ–ईश न जानी।।

2/11/35

कौन काल परमातम नाहीं। भूपति या तुम आतम माहीं।
कहहुँ काल कब मैं नहिं मानौ। कौन जीव जग में था जानो।।

2/12/36

बाद नहीं हम–तुम भूपाला। मिथ्या–भ्रम पालेहुँ नृप–काला।
शाश्वत काल–तत्व नित होई। भाव–अभाव स्वभाव न सोई।।

2/12/37

आदि–अन्त अरु मध्य विहीना। महाकाल सब काल अधीना।
जिन लोचन विलोकि मन प्राना। बदलें क्षण–क्षण दृष्य सो जाना।।

2/12/38

परमात्मा–आत्मा यह द्वैता। सत्य–सदा–शाश्वत अद्वैता।
आध्यातम–अस्तित्व है ज्ञेया। भक्तयुक्त हृदय नित सेया।।

2/13–16/39

पाइ देह नर वाल–जवानी। देइ बुढ़ापा काल निशानी।
तीनि–अवस्था नर–तन धारी। मोहित नहिं नितज्ञान सुधारी।।

2/13–16/40

जड़पदार्थ शीतोष्ण प्रतीती। सुख– दुख नित्य–अनित्य सुप्रीती।
क्षणिक उदय–व्यय काल अधीना। इन्द्रिय–बोधजन्य गुण चीन्हा।।

2/13–16/41

धीर–सुधीर कबहुँ नहिं मोहा। परिवर्तन नित – जीवन सोहा।
अविचल भाव सहहुँ सब पारथ। ज्ञान–बोध त्यागि निज स्वारथ।।

2/13–16/42

दृष्य–शरीर शरीरी दृष्टा। सत्ता – ज्ञान नित्य सत्– सृष्टा।
जागृत्' भूत शरीर कहाई। सूक्ष्म–शरीर 'स्वप्न'–सम भाई।।

2/13–16/43

दोहा

'सुषुप्ति' अवस्था कारण, 'ज्ञान' स्थूल को कार्य
'सूक्ष्म' शरीर भीतर रहे, 'कारण' नित् सत्कार्य।

2/13–16/44

व्यष्टि जीव से भिन्न है, हर शरीर महिं जान
परमपिता परमात्मा, आत्मरूप पहिचान।

2/13–16/45

चौपाई

धीर–पुरुष सत्–असत् सुबोधा। सत्ता–भाव–अभाव न बोधा।
माया–चंगुल फँसि द्वै देखा। उपदेशक–उपदिष्ट हैं एका।

2/13–16/46

दृष्य–शरीर शरीरी दृष्टा। जागृत आत्मा तन अतिभ्रष्टा।
सत्ता–ज्ञान निरन्तर होई। धीर–सुधीर ज्ञानरत सोई।।

2/13–16/47

इन्द्रिय सकल बिषय–संयोगा। सुख–दुख दायक आदि–वियोगा।
आवागमन अनित्य संयोगा। सहन करौं सुख–दुख गहि योगा।।

2/13–16/48

शीत–उष्ण सुख–दुख सम जानो। बिषयानुकूल–प्रतिको पहिचानो।
जन्म – मृत्यु अति कष्ट प्रदाना। विस्मृति होइ सकल सुज्ञाना।।

2/13–16/49

जो गहि योग सहज प्रकटावा। पूर्व–जन्म–स्मृति गहि आवा।
धीर–सुधीर सतासत बोधा। बोधि जगे तब नित्य सुबोधा।।

2/13–16/50

व्यथाहीन तजहिं भव पीरा। सुख–दुख में सम धीर–सुधीरा।
अमर होंइ जे रहित विकारा। व्यथा न पहुँचि जहाँ सद्चारा।।

2/13–16/51

धीर पुरुष समताथित होई। परमानन्द परमपद सोई।
सुख इच्छा दुखपीड़ा भोगी। जानहुँ सकल जीव जन रोगी।।

2/13–16/52

दृढ़–प्रतिज्ञ समभाव सुहाई। निज कर्त्तव्य–कर्मरत भाई।
सुख–दुख से विचलित जे नाहीं। मुक्ति योग्य सत्पुरुष कहाहीं।।

2/13–16/53

दोहा

असत् भाव थिर नहिं रहें, सत्य सदा लवलीन
सत्–आत्मा तन–असत् है, जड़–चेतन गुणलीन।

2/13–16/54

शाश्वत आत्मा ईश है, जड़ तन–मन गुण दीन्ह
अस्थिर भाव को त्यागिके, सत्य सदा प्रभुचीन्ह।

2/13–16/55

चौपाई

भाव न कबहुँ असत् कर कोई। नहिं अभाव सतनाश न होई।
भाव – अभाव में समता लीना। तत्व – ज्ञान विवेक प्रवीना।।

2/13–16/56

सत अरु असत मूल सब एका। भावरूप सब एकहिं देखा।
नहिं लखि सकहुँ जगत द्वै–वारा। अस्थिररूप जगत जग सारा।।

2/13–16/57

महाकाल गति सूक्ष्म खरारी। देखि न सकहुँ स्वरूप मुरारी।
यथाभूत नहिं दरस दिखावा। वर्तमान क्षण भूत कहावा।।

2/13–16/58

वर्तमान भूगर्भ से उगता। अरु भविष्य हर क्षण में दिखता।
काल तीनि शाश्वत वैदेही। भावरूप नहिं सब तन गेही।।

2/13–16/59

सुख–दुख से ऊपर उठि जाई। परमानन्द शान्ति अति पाई।
परमेश्वर सब–उद्भव मूला। अपरा – परा प्रकृति जो भूला।।

2/13–16/60

सत्तावान एक–सत होई। असत् प्रतीति सत्य सोइ सोई।
समदर्शी देखहिं सत्‌रूपा। सत् अरु असत् समान स्वरूपा।।

2/13–16/61

दोहा

अविनाशी जानहुँ तेहि, व्याप्त सकल जग सार।
शाश्वत् अक्षर पुरुष है, प्रकृति परा संसार।

2/17–18/62

अविनाशी अप्रमेय नित, सकल शरीरी होय
नित्य–तत्व सत्–तत्व है, आत्म–तत्व सोय सोय।

2/17–18/63

चौपाई

सब जग व्याप्त सकल संसारा। जानिहुँ ताहि विहीन विकारा।
अनघ अजित अविनाशी जानौ। अप्रमेय अव्यय पहिचानौ।।

2/17–18/64

रहहि नित्य स्वप्रकाश प्रकाशी। ईश्वर रूप सकल अविनाशी।
जासु विनाश समर्थ न कोई। देही नित्य–अनित्य न होई।।

2/17–18/65

अन्तवन्त यह सकल शरीरा। अस विचारि धरि धीर सुधीरा।
सत् सुबोध प्रवृत्ति सुजाना। असत् निवृत्ति स्वतः सो जाना।।

2/17–18/66

गहि कर्त्तव्य अकर्म जे चीन्हा। सत्–स्वरूप निज रूपहिं दीन्हा।
नित्यलीन लवलीन प्रवीना। जागहिं बोधि सुबोधि कुलीना।।

2/17–18/67

अनुभव सत् करि पारथ प्यारे। निज कर्त्तव्य गहहुँ सुख न्यारे।
युद्ध करहुँ तुम सकल विकारा। आत्मबोधि कर एक–एक मारा।।

2/17–18/68

हनहुँ मोह अज्ञान अचारा। हनहुँ शरीर विकार विचारा।
क्षर शरीर असत् तुम्ह जानो। पारथ उठहुँ नित्य–रण ठानो।।

2/17–18/69

सोरठा

भानु प्रकाश असंख्य, अणु तेजोमय शक्तियुत
प्रभा तेज बहुसंख्य, पराशक्ति परमाणु सुत।

2/17–18/70

नहिं सक्षम कोउ वीर, अव्यय आत्मा को विनशि
शाश्वत् सत्य सुधीर, नित्य–निरन्तर आत्म तत्।

2/17–18/71

चौपाई

अक्षर अविनाशी यह देही। मारनहार मानि मृत गेही।
ये दोऊ कछु मर्म न जानहिं। अविनाशी को नश्वर मानहिं।।

2/19–20/72

जन्मरहित शाश्वत अविनाशी। नित्य निरन्तर सब घट वासी।
नित्य एकरस पुरुष अनन्ता। देह नाश होइ मरहि न हन्ता।।

2/19–20/73

शाश्वत् आदि रहित भगवन्ता। आदि अनादि नित्य सुखवन्ता।
सत् यह जन्म–मृत्यु पर होई। मरहिं न मारहिं सम्यक् सोई।।

2/19–20/74

'न हन्यते हन्यमान' शरीरी। शाश्वत नित्य सर्बगत शूरी।
उदय–विनाश शरीर विकारा। घट–बढ़ सत्तावान विचारा।।

2/19–20/75

आदि–अन्त अरु मध्य बिहीना। निर्विकार शरीरी चीन्हा।
जन्म–मरण नहिं जाकों होई। व्याप्त सकल ब्रह्माण्ड में सोई।।

2/19–20/76

अज अव्यय अविनाशी जानहुँ। अविचल निज स्वरूप पहिचानहुँ।
काहूँसन किम मरहिं न मारहिं। हनि न सकहिं किम जरहिं न जारहिं।।

2/21/77

कर्त्ता नहीं कर्म से दूरी। समता में थित नित्य–शरीरी।
शुभ अरु अशुभ कर्म–फल भोगी। ईश बिमुख अज्ञानी रोगी।।

2/21/78

जन्म–मृत्यु केहि कारण जानहुँ। करि कर्त्तव्य ईश पहिचानहुँ।
शाश्वत् नित्य अजन्म–पुरातन्। भूत–भविष्य शरीरि सनातन्।।

2/21/79

छन्द

तजि जीर्ण–शीर्ण मलीन, वासन–वसन नित अवसानही
नव नित्य नूतन वसन–भूसन, देह–गेह सुजानही

देही तजहिं वह देह मानि, पुरान परिहर जानहीं
नव गेह देह नवीन से यह, देह–देही ज्ञानही।

2/22/80

दोहा

जिमि जर जरा मलीन सब, तजि पुरान नव गेह
गहहिं नवीन नवीन पुनि, धारहिं नित–नित देह।

2/22/81

जन्म–मृत्यु कारण बिबिध, ईश–बिमुख अज्ञान
कर्म–शुभाशुभ देहिं फल, भोग भोगि बहु ज्ञान।

2/22/82

कर्म–स्वार्थ हित विमुख करि, करतव नहिं पहचानि
ईश प्रदत्त स्वायत्यता, दुरुपयोग सोइ जानि।।

2/22/83

चौपाई

झूठ बोलि परिपीड़ा देई। स्वार्थ प्रीति मोहरत तेई।
ममता मोह असत् संग कीन्हा। दुख दारुण भव–बन्धन लीन्हा।।

2/23–24/84

जे जन तन मरना निज माने। 'जीवन–इच्छा' ही नित जाने।
ते नर जन्म–मृत्यु भव परहीं। जीवलोक नित–नित्य विचरहीं।।

2/23–24/85

आतम्–तत्व न मरहिं न मारे। परमातम् से उपजहिं सारे।
व्याप्त सकल ब्रह्माण्ड विशाला। प्रभु अनन्त की छटा निराला।।

2/23–24/86

सत्य – सनातन – शाश्वत वासी। देही ब्रह्म अनन्त निवासी।
शस्त्र न छेदि सकहिं यह देही। अस्त्र न भेदि सकहिं यह गेही।।

2/23–24/87

अस्त्र – शस्त्र से अपर शरीरी। जरा–जन्म से परा शरीरी।
पावक दाहक सकि न जलाई। गाहक गुणगण देखि भलाई।।

2/23–24/88

नीर गील नहिं करहिं गुसाईं। शोषि न सकहिं प्रभंजन साईं।
अचल नित्य थिर सब जग व्यापी। सत्य–सनातन नित्य प्रतापी।।

2/23–24/89

अक्लेद्य–अछेद्य–अशोष्य–अदाहक। नित्य सर्वगत शाश्वत गाहक।
देही गुणगण पारथ जानो। पूर्ण अचल अविनाशी मानो।।

2/23–24/90

आदि–अनादि–अनन्त स्वभावा। नित्य लीन अभिनव सद्भावा।
आत्म–अखण्डित अघुलनशीला। सर्वव्याप्त निर्विकार सुशीला।।

2/23–24/91

इन्द्रिय – मन – गोचर अविकारी। देही निज लोचन सुविचारी।
आतमगति अस समुझि सुजाना। सुनि कारण मन शोक न लाना।।

2/23–24/92

चिन्तन का न बिषय ये देही। शोक–मुक्त निर्विकार सनेही।
नित नव आतम जन्म जो मानहुँ। संग शरीर सदैव नशानहुँ।।

2/23–24/93

तदपि शोक केहि कारण करहूँ। भारत समुझि देखि मन भरहूँ।
स्थूल – रहित अव्यक्त शरीरी। बुद्धि ज्ञान मन मुक्त शरीरी।।

2/23–24/94

अकल्पनीय अविकार्य अदृष्या। पारथ शोक करहुँ नहिं दृष्या।
सोचहुँ जो नित जीवहि जन्मा। महाबाहु नहिं शोक अजन्मा।।

2/25–26/95

जन्मत तासु मृत्यु नित होई। मरणशील ध्रुव जन्महिं सोई।
पुनि–पुनि जन्म–मृत्यु नित जानी। शोक कहाँ निज सम्भव प्रानी।।

2/27–28/96

आदि–अदृष्य भूत समुदाई। प्रगटहिं मध्य–अन्त बिलगाई।
आदि–अन्त जो सकल भुलाई। मध्य नहीं तब होंय गुसाईं।।

2/27–28/97

प्रतिक्षण परिवर्तित ये रूपा। एक छोड़ धारहिं बहु भूपा।
प्रथम रूप जब छोड़हिं प्रानी। कहहुँ तात 'मृत्यु' है आनी।।

2/27–28/98

दूसर रूप पुनि धारण कीन्हा। 'जन्म' लेइ नव–रूप नवीना।
यहि बिधि रूप निरन्तर धारहिं। जन्म–मृत्यु–प्रवाह विचारहिं।।

2/27–28/99

कर्मानुसार जन्म जो लीन्हा। अपरिहार्य कर्त्तव्य सो चीन्हा।
सकल जीव अव्यक्त अरम्भा। मध्य व्यक्त अन्त पुनि दम्भा।।

2/27–28/100

यह भौतिक–तन विनशहि काला। आतम शाश्वत् देह विशाला।
नहिं अस्तित्व व्यक्त तन जानहुँ। पूर्णाभिव्यक्ति यथार्थहि ज्ञानहुँ।।

2/27–28/101

आदि–अन्त जो नहीं गुसाईं। वह न मध्यमें रहे घुसाईं।
होय प्रतीति असत् जग ऐसे। तहाँ शोक केहि कारन कैसे?

2/27–28/102

छन्द

कोइ गुण गुनि–गुनि सुनि, पुनि अनुसुनि करि
गुनि–गुनि सुनि–सुनि पुनि–आत्म–स्वरूप सुजानहीं
जो सुनि गुनज्ञाना अनुसुनि माना, रूप अनूप न जानहीं
कोइ अचरज माने भ्रमवशजाने, आत्मारूप बखानहीं।

2/29/103

जो सुनि नहिं काना धरहिं न ध्याना, ते बिनु आतम–ज्ञानही
आतम नित देखहिं अचरज लेखहिं, चमत्कार लखि जानही
फँसि इन्द्रिय–तृप्ता भोगासक्ता, माया मोहित प्रानि सदा
विचलित जिन होई मत सब कोई, श्रेष्ठ आत्म–तत्व ज्ञानही।

2/29/104

दोहा

नश्वर होय प्रतीति नित, बदली–बदली देह
देही कबहुँ विनाशि नहिं, देही बदले देह।

2/30/105

देही–देह की भिन्नता, देख सके तो देख
परमतत्व–अभिन्नता, सदा सार सद्लेख।

2/30/106

जीव मध्य आतम सदा, शाश्वत भिन्नाभिन्न
भूत सकल गुण जगतके, नश्वर नाशक खिन्न।

2/30/107

सबकें देह अवध्य नित, देही सुनहुँ सुजान
है अशोच्य आतम–जगत, केहि सोचहुँ बलवान?

2/30/108

चौपाई

गहि स्वधर्म विचलित जिन होई। करहुँ कर्म–कर्त्तव्य हो जोई।
आपुनु धर्म–कर्म सुविचारी। करहुँ जो करतब–कर्म निहारी।।

2/31–32/109

आपुनु धर्म विचारें कर्मा। भयकर हेतु महा–परधर्मा।
युद्ध–धर्ममय क्षत्रिय–कर्मा। नहिं दूसर कर्त्तव्य ये मर्मा।।

2/31–32/110

स्वर्ग–द्वार रण क्षात्रप होई। क्षत्रिय सुखी युद्ध–रत जोई।
असरन कबहुँ न पावहि जोगी। सुखी भाग्य सब भूप सुयोगी।।

2/31–32/1111

कर्त्तव्य–कर्म पालन निजधर्मा। तेहि 'स्वधर्म' जानहुँ यह मर्मा।
जो स्वधर्म–पालन रत होवहिं। सुख असीम पावहिं बहु शोभहिं।।

2/31–32/1112

निज कर्त्तव्य बिहीन जे प्रानी। ते 'परधर्म' लीन तेहि मानी।
निज–निज करतब करहुँ सुजाना। कबहुँ नहीं विस्मृत सद्ज्ञाना।।

2/31–32/113

छन्द

कर्त्तव्य–कर्म स्वधर्मनिज, धर्म नित पहचानिए
कर्त्तव्यच्युत जे होंइ तेइ, परधर्म में रत जानिए

स्वधर्म–पालन सुख खिलावन पुष्प बहु निज रूप में
परधर्म काल़–कराल होइ विकराल, बहु–बहु जानिए।

2/31–32/114

दोहा

कर्मरूप सुखखान है, क्षत्रिय का संग्राम
धर्मरूप स्वधर्म निज, कर्त्तव्य–कर्म पहिचान।

2/31–32/115

तुम क्षत्रिय स्वधर्मरत, युद्धश्रेष्ठ जग जान
चोट खाय नहिं रह सकें, रक्षा क्षति तजि प्रान।

2/31–32/116

सुखी होंय क्षत्रिय वही, धर्म–युद्ध–रत जोय
स्वर्ग–द्वार खुलि जायँ नित, राज्य भोग सुख सोय।

2/31–32/117

चौपाई

अपकीरति परधर्म सुहावा। निन्दनीय नित दुख बहु लावा।
सकल जगत अपकीरति गावहिं। भोगेउ पाप अधमगति पावहिं।।

2/33–34/118

खण्ड–खण्ड सुख्याती मूरति। यहि बिधि दण्ड देइ बहु सूरति।
ज्यों–ज्यों श्रेष्ठ–कर्मरत होई। त्यों–त्यों कीर्ति धर्म सोइ सोई।।

2/33–34/119

जब अपकीरति घर महँ घुसई। सहसा पलटि ख्याति नर लुकई।
जगत अखण्ड अकीरति होई। रिपु बहुयाम मृत्यु सम सोई।।

2/33–34/120

युद्ध विरत अपकीरति पावहुँ। नष्ट स्वधर्म पाप बहु खावहुँ।
अपयश सदा–सदा सब गावहिं। सकल प्रतिष्ठा खोय भयावहिं।।

2/33–34/121

महारथी पारथ रण जेते। रण भयभीत विचारहिं ते–ते।
जिन गौरव बड़–मान सुनेते। पावहुँ तहँ अविकार प्रणेते। ।

2/35–36/122

करि निन्दा बल–पौरुष हरना। अपकीरति कहि मानहुँ मरना।
नाना दुष्ट वचन सुनि काना। जासे बड़ दुख कवन जहाना।।

2/35–36/123

भय कारण उपरत रण मानहिं। मान्य–दृष्टि लघुता नित जानहिं।
सकल रिपुहिं कटु–वचन सुनावहिं। निंदा घोर अकीरति गावहिं।।

2/35–36/124

जे महान योधा तुम्ह माने। सकल जगत जिन तोहि सम्माने।
ते सोचहिं डर घुसि तुम भागे। युद्ध–विरत रण छोड़ि अभागे।।

2/35–36/125

रिपु तब बहु प्रकार कटु वचना। तब उपहास करहिं बहु रचना।
तब सामर्थ्य जगत उपहासी। बहु दुखदाई बहु दुखभासी।।

2/35–36/126

पावहुँ स्वर्ग समर तजि देही। योग–भूमि रणनीति सनेही।
दृढ़–निश्चय कर गहि कुरु–नन्दन। समज्ञानी बन उठि कुरु–चन्दन।।

2/37–38/127

लाभ–अलाभ उभय सम जोऊ। दुख–सुख तुल्य अजय–जय दोऊ।
समर करहुं रणधीर तेहि बिधि। पाप न पातक पीर ताहि निधि।।

2/37–38/128

द्वन्द्व अनन्त रहहुँ सम–स्थित। निज–स्वरूप में स्वतःप्रतिष्ठित।
सुख–दुख जीत–हार नहिं व्यापहिं। जो निज–कर्म करहिं सम ज्ञापहिं।।

2/37–38/129

दोहा

धर्म–युद्ध तुम उठि पड़ो, दृढ़–संकल्प अधीन
हानि–लाभ जय–विजय तजि, युद्ध करहुँ स्वाधीन।

2/37–38/130

दिव्य–चेतनायुक्त तुम, पारथ गुणी महान
कृष्णभावनामय करम, पाप नशाय जहान।

2/37–38/131

अब तक कहियो ज्ञान पथ, पार्थ सुनो धरि ध्यान
सुनिए कर्म–विधान अब, छूटि बन्ध अज्ञान।

2/37–38/132

कर्मयोग पावन वचन, कर्म–बन्ध तजि धीर
बुद्धि समत्वयुक्त गहि, नित–नित धर्म सुधीर।

2/39/133

निष्कामभावयुत सांख्य सुनि, कर्मयोग गुणखान
बन्धन–मुक्ति हो कर्म से, ज्ञानयुक्त यह ज्ञान।

2/39/134

चौपाई

सांख्य बस्तु–वरनहुँ विस्तारा। आत्म–दरस प्रकृति निस्तारा।
इन्द्रिय–निग्रह योग कहाई। कहहुँ ताहि सुनि पारथ भाई।।

2/40/135

बुद्धियोग सांख्य–पथ लोगा। कृष्णभावनामृत सब भोगा।
परमानन्द भक्तिगुण–धर्मा। ईशतुष्टि जानहुँ सब कर्मा।।

2/40/136

यहाँ कर्म फल बिफल न जाहीं। लागत कबहुँ दोष कोउ नाहीं।
धर्म समत्व नाश नहिं कबहूँ। अनुष्ठान फल उलटि न तबहूँ।।

2/40/137

अल्प आचरण धर्म पुनीता। जन्म–मृत्यु–भयनाश सुनीता।
हानि कबहुँ नहिं होइ सुकर्मा। पंथ–सुपंथ चलहुँ यहि मर्मा।।

2/40/138

निश्चयरूप बुद्धि बल जोई। एक विवेकिनि नित्य सो होई।
नर सकाम बल–बुद्धि अनन्ता। पंथ अपरिमित सुख बलवन्ता।।

2/41–42/139

ज्ञान प्रमुख स्वरूप निज बोधा। ज्ञानयोग जानहुँ सद्जोधा।
दृढ़–निश्चय एक बुद्धि सुहाई। कर्म–भक्ति योगहिं सुनि भाई।।

2/41–42/140

एक–निश्चय स्वरूप पहिचानी। समता थित गुणज्ञानी जानी।
जे यहि पंथ चलहिं गुण ज्ञानी। लक्ष्य एक दृढ़–भक्त कहानी।।

2 / 41–42 / 141

श्रद्धा जो अटूट विश्वासा। नित्य अलौकिक हित मन प्यासा।
'वासुदेव–सर्वम्' व्यवहारी। सुदृढ़–कर्म–मर्म गुणहारी।।

2 / 41–42 / 142

तन्मय काम रूप सोइ दीना। जे श्रुति अर्थ विवाद प्रवीना।
वेद सकाम कर्म जेहि कीन्हा। ज्ञानादिक फल मुक्ति कुलीना।।

2 / 41–42 / 143

सोइ कामी सुख–स्वर्ग लुभाया। दायक जन्म कर्म–फल माया।
क्रिया–कलाप बहुरि भरमाया। इष्ट बिषय–भोग सरमाया।।

2 / 43–44 / 144

भोगेश्वर्य विषयवश कामी। वश मन मोह तासु अनुगामी।
निश्चयरूप सुमति शुचिधारी। ताहि न होय समाधि विचारी।।

2 / 43–44 / 145

शक्ति–स्वर्गहित कर्म सकामा। इन्द्रिय–तृप्ति संस्तुति बहुनामा।
मोहग्रस्त भोग–आसक्ता। मन चंचल नहिं दृढ़ ते भक्ता।।

2 / 43–44 / 146

इन्द्रिय–रुचि जगि माया जागी। सम–समाधि समतागुण भागी।
मन अनियंत्रित दृढ़ता खोई। क्षण–सुख पाइ सकल दुख वोई।।

2 / 43–44 / 147

बिषय–भोग त्रिगुणी यह माया। परिहर निर्गुण मोह लुभाया।
योग–क्षेम तजि धीर धराया। सब तजि आतम दृष्य दिखाया।।

2 / 45–46 / 148

जल भरिपूरि जलाशय नाना। तहँ निज हित नर लेइ सुनामा।
क्षुति पूरण जस–कर्म विधाना। तस आपुनु समुझहिं गुणवाना।।

2 / 45–46 / 149

सकल साधना द्वन्द्व विहीना। दृढ़–निश्चय होइ बन्ध विलीना।
उदासीनता साधक पावहिं। राग–द्वेष तजि मोह मिटावहिं।।

2 / 45–46 / 150

बिषय–भोग तजि जगि संखारा। उपरति सकल विकार विकारा।
राग विमुक्त दोष सब भागी। मोर–परायन गुण बड़भागी।।

2/45–46/151

सत्य–तत्व नित्य थिति होवहिं। ज्ञानीगण तेहि मुक्तिहि शोभहिं।
योग–क्षेम तिन वहन करहुँ मैं। आत्मवान् निर्द्वन्द्व करहुँ मै।।

2/45–46/152

दोहा

सकल लाभ चिन्ता तजहुँ, आत्मवान गुणधीर
अन्तर्वेद सुजानिके, सकल परायण वीर।

2/45–46/153

आत्म–साक्षात्कार सब, वेदों के गुणज्ञान
कर्मकाण्ड अनुष्ठान से, ध्येय जगत पहिचान।

2/45–46/154

कर्म माँहि अधिकारि तुम, फल भोगहिं ना कोय
कर्म–पंथ तजि हेतु–फल, अकरम चित्त ना होय।

2/47–48/155

फलेच्छा भोक्तृत्व है, टिका होय कर्त्तृत्व
मिटहि जो फल–इच्छा सकल, मानस निर्मल सत्व।

2/47–48/156

चौपाई

कर्म करहुँ कर्त्तव्य हो जोई। फल–इच्छा तजि सकल संजोई।
तुम कबहूँ न कर्म–फल कारण। कर्मासक्त न बनो उदाहरण।।

2/47–48/157

'नित्य–कर्म' फल–इच्छा हीना। सत्गुणयुक्त शास्त्र–आधीना।
करि 'निष्काम–कर्म' स्वधर्मा। नित्य–मुक्तिपद जानहुँ मर्मा।।

2/47–48/158

कर्म, कर्मफल, त्यागहिं कर्मा। इनमें सुख खोजन नहि धर्मा।
मन निर्मल समताथित होई। साध्यरूप समता नित वोई।।

2/47–48/159

कर्मासक्ति सकल बिधि त्यागहुँ। पाइ समत्व बुद्धि मोहि ध्यावहुँ।
कर्म नवीन मनुज अधिकारी। पूर्व–कर्म–फल भोग प्रकारी।।

2/47–48/160

देव दानव पशु–कीट–पतंगा। पक्षी ब्रह्मलोक बहुरंगा।
भोक्ता–योनि सो होंय सु–भंगा। हैं परतंत्र रूपरस भंगा।।

2/47–48/161

नर तनु पाइ सकलबिधि सेवा। परमारथ ही लक्ष्य सो मेवा।
करहुँ कर्म योग नित बोई। फल अभिलाष सकलबिधि खोई।।

2/47–48/162

चंचलता इन्द्रियवश कीना। मन–एकाग्र परमतत्वलीना।
सिद्धि–असिद्धि होइ सम जोई। समता योग उचैं सब कोई।।

2/47–48/163

छन्द

भक्तियोग समस्त, गर्हित–कर्मसे नित भागिए
उसी भाव स्वभावसे, प्रभु शरण गहि रट लागिए
सकामभावसे कर्मरत, फलभोगि भक्त कृपण कहें
भवफँसहिं बन्धन धँसहिं, नित व्यक्ति–दूषित जागिए।

2/49–50/164

कठोरश्रम सब तोड़िके भ्रम, शक्ति सारी लाइके
बुद्धियुक्त विमुक्त प्रानी, भक्तिसे गुणगाइके
गहि योग तजि सब भोग, 'कर्मसु–कौशलम्' अपनाइके
एक शरण गहिए ईश की, जगदीशके गुण पाइए।

2/49–50/165

दोहा

संचित नहिं फल कीजिए, कर्म–बन्ध परतन्त्र
आत्म–तत्व रत कर्म हों, मुक्ति देइ सुखतन्त्र।

2/49–50/166

भक्तियुक्त नित हृदयसे, योग–शक्ति का ज्ञान
'योगःकर्मसु कौशम्', योग करे कल्यान।

2/49–50/167

चौपाई

बुद्धियोग उत्कृष्ट सदाहीं। अधम सकाम कर्म जय माहीं।
शरण बुद्धि गहि थित समत्वहीं। कृपण लखहिं फल में ममत्वहीं।।

2/49–50/168

योगाश्रय गहि समता पाहीं। सकल वासना नित्य मिटाहीं।
बुद्धि योगबल भजिए पारथ। पाप–पुण्य तजि तजिए स्वारथ।।

2/49–50/169

तेहि लगि यत्न करौं हित योगा। कर्म माहि उत्तम तेहि लोगा।
कर्म–कर्मफल योग–वियोगा। योग नित्य नहिं कबहुँ वियोगा।।

2/49–50/170

कर्म करहिं समता जे पावा। बन्धन–मुक्त योग–फल लावा।
कर्म तुरन्तहिं मानहुँ ताहीं। बुद्धि समत्व नित्य थित भाहीं।।

2/49–50/171

दोहा

बड़े वीर योगी सकल, ऋषि–मुनि भक्त सुजान
बुद्धि युक्त बल भक्तिका, विसरि कर्मफल जान।

2/51–52/172

मुक्ति कर्मफल पाइके, जन्म–बन्ध कटि जांय
पाइ अवस्था सिद्धिकी, प्रभुही प्रभु निकटांय।

2/51–52/173

चौपाई

कर्मजफल तजि ज्ञानिय लोगा। विमल ज्ञान फल पाइ सुयोगा।
त्यागि जन्म–बन्धन सब दोषा। अमृतमय निर्द्वन्द्व सुघोषा।।

2/51–52/174

कर्मजन्यफल त्यागि गोसाईं। नित्य अनामय मुक्ति दे साईं।
मोह जलज संसार अथाहा। गहन–बुद्धि पावहुँ केहि थाहा।।

2/51–52/175

मोहरूप दल–दल तरि जाई। पाइ परमपद अमर भुजाई।
सकल विकार विनाशि अनामय। निर्मल चित्त ब्रह्म गुणामय।।

2/51–52/176

नित्य–निरन्तर प्राणी सेवहिं। धुनि लगि सकल लोक सुख देवहिं।
परमारथ सुख जेहि मन लावा। सुख–इच्छा तेहि दूर भगावा।।

2/51–52/177

मोह सघन–वन पार हो बुद्धी। सुने–अनसुने दिव्य हो शुद्धी।
अनमयस्क सब जग प्रति होवहिं। परमज्ञान दिव्यता शोभहिं।।

2/51–52/178

भाव सकल जग करि जो सेवा। पुष्ट विराग होइ नित देवा।
सुनि निगमागम फल बिधि नाना। प्रगटें बुद्धि विकार महाना।।

2/53/179

अविचल–भाव समाधि प्रतिष्ठित। दिव्य चेतनायुक्त सो निश्चित।
गुरु आज्ञा–पालन–गुण सिंचित। निश्चय–ज्ञान प्राप्ति सुनिश्चित।।

2/53/180

सो तजि अचल समाधि सिराजा। ज्ञानयोग तब भ्रात विराजा।
स्थिर अचल–बुद्धि ठहराई। ध्वजा परमपद सत फहराई।।

2/53/181

अर्जुन उवाच

दोहा

स्थिरप्रज्ञ नाथ केहि, बोलत केहि बिधि नाथ
कस व्यवहार कवन गति, किमि अचला मति साथ।

2/54/182

हे केशव! हे कृष्ण! सुनु, लक्षण प्रज्ञ महान
बचन सुनावहुँ मोह तनु, समता केहि बिधि प्रान।

2/54/183

लीन चेतनायुक्त नर, क्या–क्या लक्षण होंय
का भाषा? का बोलना?, केहि बिधि चलना सोय?

2/54/184

केहि बिधि बैठइ? केहि चलइ?,कैसे सोच–विचार?
दिव्य–चेतना पुरुष गुण, कहहुँ प्रचार–प्रसार।

2/54/185

श्रीभगवान उवाच

चौपाई

सकल मनोरथ काम विकारा। परिहर प्रथम महीप कुमारा।
गहहिं तोष आतम मन प्यारा। मननशील थिर बुद्धि हो न्यारा।।

2/55–56/186

आत्म–तुष्टि निज आत्मा में थिर। स्थिर–बुद्धि कहावहिं सो नर।
दुख लखि मन न होइ उद्‌वेगा। सुख–इच्छा न शेष सद्‌वेगा।।

2/55–56/187

वीतराग भय–क्रोध कुजोगा। सम्यक्–बोधि अचल–गति भोगा।
विरत विराग विकार विचारा। साधक होइ सिद्ध–मुनि चारा।।

2/55–56/188

अन्तर सकल विकार विहीना। होइ ग्रसित चित्त बलहीना।
समताथित चित विनश विकारा। स्थित–प्रज्ञ रूप सुविचारा।।

2/55–56/189

छंद

मनोधर्म परधर्म–कर्म, त्यागि भागि भगावने
भूलि–भूलहिं त्यागि मूलहिं, शूल नहिं गुण गावने
अशुद्धि–मनकी शुद्धि– बुद्धि विकार ना मन आवने
इन्द्रिय–तृप्ति विकार–मुक्ति, सकल नहीं सुहावने।

2/55–56/190

मन–आत्मा के दरस हरस, ज्ञानयुत परमात्मा
विशुद्ध–चेतन–तत्व–युक्त, विमुक्त गुण निज आत्मा

त्रयताप मन अविचल सदा, कोइ द्वन्द्व नहिं अन्तर रहे
वो धीर–वीर–सुधीर स्थिरप्रज्ञ गुण मुनिगण कहें।

2/55–56/191

दोहा

मुनि शुष्क–चिन्तन पार करि, नित मननशील महान
सोइ थिरचित्त महात्मा, दिव्यगुणी पहचान।

2/55–56/192

चाहे जय हो या पराजय, क्रोध दे सब बिसराय
आसक्ति–भयसे मुक्त होइ, गुणदिव्य होइ–होइ जाय।

2/55–56/193

चौपाई

प्रीति न प्रियसन अप्रिय द्वेषा। हृदय सनेह सदा प्रिय भेषा।
प्रिय–अप्रिय समलोचन मानहिं। राग–द्वेष तजि समता जानहिं।।

2/57–58/194

सोइ थिरमति सत्पुरुष दिनेशा। द्वन्द्व–विहीन महान घनेशा।
कच्छप खेंचि अंग सब प्राना। बैठि अभंग बिसरि भय त्राना।।

2/57–58/195

त्यागि बिषय तस इन्द्रिय जाना। होय अचल थिरमति पहचाना।
बुद्धि एकरस रूप सुहावहिं। सकल कालगति लीन कहावहि।।

2/57–58/196

बुद्धि ससीम शुद्धि बलवीरा। ईश असीम चित्त सब धीरा।
अनुभव त्याग–क्रिया–फल नाहीं। आँख खुली रवि दरसन पाहीं।।

2/57–58/197

उथल–पुथल भौतिक–जग अविचल। स्थिर–चित्त ज्ञान नहिं चंचल।
द्वैतपूर्ण सकल जग सारा। सर्व मंगलमय ज्ञान पुकारा।।

2/57–58/198

कूर्म–युक्ति सब अंग विचारी। आत्मतुष्टि संतुष्टि पुकारी।
पूर्ण–चेतना दृढ़ता लागी। पूर्ण–ज्ञान थित सकल समाधी।

2/57–58/199

छंद

देहधारी जीव इन्द्रिय पीव, भोग–निवृत्त हो
भोग–इच्छा सकल भिच्छा, बसे सदा मन–वृत्तहो
मनभावनी सुखपावनी, मन भ्रमित ऋषि–मुनि भी रहें
यम–नियम–संयम ध्यान–धारण, ज्ञानसे मन–तृप्तहो।

2 / 59–60 / 200

दोहा

भोगेच्छा बढ़ती रहे, इन्द्रिय भोग जो पाय
ऋषि–मुनि भी दिग्भ्रमित हों, राग–सदा लपटाय।

2 / 59–60 / 201

उत्तम रस अनुभव सदा, सकल वासना खोय
भक्तिलीन जब मन हुआ, प्रभुही प्रभु संजोय।

2 / 59–60 / 202

चौपाई

करे यत्न कुरुनन्दन नाना। तदपि विवेकी चतुर सुजाना।
निराहार सब जन दुख माना। विषय–भोग सब भाँति सिराना।।

2 / 59–60 / 203

रस–आसक्ति निवृत्ति न जाना। विलगत आत्म–प्रवृत्त सो माना।
इन्द्रिय सकल जासु बस होई। तब थिर–बुद्धि कहावे सोई।।

2 / 59–60 / 204

भोग–कुरोग खैंचि मन मीना। निर्विकार मन ईशमें लीना।
बुद्धिमान नर नारि प्रवीना। स्थिर–प्रज्ञ सुविज्ञ नवीना।।

2 / 59–60 / 205

इन्द्रिय तदपि बिषय रस माहीं। बरवस मनहिं खैंचि लै जाहीं।
तेहि कारण वश इन्द्रिय सारी। शरण–स्वरूप विलोकि हमारी।।

2 / 61 / 206

मोर परायन थिर चित प्रानी। जानहुँ सिद्ध–पुरुष नित ज्ञानी।
धरहिं ध्यान जे नर मन कामी। विषयासक्ति उपजि तहँ नामी।।

2 / 61 / 207

दोहा

अतिवेगवान प्रबल सदा, इन्द्रिय सबल जहान
मन हरहिं ऋषि–मुनिन्हके, भोगासक्ति महान।

2/61/208

इन्द्रिय वश पूरन करे, संयम गुण रणधीर
स्थिर हो निज चेतना, मुझमें चित्त सुधीर।

2/61/209

ईश भक्तिसे वश करें, मल सारे जलि जांय
योग सिद्ध अनुभूति नर, स्थिर–बुद्धि कहाय ।

2/61/210

चौपाई

संगति पाय उपज पुनि कामा। तासु बहोरि क्रोध परिनामा।
क्रोध उपजि मोह अविवेका। तेहि ते सम्भ्रम बुद्धि विवेका।।

2/62–63/211

सम्भ्रम बुद्धिनाश भ्रम ज्ञाना। ज्ञानाशक्ति विनाश सुजाना।
ज्ञान विहीन पतित जन भोगा। विनशें प्राणि सकल संयोगा।।

2/62–63/212

चिन्तन विषयासक्ति जगावहिं। यहि आसक्ति काम उपजावहिं।
काम से क्रोध प्रकट होइ जाई। क्रोध से पूर्ण–मोह उपजाई।।

2/62–63/213

मोह जगे स्मृति हो विलुप्ता। स्मृतिनाश भ्रम होवहिं पुष्टा।
भ्रम से बुद्धि विनशि होइ जाई। बुद्धि–नष्ट भव–कूप समाई।।

2/62–63/214

राग–द्वेष पुनि जिन विसराए। इन्द्रिय स्ववश विषय सम भाए।
इमि स्वाधीन विमल मन जासों। निज आनन्द मगन चित तासों।।

2/64/215

दोहा

राग–द्वेष विमुक्त होइ, इन्द्रिय–संयम सोय
सकल–विषय प्रभुलीन हों, पाय कृपा प्रभु जोय।

2/64/216

तुष्ट–चेतना जागि जब, पाप तीनि नश होय
स्थिर–बुद्धि कहाय सो, मोह नशें सब कोय।

2/65–66/217

चौपाई

चित्त प्रफुल्लित होइ सो ज्ञानी। तब सब होय तासु दुख हानी।
मित्र तासु मति थिर तब जानी। सब विकार तजि अचल सुहानी।।

2/65–66/218

साधनहीन विहीन बुधि उत्तम। आस्तिक–भाव नहीं सर्वोत्तम।
स्ववश न चित्त नियम वश जाके। बुद्धि न होय विमल तब ताके।।

2/65–66/219

बिन विचारि शान्ति कहँ कैसे। शान्ति बिना सद्गति नहिं जैसे।
इन्द्रिय वश बिनु बदलि अहंता। निश्चय–बुद्धि जितेन्द्र महन्ता।।

2/65–66/220

विवेकयुक्त संयम जे मानहिं। सकल कामना मुक्त ते जानहिं।
काम–मुक्ति थिर–बुधि उपजाहीं। निज करतब–प्रति प्रीति जगाहीं।।

2/65–66/221

जे दृढ़ करतब–पालन होवहिं। निर्मल शान्त–चित्त नित सोवहिं।
दिव्य–बुद्धि युक्त नर जेई। अस्थिर–चित्त शांति सब खोई।।

2/65–66/222

दोहा

शान्ति बिना सुख केहि बिधि, केहि बिधि मन थिर होय
प्रभुबिनु कहाँ हो दिव्यता, मन चंचल नित सोय।

2/65–66/223

जल में बहती नाव को, प्रचण्ड–वायु वहाय
विचरणशीला इन्द्रि–मन, बुद्धि नित्य हरिलाय।

2/67–68/224

चौपाई

इन्द्रिय जासु विषय रस रूखे। माया जगत विलोकि सरीखे।
मनमति तासु हरें मति धीरा। ग्रसहि नाव जिमि सिन्धु समीरा।।

2/67–68/225

जब पारथ इन्द्रिय गण नाना। परिहर विषय अनेक विधना।
त्यागि विकार स्वस्थ्य तन प्राना। तब मति अचल होइ गहि प्राना।।

2/67–68/226

जलधि बीच पवन जब आवहिं। नाव तहाँ विचलित होइ जावहिं।
कामासक्त चित्त मन रहहीं। बन्धन युक्त बुद्धि मन हरहीं।।

2/67–68/227

विषयेन्द्रिय मन होइ अनुगामी। चंचल चित्त बुद्धि मन कामी।
निर्विकार मन सत्‌चित्‌ जाकें। इन्द्रिय स्ववश बुद्धि थिर ताकें।।

2/67–68/228

सकलभूत निशा अज्ञानी। जागहिं वहँ योगीश सुज्ञानी।
दिवस अविद्या बहुजन प्रानी। सोवहिं तहँ मुनीश भव ज्ञानी।।

2/69–70/229

निज मर्याद रहहिं नहिं टारे। जहँ अगनित नद होंय पिटारे।
जल भर पूरि अचल जिमि सागर। चारों ओर गिरें निशि नागर।।

2/69–70/230

विषय–भोग लखि क्षुभित सुधाकर । शाँति परम सद्‌गति सुख सागर।
स्थिर–बुद्धियुक्त जिमि जानहुँ। सकल विकारयुक्त तिमि मानहुँ।।

2/69–70/231

वर्षाकाल नदी बहु बाढ़हिं। सागर शांत–चित्त दृढ़ खाढ़हिं।
अल्पज्ञानयुत दम्भ जगाहीं। विज्ञ–ज्ञान अविचल मन माहीं।।

2/69–70/232

विचरहिं काम विहाय जगत में। अहंकार विसराय प्रकट में।
ममता–तृष्णा–माया त्यागी। मिलहिं शांति विषमता भागी।।

2/71/233

निष्काम–कर्मशुभ नित्य जे होई। ब्रह्म–स्वरूप ज्ञान थित सोई।
जो न अंत गति मोहहि प्रानी। सोइ पावैं सद्‌गति सद्‌गामी।।

2/71/234

दोहा

पाइ ब्रह्म सत्पुरुष नर, नारि मोह नहिं होय
अन्तकाल सद्‌गति मिले, ब्रह्मानन्द संजोय।

2/72/235

जे नर निज कर्त्तव्य रत, विवेक सतासत पाय
समता में थित नित्य ही, पाप–पुण्य मिटि जाय।

2/72/236

अकर्त्तव्य सब त्यागहूँ, द्वन्द्व सकल मन धोइ
निर्मल–निर्मल चित्तकी, कर्म चतुरता सोइ।

2/72/237

छन्द

ओम् भगवद्गीता तत् सत् मीता, विद्याब्रह्म बिचारहीं
ब्रह्मास्त्रमय योगशस्त्रमय, जीव ब्रह्म उच्चारहीं
उपनिषद् जो गावा, ब्रह्म सुनावा, गीत पुनीत विचारहीं
जीवार्जुन आत्मा मय परमात्मा, परमानन्द प्रचारहीं ।

ओम् इति डॉ. रामवीर सिह कुशवाह 'पथिक' कृत
श्रीमद्भगवद्गीतामृत गीतयोग नामक ग्रन्थ का गीता सारांश . . .
सांख्ययोग नामक
द्वितीय अध्याय समाप्त हुआ।

❊ ❊❊

ॐ गुं गुरुभ्यो नमः । ॐ गं गणेशाय नमः । ॐ श्री परमात्मने नमः।

श्रीमदभगवद्गीतामृत गीतयोग

अध्याय - तीन

कर्म योग

अध्याय दो में भगवान ने बताया कि "युद्ध कर, जीतोगे तो सर्वस्व और हारोगे तो देवत्व प्राप्त कर लोगे।" कामनाओं से रहित होकर कर्म करने में प्रवृत्त होने पर बल दिया। अनासक्तभाव से नियत–कर्म की श्रेष्ठता, यज्ञादि कर्म करने, ज्ञानी एवं स्वयं भगवान के लिए भी लोक–संग्रह कर्म करने की आवश्यकता, काम का निरोध आदि का वर्णन करते हुए भगवान श्रीकृष्ण जीवरूपी अर्जुन को इस अध्याय में बतलाते हैं कि कर्म ही व्यक्ति को जगत से बाँधते हैं या मुक्त कराते हैं। निजकर्त्तव्य रूपी निष्काम–कर्म करते हुए मनुष्य कर्म–नियम से विमुक्त होकर आत्मा–परमात्मा विषयक दिव्य–ज्ञान प्राप्त कर सकता है। तब वह कृतकृत्य हो जाता है अर्थात् उसके लिए करने को कुछ शेष नहीं रह जाता है। परन्तु इस कर्म के लिए ध्यानस्थ होकर (काम, क्रोध, मोह, आदि) विजातीय प्रवृत्तियों से युद्ध करना है, इनसे पार पाना है। भगवान कहते हैं कि कर्म करने में तेरी अश्रद्धा भी न हो। अतः अर्जुन को निष्काम कर्मयोग की तुलना में ज्ञानयोग मार्ग सरल और सहज प्रतीत हुआ। तभी उसने प्रश्न किया–"जनार्दन! निष्काम कर्म की अपेक्षा ज्ञानमार्ग आपकी दृष्टि में श्रेष्ठ है तो मुझे भयंकर कर्म में क्यों लगाते हैं?" निष्काम कर्मयोग में अर्जुन को भयंकरता दिखाई पड़ी; क्योंकि इसमें कर्म करने में ही अधिकार है, फल में कभी नहीं। भगवान् कहते हैं कि शरीर से परे (सूक्ष्म और बलवान्) इन्द्रियाँ, इन्द्रियों से परे मन, मन से परे बुद्धि तथा बुद्धि से परे आत्मा है। अतः तुम इन्द्रियों, मन व बुद्धि का निरोध करने में सक्षम हो। अपनी सूक्ष्म व बलवान आत्मा को जानकर, आत्मबल को समझकर, बुद्धि के द्वारा अपने मन को वश में करके इस कामरूपी दुर्जेय शत्रु को मार।

अर्जुन उवाच

दोहा

ज्ञान ते उत्तम कर्म जो, मानत जो चित्चोर
केहि कारन प्रेरहुँ बहुरि, कर्महि नन्दकिशोर।

3/1/1

कहि मिश्रित छल–वचन प्रभु, मोहत मन बुधिपाल
निश्चित मत कल्याण कर, कहिए एक गोपाल।

3/2/2

श्रीभगवान उवाच

पूर्वाग्रह तजि वचन सुनि, समता भाव प्रधान
श्रद्धामय शिष्यत्व गहि, निश्चित हो कल्याण।

3/3–4/3

आत्म–साक्षात्कार नर, कहियहुँ दोउ दरकार
ज्ञानयोग अरु कर्ममय, सेवा सकल प्रकार।

3/3–4/4

चौपाई

वेश भलाई आय बुराई। काल चीन्ह पहिचान कराई।
मम आशय तुम्ह समझेउ नाहीं। रिदय विकार–मुक्त तव नाहीं।।

3/3–4/5

जगत प्रतिष्ठा युगविधि सोही। कही प्रथम कुरुनन्दन तोही।
सुखदायक ज्ञान समुझावहुँ। विधिक कर्म–गति सकल बुझावहुँ।।

3/3–4/6

अनारम्भ पारथ जग माहीं। पद निष्काम परमपद नाहीं।
कर्म–त्याग सन्यास गुनाहीं। सिद्धि समाधि पद परम सुनाहीं।।

3/3–4/7

क्षर विमुक्त अक्षर थित होई। ज्ञानयोग जानहुँ तुम सोई।
क्षर अतीत अक्षर ते उत्तम। भक्तियोग जानहुँ सर्वोत्तम।।

3/3–4/8

ज्ञान–कर्म जानहुँ दृढ़ मोई। बिना विचार भक्ति दृढ़ होई।
कर्म–विमुख न फल छुटकारा। नहि सन्यास देइ सिधि सारा।।

3/3–4/9

कर्म विशुद्ध देइ सन्यासा। शुद्धि बिना नहिं मन हो प्यासा।
हृदय–शुद्धि निर्मल बुधि सेवा। सन्यासी बाँटहिं सब मेवा।।

3/3–4/9

कर्म–विहीन टिके नहिं प्रानी। प्रगट काल क्षणभर नहिं जानी।
प्रकृति स्वाभाविक गुणहिं प्रभावा। वरबस खेंचिहिं कर्म करावा।।

3/5–6/11

परवस इन्द्रिय–कर्म प्रधाना। धरहिं धीर बिषयरस ध्याना।
महामूढ़ दम्भी जोइ प्रानी। मिथ्याचार विवश सोइ जानी।।

3/5–6/12

सकल स्वभाव बृत्ति सन भासी। वृत्ति बनै गुण पाय सुहासी।
गुण निर्माण प्रकृति से होवहिं। शुद्ध स्वरूप कबहुँ नहिं खोवहिं।।

3/5–6/13

गुणहिं काल स्वभाव अतीता। जीव लखहिं परमातम प्रीता।
ममता कामासक्ति नसाहीं। कर्मयोग गहि सत रत माहीं।।

3/5–6/14

कर्म स्वरूप त्यागि नहिं होई। कर्मासक्ति फलेच्छा खोई।
सकल इन्द्रियाँ वश में जाके। 'मैं–पन' ममता त्यागहुँ ताके।।

3/5–6/15

सकल स्वाभाविक कर्मरत रहहीं। शुद्ध तत्व नित नितही गहहीं।
शुद्धीकरण प्रक्रिया आवहिं। सकल वासना दूर भगावहिं।।

3/5–6/16

मिथ्याचारी करहिं दिखावा। इन्द्रि–बिषय चिन्तन नित भावा।
इन्द्रिय–तृप्त विषय नित खोजहिं। दर्शन नित उपदेश ही भेजहिं।।

3/5–6/17

चित्त अशुद्ध रहहिं नित लोगा। का दर्शन उपदेशहिं भोगा।
ज्ञान व्यर्थ पापी केहि जाके। धूर्त सदा अशुद्ध चित् ताके।।

3/5–6/18

दोहा

कर्मेन्द्रिय वशमें करहिं, चिन्तन बिषय अनेक
स्वयं के भ्रम पालहिं सदा, मिथ्याचारी देख।

3/5–6/19

पापी लम्पट मोहवश, व्यक्ति सोइ पहचान।
अशुद्ध–चित्त पापी पुरुष, पारथ सोई जान।

3/5–6/20

चौपाई

तन–इन्द्रिय जेहि बशमहिं करहीं। कुरुनन्दन जेहि जग अवतरहीं।
बिषय अरुचि आचरण जे करहीं। फलासक्ति बिनु उत्तम नरहीं।।

3/7–8/21

नियत–कर्म–कर्त्तव्य जे उत्तम। करहुँ श्रेष्ठ कर्म सर्वोत्तम।
मन वश में करि कर्म जे करहीं। जग शरीर व्यवहार ते तरहीं।।

3/7–8/22

'कर्म' सदा परहित नित होई। 'योग' सदा मानहुँ निज सोई।
कर्म–करण उपकरण जे जेई। तजहुँ सकल जगहित हैं तेई।।

3/7–8/23

कर्म सकल जगहित ही करहीं। जगत भलाई हित अवतरहीं।
निष्ठावान–शुद्धचित् कर्मा। अनासक्त–भाव सब धर्मा।।

3/7–8/24

अतिउत्तम उत्कृष्ट ते जानहुँ। शुद्ध–कर्मयोगी पहिचानहुँ।
अनासक्त–भाव नित जागी। निज–आत्मा पुनि–पुनि चित् लागी।।

3/7–8/25

कर्म सकल जन–जगत भलाई। नियत–कर्म–कर्त्तव्य सुहाई।
भौतिकता वादी चित्–शुद्धी। मलिन प्रवृत्ति त्यागि अशुद्धी।।

3/7–8/26

कर्म बिना केहि बिधि निर्वाहा। नियत–कर्म करहूँ दृढ़ थाहा।
मिथ्या–योगी कबहुँ न बनिहूँ। परजीवी कबहूँ न अवगुनिहूँ।।

3/7–8/27

सोरठा

यज्ञ–कर्म बंधन नहिं, हरि आराधन सर्व पल
अपर कर्म जग बन्धनहिं, परहित कर्म हों नित्य नित।

3/9–10/28

दोहा

कर्त्तव्यमात्र ही यज्ञ है, परहित–कर्म सुहाय
स्वयं–मुक्ति हित कर्म नहिं, जग हित साधन भाय।

3/9–10/29

कर्म सदा संसारहित, जग–बन्धन सब छूटि
योग मिले अपने लिए, नित परमातम लूटि।

3/9–10/30

चौपाई

संग त्यागि लोलुपता त्यागी। करहिं सदा हरि हित बढ़भागी।
स्वार्थ–कर्म कबहुँ नहिं करहीं। यज्ञ बने सब कर्म जे नरहीं।।

3/9–10/31

यज्ञ सहित रचि सृष्टि बिधाता। बोलेउ बचन ब्रह्म सब ज्ञाता।
बाढ़हिं प्रजा सब यज्ञ सुजाता। मनबांछित पाबहुँ सब भ्राता।।

3/9–10/32

मख यह प्रजा बढ़ावनिहारी। इष्ट कामप्रद होय तिहारी।
इन्द्रियतृप्ति छोड़ि गहि तुष्टी। ईशप्रेम भगवत संतुष्टी।।

3/9–10/33

ईश रचा भौतिक–जग सीखा। बद्धजीव करि यज्ञ सुदीखा।
स्वार्थरहित सुख–जीवनयापी। देवतुल्य–जीवन यह व्यापी।।

3/9–10/34

संकीर्तन–यज्ञ विधान सुनामा। सुगम अतीव प्रभू गुणगाना।
प्रभु उपजाए लौकिक द्रव्या। सृष्टि अलौकिक संस्तुति दिव्या।।

3/9–10/35

पूजिय देव विरचि मंखचारी। देहि तुम्हहिं फल सुर संसारी।
गहि संतोष परस्पर दोऊ । तुम अरु देव सुखी नित होऊ ।।

3/11–12/36

यज्ञ–तृप्ति होय देव सुजानहिं। देहिं इष्ट भोगहिं वरदानहिं।
सोउ वर देवभाग बिनु दीन्हा। खाहि सो चोर बरावर चीन्हा।।

3/11–12/37

भाव सदा हो देना–देना। कबहुँ नहीं सुख लेना–लेना।
निज करतब–तत्परता होई। पर अधिकार रक्ष सब कोई।।

3/11–12/38

परकर्त्तव्य कबहुँ नहिं देखी। निज–कर्त्तव्य साधि बहु लेखी।
खग–मृग–वृक्ष–लता सब देखहुँ। परसुख–साधि–समर्पित लेखहुँ ।।

3/11–12/39

यज्ञ–प्रसन्न देव तुम करिहहुँ। देव–मनुज सहयोग निहरिहहुँ।
यज्ञ सकल–कर्म होइ पावन। वेद वचन सब पाप नशावन।।

3/11–12/40

यज्ञ से खाद्य–पदारथ–शुद्धी। शुद्धभोज्य नर –जीवन शुद्धी।
स्मृति–तन्तु–शुद्ध शुभ चिन्तन। मुक्ति–मार्ग बढ़ि चित्त चिरन्तन।।

3/11–12/41

दोहा

देव देहिं सब भोग नित, यज्ञ पाहिं नित भोग
देवार्पण उपहार सब, सुख तुम नित–नित भोग।

3/11–12/42

अनुष्ठान--कर्त्ता गुणी, यज्ञ विविध विधि होंय
भौतिक–गुण अनुसार ही, पूजहिं देवहिं सोय।

3/11–12/43

मनुज कछू नहिं रचि सकहिं, अन्न वायु जल कोइ
प्रतिनिधि देव ही देवहीं, जीवन–भोगी सोइ।

3/11–12/44

करहिं भोग मिल–बाँटि कर, प्रकृति–नियम अनुसार
चरम–लक्ष्य नित ताकिहहुँ, जीवन योग प्रकार।

3 / 11–12 / 45

चौपाई

यज्ञ–शेष अन्न जेहि पावा। तासु पाप सब दोष नशावा ।
भोजन पाक जे निज हित लागी। तेहि पापी निश्चय दुख भागी।।

3 / 13–14 / 46

भगवद्–भक्त मुक्त सब पापहिं। यज्ञार्पित प्रसाद नित पावहिं।
अर्चन श्रवण स्मरण कीर्तन। पापमयी संगति निर्वर्तन।।

3 / 13–14 / 47

इन्द्रिय–तृप्ति जे भोजन भावा। पाप खांय नित चोर स्वभावा।
प्राणी सकल अन्नपर आश्रित। प्रभु की कृपा बरसिहहिं ज्ञाश्रित।।

3 / 13–14 / 48

अन्न से प्रकट भूत सब कोई। अन्न मेघ से उद्‌भव होई।
मेघ यज्ञ से प्रकटें भाई। यज्ञ कर्म–फल होय सुहाई।।

3 / 13–14 / 49

दोहा

कर्म वेदगत जानिए, परमातम श्रुति रूप
यज्ञादिक–शुभ–कर्म नित, निवसहिं ब्रह्म अनूप।

3 / 15–16 / 50

जे नरशास्त्र–कर्म तजि, इन्द्रिय–सुख ही सार
ते पापी नर जगत में, व्यर्थ जन्म संसार।

3 / 15–16 / 51

चौपाई

वेद में नियमित–कर्म विधाना। वेद प्रकट ब्रह्म से जाना।
ब्रह्म सदा यज्ञ–हित कर्मा। वैदिक–यज्ञ–कर्म ही धर्मा।।

3 / 15–16 / 52

चक्र–सृष्टि गति जे न सुहावा। ते न पुरुष जग निरखि सुनावा।
पापी इन्द्रिय–सुख सोइ भोगी। वृथा तासु जग जीवन रोगी।।

3/15–16/53

निन्दनीय सर्वत्र ते होवहिं। निज–करतबच्युत पापी रोवहिं।
निज सुखरत ते नित–नित तेई। पाप ही वोंय पापरत जेई।।

3/15–16/54

आत्म–तृप्त आतम अनुरागी। ते पारथ निज आतम जागी।
नित्य प्रसन्न आत्महिं निरखहिं। और काज कछु नहिं जग परखहिं।।

3/17–18/55

करहिं नित्य सो निजवर करमू। प्रीति विशेष न एकहुँ धरमू।
नहिं स्वारथ काहूसन करहूँ। सकल जीव सन प्रीति ही धरहूँ।।

3/17–18/56

सकल कामना–शून्य हो जावैं। परजन हित ही कर्म सुहावैं।
जानहुँ तेहि नर कर्मयोग रत। काम–निवृत्त स्वार्थ सब निज गत।।

3/17–18/57

आत्मारत आनन्द समेटा। शाश्वत से नित–नित हो भेंटा।
आत्मलीन आत्म–संतुष्टा। आत्मा भोजन आत्म ही पुष्टा।।

3/17–18/58

स्वरूप–सिद्ध नहिं कछु कर्त्तव्या। कर्म विरत नहिं कर्म हों भव्या।
दिव्य–कर्म बहुबिधि नहिं गावा। स्वयं–होंय ईश्वर–फल पावा।।

3/17–18/59

ते नर अन्य जीव नहिं निर्भर। कर्म न करहिं ईश ही झर–झर।
ईश ही चिन्तन नित्य–निरन्तर। हृदय–कलुष घुलि घुलहिं चिरन्तर।।

3/17–18/60

दोहा

कर्मासक्त कबहुँ नहिं, करतव–कर्म खरारि
अनासक्त हो कर्म गहि, परमब्रह्म त्रिपुरारि।

3/19–20/61

जनक आदि ह्वे कर्मरत, निज–कर्त्तव्य विचारि
सिद्धि पाइ गुण उच्च सब, जगत करे जयकारि।

3 / 19–20 / 62

चौपाई

निरासक्त कर्त्तव्य विचारी। करहुँ कर्म निश्चय शुभकारी।
करहिं कर्म परिहर जे संगा। पावहिं परमानन्द अभंगा।।

3 / 19–20 / 63

जनकादिक नृप पुंगव नाना। सिद्धि पाइ नर कर्म विधाना।
अनासक्त देखहिं जेहि कर्मा। परम सिद्धि पावहिं नित धर्मा।।

3 / 19–20 / 64

मित्र लोक–संग्रह अवरेखी। नित्य निरन्तर कर्म विशेखी।
नित्य प्राप्त परमातम देखहिं। स्वतः–सिद्ध अनुभव निज लेखहिं।।

3 / 19–20 / 65

श्रेष्ठ–पुरुष आचरण जे करहीं। देखि अपर जन सब अनुसरहीं।
जो प्रमान निश्चय ते देवहिं। जग अनुगामि होंय सब सेवहिं।।

3 / 21–22 / 66

सत्य कहौं पारथ सुनु भाई। मोहि त्रिलोक कर्म कछु नाहीं।
लाभ–अलाभ न पावहुँ कबहीं। तदपि विमुख नहिं करतब सबहीं।।

3 / 21–22 / 67

महापुरुष जे–जे आचरहीं। अनुकरणीय चरित विचरहीं।
सकल विश्व अनुसरहिं ते भाई। गुण महान आदर्श सुहाईं।।

3 / 21–22 / 68

राजा पिता गुरू अधिकारी। यम–नियम पालहिं गुणकारी।
नर महान पदचिन्ह दिखावा। आत्म–वोध अनुशील सिखावा।।

3 / 21–22 / 69

मै भगवान पूर्ण गुण सारा। पूर्ण–सत्य चहुँ ओर प्रसारा।
सब–ऐश्वर्य परिपूर्ण नियंता। सब–आराध्य–देव दिव्यंता।।

3 / 21–22 / 70

निर्विकार निश्चल भगवंता। नहिं इच्छा कर्म–फल–अन्ता।
नहिं अभाव कछु नहीं चाहना। नियत–कर्म तत्पर विधि–वाहना।।

3/21–22/71

सकल विधान–शास्त्र ते ऊपर। कर्म दिव्य गुण–शक्ति ते भूपर।
सकल जगत पालहुँ तब रहहीं। दीन–दुखी आश्रय सब गहहीं।।

3/21–22/72

करहुँ न कछु आलस सब छोड़ी। प्रानी निरखि चलहिं गति मोरी।
मम पथ लखि तजि धर्म–व्यवहारा। भ्रष्ट होंय श्रुति–मार्ग अचारा।।

3/23–24/73

यदि आचरण करहुँ नहिं कोपा। भ्रष्ट लोक सब सृष्टि हो लोपा।
आपन प्रजा–सृष्टि नश लोका। उपजें वर्ण–शंकर बहु शोका।।

3/23–24/74

कर्म करहिं जिमि पुरुष सयाने। विषयासक्त विषय अज्ञाने।
निरखि लोक–संग्रह तिमि ज्ञानी। करहिं संग तजि सत मत जानी।।

3/25–26/75

फलासक्ति अज्ञानी भावहिं। अनासक्त विद्वान कहावहिं।
बुद्धिभेद मूर्ख उपजाए। ज्ञानी भक्तिभाव ही भाए।।

3/25–26/76

दोहा

कर्मलीन प्रति नहि कहें, भेद–बुद्धि विद्वान
विविध चरित करि जगतमें, नर–आसक्त समान।

3/25–26/77

कर्म–अश्रद्धा उपजि नहिं, परमस्वरूपहिं लीन
स्वयं अकर्महिं रत रहें, प्रेरित तत्व विलीन।

3/25–26/78

अहंकार ग्रस मोहित, जीव को कर्त्ता मानि
त्रिगुणी प्रकृति करावहीं, विविध जीव से जानि।

3/27–28/79

चौपाई

प्रकृति प्रगट गुण इन्द्रिय नाना। बरवस कर्म घसीट जहाना।
अहंकारवश मूढ़ अयाना। सो आपनि करतूत बखाना।।
3/27–28/80

तन इन्द्रिय मम गुण सब जानी। कर्म बिभाग सकल पहिचानी।
इन्द्रिय बिषय विवश रस सानी। समुझिय मोहि परमतप ज्ञानी।।
3/27–28/81

सजातीय आकर्षण नाना। विजातीय नहिं सकल सुहाना।
पुरुष सदा निश्चल नित होई। परिवर्तन स्वभाव नहिं कोई।।
3/27–28/82

भक्तिभावमय कर्म जो जानहिं। भेद सकाम–कर्म ते मानहिं।
परमसत्य जानहि जग चीन्हा। इन्द्रिय–तृप्ति न इन्द्रिय लीन्हा।।
3/27–28/83

हरदम सत्–चित्–आनन्द पावहिं। आतम–शुचि अनुभूति जगावहिं।
स्वतः स्वाभाविक पाइ स्वभाव। अनासक्त तत्ववित् भावा।।
3/27–28/84

निर्विकार नित अचल एकरस। शाश्वत द्वन्द्व–विहीन सर्वरस।
प्रकृति वियोग पाय नित योगा। 'ज्ञान' 'कर्म' गुणही सब भोगा।।
3/29–30/85

जो माया गुण निरखि लुभाने। गुण जड़ कर्म सनेह सुभाने।
समुझि उन्हहिं मति मंद मलीने। पंडित देहि न ज्ञान कुलीने।।
3/29–30/86

मायागुण मोहित अज्ञानी। भौतिकता मिथ्या–गुण खानी।
संकट झेलहिं नहिं उपकारी। नंसाहिं व्यर्थ जीवन गुणकारी।।
3/29–30/87

ध्याननिष्ट चित् बोध विचारा। मोहि सौंपि निज कर्म अचारा।
ममताहीन कर्म सब करिहहुँ आस–शोक छाड़हुँ तुम लरिहहुँ।।
3/29–30/88

सकल कर्म करि ईश्वर अर्पण। निज इच्छा सब पूर्ण–समर्पण।
निज कर्त्तव्य पारंगत होऊ। दोष सकल जावहिं स्वत सोऊ।।
3/29–30/89

दोहा

सकल कर्म अर्पित मोहि, पूर्ण समर्पित ध्यान
आत्म–ज्ञानयुत चेतना, निष्कामी निर्गम ज्ञान।

3/29–30/90

जो श्रद्धायुत पालहीं, बहुबिधि मम आदेश
ईर्ष्यारहित 'कर्मभिः', मुक्ति युक्त उपदेश।

3/31–32/91

चौपाई

मम मत निज जन जे अनुसरहीं। श्रद्धा–हृदय निरन्तर धरहीं।
परनिन्दा कबहूं न मन लाई। छूटहिं करम–बन्ध सब भाई।।

3/31–32/92

दोष–दृष्टियुत निन्दा मम मत। तजहिं सीख भव–बन्धन सत्–सत्।
वे मूरख मोहित मन चिन्ता। मलिन जानि तेहि पारथ भन्ता।।

3/31–32/93

तन इन्द्रिय मन बुद्धि पदारथ। कर्म आदि बन्धन सब स्वारथ।
नित्य निरन्तर बन्धन में रत। यज्ञ विरत तजि करतव समरथ।।

3/31–32/94

ईर्ष्यावश उपदेश उपेक्षा। ज्ञानरहित दिग्भ्रमित अपेक्षा।
शून्य–हृदय़ अधिशासि अवज्ञा। सिद्धि प्रयास नष्ट अनभिज्ञा।।

3/31–32/95

ब्रह्म परम ईश भगवंता। रहि अनभिज्ञ दोषयुत संता।
'प्रेम' पांय भगवान को मानहिं। 'मुक्ति' पाय ईश्वर मत जानहिं।।

3/31–32/96

ज्ञानी निज प्रकृति अनुसारा। पाय स्वभाव अनेक प्रकारा।
ताहि चेष्टा बहुबिधि प्रानी। हैं स्वभाववश निग्रह जानी।।

3/31–32/97

इन्द्रिय विषय पृथक जहँ भोगा। राग–द्वेष बसहिं बहँ रोगा।
ये द्वय द्वन्द्व जीव दुखदाता। जिन आधीन कबहुँ नहिं भ्राता।।

3/33–34/98

रोग–द्वेषयुत कर्म क्रियाएँ। भाव अशुद्ध–स्वभाव जियाएँ।
स्वार्थ–बुद्धि करतव अभिमाना। सकल दोष तजि ज्ञानि सो माना।।

3 / 33–34 / 99

कबहुँ नियत–कर्म जिन त्यागहुँ। कृत्रिम–योगी चित् नहिं लागहुँ।
राग–द्वेष व्यवस्थित नियमा। बसीभूत नहिं होवहुँ जियमा।।

3 / 33–34 / 100

नियमित भोग नहीं आसक्ता। पद आसीन श्रेष्ठ गुणयुक्ता।
तन–इच्छा यम–नियम अधीना। प्रवृत्ति–भाव भव होंय स्वधीना।।

3 / 33–34 / 101

आपुनु धर्म भलुहि गुणहीना। अन्त करहिं कल्यान प्रवीना।
निधन श्रेय निज धर्महि जानी। भयकारी परधर्महि मानी।।

3 / 35 / 102

होइ परधर्म सहित गुण भारी। सकल शोकदायक भयकारी।
पालहुँ निज कर्त्तव्य स्वधर्मा। विरत रहहुँ परधर्म अधर्मा।

3 / 35 / 103

दोहा

नियत–कर्म चाहें दोषयुत, प्रकृति–गुणहिं आधीन
स्वकीय–कर्म मरना उचित्, अन्य–कर्म भयदीन।।

3 / 35 / 104

अर्जुन उवाच

जीव पाप न चाहते, केशव कृष्ण प्रवीन
केहि प्रेरित यह पाप–बल, बरवश पापाधीन।

3 / 36 / 105

चौपाई

मनुज न चाहे पाप प्रवृत्ता। प्रेरित बलयुत काहि निवृत्ता?
जीव–प्रवृत्ति विकृति क्यों होवहिं? मनुज पाप करि पुनि–पुनि रोवहिं।।

3 / 37 / 106

श्रीभगवान उवाच

काम–क्रोध रजगुण उद्भूता। मोह प्रवृत्त विषयरस द्यूता।
क्रोधरूप धारहिं बहु कामी। सर्वभक्षि पापी रिपु नामी।।

3 / 37 / 107

भौतिक–सृष्टि संसर्गहि आवा। रजगुण संगति काम सुहावा।
काम तुष्टि संतुष्टि न आवहिं। उपजहिं क्रोध मोह तब लावहिं।।

3 / 37 / 108

प्रबल शत्रु काम को जानहुँ। क्रोध तमोगुण प्रकटें मानहुँ।
ये तमगुण प्रगटें बिधि नाना। पतित मनुज को करहिं सुजाना।।

3 / 37 / 109

दोहा

रजगुण से उद्भूत ह्वैं, मोह क्रोध अरु काम।
अनल सदृश रिपु के नहीं, विषय–भोग विश्राम।

3 / 37 / 110

काम रूप ही क्रोध है, सकल पाप को मूल
महाअशन पापी बड़ा, रिपु अति बैरी शूल।

3 / 37 / 111

चौपाई

धूम पाय, जिमि अनल दुराई। मुकुर मलीन होइ मल खाई।
गर्भ घेरि जर जिमि जस छाई। हृदय ज्ञान तिमि काम छिपाई।।

3 / 38 / 112

सकल कामना जेहि पहिचाना। विनश करहुँ तेहि सक्षम जाना।
संग्रह भोग पाप सब मूला। पाप देइ दारुण दुख शूला।।

3 / 38 / 113

कामरूप रिपु जीतहुँ जीवन। कृष्ण–भावनामृत अनुशीलन।
मानव जीवनसा शुभ अवसर। कुशल निदेशन अग्निसा निर्झर।।

3 / 38 / 114

आतम निरत विमल मति ज्ञानी। तिन कहँ मनसिज निपु दुखदानी।
क्षुधा प्रचण्ड न खाइ अघाना। जिमि भोजन भख अनल प्रमाना।।

3 / 39–40 / 115

इन्द्रिय मन बुधि अहम पदारथ। पांच काम के बास गुणारथ।
मन इन्द्रिय बुधि मोहित कामा । ज्ञान प्रकट नहिं होवे नामा ।।

3 / 39–40 / 116

आसक्ति–स्पृहा–काम–वासना। आशा–तृष्णा–तीव्र याचना ।
इनको जानहुँ काम के रूपा । विनु इन्द्रिय नियमन केहि भूपा।।

3 / 39–40 / 117

इनहिं संग गहि सेन बनाई । मोहत जीव काम दुख दाई।
ज्ञान और बिज्ञानहि ढाँपा। कामविवश इन्द्रिय मन भाँपा।।

3 / 39–40 / 118

ज्यों–ज्यों भोग पदारथ पाए। त्यों–त्यों काम बाढ़ि बल आए।
सकलरूप बहु तृष्णा जागी। पाप–प्रवृत्त सकल दुख भागी।।

3 / 39–40 / 119

दोहा

जीव–काममय नित्य–रिपु, शुद्ध चेतना ढांपि
कबहुँ तुष्टि नहिं होइ सुनि, जीवनदाता नापि।

3 / 39–40 / 120

कामसुखहिं आगार है, इन्द्रिय–तृप्ति विचार
अज्ञानी सो जानिए, बन्धन काम अपार।

3 / 39–40 / 121

कामेन्द्रिय–मन–बुद्धि सब, जानहुँ काम निवास
सत्य–ज्ञान ढँकि मोहहीं, देह विकार अघास।

3 / 39–40 / 122

चौपाई

सुनहु पार्थ जीतहुँ मतिधीरा। इन्द्रियवशमें करु नृपवीरा।
तब रिपु मारि काम अधमूला। जो विज्ञान ज्ञान प्रतिकूला।।

3 / 41–42 / 123

आत्म–अनात्म भेद कर बोधा। जानहुँ ज्ञान प्रतीक सुबोधा।
आत्म स्वाभाविक–स्थिति जाना। परमात्मा सम्बन्ध सुजाना।।

3 / 41–42 / 124

ज्ञान विशिष्ट जानि–पहिचाना। तेहि विज्ञान कहेहि विद्वाना।
परम गुह्य रहस्यमय जानी। आत्म–परमात्म ज्ञान पहिचानी।।

3/41–42/125

विकृत विम्ब ईश को कामा। मौलिक प्रेम कठिन दुर्नामा।
ईश्वर–प्रेम होइ निष्कामा। शुद्ध विशुद्ध प्रीति अति नामा।।

3/41–42/126

जबहुँ इन्द्रि–वशमें पहिचाना। तबहुँ जगहि भक्ति भगवाना।
काम बदलि भगवानहि प्रेमा। मानव जीवन पूर्ण सुप्रेमा।।

3/41–42/127

कहहिं श्रेष्ठ इन्द्रिय बलवाना। इन्द्रिय से मन श्रेष्ठ बखाना।
मन से उत्तम बुद्धि विचारा। सबतें पर आतम अविकारा।।

3/41–42/128

दोहा

बुद्धि ते पर आत्मा लखहि, मन–बल–बुद्धि निकाम।
शत्रु दुरामय विजित करि, मनमथ रूप अकाम।

3/43/129

मनको वश में कर लिए, राजा रंक फकीर
दुर्जय काम को जीतिए, महाबाहु बलवीर।

3/43/140

छन्द

ओम् भगवद्गीता तत् सत् मीता, विद्याब्रह्मबिचारहीं
ब्रह्मास्त्रमय योगशस्त्रमय, जीव ब्रह्म उच्चारहीं
उपनिषद् जो गावा, ब्रह्म सुनावा, गीत पुनीत विचारहीं
जीवार्जुन आत्मा मय परमात्मा, परमानन्द प्रचारहीं ।

ओम् इति डॉ. रामवीर सिह कुशवाह 'पथिक' कृत श्रीमदभगवदगीतामृत गीतयोग नामक ग्रन्थ का कर्मयोग नामक तृतीय अध्याय समाप्त हुआ।

❁ ❁❁

ॐ गुं गुरुभ्यो नमः । ॐ गं गणेशाय नमः । ॐ श्री परमात्मने नमः।

श्रीमदभगवद्गीतामृत गीतयोग

अध्याय - चार

ज्ञान-कर्म-सन्यासरूपी दिव्यज्ञानयोग

अध्याय तीन में भगवान् ने आश्वस्त किया था कि दोषदृष्टि से रहित होकर पूर्ण श्रद्धा से मेरे मतानुसार चलने वाला कर्म–बन्धन से छूट जाता है। यह मुक्ति दिलाने की क्षमता ज्ञान योग व कर्मयोग दोनों में ही है। इस अध्याय में भगवान् स्पष्ट करते हैं कि इस दिव्य योग का प्रणेता कौन है? इसका क्रमिक विकास किस प्रकार व कैसे होता है? सगुण ईश्वर एवं निष्काम–कर्मयोग, बिभिन्न यज्ञ व उनके फल, ज्ञानयोग, योगी–महात्मा–पुरुषों की महिमा एवं उनके आचरण व उनकी महत्ता आदि का वर्णन करते हुए भगवान कहते हैं कि आत्मा–परमात्मा से सम्बन्धित दिव्य–ज्ञान कर्मयोग का फल है जो मोक्ष प्रदान करने वाला है। वह ज्ञान तू स्वयं आचरण करके पाएगा, दूसरे के आचरण से तुझे नहीं मिलेगा। वह ज्ञान (साक्षात्कार) हृदय–देश में होगा, बाहर नहीं। अतः हृदय में स्थित अपने संशय को वैराग्य की तलवार से काट। स्वयं प्रकाश, स्ववश परमेश्वर का निवास सबके हृदय में ही है, श्वास के निरोध से ही उसकी प्राप्ति का विधान है। एक बार योग प्रारम्भ कर देने से यह पूर्णत्व दिलाकर ही शान्त होता है। भगवान् कहते हैं कि योग–साधना व आत्म–माया द्वारा अपनी त्रिगुणमयी प्रकृति को स्व–वश करके मैं क्रमशः प्रकट होता हूँ। राग–विराग से परे, भय–अभय से परे अहंकार रहित (अनन्य भाव से) मेरे शरण हुए असंख्य लोग ज्ञान–तप से पवित्र होकर मेरे स्वरूप को सदैव प्राप्त करते रहे हैं। अतः तू समत्व भाव में स्थित होकर यज्ञ कर।

श्रीभगवान उवाच

दोहा

पारथ सुनहुँ वीरवर, विद्या योग विकास
विद्या अति प्रचीन है, राजन युग इतिहास।

4/1–3/1

कल्प आदि में भानु से, वरनहुँ योग सुजान
पाए मनु भगवान तब, नृप इक्ष्वाकु महान।

4/1–3/2

परम्परा से पाय के, योग बिदुः राजर्षि
कालान्तर में विनशिगे, शुद्धयोग ब्रह्मर्षि।

4/1–3/3

चौपाई

वेद समान यह गीता जानहुँ। यथारूप उपदेशहि मानहुँ।
तार्किक–जन बहु बिधि करि चिन्तन। गुरु–परम्परा पावहुँ मन्थन।।

4/1–3/4

ब्रह्माण्ड विराट अंश तन होई। कर्म सकल जग के हित सोई।
नित्ययोग अनुभव निज पाई। जब अनित्य सम्बन्ध मिटाई।।

4/1–3/5

प्रथम सूर्य उपजें जग भाई। सकल जगत के नेत्र कहाई।
निज कर्त्तव्य–परायन होई। प्रेरहुँ सब जग जीवन जोई।।

4/1–3/6

मै यह कहा भानु से भाई। भानु से मनु यह विद्या पाई।
मनु निज–सुत यह ज्ञान बखाना। साधु–पुरुष गुण निरत निशाना।।

4/1–3/7

प्रथम भानु सविता सन कहई। शाश्वत योग ईश से गहई।
भानु कहा मनु निज सुत ज्ञानी। परम्परा से सब जग जानी।।

4/1–3/8

सोइ दृढ़ ज्ञान पुरातन सारा। कहहुँ आजु हित साधि तुम्हारा।
सखा जानि लखि भक्त उदारा। वर्णेउ गूढ़ रहस्य विचारा।।

4/1–3/9

दोहा

योग पुरान सनातन, पाए नित राजर्षि
बीते काल अनन्त बहु, योगभ्रष्ट ब्रह्मर्षि।

4/1–3/10

गीता ज्ञान अथाह वहु, अपौरुषेय यह होइ
यथारूप स्वीकारेहुँ, नर–वरदान सो सोइ।

4/1–3/11

हे पारथ! हे सखा! मम, भक्त–मित्र सुजान
दिव्य–मर्म समुझहुँ सकल, गीताज्ञान महान ।

4/1–3/12

अर्जुन उवाच

चौपाई

प्रभु तव जन्म प्रगट यहि काला। भानु भए गत अयुत भुआला।
ज्ञान सूर्य सन सतयुग मानहुँ। कैसेहुँ कहा आपुही जानहुँ।।

4/4/13

यह जिज्ञासा मम हित नाहीं। जे नर प्रभु विश्वासी नाहीं।
असुर पुरुष नहिं प्रभु विश्वासा। कबहुँ न जानहिं दृढ़ता–आसा।

4/4/14

है अति कठिन सहज नर प्रानी। शाश्वत् आदिपुरुष प्रभु मानी।
अनन्तकाल सब जग स्वीकारा। पर न असुर–नर रूप निहारा।।

4/4/15

सर्वनान्य प्रमाण शुभ जानहुँ। असुर विचित्र जानि पहिचानहुँ।
दृष्टिकोण निज अपना–अपना। प्रभु भक्तन उत्सुक सब सपना।।

4/4/16

अधिकाधिक जानन को उत्सुक। वचन प्रामाणिक पूजन प्रस्तुत।
अति गुमान शाश्वत प्रभु जानहिं। सत् चित् प्रभु विग्रह पहिचानहिं।।

4/4/17

श्रीभगवान उवाच

बीते बहुत जन्म मम प्यारे। निज–स्वरूप विस्तारे न्यारे।
तुम न लखेउ परंतप हारा। मै जानेहुँ बल ज्ञान सहारा।।

4/5–6/18

जन्मरहित अपि कर्म बिहीना। मैं भूतेश्वर सब जग चीन्हा।
निज मायाबल बहु जग सारा। तदपि अनन्य धरैं अवतारा।।

4/5–6/19

स्वरूप–भाव जगत जे जोड़हिं। सत पदार्थ सत ही सत छोड़हिं।
निज–स्वरूप नित्य सत होई। पाहि अभाव अनित्य न कोई।।

4/5–6/20

अनेक जन्म तव–मम विस्तारा। तुम विसरेहुँ मम स्मृति–विशाला।
मैं अद्वेत प्रगटहुँ बहु रूपा। मणि वैदूर्य समत्व स्वरूपा।।

4/5–6/21

तन– परिवर्ती तुम सब भूलेहुँ। मैं अद्वेती कछू न भूलेहुँ।
मम शरीर–आत्म अभिन्ना। बद्धजीव शरीर ते भिन्ना।।

4/5–6/22

दोहा

होंउ अजन्मा नित्य मैं, अविनाशी जग स्वामि
प्रतियुग प्रकटेहुँ दिव्यगुण, परम–सत्य प्रणमामि।

4/5–6/23

प्रकृति स्वभाव–स्वरूप दोउ, निज तन प्रकटेहुँ मानि।
अन्तरंगा ममशक्ति है, आद्य–शक्ति मोहि जानि।

4/7–8/24

चौपाई

जब–जब धर्म गलानि जहाना। तब–तब रूप रचहुँ विधि नाना।
जब अधर्म प्रगटे बहु रूपा। बढ़े अनीति प्रदूषित भूपा।।

4/7–8/25

तब मैं धरेहुँ धीर नहिं धारा। प्रगटेहुँ जगमें धरि अवतारा।
करहुँ साधु–उद्धार सुरक्षा। खल–दल अधम–अनीति से रक्षा।।

4/7–8/26

धर्म–नियम–उपदेश विचारा। मम आदेश धर्म व्यवहारा।
प्रगट–अप्रगट भावना मानहुँ। उद्‌बोधित मम रूप बखानहुँ।।

4/7–8/27

दुष्ट– संहार असुर गुण हारा। मम अनुचर अनुरूप व्यवहारा।
पुरुष–गुण–लीला–तनु धारी। मन्वन्तर अवतार विचारी।।
4/7–8/28

भौतिक–सृष्टि उतरि अवतरेहूँ। प्रतियुग–शुद्ध भक्ति–चित धरेहूँ।
ममलीला उत्सुक जन जेई। भव–बन्धन काटेहुँ तन तेई।।
4/7–8/29

धर्म विनाश कबहुँ नहिं होई। शाश्वत प्रगटेहुँ जब जग जोई।
थापेहु धर्म हरेहुँ महि भारा। युग–युग होइ मोर अवतारा।।
4/7–8/30

जे मम कर्म अलौकिक जानहुँ। पुनि मम जन्म दिव्य पहिचानेहुँ।
सोइ तजि तन पुनि जन्म न धरेहूँ। मम गति अचल परंतप परेहूँ ।।
4/9–10/31

राग–द्वेष–भय–क्रोध विसारहुँ। मम मन रूप–शरण गहि सारहुँ।
भाव अनन्य गहहुँ निज रूपा। ज्ञानरूप तप पुलिन स्वरूपा।।
4/9–10/32

ईश–जन्म दिव्य सब कर्मा। दिव्य योग आवहिं सब धर्मा।
दिव्य–कर्मफल मुक्ति कहाई। ममताहीन अनेक सुहाई।।
4/9–10/33

ईश–दिव्यता तत्व से जानहुँ। पावन ज्ञान मनुज तहि मानहुँ।
जीव–अंश ईश्वर भगवाना। पावन अति पावन सुखसाना।।
4/9–10/34

स्वतः–स्वाभविक पावन जानहुँ। शुद्ध–कर्म–ज्ञान तेहि मानहुँ।
कर्म मलिनता बन्धन देई। कर्मशुद्ध सत्–चन्दन सेई।।
4/9–10/35

योग कर्म–कुशलता जानो। सकल–कर्म जग हित मय ठानो।
आविर्भाव कर्म मम जानो। दिव्य–प्रकृति पावन पहिचानो।।
4/9–10/36

भौतिक–तन जग जन्म न लेवहिं। नित्य सनातन धाम ही सेवहिं।
श्रद्धा–भक्ति–ज्ञान अनुशीलन। सिद्धि पाय मुक्ति–मधु–लीलन।।
4/9–10/37

दोहा

भयासक्ति तजि क्रोध सब, तन्मय मन मम होय
शरणागत मम भूत बहु, ज्ञान से पावन सोय।

4/9–10/38

भक्ति–भावमय जीव अति, दिव्य– प्रेम पहिचान
प्रेमाश्रय अतिप्रेममय, दिव्यभक्ति गुणगान।

4/9–10/39

भाव सकल गहि शरण मम, पथ–अनुगमन सुजान।
निर्विशेष बहु तेजमय, कण–कण मोहि गुणगान।

4/11–12/40

नर मोहि भजि जैसे सकल, देहु ताहि फल सोय
जगत परंतप पुरुष मम, पंथ चलहिं भल होय।

4/11–12/41

चौपाई

जो जस भावहिं सो तस पावहिं। बुद्धिमान नर बुधि–पथ जावहिं।
पूजहिं देव फलेच्छाचारी। कर्म करहिं लोक–हितकारी।।

4/11–12/42

कर्मज सिद्धि जगत तत्काला। सत्य–पंथ उदित जेहि काला।
हित–अनहित नहि कबहुँ विचारी। इच्छित फल देहिं देव अचारी।।

4/11–12/43

परमपिता परमात्मा देवहिं। जासों होइ परमहित सेवहिं।
अपना हित साधहुँ ते बँधहीं। परहित कर्म मुक्त–पथ सँधहीं।।

4/11–12/44

योगी योग–शक्ति मम पावहिं। भोगी कामासक्ति सुहावहिं।
कर्म सकाम–सिद्धि ते चाहहिं। देवपूजि बहु बिधि मन भावहिं।।

4/11–12/45

जन अल्पज्ञ भ्रान्ति उपजावहिं। देव – ईश समतुल्य सुनावहिं।
अंश अनेक ईश बहुभेषा। सकल देव प्रभु–शक्ति विशेषा।।

4/11–12/46

तत्क्षण क्षणिकहिं लाभ सुहाए। देव पूजि बहुबिधि सब पाए।
जग–संहार देव अरु पूजक। होइ विनष्ट क्षणिक वर दूजक।।
4 / 11–12 / 47

कर्मज गुणज विभाग सजावा। चारिहुँ बरण सकल उपजावा ।
कर्त्ता मोहि तासु जग जानहुँ। मोहि अविकार अकर्त्ता मानहुँ।।
4 / 13–14 / 48

कर्मासक्ति न मम मन होई। फल–अभिलाष न भारत सोई।
जो जानहिं मम तत्व स्वरूपा। कर्म–बन्ध पथ छूटहिं भूपा।।
4 / 13–14 / 49

सतगुण प्रमुख विप्र उपजाए। रजगुण क्षत्रिय सत्व सजाए।
रज तम से वैश्य जग आए। शूद्र तमो गुण प्रमुख कहाए।।
4 / 13–14 / 50

वर्णाश्रम निंज करतब पालन। सकल कर्म पूजित मम लालन।
सकल पदारथ जे जग माहीं। परहित पर उपकार लगाहीं।।
4 / 13–14 / 51

दोहा

प्रकृति त्रिगुण–कर्म से, चतु र्विभाग सुजान
वर्णाश्रम का श्रष्टा मैं, अव्यय–अकर्त्ता जान।
4 / 13–14 / 52

मुझपर कर्म प्रभाव नहिं, नाहि कर्म–फल आश
जो यह सत्यको जानता, बँधहि बन्धन पाश।
4 / 13–14 / 53

चौपाई

गुण अनुसार ब्रह्म कर ज्ञाना। परमसत्य स्वरूप सुहाना।
भगवद्–भावयुक्त गुण ज्ञानी। निर्विशेष सतगुण पहिचानी।।
4 / 13–14 / 54

मै भौतिक जग श्रष्टा होवहुँ। कार्य करहुँ प्रतिक्रिया न लेवहुँ।
कारण परम मोहि नित जानहुँ। प्रकृति निमित्त दृष्टि मय मानहुँ।।
4 / 13–14 / 55

कर्म–नियम नहिं मोहि पर लागें। पक्षपात हिय कबहुँ न जागे
मुक्त–पुरुष गुण मोर सुहाए। दिव्य–कर्म–स्वभाव सुहाए।।

4/13–14/56

कर्म–पदारथ कछू न चाहीं। निज–स्वरूप परमातम पाहीं।
अपनापन सब जग हित मानी। नहिं अधिकार जमावहुँ जानी।।

4/13–14/57

परमसत्य जानहिं जो जीवा। दिव्य–स्वभाव जानि गुणपीवा।
कर्म दिव्य होंइ फलहीना। सकल बन्ध कटि मोह विलीना।।

4/13–14/58

प्रथम मुमुक्ष योगिजन कीन्हा। चाहि परमपद कर्म जो चीन्हा।
कर्म अनेक लखहिं बिधि नियमा। निश्चय करहुँ कर्म जग प्रियमा।।

4/15–16/59

कर्म करहुँ थित योग सटाए। होंइ कर्मरत बन्ध कटाए।
कर्म सकल जग के हितकारी। योग पाइ निज हित गुणकारी।।

4/15–16/60

कर्म–अकर्म करहिं आचारा। मोहित कविजन लखि विस्तारा।
सोइ सब कर्म कहौं सुविचारा। जो गुनि जन्म–बन्ध छुटि सारा।।

4/15–16/61

प्रवृत्ति और निवृत्ति गुसाईं। ऊपर उठहुँ योग नित पाई।
कर्म–प्रभाव सकल संसारा। मिटहि राग फल–इच्छा सारा।।

4/15–16/62

कर्मयोग सकल जग सेवा। योग–सिद्धि पावहिं सो मेवा।
मम पदचिन्ह चलहुँ तुम पारथ। निज करतव पालहुँ तजि स्वारथ।।

4/15–16/63

दोहा

सकल योग जे जानि मोहि, दिव्य–प्रकृति पहिचान।
शुद्धचित्त जन जानिए, निर्मल–चित्त महान।।

4/15–16/64

कर्म–अकर्म से मोहग्रस, बुद्धिमान गुण गेह।
सुनहुँ भेद यह गूढ़ अति, त्यागि सकल संदेह।।

4/15–16/65

अशुभ–मुक्ति पावहुँ तब, ज्ञान पूर्ण जब पाउ।
धर्म–पंथ विचलित नहीं, मानव सहज स्वभाउ।।

4/15–16/66

चौपाई

चिन्तित जीव अधूरा ज्ञाना। धर्म–ज्ञान केहि भांति बखाना।
अपूर्णज्ञान पंथ नहिं जाना। धर्म–पंथ निश्चहिं भगवाना।।

4/15–16/67

कर्म–अकर्म गहन सब रूपा। पुनि विकर्म विस्तार स्वरूपा।
कठिन कर्म गति गूढ़हि जानी। तेहि विचारि स्वरूप विज्ञानी।।

4/17–18/68

कर्म अकर्म में जेहि जन देखहिं। अकरम माहिं कर्म–बिधि लेखहिं।
सोइ नरपुंगव बुद्धि निधानहिं। योगी ते कृत कर्म विधानहिं।।

4/17–18/69

कर्म करहिं निर्लिप्त सुजाना। अकरम तत्व जानि सोइ माना।
काम बाढ़ि बिकर्म कहावहिं। विनश काम अकर्म सुहावहिं।।

4/17–18/70

कर्म–तत्व अति गहन है जानो। अकर्म–विकर्म–कर्म पहिचानो।
नित्यदास–प्रभु जीवहि जानी। कर्म निषिद्ध विरत गुणज्ञानी।।

4/17–18/71

बुद्धिमान नर तत्व से जानहुँ। कर्म–प्रवृत्त दिव्य पहिचानहुँ।
सकल कर्म होंइ प्रभुहित सेवा। दिव्य–कर्म–सुख देवहिं देवा।।

4/17–18/72

जासु आचरण सकल प्रवीना। काम रहित संकल्प विहीना।
ज्ञान अनल जिन कर्म पुनीता। सो पण्डित मतिधीर गुनीता।।

4/19–20/73

त्यागि कर्मफल संग विहाई। नित्य–तृप्त आश्रय विसराई।
यहि बिधि करहिं अचार सयाने। ते सतपुरुष न जाहिं वखाने।।

4 / 19–20 / 74

मूढ़ पुरुष प्रवृत्ति निवृत्ता। ज्ञानीजन निवृत्ति प्रवृत्ता।
फलचिन्तन व्यय अपव्यय होई। व्यर्थ–शक्ति सोइ कर्म न सोई।।

4 / 19–20 / 75

कर्मासक्ति शक्ति निज छीनहुँ। फलचिन्ता भक्ति हरि लीनहुँ।
दास्यभाव प्रभु नित्यहि लीना। सकल कर्मफल मुक्ति प्रवीना।।

4 / 19–20 / 76

प्रति उद्यम जो कामनाहीना। ज्ञानी पूर्ण समझि गुण चीन्हा।
सकल कर्मफल ममता त्यागी। नित्य तुष्ट संतुष्ट सुभागी।।

4 / 19–20 / 77

भूलि कर्मफल शुचिरत धर्मा। शुद्ध प्रेमवश सारे कर्मा।
अनासक्त भाव फलहीना। सकल कर्मरत प्रभु नित चीन्हा।।

4 / 19–20 / 78

दोहा

त्यागि के कर्मासक्ति सब, मुक्तप्रेम पहिचान
निज करतब रत होवहीं, पूर्ण सामर्थ्य सुजान।

4 / 19–20 / 79

चौपाई

मन अरु चित्त नियम अनुकूला। त्यागहिं काम परिग्रह भूला।
प्रानि करहिं जो जनहित कर्मा। पाप न लागि ताहि गुणधर्मा।।

4 / 21–22 / 80

यथालाभ संतुष्ट जो होवहिं। द्वन्द्व त्यागि मत्सर सब खोवहिं।
सिद्धि–असिद्धि बरावर मानहिं। बन्धन रूप अचार न जानहिं।।

4 / 21–22 / 81

ममता कामासक्ति अभावा। समता वृत्ति निवृत्ति सुभावा।
भोग बुद्धि पाप बहु लागा। द्वन्द्वहीन मन निर्मल पागा।।

4 / 21–22 / 82

पूर्णरूप मन बुद्धि समर्पित। त्यागि सकल स्वामित्व हों अर्पित।
तन निर्वाह काज सब होवहिं। पाप प्रभाव लिप्त नहिं लोभहिं।।

4/21–22/83

भगवद् इच्छा नित अनुगामी । फल–इच्छा कल्मष नहिं स्वामी।
द्वन्द्व–मुक्त संतुष्ट स्वलाभा। ईर्ष्या नहिं समभावही जागा।।

4/21–22/84

हम जो सोइ वही हम रहहीं। प्रति–अनुकूल परिस्थिति गहहीं।
परिवर्तन स्थिति नित होवहिं। 'स्वरूप रहें थित' ज्ञानी शोभहिं।।

4/23–24/85

दोहा

अनासक्त नित ज्ञानथित, चित्त ज्ञानरत होय
यज्ञाचरण विमुक्त नर, कर्म विनष्ट हों सोंय।

4/23–24/86

ब्रह्मरूप घृत मंत्र हवि, ब्रह्म–स्वरूपहिं जान
ब्रह्म अनल करतार सोइ, ब्रह्म पदारथ मान।

4/23–24/87

ब्रह्मरूप जठराग्नि है, भोज्य–पदारथ ब्रह्म
क्रिया ब्रह्म नर ब्रह्म है, भोजनफल परब्रह्म।

4/23–24/88

ब्रह्म को अर्पण ब्रह्म हवि, अनल ब्रह्म हित होय।
ब्रह्म–कर्म समाधिना, ब्रह्म–तेज रस सोय।।

4/23–24/89

चौपाई

देवयज्ञ तत्पर जे जोगी। परमोपासक अति सुखभोगी।
ब्रह्म–यज्ञ पावक निज आतम। ब्रह्म–ज्ञानि बिचरहिं परमातम।।

4/23–24/90

वश ञिज में करि इन्द्रिय नाना। संयम पावक हवन सुजाना।
राग–द्वेष बिषय गहि जेकर। इन्द्रिय अनल हवन करि तेकर।।

4/25–26/91

संयमरूपि अनल दें आहुति। सकल इन्द्रि–विषयों की आहुति।
रागासक्ति विरक्ति हों द्वेषा। सर्वाभाव सिद्धि नहिं शेषा।।

4 / 25–26 / 92

भस्मरूप जेहि राग विद्वेषा। निर्विकार होइ सिद्धि घनेशा।
क्रिया–पदार्थ कामनाहीना। 'देवयज्ञ' जानहिं सो प्रवीना।।

4 / 25–26 / 93

दिव्य–चेतनायुत जे कर्मा। प्रभु–भावना–भावित धर्मा।
तिन्हहिं पार्थ तुम जानहुँ यज्ञा। जिनसे जागहि नितगुण प्रज्ञा।।

4 / 25–26 / 94

हवन अनल यज्ञ सामाना। यज्ञ यज्ञकर्त्ता फल नाना।
इन्हहहिं सकल भव एकीकारा। अन्तिम–फल परब्रह्म सकारा।।

4 / 25–26 / 95

मानव जीवन चारों आश्रम। पूर्णत्व निमित्त बहु करि श्रम।
सकल व्यवस्था उचित बनाई। आध्यात्मिक–जीवन अपनाई।।

4 / 25–26 / 96

अनासक्त संयमित जीवन। यज्ञ कहाइ उच्चतर–पीवन।
इन्द्रिय–तृप्ति प्रवृत्ति की आहुति। धर्म–रूप ग्रहस्थ विवाहित।।

4 / 25–26 / 97

इन्द्रिय कर्म सकल समुदाई। प्राणि कर्म नाना बहुलाई ।
प्रगटि ज्ञान आतम बलवीरा। संयमी यज्ञरत होंइ सुधीरा ।।

4 / 27–28 / 98

द्रव्ययज्ञ तपयज्ञ विधाना । योग यज्ञ विचरहिं मुनि नाना ।
वेदपाठ पुनि ज्ञान सुजाना। यत्नशील साधहिं तप ज्ञाना ।।

4 / 27–28 / 99

दोहा

यज्ञ बिबिध–प्रकार हैं, दान–पुण्य तप योग
कठिन कछू समुझहुँ कोइ, योगी अन्तर रोग।

4 / 27–28 / 100

छन्द

यज्ञ द्रव्यमय, दान–भव्यमय, कतिपय कठोर व्रत–नियम बड़े
कछु कठिन नृपाला, योग कृपाला, ज्ञान–यज्ञ तप जानिए
कछु योगाभ्यासा, सत्‌चित् आसा, दिव्य–ज्ञान पहिचानिए
ये बिबिध प्रकारा, यज्ञ विशाला, योगशील गुण मानिए।।

4 / 27–28 / 101

दोहा

कोइ अपानमें प्रान गति, प्राण वायु में अपान
कोइ योगी गति थिर करे, प्राणायाम सुजान।

4 / 29–30 / 102

प्रान–अपान में हवन करि, यज्ञ पाप विनशाहिं
नियत आहारी योगिजन, नियमित यज्ञहिं पाहिं।

4 / 29–30 / 103

सोरठा

को पुनि नियत आहार करि, प्राणाग्नी धरि इन्द्रि
जानहि यज्ञ विधान हरि, पाप नशाय प्रभाव मम ।

4 / 29–30 / 104

चौपाई

श्वास रोकि बिधि प्रानायामा। बिबिधासन हठयोग अपाना।
कुम्भक–योग नित्य अभ्यासा। जीवन अवधि बढ़े विश्वासा।।

4 / 29–30 / 105

सकल जीवरत यज्ञ सुजानी। यज्ञ–अर्थ जानहिं पहिचानी।
पाप–कर्म विमुक्ति कहावहिं। यज्ञामृत चखि दिव्य ह्वैजावहिं।।

4 / 29–30 / 106

परहित कर्म से यज्ञ कहावा । यज्ञशिष्ट अमृत सोइ पावा
यज्ञ होंय सब दान ही देना। निर्वाह मात्र को ही कुछ लेना।।

4 / 29–30 / 107

निज करतव पालहुँ निष्कामा। प्रेरहु सकल जगत हित रामा।
करि मख प्रथम ज्ञानामृत भोगा। योगि सनातन ब्रह्म सुयोगा।।

4/31–32/108

मखबिहीन सुखलोक न पावा। पुनि परलोकी सुख न नसावा।
यहि बिधि यज्ञ अनेक प्रकारा। वरनहिं वेद सहित विस्तारा।।

4/31–32/109

यज्ञ–कर्म तन इन्द्रिय मन सों। लहिहों अचल मुक्ति सुखपन सों।
कर्म करहिं निर्लिप्त ही होवहिं। विद्या विनय विमुक्ति सुशोभहिं ।।

4/31–32/110

यज्ञबिना स्वरूप अनभिज्ञा। भौतिक जग बहुपाप गुणज्ञा।
यह अज्ञान पाप का कारण। भौतिक जग अस्तित्व निवारण।।

4/31–32/111

कर्त्तभिद युक्त गुण पाकर। वेद–सम्मत हैं यज्ञ दिवाकर।
तन मन बुद्धि मनुज अनुसारा। देह विमुक्ति मुक्ति सुविचारा।।

4/31–32/112

द्रव्य–यज्ञ ज्ञान शुचि पावा। अति उत्तम तिन्ह जानि जनावा।
कर्म सहित फल ज्ञानहिं जानहुँ। ज्ञान सदा कल्यानहि मानहुँ।।

4/33–34/113

द्रव्यादिक सिधि होंइ जे ज्ञाना। सर्वोत्तम तिन मँह शुचि ज्ञाना।
सकल कर्मफल ज्ञान समावहिं। ज्ञानपान कल्यान सोहावहिं।।

4/33–34/114

करहुँ प्रनाम बहुत बिधि सेवा। सविनय प्रश्न कीन्ह चहुँ देवा।
तब उपदेश करहिं मुनि ज्ञानी। जिन संसार तत्व पहिचानी।।

4/33–34/115

दोहा

द्रव्य–यज्ञ से ज्ञान है, उत्तम सकल सुजान
कर्म–यज्ञ अवसान ह्वै, दिव्य–ज्ञान गुणखान।

4/33–34/116

ज्ञान बिना नहिं यज्ञ ह्वै, लाभ नहीं कछु देंइ
भौतिक–स्तर ही पहुँचि, आध्यात्मिकता सब खोइ।

4 / 33–34 / 117

कर्मकाण्ड हों यज्ञ हित, भेद चेतन अनुसार
ज्ञानकाण्ड कहलाएँ भी, यज्ञ के विविध प्रकार।

4 / 33–34 / 118

गुरु–सेवा में जाओ तुम, विनती करि जिज्ञास।
स्वरूप–सिद्ध जानहिं सत, दरस सत्य–गुणखास।।

4 / 33–34 / 119

चौपाई

विवेक वैराग्य षट्–सम्पति नाना। मुमुक्षता श्रवण–मनन मुस्काना।
निदिध्यासन उपरति सुनि काना। तत्व–पदार्थ संशोधन ज्ञाना।।

4 / 35 / 120

शम–दम श्रद्धा उपरति जाना। समाधान तितिक्षा षट् ज्ञाना।
ज्ञान साध्य साधन ये होवहिं। बहु बिधि सकल शास्त्र में खोवहिं।।

4 / 35 / 121

स्वार्थ–कर्म दूषित अन्तरात्मा। कर्म लोकहित शुद्ध परमात्मा।
जानि सकल बिधि ज्ञान प्रकाशा। मोह नसाहिं व्यापि शुचि भाषा।।

4 / 35 / 122

ज्ञान समष्टि–बुद्धि जेहि देखा । पाय अनन्त–स्वरूप सुलेखा।
शरणागत प्रामाणिक–गुरु जेई। मोह न डसि मम अंशहिं तेई।।

4 / 35 / 123

नित्य–दास मम जीव को जानो। परमसत्य ईश्वर पहिचानो।
जबहिं जीव शरण मम आवहिं। मायावादी सतगुण पावहिं।।

4 / 35 / 124

होंइ प्रशस्त मुक्तिपथ ज्ञानी। निज स्वाभाविक थिति पहिचानी।
पाप सें अधिक होंय नर पापी। तिन मँह अधम अचार सुनापी।।

4 / 36 / 125

तेपि परन्तप ज्ञान सहारा। तरहिं सकल दुख सागर भारा।
सब साधन असाधन बनहीं। त्याज्य नहीं फल निज हित ठनहीं।।

4/36/126

करण–निरपेक्ष बोध सत होई। स्वयं के द्वारा स्वयं को होई।
दीप जलहिं तमघोर मिटाहीं। तत्वज्ञान सब पाप नसाहीं।।

4/36/127

दोहा

पापीसे पापी भलेहि, पावहिं ज्ञान प्रकाश
समुझेहुँ ज्ञानकी दिव्यता, छूता नर आकाश।

4/37–38/128

चौपाई

जिमि प्रचण्ड बल अनल सुजाना। भस्म होइ ईंधन जरि जाना।
तासु सकल–कर्म समुदाई। ज्ञान कृशानु भस्महोइ जाई।।

4/37–38/129

ज्ञान समान पुनीत जहाना। कुरुनन्दन कछु और न जाना।
करहुँ सदा समता अभ्यासा। पाहि ज्ञान हिय आप प्रकाशा।।

4/37–38/130

आँखि न सकहिं आँख निज लेखी। चाहे आँख सकल जग देखी।
तत्वज्ञान अनुभव नित पाई। जड़ता से वियोग जब भाई।।

4/37–38/131

सेवक सेवा–सेव्य में लीना। प्रकृति कार्य तन जग में विलीना।
संसिद्धि योग पावन तब पावा। शुद्धचित्त समबोधि जगावा।।

4/37–38/132

छन्द

गुणज्ञान बखाना, निर्गुण जाना, वेद सभी प्रकटें अन्तर
गुरुज्ञान प्रमाना, सब जग जाना, मोह सभी सिमटें–सिमटें
सत–ज्ञान जे पावा, भ्रम सकल नसावा, निज–स्वरूप थित होइ रहें
ब्रह्म–विद्या ज्ञाना, गुरु पहिचाना, शाश्वत–अविनाशी गुण प्रकटें।

4/37–38/133

दोहा

पूर्णज्ञान है मुक्ति–पथ, जानहुँ मोर कृपाल
दुख–सागर संसार को, खेवहुँ दीनदयाल।

4 / 37–38 / 134

ज्ञान–अनल में फल सभी, भस्म होंइ जरि जांय
भौतिक–कर्म विसरें सकल, नर–नागर तरि जांय।

4 / 37–38 / 135

चौपाई

श्रद्धावान जितेन्द्रिय माना। विजित ज्ञान तत्श्रण भगवाना।
पाय ज्ञानपथ पुनि तत्काला। परम–शान्ति पद परम निराला।।

4 / 39–40 / 136

श्रद्धाहीन व्यक्ति सुख नाहीं। सकल–शास्त्र संदेह भ्रमाहीं।
संशयात्मा सुख नहिं पावहिं। लोक–परलोक सकल दुख लावहिं।।

4 / 39–40 / 137

श्रद्धाहीन ह्रदय अज्ञानी। संशयलीन विनाशत प्रानी।
भ्रष्ट लोक–परलोक सो जानी। सुख न पांय संशय–युत ज्ञानी।।

4 / 39–40 / 138

संशय सदा अधूरा ज्ञाना। ताहि ज्ञान मानहुँ अज्ञाना।
नहिं स्वतंत्र–सत्ता अज्ञाना। विवेक–बुद्धि श्रद्धायुत ज्ञाना।।

4 / 39–40 / 139

संशय सकल ज्ञान नित बाधक। ताहि नसाहुँ ज्ञान जुट साधक।
नित्य–सिद्ध ज्ञान नित साधहुँ। स्वतःसिद्ध शान्ति केहि बाधहुँ।।

4 / 39–40 / 140

आत्मपरायण योग सुजाना। दिव्य–ज्ञान भक्तियुत माना।
बन्धन–कर्म विमुक्त कहाहीं। ज्ञान–शस्त्र काटहिं सुनु भाई।।

4 / 39–40 / 141

छन्द

दिव्य–ज्ञान जे जानहिं प्रभु पहिचानहिं गहहिं मुक्ति–पथ शान्ति तले
शुधचित ध्याना, ज्ञान समाना, सकलयोग परिपक्व फलें

वश इन्द्रिय कीन्हा, प्रभु निज चीन्हा, अधिकारी गुणज्ञान के
ये परमानन्दी, निजप्रभु वन्दी, ज्ञान समर्पित दृढ़ होइ चलें ।

4/39–40/142

दोहा

पाइ समत्व–बुद्धि नित, योग–कर्म सब लीन
ज्ञान पाइ संशय सकल, बन्धन किए विलीन।

4/41–42/143

कर्म–स्वरूप न बांधिहैं, फल–इच्छा अभिमान
ममता संशय ज्ञान में, समता योग सुजान।

4/41–42/144

अज्ञानज संशय हृदय, छेदहुँ ज्ञान कृपान
समताथित नित विरत होइ, रणहित उठहुँ महान।

4/41–42/145

छन्द

ओम् भगवद्गीता तत् सत् मीता, विद्याब्रह्म बिचारहीं
ब्रह्मास्त्रमय योगशस्त्रमय, जीव ब्रह्म उच्चारहीं
उपनिषद् जो गावा, ब्रह्म सुनावा, गीत पुनीत विचारहीं
जीवार्जुन आत्मा मय परमात्मा, परमानन्द प्रचारहीं ।

ओम् इति डॉ. रामवीर सिह कुशवाह 'पथिक' कृत श्रीमद्भगवद्गीता गीतयोग नामक ग्रन्थ का ज्ञान–कर्म–संन्यासरूपी दिव्यज्ञानयोग नामक चौथा अध्याय समाप्त हुआ।

❊ ❊❊

ॐ गुं गुरुभ्यो नमः । ॐ गं गणेशाय नमः । ॐ श्री परमात्मने नमः।

श्रीमदभगवद्गीतामृत गीतयोग

अध्याय - पांच

कर्म-सन्यास योग

अध्याय चार में योगेश्वर भगवान् श्रीकृष्ण ने बताया कि अव्यक्त स्थिति वाले महापुरुष के लिए शरीर तो उसके रहने का मकान मात्र है। ऐसे महापुरुष की वाणी में परमात्मा ही प्रवाहित होता है। उस परम प्रकाशरूप का प्रसार श्वास के अन्तराल में होता है, श्वास में संचारित होकर वे संस्कार रूप में आ जाता है। श्वास में संचित रहने पर, योग्य समय आने पर वही मन में संकल्प बनकर आ जाता है उसकी महत्ता समझने पर मन में इच्छा जागृत होती है तदनुसार योग कार्यरूप ले लेता है क्रमशः उत्थान करते–करते यह योग ऋद्धियों–सिद्धियों की राजर्षित्व श्रेणी तक पहुँचने पर विनष्ट की स्थिति में जा पहुँचता है। परन्तु प्रिय भक्तों, अनन्य सखाओं को मैं अथवा महापुरुष संभाल लेते हैं। समर्पण के साथ इष्ट पर निर्भर होकर कर्त्तव्य–कर्म में प्रवृत्त होना ही निष्काम कर्मयोग है तथा अपनी शक्ति सामने रखकर स्वावलम्बी होकर कर्म में प्रवृत्त होना ज्ञानयोग है। इन दोनों योगों की क्रिया एक है तथा परिणाम भी एक ही है। अतः परमकल्याण तो दोनों योगों में है। जब शुभाशुभ कर्मों का अन्त हो जाता है, संन्यास प्राप्त हो जाता है। ज्ञानयोग एवं निष्काम–कर्मयोग का वर्णन करते हुए भगवान ज्ञान व कर्म– योगियों की महिमा का वर्णन करते हैं। भगवान कहते हैं कि ज्ञानी पुरुष दिव्य–ज्ञानाग्नि से शुद्ध होकर सारे कर्म बाह्यतः करता है, किन्तु अन्तर में उन कर्मों के फल का परित्याग करता हुआ शान्ति, विरक्ति, अध्यात्मिक दृष्टि, सहिष्णुता, तथा परमानन्द की प्राप्ति करता है। सांसारिक सुख–दुख, अनुकूलता–प्रतिकूलता आदि द्वन्द्व दुःखों

के कारण ही हैं। अतः भगवान बुद्धिमान मनुष्यों को इन दुःखों में न फँसने की सलाह देते हैं। संन्यास मार्ग नहीं, मंजिल का नाम है। निष्काम कर्म किए बिना संन्यास (शुभाशुभ कार्यों का अंत) नहीं होता। योगयुक्त ही संन्यासी है। यह योगमुक्त पुरुष (संन्यासी) न करता है, न कुछ कराता है बल्कि साक्षात् मुझे जान लेता है। वह ईश्वरों का भी ईश्वर, आत्मा का भी आत्मस्वरूपमय होकर एकानेक जन्मों में परमात्मा के साथ एकीभाव पा लेता है। इस अध्याय में भगवान् स्पष्ट करते हैं कि यज्ञ–तप आदि का भोक्ता, महापुरुषों के अन्दर विराजमान शक्ति महेश्वर ही है।

श्रीभगवान उवाच

दोहा

प्रथम कहौं प्रभु मोहि सन, कर्म–त्याग गुणधीर
बादि प्रशंसित भक्तिकी, बहु गुणगान सुधीर।।

5/1/1

कर्मयोग मधुसूदन, कबहुँ कहहुँ सन्यास
उत्तम एक जो श्रेष्ठ मत, कहिए ताहि प्रकास।।

5/1/2

चौपाई

कर्मयोग कर्म–सन्यासा। उभय मुक्तिपद करहिं प्रकासा।
कर्मयोग निष्काम अपावन। श्रेष्ठ कर्म सन्यास ते पावन।।

5/2/3

कर्म सकाम भव–बन्धन कारण। पूर्णज्ञानयुत कर्म सहारण।
कर्मत्याग मुक्ति नहिं होई। कर्म भक्तिमय पावन सोई।।

5/2/4

हृदय–शुद्धि जब तक नहि होवहिं। बद्धजीव भव–बन्धन सोवहिं।
कर्म–त्याग चित–शुद्धि न आवहिं। कर्त्तापन त्यागि सुख पावहिं।।

5/2/5

सकल मुक्तिकामी नर नामी। नित–नित त्यागी प्रभु सद्गामी।
नित सन्यासी प्रभु पहिचानहुँ। मम–अर्पित सब कर्म सुजानहुँ।।

5/2/6

कर्मयोग बिनु योग न होई। सांख्ययोग कर्महिं से सोई।
राग निवृत्ति सकल तब जानी। जब स्वरूप स्थित गुण ज्ञानी।।

5/2/7

द्वन्द्व तजे सुख–दुख न होई। इच्छा द्वेष तजें मन सोई।
जानहु पंथ कर्म सन्यासी। होय बन्ध तजि जग सुखवासी।।

5/3–4/8

कर्म–सांख्य–योग मत जानी। बरनहिं भिन्न न पण्डित ज्ञानी।
दुह मुँह जानि भली बिधि एका। पाव मुक्तिफल प्राणि त्रैलोका।।

5/3–4/9

प्राणि–पदार्थ–परिस्थित दोषा। सब सिद्धान्त कबहुँ नहिं रोषा।
कर्मयोगिजन सब जग सेवा। राग–द्वेष कबहूँ नहिं खेवा ।।
5/3–4/10

द्वन्द्व असत को सत्ता देवहिं। होइ निर्द्वन्द्व सदा सत सेवहिं।
राग जगत का विनशहिं जबहीं। एकमात्र प्रभु विस्मृहिं तबहीं।।
5/3–4/11

तब निर्द्वन्द्व जीव जेहि जानी। योग परमपद मुक्ति सुजानी।
कर्म–ज्ञान–भक्ति से योगा। द्वन्द्व–मुक्त सत्–चित् नित भोगा।।
5/3–4/12

फल से घृणा न फल की इच्छा। जानहु तेहि नित–जोगी भिच्छा।
ऐसा मनुज द्वन्द्व–रहित हो। भव–बन्धन–मुक्ति सहित हो।।
5/3–4/13

नहीं शेष कोइ आकांछा–इच्छा। शोक–विहीन मनवांछित भिच्छा।
मन छल–कपट विहीन हो जाहीं। भौतिक–जगत विमुक्त कहाहीं।।
5/3–4/14

भौतिक–जगत सांख्य नहिं भिन्ना। अध्ययन–विश्लेषण नहिं खिन्ना।
भगवद्–भक्ति परमात्मा सेवा। भक्ति–सांख्य दोउ योग ते मेवा।।
5/3–4/15

एक विधी जड़ खोजि विचारी। दूसर सींचहिं तेहि गुणचारी।
जगत–मूल भगवत को ढूढ़हिं। पूर्णज्ञान पावहि प्रभु बूढ़हिं।।
5/3–4/16

सांख्य–कर्म जानहु तुम एकहिं। ज्ञान यही पहिचानि विवेकहिं।
सब विद्वान ज्ञानगुण सागर। जानहिं रूप–स्वरूप गुणागर।।
5/3–4/17

ज्ञानयोग पावहि जेहि धामा। सोइ पावै जो कर्मरति नामा।
सांख्य–कर्मयोगी निष्कामा। जानहिं सम्यक् परम सुनामा।।
5/5–6/18

ज्ञान–कर्मफल एकहि देखी। तेहि योगी यथार्थ पुनि लेखी।
कर्म बिना सन्यास न होई। कर्त्तापन त्यागहि जिन सोई।।
5/5–6/19

कर्मलीन भगवद्गुण मुनिवर। गहहिं ब्रम्ह अविकारी शुचिधर।
विषम जगत सम ईश्वर जानी। सत्–स्वरूप अभाव न मानी।।

5/5–6/20

सकल विकार अभाव से उपजहिं। होइ असंग भाव गहि सुपजहिं।
साध्य एक साधन बहु जानीं। समता में थित योगि सुज्ञानी।।

5/5–6/21

शोध दार्शनिक सांख्य कहाहीं। चरम–लक्ष्य परमात्महि पाहीं।
होइ विरक्ति पदारथ पावहिं। कर्मासक्ति कबहुँ नहिं लावहिं।।

5/5–6/22

भक्ति बिना कर्म जेहि त्यागहिं। सुखी न बन सकहिं अभागहिं।
भक्ति–युक्त चित प्रभु पद पावहिं। नित्य–निरन्तर प्रभुहिं गुणावहिं।।

5/5–6/23

दोहा

योगमुक्त विजितेन्द्रिय, निज आतम जग देखि।
कर्मलिप्त योगी नहीं, विशुद्ध–चित्त नर लेखि।

5/7/24

सकल जीव जग एक तन, सकल अंग तन एक
नित्य क्रियारत जीव जग, कछु न करहिं जग छेंक।

5/7/25

क्रिया–पदारथ जगत के, 'कर्मयोग' पहिचानि
'ज्ञानी' प्रकृति को मानते, ईश्वर 'भक्ति' सुजानि।

5/7/26

भक्ति–भाव रत कर्म जो, करहिं सो वश मन काम
विशुद्धात्मा चित्तयुत, प्रिय सबका प्रिय–धाम।

5/7/27

शुद्ध चेतनायुक्त मन, प्रिय सब कहुँ ही लागि
स्थिर तन–मन–आत्मा, बन्धन कबहुँ न जागि।

5/7/28

चौपाई

देखत छुअत सुनत नित खावत। सूंघत बोलत सोवत जावत।
त्यागत गहत श्वांस नित लेखत। खोलत मूंद नयन जग देखत।।

5/8–10/29

युक्तचित्त जेहि तत्व विवेकी। सो तोहि जानि जगत गति छेंकी।
इन्द्रिय बिषय संग पहिचानहुँ। सो कछु निज करनी जिन मानहुँ ।।

5/8–10/30

भगवत अर्पण कर्म जे करिहहुं । फल अभिलाष न मन महँ धरिहहुं।
पाप न लगहिं तोहि मति धीरहिं। जलज पात जिमि सरवर नीरहिं।।

5/8–10/31

जीवन शुद्ध दिव्य की सेवा। भगवद्–भक्त पुरुष नर मेवा।
कर्त्ता–कर्म–अधिष्ठ प्रयासा। भाग्य निकट दूर सब हासा।।

5/8–10/32

कार्य कछू नहिं लेना–देना। भगवत्–अर्पण कर्म चवेना।
शाश्वत दास प्रभू का होई। मुक्त सदा भगवत प्रिय सोई।।

5/8–10/33

दोहा

अर्पित करि निज कर्मफल, पूर्ण समर्पित जीव
आसक्तिरहित हों कर्म सब, पाप न निकट सजीव।

5/8–10/34

कमल–पत्र जल बीच में, लिप्त नहीं होय पाय
ममार्पित कर्मज पुरुष, पाप नहीं लिपटाय।

5/8–10/35

चौपाई

बुद्धि–देह मन–इन्द्रिय ममता। फलासक्ति त्यागि गहि समता।
निर्विकार आतम शुचि जागी। कर्म करहिं पण्डित बड़भागी।।

5/11–12/36

करहिं कर्मयोगी फल अर्पण। शान्ति पाइ अरु पूर्ण समर्पण।
फलेच्छा त्यागि कर्म गहि उत्तम। मुक्त पुरुष प्राणी सर्वोत्तम।।

5/11–12/37

सुनहुँ कर्मफल चारि प्रकारा। अप्राप्त–प्राप्त दृष्टादृष्ट विचारा।।
तन–मन–वाणि–बुद्धि प्रभु सेवा। अहंकार आसक्ति न लेवा।।
5/11–12/38

केवल शुद्धि हेतु सब कर्मा। योगीजन प्रभुरूप ही मर्मा।
निश्चल–भक्त शान्ति नित पावा। ममार्पित ही कर्म सुहावा।।
5/11–12/39

लाभ–लोभ जो फँसा हो कामी। इन्द्रियतृप्ति हेतु सोइ नामी।
भोगी गहि अति काम विकारा। बँधहिं सकाम जगत से मारा।।
5/11–12/40

देहधारी प्रकृति निज वश करि। मन से त्यागि कर्म–बन्धन जरि।
मनसा परिहर कर्म कलापहुँ। स्ववश वर्त देहादिक व्यापहुँ।।
5/13/41

नवद्वारे पुर देह निवासहुँ। सुख पावहिं नित कर्म प्रकासहुँ।
होइ आनन्द कर्मरत होबहुँ। सच्चिदानन्द रूप थित खोवहुँ।।
5/13/42

दोहा

रचहिं कर्म नहिं कर्मफल, योग वियोगी ईश
कठिन स्वभावी जगत के, प्रेरक हैं जगदीश।
5/14/43

सर्व समर्थ नियामक, शासक जग करतार
होंइ अकर्त्ता ईश जग, सृष्टि रचहिं भरतार।
5/14/44

चौपाई

पाप पुण्य शुभ कर्म सो छापी। कछु न लेहि ईश सर्वव्यापी।
पंथ ज्ञान अज्ञान दुरावहिं। आत्मज्ञान सब ज्ञान चुरावहिं।।
5/15–16/45

ज्ञान भानुसम जगत प्रकाशहिं। मोहित अज्ञानी बहु भासहिं।
कर्त्तव्य–कर्म भोक्तृत्व की रचना। कबहुँ न करि ईश मन बचना।।
5/15–16/46

कर्म करहिं करवावहिं भोगहिं। पाहि कर्मफल जन्महि रोगहिं।
ज्ञान विवेक नाशि अज्ञाना। उदित सूर्य स्वरूप सुजाना।।

5/15–16/47

असीम ज्ञान–धन–वैभव बलयुत। यश–सौन्दर्य–ऐश्वर्य–त्यागयुत।
आत्मतृप्त सदैव रहे अविचल। पाप–पुण्य नहिं करते चंचल।।

5/15–16/48

जीव को नहिं लखि करण विभन्तर। नहीं विशिष्ट परिस्थति अन्तर।
सकल भाव सम जीव लखाहीं। निज कर्त्तव्य समभाव सिखाहीं।।

5/15–16/49

दोहा

जीव करे नित कामना, विशेष प्रयोजन हेतु
कर्म और फल उपजते, बद्ध जीव चढ़ि सेतु।

5/15–16/50

परा–प्रकृतिवश जीव है, ज्ञान लवालव पूर्ण
सीमित शक्ति के कारण, वश अज्ञान हो चूर्ण।

5/15–16/51

जीव अणू सर्वज्ञ प्रभु, विभु प्रभु इच्छाहीन
निज इच्छावश मोहग्रस, जीव सदा बलहीन।

5/15–16/52

जब ज्ञानी प्रबुद्ध बुधि, नाशि अविद्या होय
तासु ज्ञान से प्रगट सब, दिवस भानु सम सोय।

5/15–16/53

चौपाई

जासु बुद्धि मन ब्रह्म तद्रूपा। आसा ब्रह्म ब्रह्म सद्रूपा।
कल्मष जासु ज्ञान जल धोवहिं । सोइ सुख मुक्ति निरन्तर सोवहिं।।

5/17–18/54

विप्र ज्ञानि विद्या पारंगत। लखहिं स्वान गज धेनु एक रत।
विनययुक्त चाण्डाल स्वभावहि। देख समत्व परमगति पावहि।।

5/17–18/55

सत पावहिं चिन्त जे सेवहिं। असत् प्राप्ति कर्मही देवहिं ।
असत त्यागि विवेक जगावा। ब्रह्मतत्व अनुभव नित पावा।।

5/17–18/56

सत चिन्तन जे नित–नित करहीं। पावहिं सत्‌चित् आनन्द भरहीं।
मनुज बुद्धि मन श्रद्धा जागी। शरण ईश गहि मन तेहि लागी।।

5/17–18/57

पूर्णज्ञान पावहिं सोइ निर्मल। कल्मष सकल शुद्ध होइ कोमल।
सोइ मुक्तिपथ होइ अग्रसर। समत्वभाव लखि भाव उग्रसर।।

5/17–18/58

अचल जासु मन समता पावहिं। विजित जीव जग जीवन खावहिं।
ब्रह्म सदा सम दोष विहीना। ब्रह्मस्वरूप शुद्ध चित लीना।।

5/19–20/59

प्रिय अप्रिय सुख दुख जिन देही। तासु अचल मति मोह विदेही।
ब्रह्मज्ञानि सोइ ब्रह्म थिराना। सोइ सच्चिदानन्द भगवाना।।

5/19–20/60

भाव सदा अद्वैत सुहावा। क्रिया अद्वैतहीन नित पावा।
परहित सकल कर्महित लेखे। पर दुख पर सुख निज में देखे।।

5/19–20/61

सब जन जीव प्रीति जिन जागी। समता जगै प्रीति मम लागी।
निर्मल चितयुत सम नर जोई। परमतत्व चित ब्रह्म सँजोई ।।

5/19–20/62

ब्रह्मलीन निर्दोष निरन्तर। ब्रह्म ही ब्रह्म दिखे चहुँ अन्तर ।
ब्रह्म ही बाहर ब्रह्म ही भीतर। ब्रह्म सदा मन अन्तर प्रीतर ।।

5/19–20/63

दोहा

मन एकत्व समत्व थित, जन्म–मृत्यु को जीति
ब्रह्म सदृश निर्दोष सोइ, सदा ब्रह्म सन प्रीति।

5/19–20/64

प्रिय पावें हर्षित नहीं, अप्रिय अविचल होय
मोहरहित थिरबुद्धि जो, भगवद्विद्या सोय।

5/19–20/65

चौपाई

पंचेन्द्रिय मन विषय भुलावा। निज आनन्द मगन सुख पावा।
पुरुष सच्चिदानन्द ब्रह्ममय । निरत ब्रह्म चित ब्रह्म महामय।।

5/21–22/66

विषय भोग भूत परसादा। निश्चय दुखकर हेतु फसादा।
आदि अन्त नहि होय अनन्ता। बुद्धिमान पारथ भगवन्ता।।

5/21–22/67

राग मिटे मन निर्मल भावा। ब्रह्म अभिन्न भाव नित पावा।
नित्य एक रस साधक लीना। अत्याधुनिक सुखपाय प्रकीना।।

5/21–22/68

सम्बन्धजन्य–सुख दुख से उपजे। दुख में परिणति नितदुख उपजे।
प्रथम अभाव वस्तु दुख देई। वस्तु पाय तब सुख तुम लेई ।।

5/21–22/69

सकल भोग अनित्य अविनाशी। बदले नित निज रूप प्रकाशी।
जीव अंश परमात्मा होई। आश्रय ईश पाइ सुख सोई।।

5/21–22/70

दोहा

मुक्त पुरुष आकृष्ट नहिं, भौतिक सुख तजि दीन
थित समाधि नित अन्तर, आत्महि अनुभव कीन।

5/21–22/71

स्वरूप–सिद्ध एकाग्रचित, नित परब्रह्म में लीन
कामसुखी बिनु कर्म सब, सुख असीम सो चीन्ह।

5/21–22/72

बुद्धिमान नर दुक्ख सब, इन्द्रि–संसर्ग उद्भूत
आदि–अन्तयुत भोग सब, चतुर नहीं सद्भूत।

5/21–22/73

चौपाई

काम क्रोध सकल दुख दायक । सहहिं वेग समरथ वे लायक।
विजित विकारहिं होवहिं योगी। सुख प्रेरण सरवश सुख भोगी।।

5/23–24/74

आतमगत सुख नित–नित मानी। आतमगत आरामहि जानी ।।
आतमगत दृग ब्रह्म सुज्ञानी। पावै मुक्ति विराम सुजानी।।
5/23–24/75

आभ्यंतर सुख शाश्वत होई। नित्य निरन्तर पावहिं सोई।।
ब्रह्मभूत साधक थिति जानहिं। नित सुख अन्तर अनुभव मानहिं।।
5/23–24/76

जब व्यक्तित्व अहं सब खोवहिं। ब्रह्म–स्वरूपहिं साधक सोवहिं।।
परामातम सुख रमण सुज्ञाना। ब्रह्मलीन निर्वान संज्ञाना।।
5/23–24/77

दोहा

परम–सत्य योगी रमण, बार बार सुख पांय
अनन्त दिव्य उद्भूत नित, प्रेम–विव्हल लपटांय।
5/23–24/78

जो यथार्थ ज्ञानी सदा, इन्द्रिय–सुख नहि भाय
भवरोगी कारण पता, प्रभुपद नित ही सुहाय।
5/23–24/79

भौतिक–सुख आसक्त जे, दुख उतने ही पांय
भवरोगी की दवा कहँ, बार–बार भटकांय।
5/23–24/80

चौपाई

वाणी–क्रोध–मन–उदर–उपस्था। जिव्हा आदि–इन्द्रि वेग समस्ता।
इच्छा–क्रोध जो वश करि पावै। स्वरूपसिद्ध योगी सो कहावै।।
5/23–24/81

जो इनको वश कीन्हें स्वामी। इन्द्रिय–मन वश संयम नामी।
अन्तर्मुखी कर्मठ सोइ योगी। अन्तःकरण नित्य–सुख भोगी।।
5/23–24/82

भौतिक सुख बाह्य सब त्यागी। मुक्त–पुरुष 'ब्रह्मभूत' सुभागी।
निज अन्तर सुख सब बिधि व्यापहिं। भगवद्धाम सुनिश्चित थापहिं।।
5/23–24/83

पाइ ज्ञान संशय सब नासा। कर्म पाप–पुण्य सब हासा।
परहित निरत चित्तवश जाकें। ब्रह्मानन्द हस्तगत ताकें।।

5/25–26/84

सब प्रकार जिन आतम जाना। काम क्रोध पुनि मोह नशाना।
योगयुक्त चितगति स्वाधीना। प्रभु सब काल परम पद लीना।।

5/25–26/85

मन बुधि इन्द्रिय सकल शरीरा। वश महिं होय हरहिं जग पीरा।
संशय कल्मष दोष मिटाए। छूटि शरीर ब्रह्मगति पाए।।

5/25–26/86

असत कछू सम्बन्ध न जानी। सत स्वरूप थित नित्य सुजानी।
काम क्रोध उपरत चित ज्ञानी। ब्रह्मस्वरूप शांतचित प्रानी।।

5/25–26/87

दोहा

परमनियन्ता परसखा, भोक्ता परम महान
स्वयं–मुक्त निर्वाण नित, कृष्ण नित्य–सुखखान।

5/25–26/88

संशय–द्वेष परे जो, पाप–रहित मन प्रान
सकलजीव कल्यान रत, आत्मारत निर्वान।

5/25–26/89

क्रोधरहित इच्छारहित, आत्मसंयम नित ठान
स्वरूप सिद्धि संसिद्धि हित, नित्य–निरन्तर ज्ञान।

5/25–26/90

साधु पुरुष नित प्रयत्न करि, सतत मोक्षहित काम
नित–नित प्रभुपद लीन रहि, पावैं पद निर्वाण।

5/25–26/91

चौपाई

भोगादिक स्पर्शादिक त्यागी। दो भुव मध्य जासु दृग लागी।
प्राण–अपान रूप पहिचाना। घ्राण मांहि अविचल ठहराना।।

5/27–28/92

इन्द्रिय मन अरु बुद्धि विजेता। काम क्रोध भय वीति प्रणेता ।।
मोक्ष परायण मुनि भगवंता। भय इच्छा मुक्त सो सन्ता।।

5/27–28/93

सेवा करहि पदारथ त्यागी। तिन्हहि कर्मयोगी मन जागी।
ज्ञानी स्वतः विवेक जगाहीं। ईश–सर्मपण भक्ति सो माहीं।।

5/27–28/94

प्राण वायु गति दीर्घ जो जानी। अरु अपान गति लघु तुम मानी।
प्राण अपान वायु सम करहूँ। शांत सूक्ष्म गति पग तुम धरहूँ।।

5/27–28/95

परमातम चिन्तन मन लागहि। आत्म स्वभाव स्वभाविक जागहि।
तिन्हहि मननशील मुनि जानी । बन्धन मुक्त सुशील सुजानी।।

5/27–28/96

दोहा

शब्द–स्पर्श–रूप सब, स्वाद–गन्ध बहु जाति
प्रत्याहार विधी सन, योग कीन्हि बहु भाँति।

5/27–28/97

दृष्टि भौंह–मध्य थित, नासाग्रे सन खींच
मन–बुधि–इन्द्रियवश सदा, विगत क्रोध–भय भींच।

5/27–28/98

लक्ष्य मोक्ष रहि सर्वदा, विकार विगत सब होंय
निर्विकार विमुक्त चित, नित्य–मुक्त निर्मोह।

5/27–28/99

चौपाई

आपन हेतु कछू नहिं चाहवहुँ। आपन सुख दुख समता छाबहुँ।
भोक्ता सकल ईश तुम जानहुँ। अपना कछु नहिं राम ही मानहुँ।।

5/29–30/100

सकल जगत सुहृद् जगदीशा। सकल पदारध व्यक्ति मुनीशा।
आधिपत्य कामना सब त्यागहुँ। लोक जहाँ सब ईश्वर जागहुँ।।

5/29–30/101

विगत क्रोध–भय सकल विकारा। सतत योग अभ्यास विचारा।
बाह्य बिषय इन्द्रिय वश होईं। सकल नियंत्रण तन–मन सोई।।

5/29–30/102

मन सदैव मोहि लीन प्रवृत्ता। माया बिनु चित दुक्ख–निवृत्ता।
जप–तप–यज्ञ भोगि जग आत्मा। लोक–देव–ईश परमात्मा।।

5/29–30/103

परम हितैषी जग उपकारी। ममरत पूर्ण पुरुष गुणकारी।
बद्धजीव प्रकृति के स्वामी। ईश्वर सकल व्यष्टि बहु नामी।।

5/29–30/104

दोहा

सारे तप अरु यज्ञ सब, भूत लोक सब राम।
मानहुँ मोहि सब जगतपति, निरखि गहें विश्राम।।

5/29–30/105

नहीं किसी से द्वेष करि, अकांक्षा नहिं काम।
सदा रहहिं सन्यासी वो, द्वन्दरहित सुख नाम।।

5/29–30/106

संन्यास अरु निष्काम को, योग पृथक जो जान।
पण्डित–जन थित एक में, दोनों फल निर्वान।।

5/29–30/107

स्वार्थरहित प्रेमी सुहृद्, है ईशों के ईश।
तत्व मर्म पहचानिए, पाय शान्ति जगदीश।।

5/29–30/108

कर्म जगत मन बुद्धि गति, इन्द्रिय तन गुणधीर।
करहुँ सदा अर्पित मोहि, पूर्ण समर्पित धीर।।

5/29–30/109

भूत जगत मालिक सदा, मोहि पारथ तुम जान।
फलगामी बन्धन नहीं, परमशांति सुख खान ।।

5/29–30/110

प्राण अपान में रहे सम, इन्द्रिय थिर मन मान।
विजित बुद्धि, भय–क्रोध न ह मननशील तेहि जान।।
5/29–30/111

जितेन्द्रिय यतात्मानः ब्रह्मवेत्ता महान।
परमशान्त परब्रह्म वो, उसे सदा पहचान।।
5/29–30/112

निर्दोष हि समं ब्रह्म, सम थिति मन निष्काम।
अपुनरावर्ती परमगति, ब्रह्मवदि् गुणगान।।
5/29–30/113

श्वास–प्रश्वास अरु यज्ञ तप, भोक्ता प्रभु मोहि जान।
स्वार्थरहित मैं परमहितैषी, पारथ मोहि पाहिचान।।
5/29–30/114

यज्ञ और तप विलय जिमि, अन्त मोहि तुम जान।
ताहि फल जानहुँ सदा, रहे शान्ति नित नाम।।
5/29–30/115

छन्द

ओम् भगवद्गीता तत् सत् मीता, विद्याब्रह्म बिचारहीं
ब्रह्मास्त्रमय योगशस्त्रमय, जीव ब्रह्म उच्चारहीं
उपनिषद् जो गावा, ब्रह्म सुनावा, गीत पुनीत विचारहीं
जीवार्जुन आत्मा मय परमात्मा, परमानन्द प्रचारहीं ।

ओम् इति डॉ. रामवीर सिह कुशवाह 'पथिक' कृत
श्रीमद्भगवद्गीतामृत गीतयोग नामक ग्रन्थ का कर्म–संन्यासयोग नामक
पाँचवां अध्याय समाप्त हुआ।

❄ ❄❄

ॐ गुं गुरुभ्यो नमः । ॐ गं गणेशाय नमः । ॐ श्री परमात्मने नमः।

श्रीमद्भगवद्गीतामृत गीतयोग

अध्याय - छः

आत्म-संयम ध्यानयोग

अध्याय दो में भगवान् ने कहा था—अर्जुन। क्षत्रिय के लिए युद्ध से बढ़कर कोई अन्य कल्याणकारी मार्ग नहीं है, जिसमें हारने पर देवत्व तथा जीतने पर सर्वस्व (महामहिम स्थिति) है। यह ज्ञानयोग अपनी सामर्थ्य शक्ति को समझकर स्वयं निश्चय कर कर्म में प्रवृत्त होने व महापुरुष की प्रेरणा से सिद्ध होता है। अध्याय तीन में अर्जुन को निष्काम कर्मयोग कठिन प्रतीत होने पर भगवान् ने स्पष्ट किया कि 'ज्ञान—व कर्म' दोनों निष्ठाएँ मेरे द्वारा कही गईं हैं तथा दोनों मार्गों में नियत कर्म (यज्ञ की प्रक्रिया) करना ही होगा। पाँचवें अध्याय में अर्जुन की जिज्ञासा थी कि 'फल की दृष्टि से कौन श्रेष्ठ है? कौन सुविधाजनक है?' तब भगवान् ने स्पष्ट किया कि दोनों ही यद्यपि परमश्रेय देने वाले हैं तथापि निष्काम—कर्मयोग श्रेष्ठ है, क्योंकि निष्काम कर्म का आचरण किए बिना न कोई संन्यासी और न ही योगी ही हो सकता है। योगारूढ़ पुरुष के लक्षण, आत्मोद्धार के लिए प्रेरणा श्रोत बतलाने के साथ ध्यानयोग बिषय का वर्णन करते हुए भगवान कहते हैं कि अष्टांगयोग मन इंद्रियों को नियंत्रित कर ध्यान को परमात्मा पर केन्द्रित करता है, जिससे समाधि लग जाती है। अन्तःकरण में समता आए बिना मनुष्य मान अपमान, अनुकूल प्रतिकूल परिस्थितियों में सम/निर्विकार नहीं रह सकता, परमात्मा का ध्यान भी नहीं कर सकता। संकल्पों का त्याग किए बिना कोई भी पुरुष संन्यासी (योगी) नहीं होता। अतः साध्य रूपी समता का उद्देश्य रखकर, मन—इन्द्रियों के संयम पूर्वक ध्यान करने से समत्व बुद्धि प्राप्त हो जाती है। अर्थात्

कर्म करते–करते योगारूढ़ हो जाने पर ही सर्व संकल्पों का अभाव होता है। यही सन्यास है। समता युक्त मनुष्य, सकामभाव वाले तपस्वी, ज्ञानी, कर्मी मनुष्यों से श्रेष्ठ हैं। अन्त में योगभ्रष्ट पुरुष व उनकी गति का वर्णन किया गया है। मन चलायमान होने से योगभ्रष्ट हुआ पुरुष पुण्यवानों के लोकों में वासनाओं को भोगकर युद्ध आचरण वाले श्रीमान् पुरुषों के घर में जन्म लेता है जहाँ बचपन से ही इसे पवित्र संस्कार मिलने लगते हैं। वहाँ वह पूर्वजन्म के साधन–संस्कारों को अनायास ही प्राप्त हो भगवद्पथ की ओर आकर्षित होकर परमसिद्धि के निमित्त प्रयत्न करने लग जाता है। इस प्रकार अनेकानेक जन्मों में प्रयत्न करने वाला योगी सभी पापों से सर्वथा शुद्ध हो परमगति को प्राप्त हो जाता है। इस योग में बीज का नाश नहीं होता। आपको मात्र इस मार्ग पर दो कदम चलने क़ी, साधन–पथ पर पाँव रखने की ही आवश्यकता है।

श्रीभगवान उवाच

दोहा

पुरुष कर्म फल आस तजि, गहें कर्म निज धर्म
सो योगी जन सन्यासी, जाने कर्म का मर्म।

6/1/1

क्रिया त्यागना उचित नहिं, नहीं अनल का त्याग
सो नहिं योगी सन्यासी, जिन्हहिं धर्मरत राग।

6/1/2

छन्द

कर्मफल अनासक्त रहि, कर्त्तव्य नित आसक्त नहिं
कर्त्तृत्व की आसक्ति मिटि, भोक्तृत्व की सब भक्ति मिटि
कर्त्तव्य जो निज पालहीं, सन्यास योग ही धारहीं
जन्म–जन्मान्तर गुणागर, प्रेमाभक्ति रसलीन नागर।

6/1/3

चौपाई

जेहि सन्यास कहहि मुनिज्ञानी। योगिहि लखि अर्जुन गुणखानी।
बिनु संकल्प त्याग जिन लाई। नहिं योगी सो अधोगति पाई।।

6/2/4

स्थूल सूक्ष्म गति कारण तन मन । इन्हहि लगाइ सकल हित जन–जन।
तब सन्यासी जानहुँ योगी। अपनापन छोड़हुँ सो जोगी।।

6/2/5

अहंता ममता जकड़ न पावहिं। असत महत्ता पकड़ न पावहिं।
संत की सत्ता जानहुँ नीका। नित्यभाव सम्बंध पुनीता ।।

6/2/6

इन्द्रिय–तृप्ति इच्छा बिनु त्यागी। कोइ न होइ संत बड़भागी।
निज स्वाभाविक स्थिति जानै। सन्यासयोग भक्ति तेहि मानै।।

6/2/7

तदनुसार कर्मरत होवहिं। जीवात्मा स्वतन्त्रता भोगहिं।
सजग आत्मिक–शक्ति सदाही। सहज स्थिति नित प्रेम अदाही।।
6/2/8

दोहा

अष्टांगयोग की साधना, कर्म–साधन कहलाय
योगसिद्ध नर हेतु को, साधन–कर्म सुहाय।
6/3–4/9

परमेश्वर से मिलन की, विधी योग कहलाय
योगारुक्षु से योगारूढ़, सीढ़ी चढ़ता जाय ।
6/3–4/10

चौपाई

जे मुनि मित्र ज्ञान गति जाहीं। तिन कह कर्म सुगम मग माहीं।
पुनि जिन गूढ़ योग गति जानी। कर्म– त्याग जेहिं सुख नहि मानी।।
6/3–4/11

समतारूढ मनन पुनि योगी। सर्व–संकल्प अभाव सुयोगी ।
परहित कर्म करहि जे प्रानी। समतालीन योग पहिचानी।।
6/3–4/12

सत थित परम गतिहि सुख पावा। सुख न लेइ सब राग मिटावा।
भोगासक्ति इन्द्रिय संग त्यागी। कर्माशक्ति मुनीन्द्रिय जागी।।
6/3–4/13

मन संकल्प भये ग्रस जाकेहिं। योगारूढ़ नाम जग ताकेहिं।
समता सत्य स्वरूप सुहावा। असत् रूप नहिं रूपहि भावा।।
6/3–4/14

आत्म–तृप्ति सब भांतिहि त्यागहिं। ईशतुष्टि रहि शेष सुभागिहिं।
स्वार्थ–पूर्ति किंचित न भावना। जग हितार्थ सब कर्म साधना।।
6/3–4/15

पूर्णध्यान सिद्धहस्त होवहि। विचलित मन के कर्महि खोवहिं।
चिन्तन सतत् व्यस्त प्रभु लीला। योगारूढ़ सकल गुणशीला।।
6/3–4/16

निष्क्रिय नहिं योगी–आराधना। सतत् कर्म की सकल साधना।
भौतिक–इच्छा सबरी त्यागहुँ । इन्द्रिय–तृप्ति कर्म जिन लागहुँ।।
6/3–4/17

कर्म सकाम जागि निवृत्ती। दिव्य–प्रेम रसपान प्रवृत्ती।
पूर्ण विरक्त तृप्ति हो नित–नित। योगारूढ़ भक्तिगुण चित–चित।।
6/3–4/18

दोहा

सकल प्रकार सकाम–मन, त्यागहुँ निज उद्धार
बद्धजीव का मित्र–रिपु, मन तन–आत्म अधार।
6/5–6/19

इन्द्रियासक्ति से हटहि मन, पद्धति योग महान
बद्धजीव रक्षा विहित, बन्धन–मोक्ष जहान।
6/5–6/20

बिषयलीन बन्धन सदा, बिषय–विरक्त हो मुक्ति
मन से ही आसक्ति है, मन ही मन हो भक्ति।
6/5–6/21

छन्द

मन ही कारण मन ही निवारण, बन्धन–मुक्ति जो पाइए
विरक्तता निज मुक्तता, गुणासक्तता को भगाइए।
जे जीति लेहिं, मन प्रीति गहि, मन मित्र उनको मानिए
मन वश नहीं मन खुश नहीं, परवश दुखी मन जानिए।
6/5–6/22

चौपाई

प्राकृत वस्तु जगत संग एका। निज स्वरूप संग कबहुँ न ढेका।
यज्ञ छोड़ निज हित सब कर्मा। बन्धन कारक असत के धर्मा।।
6/5–6/23

मनसा जीव भयहु भवपारा। मन ही नरक अधोगति डारा।
जीव बन्धु मन मीत विवेका। सोइ रिपु विषय लीन अविवेका।।
6/5–6/24

मीत जीव जिन्हने मन जीता। इन्द्रिय तन मन मित्र पुनीता।
विषय भोग लवलीन कुजानी। सोइ अरि मानि तरहिं न सुजानी।।

6/5–6/25

वस्तु व्यक्ति परिस्थिति नाहीं। योग्य कुशलता कबहुँ न चाहीं।
निज उद्धार ही स्वयं सेवहिं। स्वयं ही बन्धु स्वयं रिपु होवहिं।।

6/5–6/26

अपने आप को जीतहुँ जेते। तानहुँ सकल ती[illegible] तन तेते।
असत साथ सम्बन्ध जे जोड़े। तिन्हहि अनात्मा रिपु ते थोड़े।।

6/5–6/27

स्वंय विजित जय सब पर कीन्हा। सिद्धि असिद्धि प्रशान्त जो चीन्हा।
निर्विकार मन चित्त विजेता। नित्य प्राप्त परमात्म प्रणेता।।

6/5–6/28

सुख–दुख शीतल–तप्त समाना। जिनके तुल्य मान–अपमाना।
शांत–वृत्ति इन्द्रिय जित सोई। परमातम सुखधाम में खोई।।

6/7–8/29

मन स्थिर गहि ज्ञान विज्ञाना। निर्विकार जितेंद्रिय जाना।
पाहन हेम गहि सम जाकहिं। योग युक्त सम चित बल ताकहिं।।

6/7–8/30

बाहर भीतर सुख दुख हीना। द्वन्द्व विमुक्त हों कर्म विलीना।
कर्म करहुँ जानहुँ तुम ज्ञाना। सिद्धि असिद्धि समता विज्ञाना।।

6/7–8/31

दोहा

जन–जन हृदय ईश थित, आज्ञा पालन रीति
माया विपथ करे चित, भौतिकता जगि प्रीति।

6/7–8/32

योग–रीति मन वश करे, नित आज्ञा सब पाल
जो जगदीश हृदय वशि, काटहिं जग जन्जाल।

6/7–8/33

आत्म–साक्षात्कार करि, योगी सो सिखलाय
अपने अर्जित ज्ञान से, पूर्ण तुष्टि दिखलाय।

6/7–8/34

जितेन्द्रिय बनि योग गति, अनुभव से हिय ज्ञान
परमसत्य अनुभूति से, समता जगि मन प्रान।

6/7–8/35

चौपाई

साधनावस्था इन्द्रिय जीतहि। स्वतः सिद्ध विजितेन्द्रिय मीतहि।
दृष्टि अनित्य बुद्धि सत लेखी। पत्थर स्वर्ण माटि सम देखी।।

6/9–10/36

पापी साधु सकल सम जानहिं। उत्तम योगी जिन पहिचानहिं।
निपट अकेल परिग्रह हीना। विगत आस मन देह अधीना।।

6/9–10/37

शुचि एकान्त निवास बनावा। अचल समाधि विराज सुहावा।
वस्तु कबहुँ नहिं करहिं करावा। सहज समत्व बुद्धि थित पावा।।

6/9–10/38

व्यक्ति सदा कर्म गति लीन्हा। निजहित परहित क्रिया प्रवीना।
व्यक्ति समत्व बुद्धि कठिनाई। उदासीन मध्यस्थ गुनाई।।

6/9–10/39

त्यागहुँ द्वेष्य बुराई भाई। बिन उद्योग स्वतः अच्छाई।
बुरा न सोचे बुरा न जाने। बुरा न देखे बुरा न माने।।

6/9–10/40

कहे–सुने न किसी की बुराई। एहि विधि मिटहि बुराई भाई।
लखि आचरन विविधता चाहीं। बुद्धि विचार विषमता नाहीं।।

6/9–10/41

सब कर्त्तव्य कर्म सम भावा। अपरिग्रही चित्तात्म स्वभावा।
मनुज निष्कपट उन्नत प्रानी। पुण्य–पाप सम लखहिं सुज्ञानी।।

6/9–10/42

योगी तन–मन–आत्मा जागी। सबके सोइ प्रभु चरनन लागी।
निर्विशेषवादी लखि समता। सर्वोच्चयोग गहि खोंइ विषमता।।

6/9–10/43

दोहा

मुक्त परिग्रह भाव से, लालच लालस त्यागि
भौतिकता सब त्यागिके, मुक्तभाव नित जागि।

6/9–10/44

भूमि पुनीत निवासन, जो अति ऊँच न नीच
ता पर कुश वाघम्बर, सूत सुभासन बीच।

6/11–12/45

जीति चित्त इन्द्रिय सकल, मन गति चंचल मारि
आतम शुचि हिय थिर रहें, योगाभ्यास सुधारि।

6/11–12/46

चौपाई

भूमि शुद्धि आसन सुचिधारी। ध्यानलीन आसन निज धारी।
कुश मृगछालहि सूत बिछाई। चित्त बुद्धि मन क्रिया रिचाई।।

6/11–12/47

दृढ़ताभाव सकल गहि बैठहिं। चित्त–शुद्धि मन समता देखहिं।
एक विन्दु मन स्थिर करिके। इन्द्रि–कर्म–मन वश हिय धरिके।।

6/11–12/48

योगाभ्यास दृढ़ बैठहि योगी। चित्त–शुद्धि खातिर मन जोगी।
मन विचलित नहिं होइ खरारी। हे मन माधव! हे त्रिपुरारी।।

6/11–12/49

काया सिर ग्रीवा एक सूता। अचल रहें शुचि शुद्धि प्रसूता।
अग्र घ्राण दृग स्थिर लावा। दस दिसि माहि विलोकि भुलावा।।

6/13–14/50

मन प्रसन्न भय विगत विमोहा। ब्रह्मचर्य व्रत संगत जोहा।
परिहरि मन मम गत सोइ ज्ञानी। चित मम रूप समाधि जुड़ानी।।

6/13–14/51

मन संयम भयरहित हो अन्तर। परमात्म–परायण चित्त निरन्तर।
आदि–मध्य–अन्त सम सेवहिं। नित्य निरन्तर शाश्वत देवहिं।।

6/13–14/52

एकाग्रचित्त मन मानस नियता। योगी सम्यक् थिति परिणियता।
सकल काल सब मनकी अवस्था। सब स्थान पूर्ण सी व्यवस्था।।
6 / 13–14 / 53

दोहा

मन सा वाचा कर्मणा, भोग रहें सब दूर।
ब्रह्मचर्य व्रत पालते, योगी गुणी सुधीर।
6 / 13–14 / 54

भगवद्रस–स्वादन जगे, सब रस जावें भूल
मुक्त–हृदय मम चिन्तन, चरम लक्ष्य प्रभु मूल।
6 / 13–14 / 55

चौपाई

मन स्वाधीन स्वरूप में स्थिर। आत्म निरन्तर ईश में सुस्थिर।
यही भाँति मन चित्त लगावहिं। योग परायण नित्त होइ जावहिं।।
6 / 15 / 56

तन–मन–कर्म निरन्तर मन्थन। सतत अभ्यास संयमित जीवन।
शांति परम आनन्द ते पावहिं। ब्रह्म परायण हृदय जे ध्यावहिं।।
6 / 15 / 57

योगाभ्यासी सुख नहिं भाए। भौतिक जग विरक्ति सुख पाए।
भौतिक–सिद्धि न योगी इच्छुक। वह तो हर पल भगवद्–भिच्छुक।।
6 / 15 / 58

भगवद्–धाम हो स्वतः प्रकाशित। चिन्मय–व्योम लोक सब भासित।
योग पूर्णता जग विमुक्ति में। भगवद्–प्रेम की पूर्ण भक्ति में।।
6 / 15 / 59

योग सिद्ध न होइ अति खाए। नाहि न पुनि भोजन विसराए।
स्वप्नशील जिन्ह नींद न आए। निश्चय योग सिद्धि नहिं पाए।।
6 / 16–17 / 60

यथायोग्य आहार विहारहिं। प्रमित स्वप्न जागरन अचारहिं।
तिन्हहिं योग दुख पुंज नसावहिं। लाघव सिद्ध योग नित पावहिं।।
6 / 16–17 / 61

आहार बिहार समय उपयोगा। जीविकोपार्जन कर्म सुयोगा।
नित्य ईश सुमिरन सब काला। सकल कर्म साधन भजिभाला।।

6 / 16–17 / 62

करहिं काम धन्धा नित ध्यावहिं। बने साधना भजन सुहावहिं।
सोवत जागत नित्य निरंतर। सकल भूत निस्पृह योगांतर।।

6 / 16–17 / 63

दोहा

भोजन अर्पण ईश करि, उच्छिष्टभाग ही खाय
नहि कृत्रिम उपवास हो, न अति भोजन भाय।

6 / 16–17 / 64

चौपाई

खान–पान आमोद–प्रमोदा। नियमित योगी आदत खोदा।
भौतिक क्लेश सकल नसावहिं। सतत् अभ्यास पूर्ण गुण पावहिं।

6 / 16–17 / 65

कार्य वचन निद्रा जागृत्ती। अन्य सकल नियमितता शक्ती।
भौतिकता कोइ दुख न सतावहिं। इन्द्रियतृप्ति कबहुँ नहिं भावहिं।।

6 / 16–17 / 66

मूढ छिप्त विछिप्त कुयोगी। एकाग्र विकल चित्त मन योगी।
मन स्वरूप चित रूप विलीना। निज स्वरूप मन लीन कुलीना।।

6 / 18 / 67

विषय कामना ममता त्यागहिं। चंचलता विसराय भगावहिं।
जासु चित्त आत्मथित शोभहि। योगी कहहिं तासु सब लोगहिं।।

6 / 18 / 68

कार्यकलाप मानसिक वश में। अध्यात्म–स्थित सुस्थिरता रस में।
भौतिक–इच्छा सकल नसावहिं। विकार–मुक्त प्रभु–भक्त कहावहिं।।

6 / 18 / 69

इन्द्रिय सकल लगहिं मम सेवा। दिव्यकार्य दिव्यता खेवा।
मन हो दिव्य सतत् मन मेवा। निस्पृह–युक्त योग गुण देवा।।

6 / 18 / 70

दोहा

वायुरहित स्थान जो, दीपक अविचल होय
योगी चित–मन वश रहहिं, चंचलता सब खोय।

6/19/71

चौपाई

पवन रहित पावन थल पावहि। दीप एक रस अचल जलावहिं।
विषयहीन आतम गत जासहुँ। दीप तुल्य अविचल मन तासहुँ।।

6/19/72

विशुद्ध चित्तमय जहँ जहँ जावहिं। तहँ तहँ आतम लखहि लुभावहिं।
आतम आपुनु हृदय निहारहिं। गहि संतोष परम पद पावहिं।।

6/20/73

मन केवल स्वरूप लगावहि। चित्त प्रवाह धारणा ध्यावहिं।
ध्यान लगहिं ध्येय मुख होई। ध्येय ही जगै समाधि हो सोई।।

6/20/74

भूलहि ध्यान ध्येय रह शेषा। संप्रज्ञान समाधि विशेषा।
नित अभ्यास निरन्तर कीजै। असंप्रज्ञान समाधि ही दीजै।।

6/20/75

विस्मृत नाम सुमिरि एक नामी। निरुद्ध अवस्था चित्त प्रनामी।
अपने आप आप ही देखहिं। चित्त स्वंय निज रूप विलोकहिं।।

6/20/76

निरुधावस्था पावहिं योगी। निर्जीव सजीव समाधि सुयोगी।
निर्जीवावस्था अन्तिम मानहुँ। विलक्षण सुखानन्द तुम जानहुँ।।

6/20/77

सुख अत्यन्तिक अनुभव कीन्हा। इन्द्रियातीत सूक्ष्म भव चीन्हा।
तिन्ह गहि पुरुष अचल जब शोभहिं। चेतन तत्व परायण होवहिं।।

6/21–22/78

पाइ अमित आनन्द अचारहिं। अधिक नहीं कछु लाभ निहारहिं।
तहँ सब भांति अचल तब तेई। गुरतर दुखहुँ विकार न देई।।

6/21–22/79

दुख संयोग वियोग ही योगा। एक चित्त निश्चय बुधि भोगा।
दुख सम्बंध कबहुँ नहिं नित्या। आत्मबोध सब दुक्ख अनित्या।।

6/21–22/80

इन्द्रियातीत अतीन्द्रिय योगी। अखण्ड निरंतर एकरस भोगी।
विचलित नहीं ध्यान से योगी। आत्यंतिक सुख रूप जो भोगी।।

6/21–22/81

प्रकृति पदारथ उपरति भावहिं। प्राकृतिक दुख पहुँचि न पावहिं।
आत्यन्तिक अक्षय सुख पाई। बुद्धि परे स्वतः–सिद्ध उपाई।।

6/21–22/82

दोहा

इन्द्रियातीत सूक्ष्म बुधि, गहि आनन्द अनन्त
शुद्ध चित्त योगी परम, अचल रूप भगवन्त।

6/21–22/83

परमेश्वर को पाइ के, पूर्ण गहइ दुख अन्त
भारी दुख भी नहिं करे, विचलित योगी सन्त।

6/21–22/84

स्वतः सिद्ध दुख पाइ के, अक्षय सुख एकान्त
सात्विक सुख से पर यही, नहिं उपजहिं पर शांत।

6/21–22/85

जहाँ दुख सम्पर्क सब, होय वियोग कुरोग
मुनिवर ताहि बखानहीं, योगि कहावत लोग।

6/23/86

सज्जन मत मन अचल जब, करहिं उचित व्यवहार
श्रुति–सिद्धांत निचोरि सब, विशुद्ध–चित्त उपहार।

6/23/87

संकल्पज मन कामना, परिहर सकल समूल।
मनसा इन्द्रिय सकल सब, करि निज हित अनुकूल।

6/24/88

उत्साह धैर्य संकल्प गहि, श्रद्धायुत चित पंथ
अविचल–चित सत्कार्यवश, निरपवाद मन–ग्रंथ।

6/24/89

इच्छा सकल ही त्यागिके, दृढ़तायुत मनधीर
इन्द्रियवश चहुँ ओर से, ज्ञानी गुणी सुधीर।

6/24/90

क्रम– क्रम गहि अभ्यास तब, चित्त विकार विहीन।
धरि धीरज मन एकचित, परमातम नित लीन।

6/25–26/91

चौपाई

चंचल मन गति जाय न रोकी। जहँ जहँ जाय विषय अवलोकी।
तहँ–तहँ–ताहि हटकि बरजोरी। आतम तत्व लगाय बहोरी।।

6/25–26/92

सकल कामना त्याग बड़ाई। इन्द्रिय निग्रह बुद्धि बढ़ाई।
सम्यक चित्त बुद्धि मन रूपहिं। रागद्वेष उपराम स्वरूपहिं।।

6/25–26/93

जल में हिम जल ही जल रूपा। सब संकल्प विकल्प स्वरूपा।
परमात्मा चहु दिसि तुम जानी। निराकार साकार सुजानी।।

6/25–26/94

देशकाल ज्यों का त्यों रहहीं। तत्व एकरस शान्ति ही गहहीं।
मन जहँ जाय तत्व नित सेंकी। अस्थिरता चंचलजा फेंकी।।

6/25–26/95

दोहा

शनैः–शनैः विश्वासयुत, बुधि समाधि थित होय
विचरहिं स्थिर होय मन, चंचलता सब खोय।

6/25–26/96

चौपाई

मन प्रसन्न आतम सुख छाए। जासु रजोगुण दोष नसाए ।
पुण्य पाप कल्मष हैं जाके। अति उत्तम सुख करतल ताके।।

6/27–28/97

योगी जासु विगत भये पापहिं। निज हित तकि मन संयम भापहिं।
सो पद ब्रह्म स्वरूपहि पावहिं। नित्य अनूपहिं रूप दिखावहिं।।

6/27–28/98

अनायास सुख निरत विहारा। भाव अनन्त अनन्त निहारा।
पाप रहित योगी नर चीन्हा। ब्रह्म स्वरूप अक्षय सुख दीन्हा।।

6/27–28/99

भौतिक–कल्मष मुक्त कहावहिं। दिव्यधाम सुख दिव्य सुहावहिं।
मन मुझमें नित स्थिर कीन्हा। सर्वोच्च सिद्धि पावहिं नर चीन्हा।।

6/27–28/100

योगाभ्यास निरन्तर लागहिं। आत्म–संयम योगी दुख भागहिं।
मन–कल्मष गुण–दोष नसावा। नित्य–निरन्तर सुखहि वसावा।।

6/27–28/101

दिव्य–प्रेम मम भक्तिहि जावहिं। मम स्वरूप थित मम गति पावहिं।
दिव्य–स्वरूप निरन्तर प्रीती। प्रेमाभक्ति जागि नित नीती।।

6/27–28/102

मोर अंश जगि जीव भव्यता। ब्रह्म–संस्पर्श सानिध्य दिव्यता।
सरल स्वाभाविक रूपहि भावहिं। आत्म–साक्षात्कार सोइ पावहिं।।

6/27–28/103

आत्मलीन भूतगण सारे। निज आत्मामय मानि विचारे।
जग परिपूरण व्यापक जानी। मम हित मध्य चरावक मानी।।

6/29–30/104

जो जन नित्य समीप हमारे। आत्मरूप न कबहुँ बिसारे।
अन्तःकरण स्वरूप अवलोकी। सकल भूत निज रूप विलोकी।।

6/29–30/105

दोहा

सकल जीव में मुझको, मुझमें सारे जीव
योगी लखहिं मोहि नित, गुण सर्वत्र ही पीव।

6/29–30/106

सर्बभूत हृदय महिं, स्वरूपसिद्ध मम रूप
लखि मम रूप–स्वरूप ही, योगी परम स्वरूप।

6/29–30/107

चौपाई

स्वरूप सिवाय कछु सत्ता नाहीं। सकल जीव एक रूप सुहाहीं।
समदर्शी तेहि योगिहि लेखी। एक समान जगत सब देखी।।

6/29–30/108

भक्त सदा नित घुलमिल जाहीं। आत्मीयता निज दर्शन पाहीं।
भक्त और भगवान जो जानौ। निज स्वरूप थित एक ही मानौ।।

6/29–30/109

अपराशक्ति इन्द्रिय को दासा। पराशक्ति मम दास सुभासा।
पराशक्ति अपरा बद्ध थिर। जीव प्रत्येक शक्ति मम स्थिर।।

6/29–30/110

सर्वत्र मुझे मुझमें सब देखहिं। तेहिको नहिं अदृश्यहि लेखहिं।
पृथक–पृथक अभिव्यक्ति विशेषी। सर्वेश्वर ईश्वर ही देखी।।

6/29–30/111

छन्द

प्रेम–रूप लखि सम स्वरूप सखि, दस दिसि लोक सुलोक सदा
आदि गुणादि भवादि गुनी, गुण ज्ञानि सदा गुणखानि सुनी
आत्म–विनाश अंजन गुण भंजन, भीति सों प्रीति गुणादि फिदा
मन मीति फिदा मन प्रीति सदा, मम रूप अनन्त अनन्त अदा।

6/29–30/112

अन्तर–बाहर ज्ञानि गुणागर, सबतर सबपर ओ नटनागर
मन एकरूप स्वरूप सदा, मनआत्म सदा मन–तत्वशुदा
तू ही तू दिखिए दृश्य सदा, सर्वत्र गुणादि गुणन्त गुदा
योगयुक्त मनमुक्त सदा, ज्ञानतत्व मन–आत्म खुदा ।

6/29–30/113

चौपाई

जो भजि मोहि चराचर मानहिं। सदा अभिन्न विलोकि ते जानहिं।
सो सब भाँति सकल व्यवहारू। निर्विकार मम–रूप पहारू।।

6/31–32/114

निज सुख दुख सम एकी जानहिं। सकल चराचर प्राणि समानहिं।
सुख दुख सम एकी मानहिं। अतिउत्तम योगी तेहि जानहिं।।

6/31–32/115

परमतत्व सबमें जो देखहिं। सबको परमात्मा में लेखहिं।
योगी एकीभाव अभिन्ना। सकल चराचर भूत विभिन्ना।।

6/31–32/116

वासुदेव सर्वत्र सदाहीं। सर्वभूत हित रत समुदाहीं।
सकल भूत जगत सम लखहीं। ध्यान योग समदर्शी सखहीं।।

6/31–32/117

योगी ध्यान सदा मम कीन्हा। भक्तियुक्त सेवा लवलीन्हा।
परमश्रेष्ठ योगी मत मोरे। ज्ञान–कर्म साधक सत जोरे।।

6/31–32/118

दोहा

सबमें देखहिं आपको, ज्ञान–कर्म गठजोर
इष्ट–देव नित देखहीं, भक्ति योग चितचोर।

6/31–32/119

सकल जीव जग प्राणि के, सुख–दुख अनुभव कीन्हि
पूर्णयोगि कहलावहीं, समता दर्शन दीन्हि।

6/31–32/120

सर्वोपकारी जगत में, योगी गुणी सुजान
परमहितैषी मित्र सोइ, जीव सो जानहुँ जान।

6/31–32/121

सो योगी नित लीन रहि, समता–चित सब देखि
पूर्ण समत्व को पाइके, समता की ही सेखि।

6/31–32/122

अर्जुन उवाच

चौपाई

समता योग जो कहे सुजाना। थिरता कठिन तासु प्रभु माना।
भोग विषयी चपल मन होवहिं। थिर न टिकहिं कछु काल न सोवहिं।।

6/33–34/123

मन गति चंचल निश्चित नाहीं। दृढ़ बलवन्त कठिन पुनि पाहीं।
निग्रह कठिन पवन सम होई। पुनि विक्षेप जनक सोइ सोई।।
6 / 33–34 / 124

मन चंचल प्रभु प्रमथनशीला। अति बलशाली जिद्दी हीला।
जब तक मन में कामहि बसहीं। साधक व्यथित करहि मन धँसहीं।।
6 / 33–34 / 125

पवन कबहुँ नहिं कोउ गहि सकहीं। व्योम स्वतन्त्र विचारि न थकहीं।
बन्धन मोक्ष सकल मन कारण। काम अंश निवृत्ति निवारण।।
6 / 33–34 / 126

हे मधुसूदन ! हे गुण ज्ञानी । वरनहुँ योग की राम कहानी।
मन चंचल अस्थिर मम ये तन। असहनीय अव्यावहारिक तन मन।।
6 / 33–34 / 127

मन आसक्त विरत नहिं जाना। सो मोहि भयहुँ न योग को ज्ञाना।
मन बलवान दुराग्रहि जानो। कृत्रिम रूप कुरूपहि ठानो।।
6 / 33–34 / 128

मन लगाम कसि इन्द्रिय भावा। भौतिक तन रथ जानि न पावा।
बुद्धि विजित अति घोर कठोरा। मन झंझावत सम लखि थोरा।।
6 / 33–34 / 129

दोहा

केहि बिधि वश मन करहुँ सो, कहहुँ हे कृपानिधान
जेहि बिधि से कल्याण लखि, समुझावहुँ सोइ ज्ञान।
6 / 33–34 / 130

श्री भगवान उवाच

महाबाहु पारथसुत, सुनि मन चंचल होइ
सतत प्रयास अभ्यास गहि, मन सन्यासी सोइ।
6 / 35–36 / 131

चौपाई

सकल पदार्थ विरक्ति सुहावा। मन प्रवृत्त नित आत्म जगावा।
अनासक्ति भौतिक जग जागहिं। मम पद प्रीति नित्य ही लागहिं।।
6 / 35–36 / 132

मन विशुद्ध होइ खोइ जग चिन्ता। सतत होइ अभ्यास निरन्ता।
जगे भक्ति तुष्टि अरु शक्ती। यही सुपथ्य मनकी गुण भक्ती।।

6/35–36/133

निश्चल मनगति चंचल भारी। कठिन तासु विश्राम खरारी।
अभ्यास–सिद्धि वैराग्य निरन्तर। मन निग्रह कर यहि बिधि अन्तर।।

6/35–36/134

मनोवृत्ति सब लक्ष्य संजोवहुँ। दूसरि वृत्ति उपेक्षाजोवहुँ।
जहँ–जहँ मन ध्येय से भटके। वहँ–वहँ नित्य लक्ष्य में अटके।।

6/35–36/135

गहन श्वास जब बाहर फेंकहुँ। मन में सकल जगत गहि छेंकहुँ।
सर्वभाव वसुदेवः चिन्तन। सुने नाम जप मन–वचि किन्चन।।

6/35–36/136

राग–रागिनीयुत नित कीर्तन। ईश्वर मम समक्ष यहि नर्तन।
मन चंचलतावश जब होई। योगसिद्धि तब नित–नित होई।।

6/35–36/137

मन उच्छृंखल जिनको होई। कठिन आत्म–साक्षात्कारहि सोई।
मन संयमित उचित उपाई। ध्रुव सफलता निश्चित भाई।।

6/35–36/138

मन अधीन न संयम जाके। योग दुराध्य प्रसिद्धि न ताके।
देहेन्द्रिय मन जासु अधीना। प्रयत्नशील योगी सो प्रवीना।।

6/35–36/139

दोहा

राग–द्वेष हटि शुद्ध चित, मन वश स्वतः ही होय
चंचलता मन की सकल, सो नित–नित ही खोय।

6/35–36/140

अर्जुन उवाच

चौपाई

असफलयोगी का गति भन्ता। श्रद्धाभाव योग गहि सन्ता।
विविध प्रलोभन विचल वरसते। योगसिद्धि नहिं पाइ तरसतें।।

6/37–39/141

विचलन दिव्य–पंथ से होवहि। आत्म–साक्षात्कार तेहि खोवहि।
बद्ध–जीव प्रकृति–गुण मोहित। योगभृष्ट केहि कारण खोहित।।
6/37–39/142

मन श्रद्धामय यत्न विहीना। योग विहाय विषयरस चीन्हा।
योगसिद्धि परिहर सोइ स्वामी। गहहि कवन गति अन्तर्यामी।।
6/37–39/143

कर्मज्ञान पथभ्रष्ट जो होई। मेघ अंश सम विनशहिं सोई।
पुरुष ब्रह्म अति मारग मूढ़ा। जानत ज्ञान कर्म नहि गूढ़ा।।
6/37–39/144

संयम मम हिय जगहीं स्वामी। छेदन योग तुम्हहिं गुणधामी।
तुम्ह समान भ्रम मेटन हारा। और न जन प्रगटेउँ संसारा।।
6/37–39/145

जेहि जन श्रद्धा साधन माहीं। शिथिल प्रयत्न करहुँ थिति नाहीं।
अन्त समय विचलित होंइ योगा। कहहुँ कवन गति भोग वियोगा।।
6/37–39/146

आश्रयरहित सकल संसारा। विचलित साधक विनश विसारा।
छिन्न–भिन्न बादल नभ होवहिं। योगभ्रष्ट कहुँ गति तेहि सोवहिं।।
6/37–39/147

भौतिकसुख विरक्त हो योगी। योगमार्ग विचलित गुण भोगी।
महत्वाकांक्षी असफल ब्रह्मवादी। पाइ न भोग न योग गुणादी।।
6/37–39/148

मम संदेह सुनहुँ गुणखाना। सकल मिटावन हेतु वखाना।
तुम समान न कोउ जगमाहीं। अन्तिम–समाधान सो बताहीं।।
6/37–39/149

आज भविष्य भूत के ज्ञानी। तुम सक्षम संदेह मिटानी।
सो हे माधव कृष्ण मुरारी। करहुँ दूर संदेह मुरारी।।
6/37–39/150

श्रीभगवान उवाच

दोहा

पारथ तुम जो कहहुँ नर, नाश लोक परलोक
शुभ चरण गहि पुरुष ते, नाहिं अधोगति शोक।
6/40/151

योगी नित कल्याण हित, विनशहिं कबहुँ न लोक
मित्र भलाई रत रहे, विजित बुराई रोक।

6 / 40 / 152

यथाशक्य प्रयासरत, क्यों होवहिं भयभीत
पतन कबहुँ ना होइ सके, सकल भलाई भीत।

6 / 40 / 153

चौपाई

करहिं कर्म शुभ व्यर्थ न जावहिं। दुर्मति दुर्गति दूर भगावहिं।
भगवत् योग भले हो देवी। मोहित नर जग मति फेरी।।

6 / 40 / 154

आश्रम रहित पुरुष मन सोहा। भगवतप्राप्ति मार्ग अवरोहा।
बिनशहिं वह न लोक–परलोका। भगवत्–अर्थ कर्म शुभ लोंका।।

6 / 40 / 155

योग भ्रष्ट नर पुण्य गृहीता। स्वर्गाधिक शुभ लोक गृहीता।
शाश्वतकाल वास करि तनमहिं। पुण्य नारि पुरुष गृह जन्महिं।।

6 / 40 / 156

योग भ्रष्ट पुरुष गुणधारी। शुद्ध आचरण गये शुचिधारी।
शुचि आचरण पुरुष नरनारी। पाय पुत्र–पुत्री गुणकारी।।

6 / 40 / 157

छन्द

असफल जो योगी अवनति भोगी, दीर्घकाल अभ्यासहीं
योगी कछु काला भ्रष्ट विहाला, विचलित पथ भटकावहीं
जो अध्यवसायी लालच पाई, मायावश गुणखावहीं
भौतिकगुण लोभन सकल प्रलोभन, योगसार को चावहीं।

6 / 40 / 158

दोहा

योग–भ्रष्ट बहुकाल बसि, पुण्यलोक अविकार
वे पावन श्रीमानगृह, लेइ पन्थ अवतार।

6 / 41 / 159

चौपाई

अथवा योगयुक्ति मति माना। तासु गेह अवलोकि सुजाना।
करहुँ विचार सुनहुँ करुनन्दन। अस अति कठिन जन्म जगबन्दन।।

6 / 42 / 160

दीर्घकाल अभ्यास निरन्तर। असफलयोगी जन्मिहिं अन्तर।
बुद्धिमान अति कुल ते जन्महिं। दुर्लभ जग ऐसे कुल कल्पहिं।।

6 / 42 / 161

बिन्दुज नादज प्रजा अपारा। जीवनयुक्त महापुरुष बिचारा।
दोउ साधक जन्महिं ते दुर्लभ। अति अमोघ संग पावहिं निर्लभ।।

6 / 43–44 / 162

परम पुनीत जन्म जग पावा। तहँ पूरब बुधि बल अधिकावा।
मुक्ति बहोरि परमहित हेरहिं। करहिं उपाय क्रिया बहु फेरहिं।।

6 / 43–44 / 163

पुनि–पुनि पूर्व अभ्यास सहारहिं। सकल विषय तजि ब्रह्म विचारहिं।
ज्ञानयोग जिज्ञासु विचरहीं। सब श्रुतिफल उल्लंघन करहीं।।

6 / 43–44 / 164

सत सब साधन सब संस्कारा। जीव जो सत–स्वरूप अनुसारा।
मनुज सहस्त्र सिद्धि एक यत्ना। योग भ्रष्ट होवहिं तेहि रत्ना।।

6 / 43–44 / 165

बुद्धिमान कुल जन्म ले भाई। पूर्व–जन्म दैवीगुण पाई।
दैवि–चेतना पुनि सोइ आसा। पूर्ण सफलता प्रगति प्रयासा।।

6 / 43–44 / 166

उन्नत योगीजन बहु ध्यावा। योगनियम आकर्षण पावा।
स्वतः–आकृष्ट योग लगि ध्याना। वह जिज्ञासु बहु योग बखाना।।

6 / 43–44 / 167

दोहा

पूर्व साधन समत्व बुधि, अनायास करि पान।
पार्थ उसी प्रभाव से, भली भाँति प्रभु ज्ञान ।

6 / 43–44 / 168

पूर्वाभ्यास समत्व गहि, विषय वश जिज्ञासु।
शब्द ब्रह्म अतिवर्तते, योगि महान पिपासु।

6 / 43–44 / 169

चौपाई

यत्नशील योगी गुणखानी। पाप विशुद्ध होय जन ज्ञानी ।
सिद्धि बहुरि बल जन्म अनेकहिं। पापहिं तब सद्‌गति सविवेकहिं।।

6 / 45–46 / 170

पण्डितजन तपसिनु से श्रेष्ठा। कर्म पुनीत सदा करि चेष्टा।
सर्वोतम योगी ही होइ जा। पारथ! ध्यान धरें नित खोइ जा।।

6 / 45–46 / 171

तपस्वी, ज्ञानी, कर्मी प्रानी। भाव सकाम योग नहिं जानी।
शुद्ध चित्त परमात्मा उन्मुख। योगी नहिं संसार के सन्मुख।।

6 / 45–46 / 172

सकल शुद्धि–कल्मष होइ आसा। सच्ची निष्ठा कठिन प्रयासा।
अनेकानेक जन्म अभ्यासा। सिद्धि लाभ गन्तव्य सुभासा।।

6 / 45–46 / 173

जन्म अनेक पुण्य सब कर्मा। कल्मष–द्वन्द्व नास गहि मर्मा।
दिव्य–भक्ति–प्रेम गुण पावहिं। द्वन्द्व विमुक्ति योगिजन भावहिं।।

6 / 45–46 / 174

योगी पुरुष श्रेष्ठ तप ज्ञानी। सकामकर्मी से बढ़कर जानी।
पूर्ण आत्मज्ञानी तेहि मानो। हे पारथ! योगी बनि ठानो।।

6 / 45–46 / 175

छन्द

मन सहित इन्द्रिय तपावहि, योग में है ढालता जो
तेहि तपस्वी जानिये इस ज्ञान को पहचानिये।
योग इसमें नहिं ढला, बस ढालना ही शेष है
मन है चंचल, होगा अविचल, तभी योगी मानिए।।

6 / 46 / 176

नियत कर्म को जानकर, निज शक्ति को पहचानकर
कर्मी जो प्रवृत्त है, इस योग में ढल वृत्ति है।
निज समर्पण, पूर्ण अर्पण 'स्व' को अर्पित कीजिए
तब सिद्ध होगा कर्म अपना, पूर्ण सपना कीजिए।।

6 / 46 / 177

दोहा

नियत कर्म को जानकर यज्ञ–क्रिया पहचान।
शक्ति जान पहचानकर, जस–अपजस जिय जाय।।

6 / 46 / 178

निष्काम भाव से कर्म करि, इष्ट समर्पण धीर।
योगक्षेम भगवान की, योगेश्वर रणधीर।।

6 / 46 / 179

चौपाई

पतन परिस्थितियाँ भय नाहीं। पातन–पतन ईश गुण गाहीं।।
तपसी योग ढालि प्रतिशीला। कर्मी कर्म जान कर लीला।।

6 / 46 / 180

ज्ञानी बहुत परिस्थिति जानी। शक्ति समझि निज गति पहचानी।।
निष्कामी श्रेष्ठ सब होई। इष्ट समष्टि जानि सब कोई।।

6 / 46 / 181

जो योगी हो मोर पारायण। श्रद्धावान भक्त नारायण।
अन्तःकरण युक्त मम शक्ती। दिव्य–प्रेममय चिन्तन भक्ती।।

6 / 47 / 182

एक गन्तव्य दिशा पथ जोगा। भक्तियोग परिणति सब योगा।
सेवा–भजन निरन्तर करिहीं। सब–सर्वोच्च योग गति परिहीं।।

6 / 47 / 183

सब संसार सम्बन्ध विहीना। बन्ध मुक्त निर्विकारी चीन्हा।
शांति परम सुखानन्द अनुभूती। ब्रह्म भूत स्थिति जड़ि प्रीती।।

6 / 47 / 184

कर्म ज्ञानयोगी निज निष्ठा। भक्त सदा जुरि ईश प्रतिष्ठा।
भक्तिज भार ईश ही वहहीं। ताहि सों भक्तियोग ही चहहीं।।

6/47/185

दोहा

मम गत आतम जासु पुनि, योगिनु माहिं सुजान
भजहिं मोह श्रद्धा सकल, सो उत्तम पहिचान।

6/47/186

नित्य निरन्तर मोहि रटि, भजहिं मोर चित–ध्यान
श्रद्धायुक्त योगी परम, भक्त महातम ज्ञान।

6/47/187

भक्त सदा मम आश्रित, मुझपर निर्भर होय
मोर नयन दृग देखहीं, मोहि प्रसन्न सुखि सोय।

6/47/188

छन्द

वे पूर्ण हों बालक, सबजन पालक, पूर्ण जगत के स्वामी
पूर्ण पति पावन, पूर्ण सखि सावन, ब्रम्हज्योति बहुनामी
पूर्ण गुणगामी, अतिसुखि प्रानी, निर्विकार दिव्यता धामी
बहुपद ऐश्वर्य, वे परमेश्वर, सबके ईश्वर अन्तर्यामी।

6/47/189

पूर्ण श्रद्धायुत सदा, परिपूर्ण अन्तर आत्मा से
जो भजें प्रण–प्राण से मोहि, अन्तर्चिन्तन से निरन्तर
अति गोपनीय भजन वही, अन्तःकरण वसता वही
अति पावन अति शुचि मन भावन, जागता मन चिर–चिरन्तर।।

6/47/190

दोहा

जिन महात्म जन श्रद्धा, मम गुरु परम सुभाष
वैदिक ज्ञान विज्ञान सब, पावहिं नित स्व–प्रकाश।

6/47/191

क्रिया त्यागी संकल्प सब, नहिं योगी सन्यासि
'कायम्कर्म करता रहे, संन्यासी तेहि भासि।

6 / 47 / 192

नियत कर्म में रत रहे, सर्व संकल्प अभाव
युक्ताहार विहार सब, संयम चित्त स्वभाव।

6 / 47 / 193

निरुद्ध चित्त का विलय भी, हो जाता गोपाल
अनन्त सुख बहु भासता, मोक्ष देत नन्दलाल।

6 / 47 / 194

पराकाष्ठा पाइ के, योगी नहिं इठलाइ
परमात्मा से मिलन में, परमशान्ति को पाइ।

6 / 47 / 195

मन–समर्पण आचरण, अन्तर्मन से कीन्हि
योगसिद्धि को पाइके, परमधाम सुख लीन्हि!

6 / 47 / 196

छन्द

ओम् भगवद्गीता तत् सत् मीता, विद्याब्रह्म बिचारहीं
ब्रह्मास्त्रमय योगशस्त्रमय, जीव ब्रह्म उच्चारहीं
उपनिषद् जो गावा, ब्रह्म सुनावा, गीत पुनीत विचारहीं
जीवार्जुन आत्मा मय परमात्मा, परमानन्द प्रचारहीं ।

ओम् इति डॉ. रामवीर सिह कुशवाह 'पथिक' कृत
श्रीमद्भगवद्गीतामृत गीतयोग नामक ग्रन्थ का आत्म–संयम
ध्यानयोग नामक
छठवां अध्याय समाप्त हुआ।

❊ ❊❊

ॐ गुं गुरुभ्यो नमः। ॐ गं गणेशाय नमः। ॐ श्री परमात्मने नमः।

श्रीमद्‌भगवद्‌गीतामृत गीतयोग

अध्याय - सात

भगवद्ज्ञान-विज्ञानयोग

अध्याय एक से छः तक जीव की जिज्ञासा के लगभग सभी प्रश्नों के उत्तर भगवान् ने देते हुए निष्काम कर्मयोग, ज्ञानयोग, कर्म और यज्ञ का स्वरूप और उसकी विधि, योग का वास्तविक स्वरूप और उसके परिणाम तथा अवतार, वर्ण संकर सनातन, आत्मस्थित महापुरुष के लिए भी लोकहितार्थ कर्म करने पर बल देते हुए, अपने अन्तर्विकारों से युद्ध करने, आदि पर विशद् व्याख्या प्रस्तुत की। इस अध्याय में विज्ञान सहित ज्ञान, भगवान की व्यापकता, अन्य देवताओं की उपासना, भगवद्–स्वरूप को जानने वाले एवं न जानने वाले पुरुषों का वर्णन किया गया है। भगवान कहते हैं कि पृथ्वी, जल, तेज, आदि तत्वों में; चन्द्र, सूर्य आदि रूपों में; सात्विक, राजस, तामस आदि क्रियाओं में; ब्रम्ह–जीव–क्रिया– संसार–ब्रह्मा–विष्णु महेश आदि रूपों में भगवान ही हैं। परमात्मा समस्त कारणों के कारण, परम–सत्य, सबके मूल हैं। सब कुछ वासुदेव ही हैं। महात्मागण अनुभूतिपूर्वक, भक्तिपूर्वक उनकी शरण ग्रहण करते हैं, परन्तु अपवित्रजन अन्यदेवों की सकामभाव से पूजा करते हुए विषयों की ओर मन को मोड़ देते हैं। राग द्वेष से आक्रान्त मनुष्य मुझे कदापि नहीं जान सकते, किन्तु राग–द्वेष के मोह से रहित होकर जो नियतकर्म (आराधना) का चिन्तन करते हुए जरा–मरण से छूटने के लिए प्रयत्नशील हैं, वे पुरुष सम्पूर्ण रूप से मुझे जान लेते हैं। वे मुझमें प्रवेश करते हैं और अंतकाल में भी मुझको ही जानते हैं। भगवान कहते हैं कि मोहग्रस्त प्राणी सम्पूर्ण ब्रह्म, सम्पूर्ण अध्यात्म,

सम्पूर्ण कर्म, सम्पूर्ण अधिभूत, सम्पूर्ण अधिदैव तथा सम्पूर्ण अधियज्ञ सहित मुझको जानते का प्रयत्न करते हैं। इन सबका परिणााम मैं (सद्गुरु) हूँ। आठ भेदों वाली मेरी प्रकृति जड़ है और इसके अन्तराल में जीव रूप मेरी चेतन प्रकृति है। इन्हीं जड़–चेतन के संयोग से पूरा जगत उत्पन्न हो खड़ा है। काम, राग, द्वेष से रहित बल का कामना मैं ही हूँ। मुझे प्राप्त करने की कामना का अभ्युदय हो बलवती होना ही मेरा प्रसाद है। केवल मुझ परमात्मा को पाने की कामना ही धर्मानुकूल कामना है। अतः इस अध्याय में परमात्मा की समग्र जानकारी का विवचेन प्रस्तुत किया गया है।

श्रीभगवान उवाच

दोहा

सुनहुँ पार्थ मनासक्त मन, प्रेमसुक्त मोहि जान
सकल विभूति बलादि गुण, आत्मरूप पहिचान।

7/1–3/1

मैं तब हित यह ज्ञान सब, सहित रहस्य वखान
जाहि जान संसार में, शेष नहीं कुछ ज्ञान।

7/1–3/2

मनुज सहस्त्र में एक ही, प्रयत्न करहिं हित ज्ञान
योगी यत्न करहिं निज, ज्ञान यथारथ मान।

7/1–3/3

छन्द

मम पूर्णासक्ती मुझ में भक्ती, मन संशयरहित हो जान रे
मन सतत प्रयासा गुण–विन्यासा, योगाभ्यास को मान रे
मन हो नित–नित रत, तजि सब स्वारथ, पूर्ण–सत्य को जान रे
परसत्य का ज्ञाना, मम गुण जाना, परमानन्द को मान रे।

7/1–3/4

करि सतत प्रयासा, नित योगाभ्यासा, एकाग्र–चित्त मन–मोर हो
हो नवधा भक्ती, रज–तम मुक्ती, मुझसे सुनि शुचि घोर हो
प्रभु गुण शक्ती, प्रेम की भक्ती, काम–लोभ कम क्रोध हो
तब सतगुण स्थिर, मोह–भेद थिर, नव–स्फूर्ति चित चोर हो।

7/1–3/5

सुनि पारथ जाना, व्यवहारिक ज्ञाना, दिव्यज्ञान वखान हो
हो निर्विकार मन, शुचिकार तन, कुछ शेष नहीं परिज्ञान हो
सब उद्‌गम ज्ञाना, ज्ञानी जाना, बुद्धिमान नर मान हो
प्रभुही खेवइया नहिं अज्ञेया, सिद्धि एक रसपान हो।

7/1–3/6

चौपाई

गहहु एक भगवान आसरा। ताकी कृपा गुणवान वासरा।
देश काल थिति वस्तु विशेषा। घटना क्रिया स्थिति सब शेषा।।

7/4–5/7

कछु न होय भगवान विहीना। घट–घट वासी घर सब चीन्हा।
वे सबमें अपने में हैं अपने। सर्व समर्थ महाप्रभु सपने।।

7/4–5/8

अपनापन प्रभु संग नित जागी। मन आसक्त वासना भागी।
सिद्धि असिद्धि में समता जागी। अटल भाव चिंतन प्रभु लागी।।

7/4–5/9

परमाशक्ति आश्रय परमात्मा। योगाभ्यास समग्र निजात्मा।
स्वतः होय स्वाभाविक चिंतन। सकल क्रियाएँ परमात्मक मंथन।।

7/4–5/10

भाव निष्काम जगि नित्य निरंतर। शरणागति प्रपत्ति नित अन्तर।
ज्ञान सहित विज्ञानहि भासी। ज्ञान विशेष्य मानि चहुँ खासी।।

7/4–5/11

सब कुछ एक जानि भगवाना। ज्ञान सदा विज्ञान जहाना।
परमतत्व कर्मजन्म विहीना। जानि स्वंय से स्वंय ही चीन्हा।।

7/4–5/12

मोर परायण साधक मोरे। जानि यथार्थ मर्म जन थोरे।
तत्व ज्ञान सम्पूर्ण जे जानी। शेष नहीं कछु ज्ञान सुजानी।।

7/4–5/13

दोहा

थल–जल–अनल पवन मन, अहंकार बुधि ज्ञान
अष्ट प्रकार विभक्त मम, अपरा–प्रकृति विधान।

7/4–5/14

प्रथम पंच तत्व गुण, स्थूल विराट सुजान
पंच विषय इन्द्रिय सकल, भौतिक यह विज्ञान।

7/4–5/15

शेष तीनि तत्व रस, भौतिक वादी खोय
अहंकार मन बुद्धि से, सकल विकार ही ढोंय।

7/4–5/16

विषयभोग दसेन्द्रिय, मूल जग कारण जान
चौविस–तत्व प्रकटावहिं, अष्ट–शक्ति भगवान।

7/4–5/17

चौपाई

भूमि अनल जल पवन अकाशा। अहंकार मन बुद्धि प्रकाशा।
माया भिन्न आठ बिधि अपरा। बन्धन रूप जगत जड़ जकड़ा।।

7/4–5/18

सोइ अशुद्ध सोइ अपर कहावा। अन्य परा शुचि प्रकृति सुहावा।
जीव रूप चेतन सोइ माया। जेहि चर–अचर जगत अपनाया।।

7/4–5/19

मानि मान्य जगत जग–बन्धन। सब सम्बन्ध जगतहित नन्दन।
यह–सत्ता सम्बन्ध तुम जानहुँ। सकल जीव हित मीत सुज्ञानहुँ।।

7/4–5/20

महाविष्णु सब जग उपजाए। भौतिक–शक्ति महत्तत्व को पाए।
गर्भोदकशायी विष्णु को जानो। सब ब्रम्हाण्ड प्रविष्टिहिं मानो।।

7/4–5/21

सकल विविधता तेहि उपजाए। महाशक्ति–महत्व समझाए।
क्षीरोदकशायी विष्णु महाना। सर्वव्यापी कण–कण भगवाना।।

7/4–5/22

ब्रम्हाण्ड सकल तत्व परमाणू। सबके अन्तर बसि जगमाणू।
जो इन त्रि–विष्णु को जानें। बन्धन–मुक्ति –तत्व पहिचानें।।

7/4–5/23

प्रभु ही सब कारण के कारण। अल्पज्ञानी तेहि जानि अकारण।
स्थूल–सूक्ष्म पृथिवी मन रूपा। अपरा–शक्ति प्रतिफल गुण भूपा।।

7/4–5/24

जीव सकल ब्रम्हाण्ड सुहाए। पराशक्ति मम जग प्रकटाए।
कार्य–शक्ति गुणशील बनावा। परा–शक्ति गतिशील गुनावा।।
7/4–5/25

सकल नियन्ता मम जग जानी। अपरा–परा–शक्ति पहिचानी।
अपरा शक्ति उपभोगहिं जीवा। मन–बुधि विस्मृहिं सकल सजीवा।।
7/4–5/26

जड़ प्रकृति प्रभाव हो कारण। अन्तर्मन स्वभाव नहिं धारण।
माया–बन्धनसे जब मुक्ती। पाय मुक्तिपद पावन भक्ती।।
7/4–5/27

परा–अपरा प्रकृति मम खेला। सब जग जानहुँ हेला मेला।
शक्ति अनन्य अनन्त ही जानो। एक–शक्ति मम तुम पहिचानो।।
7/4–5/28

दोहा

उद्गम सकल जीव जग, आत्मिक भौतिक जोय
उत्पत्ति–प्रलय मुझसे सदा, परमात्मा–रचना सोय।
7/6–7/29

चौपाई

जग जंगम सब भूत जे प्रानी। तासु योनि माया गुण खानी।
मम जग प्रगट करौ नाना विधि। पुनि लय करौ प्रपंच गुना सिधि।।
7/6–7/30

जड़ चेतन चर अचर जगत में। मो से परे न कोउ जगत में।
मणि समूह पिरोय सूत अभि। मुझमें होय जग भूत ताहि तिमि।।
7/6–7/31

अपरा–परा संयोग अपारा। सकल भूत जग उपजि उपारा।
प्रभव प्रलय जग कारण एका। फल–उन्मुख पार्थ भूत अनेका।।
7/6–7/32

जड़ एकात्मकता जीव जगत हैं। चिन्मय तत्व एक भगत हैं।
अंश–अंशी दृष्टि जग कारण। अपरा प्रकृति ईश कार्य–कारण।।
7/6–7/33

दोहा

सकल पदारथ जगत के, प्रतिफल मोरे होंय
आत्मा सबके मूल में, नियमित विकसित होंय।

7/6–7/34

भगवन की द्वैतशक्तियां, आत्म पदारथ जान
प्रकटि भूत ब्रह्माण्ड सब, आदि कारण मोहि मान।

7/6–7/35

मोती धागा ज्यों गुंथहिं, मुझमें गुंथे जहान
सर्व–सत्य मोहि जानले, आश्रित दिव्य महान।

7/6–7/36

मोहिसे बढ़कर सत्य नहिं, परमश्रेष्ठ मोहि जान
सूक्ष्म–सूक्ष्मतर वृहत–वृहत्तर, परम–सत्य महान।

7/6–7/37

चौपाई

पार्थ सुनहुँ मैं रस जल माहीं। प्रभा मोर शशि सूर्य सुहाहीं।
ओमकार सब वेद वखानहिं। गगन शब्द पौरुष नर मानहिं।।

7/8–9/38

गंध पुनीत भूमि मम रूपहिं। अनल तेज सम ज्योति अनूपहिं।
जीव केरि जीवन मोहि देखहिं। तप शुभ तपसिनु मोहि विशेखहिं।।

7/8–9/39

प्रभा तेज शक्ति द्वौ होवहिं। सौम्य शक्ति रूप तन शोवहिं।
भूमि गंध तन्मात्रा सों उपजहिं। रहहिं रूप रस लीन सों सुपजहिं।।

7/8–9/40

गंध बिना नहि कछु महि जानी। तेज बिना नहिं अनल सुहानी।
प्राण शक्ति बिनु जीवन नाहीं। ये सब रूप–स्वरूप गुनाहीं।।

7/8–9/41

रस बिनु जल प्रभा बिनु भानू। वेद प्रणव बिनु शब्द नभ जानू।
ये सब रूप ईश जग भूपा। सब रूपन के रूप–स्वरूपा।।

7/8–9/42

छन्द

मैं जल स्वादा, ध्वनि–नभ नादा, वैदिक–मन्त्र ओमकार हूँ
शुचि–शुद्धि गुणागर, मैं रस नागर, निर्गुण–सगुण अकार हूँ
आद्य–पुण्य हूँ, रस–सुगन्ध हूँ, ऊष्मा–अनल अकाश हूँ
सकल जीव मग–जीवन तपवन, सक्रिय–क्षेत्र प्रकाश हूँ।

7/8–9/43

दोहा

आदि–बीज मैं नित्यता, नित्य चराचर जीव
बुद्धिमानकी बुद्धि मैं, तेज पुरुष नर जीव।

7/10–11/44

सकल नित्य की नित्यता, शक्ति सनातन मोर
शाश्वत उद्गम मूल हूँ, सबका बल चितचोर।

7/10–11/45

चौपाई

सर्व भूत मैं बीज सनातन । बुद्धियुक्त मति धीर महातन ।
तेजवन्त महुँ तेज सदासन। बुद्धिमान महुँ बुद्धि वीरासन।।

7/10–11/46

बलवन्तन महुँ बल ममचारा। विगत कामगत राग विकारा।
भूत समूह मध्य अभिरामा। धर्मस्वरूप निरखि मोहि कामा।।

7/10–11/47

वृक्ष आरम्भ बीज से होई। बिना बीज मों ही सो सोई।
अयुतशेष बीज ही रहहीं। रूप सनातन बीज मैं गहहीं।।

7/10–11/48

रज–वीर्य अंश वंश उपजाए। अंश उपजि अन्न से आए।
अन्न उत्पत्ति मृदा सन होवहिं। मृदा अंत है तन गति सोवहिं।।

7/10–11/49

कठिन कार्य रत रहहुँ सुजानी। निर्मल शुचि उत्साह सुजानी।
अति उत्साहित बल मम रूपा। कामाशक्ति रहित नर भूपा।।

7/10–11/50

सतगुण सकल भाव जिन जोते। उद्भव जानि सकल तिन मोते।
मोरे वश त्रयभव प्राधीना। मैं नाहीं उन गुण आधीना।।

7/12–13/51

भाव त्रिगुण निरखि समानी। मोहे सकल जग मोहित मानी।
ते लग मम अव्यय अव्यक्तहिं। अकथ जानि रूप सद्व्यक्तहिं।।

7/12–13/52

सात्विक राजस तामस भावा। त्रिगुण पदारथ क्रिया स्वभावा।
सब कें मूल में एक भगवाना। आश्रय आधार प्रकाशक जाना।।

7/12–13/53

प्रकृति रूप कार्य निर्लिप्ता। शुद्ध अंश जीव नहिं तृप्ता।
जन संसार विलग होइ प्रानी। ईश अभिन्न रूप पहिचानी।।

7/12–13/54

दोहा

धर्मयुक्त मैं काम हूँ, धर्मविरुद्ध न कोय
ममाशक्ति गुण प्रकटते, सबके मम गुण होय।

7/12–13/55

सत–रज–तम अधीन मम, गुण सब मम उद्भूत
मैं प्रकृति अधीन नहिं, मैं सबगुण सद्भूत।

7/12–13/56

त्रिगुण–गुणामय जगत यह, गुणातीत नहिं जान
ग्रसित मोहसे मोहमय, अव्यय नहिं पहचान।

7/12–13/57

त्रिगुणमयी माया मम, दुस्तर अति बहु होय
नित्य भजहुँ नर मोहि कों, माया तरि सोइ सोय।

7/14–15/58

शरण मोरि गहि जे नर, गुण न लखहिं सत्योग
मम रूपहि अवलोकहीं, संग्रह भोग वियोग।

7/14–15/59

मूढ़ न गहहिं शरण मम, ममता रखहिं अनित्य
अप्राप्य कामना नित्यरत, मोहित माया नित्य।

7/14–15/60

चौपाई

पूर्णकामना लोभहिं लाए। बाधा लगें क्रोध बहु जाए।
माया खल अधमाधम पापहिं। ज्ञान विगत माया बहु व्यापहिं।।
7/14–15/61

मूढ़ असुर गुणमत अभिमानी। भक्तिहीन मोहि पाव न प्रानी।
भाव सदा भीतर में देवहिं। लक्ष्यपूर्ति अनन्यता सेवहिं।।
7/14–15/62

संसृत मूल शूलप्रद माना। नाना शोक देहि अभिमाना।
मोहित मनुज विवेकहिं ढांपी। आसुरभाव पुष्ट बहुभांपी।।
7/14–15/63

त्रिगुणमयी यह शक्ति अपारा। दिव्य दैवगुण ढांपि नकारा।
शरणागत हों जो जो प्रानी। परा–शक्ति मोरी पहचानी।।
7/14–15/64

जो हों निपट मूर्ख अज्ञानी। माया हरि लीन्ह तिन ज्ञानी।
नास्तिक आसुर–प्रकृति को धारहिं। दुष्ट नराधम शरणन भारहिं।।
7/14–15/65

मूढ़ दुष्कृत्य आसुरी स्वभावा। भ्रमित मनोधर्मी नहिं भावा।
भौतिकता ही सब कुछ मानहिं। नास्तिकता गुणज्ञान वखानहिं। ।
7/14–15/66

दोहा

अति–अद्‌भुत त्रिगुणीमयी, मम माया पहिचान
मोहि भजें नित पुरुष जो, जग–सागर निज जान।
7/14–15/67

माया हरे स्वभाव जो, मूढ़ पुरुष नहिं मान
दूषित कर्म करहिं वे, भला–बुरा नहिं ज्ञान।
7/14–15/68

चौपाई

चार प्रकार होंइ पुण्यात्मा। मम सेवा करते गुण आत्मा।
पुण्यपुज जग चारि प्रकारा। सुकृती भक्त मोर निर्विकारा।।
7/16–17/69

अर्थार्थी आर्त जिज्ञासू। ज्ञानी उत्तम कर्म प्रज्ञासू।
अर्थार्थी अनुकूल मंगावहिं। आर्त प्रतिकूल दूर भगावहिं।।
7/16–17/70

जिज्ञासू भक्तन जिज्ञासा। ज्ञानी नहिं चाहे कछु आसा।
एक भक्ति उत्तम बल ज्ञानी। नित्य–योग लवलीन सुजानी।।
7/16–17/71

मम अतिप्रिय प्रेमी प्रज्ञानी। जानहिं मोहि तत्वमय प्रानी।
प्रेम करहिं जो कछु न चाहीं। भगवद्–प्रेमी भगत सुहाहीं।।
7/16–17/72

अपनापन भगवान में जानी। भक्ति अनन्य प्रीति पहिचानी।
चारि प्रकार शरण मम आवहिं। शुद्धभक्त संगति शुचि पावहिं।।
7/16–17/73

शुद्ध–भक्तिरत परम जो ज्ञानी। सर्वश्रेष्ठ जानहुँ प्रिय मानी।
मैं उसको अतिप्रिय मुझको वह। कल्मष मुक्त शुद्ध भक्त वह।।
7/16–17/74

दोहा

उदारचेत्ता व्यक्ति ये, निसन्देह तुम जान
मोहि समान मम लागहीं, पावहिं मोरो ज्ञान।
7/18–19/75

दिव्य–सेवा तत्पर सदा, करनी मोरि बखान
परम लक्ष्यको पावहीं, परमज्ञान गुणखान।
7/18–19/76

जन्म अनेक जन्मान्तर, पावहिं ज्ञान सुजान
मोहि जानहिं कारण सकल, शरण मोर नित आन।
7/18–19/77

चौपाई

चारौं भक्त सुजान उदारहुँ। मोहि अतिशय प्रिय ज्ञान निहारहुँ।
तजि सब योग शरण गहि एकहुँ। थिर बुधि लखि आश्रय मम देखहुँ।।
7/18–19/78

बीते जन्म अनन्त अनेका। ज्ञानवान पावहिं मोहि एका।
वासुदेवमय सब जग जाना। अस अति कठिन विवेक सुजाना।।
7/18–19/79

रुचि जागहि मम ओर प्रवृत्ती। निर्मल समय पावन सम्पत्ती।
सुकृती भगवत्–कर्मरत योगी। ज्ञानी मम स्वरूप सहयोगी।।
7/18–19/80

नित्ययोग वियोग नित योगा। प्रेम विलक्षण योग सुयोगा।
प्रेमास्पद प्रेमी नहिं भेदा। नदी जलध सम एक अभेदा।।
7/18–19/81

ब्रह्मभूत पावहिं निर्वाना। ब्रह्मभूत योगी सुख खाना।
ब्रह्म पराभक्ति मम पावा। भक्ति तत्व जानहिं मन भावा।।
7/18–19/82

वासुदेव सर्वम् जग जानी। ब्रह्मरूपमय जग पहिचानी।
महासर्ग बहुरूप सो स्वामी। महाप्रलय लय एक ही नामी।।
7/18–19/83

सर्वव्यापी सब कुछ वसुदेवा। पूर्णज्ञान रहि शरण महदेवा।
सकल पदार्थ मूल मम सत्ता। केन्द्र–विन्दु सब कार्य महत्ता।।
7/18–19/84

जिनकी बुद्धि कामरत ज्ञाना। भौतिक–इच्छा सकल सुहाना।
वे निज–निज स्वभाव अनुसारा। शरण गहहिं बहुदेव प्रसारा।।
7/20–21/85

तिन जानहुँ अल्पज्ञ अज्ञानी। आत्म–चेतना खोए प्रानी।
कामेच्छारत बहु बिधि पूजा। नित्य भोगरत काम न दूजा।।
7/20–21/86

निज स्वभाव प्रेरित भ्रमज्ञाना। काम प्रभाव ज्ञान हरि लाना।
गहि निज नियम देव जो पूजहिं। आपुनु बहु स्वभाव नहिं दूजहिं।।
7/20–21/87

जेहि जन जो सुर तनु अनुसरहीं। श्रद्धायुक्त भजन नित करहीं।
श्रद्धा तासु विधा बहु मानहिं। अचल करौं थित तेहि गुण ज्ञानहिं।।
7/20–21/88

प्रत्येक जीव हृदय मम वासा। परम–तत्व स्वरूप निवासा।
प्रत्येक जीव स्वतन्त्रता खासा। ईश्वरदत्त कृपा बहुभाषा।।

7/20–21/89

दोहा

भौतिक भोग इच्छुक पुरुष, देउँ देवसम ज्ञान
मनोभाव सोइ जानिके, सुविधा बहुत विधान।

7/20–21/90

देव–हृदय स्थित रहूँ, इच्छा–पूर्ति सुखवान
जीव–देव दोउ आश्रित, मम इच्छा बलवान।

7/20–21/91

जो जैसे को पूजता, मन को जैसो आय
श्रद्धा स्थिर मैं करूँ, देव सोइही भाय।

7/20–21/92

चौपाई

भजहिं सो पुरुष देवजन भाई। मम बल अविचल श्रद्धा पाई।
पावहिं अवश अनुग्रह मोरा। इष्ट–भोगफल कर्म घनोरा।।

7/22–24/93

अन्तवन्त फल तासु असारहिं। अल्पबुद्धि पावहिं सविकारहिं।
ज्ञान ढाँपि काम सविकारा। ज्ञानभ्रष्ट भजि देव पुकारा।।

7/22–24/94

जेहि जेहि देव सकल जे भजहीं। तेहि तेहि श्रद्धायुत जे तजहीं।
नाशवान फल यहिकर होवहिं। देवहिं पावहिं मोहिको खोवहिं।।

7/22–24/95

भगवद्रूप सकल संसारा। ईश विधान स्वरूप विस्तारा।
भगवत भिन्न जगसत्ता नाहीं। भगवत रूप देखि जग छाहीं।।

7/22–24/96

सकल कामना नाश करावहिं। ईश अभिन्न अशुद्धि जरावहिं।
मम अनुमति नहिं वर देंइ देवा। लाभ सकल प्रदत्त मम सेवा।।

7/22–24/97

देवलोक भजि सुरगण सजहीं। मम गति अचल मोहि नित भजहीं।
देवलोक फल क्षणिक गुसाईं। सीमित सोइ अनुभूति नसाईं।।

7/22–24/98

सकल बस्तु मोर सम्पत्ती। वर मांगहुँ नहिं कबहुँ विपत्ती।
शुद्धभक्त चेतन मन बुद्धी। सकल शुद्धता बुद्धि की शुद्धी।।

7/22–24/99

देवपूजि जावहिं देवलोका। भक्त मोर धाम मम लोका।
मैं असीम मम शक्ति असीमा। दया–अनुग्रह कृपा असीमा।।

7/22–24/100

दोहा

नाशवान् फल बुधि अलप, पूति देवहीपाय।
भजहिं मोहि जो भक्त मय, मोरे को ही भाय।

7/22–24/101

बुद्धिहीन नहिं भजहिं मम, तत्वज्ञान अभिमान
मनइन्द्रिय से परे मम, व्यक्तिभाव को मान।

7/22–24/102

चौपाई

लखहिं न तत्व रूप सब कारण। अति उत्तम सब पाप नसावन।
व्यर्थ तर्क करहिं ते ज्ञानी। मम सर्वोच्च प्रकृति न जानी।।

7/25–26/103

बुद्धिहीन अल्पज्ञ मनुज जन। अविनाशी सर्वोच्च प्रकृति मन।
बुद्धिहीन मोहि ठीक न जानहिं। ते अल्पज्ञ मम रूप न मानहिं।।

7/25–26/104

निराकार मम रूप न जानहिं। मूरति मन्द मन्दमति मानहिं।
नहिं जानहिं तत तत्व स्वरूपा। निराकार साकारहि रूपा।।

7/25–26/105

रज–तम गुणवश भक्त असुरगण। ते अभक्तजन निपुण ग्रन्थगण।
ईश–तत्व विनु भक्ति न जानहिं। मोरी कृपा से तत्व पहिचानहिं।।

7/25–26/106

बुद्धिहीन निर्बुद्धि कहाई। जन्म मरण रहित अज भाई।
योग रूप माया सन ढांपी। प्रगट नहीं दृग लोचन भांपी।।

7 / 25–26 / 107

अज अनाम नित रूप सुहावा। मूढ सो जन्म मृत्यु मोहि पावा।
आच्छादित अन्तरंगा शक्ति से। रूप अजन्मा अव्यय भक्ति से।।

7 / 25–26 / 108

योगमाया आवरण आच्छादित। मोरिकृपा प्रकटें ज्ञानाच्छित।
दिव्यरूप प्रकटहिं मम ज्ञाना। मै शाश्वत अनन्त भगवाना।।

7 / 25–26 / 109

सब जग मम स्वरूप विस्तारा। ब्रह्म ज्योति प्रकटहिं निस्तारा।
अव्यय अमिट अजन्मा रूपा। ग्राह्य शक्ति मम रूप स्वरूपा।।

7 / 25–26 / 110

दोहा

योग माया जिन गोद में, छिपा हुआ मम ज्ञान
अज्ञानी जन लखहिं नहिं, अविनाशी नहिं मान।

7 / 25–26 / 111

प्रत्यक्ष नहीं होवहुँ कभी, योग शक्ति मम प्रान
तत्वज्ञान नहिं पांय जो, जनम–मरन मोहि जान।

7 / 25–26 / 112

आगत–विगत भूत सन, वर्तमान सब ज्ञान
जानहु मैं सब काल को, भक्ति रहित नहिं जान।

7 / 25–26 / 113

भूत–भविष्य घटित मैं जानहुँ। वर्तमान मर्म पहिचानहुँ
जीवनकाल मैं जानहुँ सारे। मोहि कोउ जानि नहीं सविकारे।

7 / 25–26 / 114

चौपाई

भौतिक कल्मष मुक्त हुआ नर। निर्विकार भक्तियुक्त वर।
निराकार साकार स्वरूपा। जानहिं ममगुण रूपहिं भूपा।।

7 / 27 / 115

श्रद्धायुक्त मर्म मम जानहिं। मम स्वरूप नहिं नर पहिचानहिं।
निज बल हम सब की गति जानहिं। शेष सकल नर प्रीति न मानहिं।।
7 / 27 / 116

भाव भावनायुत जग प्रानी। ईश रूप लोचन पहिचानी।
इच्छा राग द्वेष उपजाए। सुख दुख द्वन्द्व मोह जग छाए।।
7 / 27 / 117

तेहि वश जीव विकल जग सारा। भयउ भरत सम्मोह अपारा।
सांसारिक परमार्थिक काजा। भावभेद नहिं समता साजा।।
7 / 27 / 118

एक भाव उददेश्य समानां। साधन बनें क्रिया सब जाना।
शुद्धज्ञान परमेश अधीना। मनुज मोहवश नहिं स्वाधीना।।
7 / 27 / 119

मोह प्रकटि इच्छा अरु माया। घृणा द्वेष राग भरमाया।
जे नर पुण्य कर्म लवलीना। विगत विकार पाप तजि दीना।।
7 / 27 / 120

पाप कर्म उच्छेदन चीन्हा। पूर्वजन्म बहु पुण्य प्रवीना।
मोह द्वन्द्व सुख दुख सब त्यागी। दृढ़वृत मोह भजहिं बड़भागी।।
7 / 28 / 121

द्वन्द्व मनुज खास रिपु होई। द्वन्द्व मुक्त परमार्थिक सोई ।
सोइ जन आमुख ईश्वर जानी। चलहिं करहिं परमात्महि ठानी।।
7 / 28 / 122

बहु संकल्प विकल्पहिं उत्सर। सब प्रकार मम सेवा तत्पर।
भगवद्भक्त भ्रमण जग करहीं। बद्धजीव के मोह उवरहीं।।
7 / 28 / 123

दोहा

भगवत आश्रम चलहि जो, जानहिं कर्म को रूप
ब्रह्म आध्यात्म तत्व सब, ब्रह्म कर्म सब भूप।
7 / 29–30 / 124

क्रिया पदारथ व्यक्ति जग, मानहिं जे सविकार
सत्ता दीखहि प्रगट में, प्रगटें सकल विकार।
7 / 29–30 / 125

द्वन्द्व मान्यता रची जन, भगवत् तत्व अनन्त
सृष्टि नहीं उपजी जबहिं, तबहुँ ईश भगवन्त।

7 / 29–30 / 126

चौपाई

अधिभूत अधिदैव सुजाना। चित्त समाहित नर सोपाना।
अधियज्ञ तुम मुझको जानो। मोहग्रसित नहिं मोहि पहिचानो।।

7 / 29–30 / 127

सकल ब्रह्म, सम्पूर्ण अध्यातम। सम्पूर्ण कर्म सम्पूर्ण पराक्रम।
सकल अधियज्ञ सहित मैं सदगुरू। पूर्ण पुरुष जानो मोहि जगदगुरु।।

7 / 29–30 / 128

भाव अनन्य जो पूर्ण समर्पित। मम आश्रित मुझको ही अर्पित।
पिण्डरूप लखहिं सर्वत्रा। व्याप्तहि देख चहुँ यत्र सर्वत्रा।।

7 / 29–30 / 129

करे जो मोहि पाने की कामना। धर्मानुकूल सोइ होइ भावना।
अर्थार्थी आर्त जिज्ञासू। ज्ञानी आत्मपुरुष प्रज्ञासू।।

7 / 29–30 / 130

नियतकर्म करि मोर आराधन। जरा–मरण छूटहि मोरा धन।
जानि सकल षट् योगहि मोरे। विस्मृत नहिं वो जन जग जोरे।।

7 / 29–30 / 131

दोहा

सृष्टि लीन प्रलय जब, तब भी ईश्वर सत्य
निर्गुण सगुण उपासना, परमातम है नित्य।

7 / 29–30 / 132

जन्म जरा से मुक्ति हित, यत्नशील मम भक्त
बुद्धिमान गहि शरण मम, दिव्यकर्मरत शक्त।

7 / 29–30 / 133

भव–वन्धन से मुक्त नर, वास्तव ब्रह्म कहाहिं
संगति लाभ उठावहीं, मोरधाम पहुंचाहिं।

7 / 29–30 / 134

पूर्णचेतनायुक्त मम, जगत नियामक मानि
देव यज्ञविधि जानिके, मृत्यु समय पहिचानि।

7/29–30/135

दिव्य–संग विश्वास बढ़ि, सहज कर्मरत होय
पाइ संसर्ग प्रत्यक्ष मम, गुणी गुणागर सोय।

7/29–30/136

क्रमिक विकास सत्संगति, नियमबद्ध जग जीव
परमेश्वर–पूजा–शरण, दृढ़वृत पाइ संजीव।

7/29–30/137

आदि देव अधिभूत पुनि, आधियज्ञ समरूप
जे जानहिं तजि अंत तनु, जानहिं मोर स्वरूप।

7/29–30/138

छन्द

ओम् भगवद्गीता तत् सत् मीता, विद्याब्रह्म बिचारहीं
ब्रह्मास्त्रमय योगशस्त्रमय, जीव ब्रह्म उच्चारहीं
उपनिषद् जो गावा, ब्रह्म सुनावा, गीत पुनीत विचारहीं
जीवार्जुन आत्मा मय परमात्मा, परमानन्द प्रचारहीं ।

ओम् इति डॉ. रामवीर सिह कुशवाह 'पथिक' कृत
श्रीमद्भगवद्गीतामृत
गीतयोग नामक ग्रन्थ का भगवद्ज्ञान विज्ञान योग नामक
सातवां अध्याय समाप्त हुआ।

❋ ❋❋

ॐ गुं गुरुभ्यो नमः । ॐ गं गणेशाय नमः । ॐ श्री परमात्मने नमः।

श्रीमद्भगवद्गीतामृत गीतयोग

अध्याय - आठ

श्री भगवतप्राप्ति-अक्षर ब्रम्हयोग

सातवें अध्याय में भगवान् ने कहा था कि पुण्य कर्म (नियतकर्म, आराधना) करने वाले योगी सम्पूर्ण पापों से छूटकर व्याप्त ब्रह्म को जानते हैं। वे अन्तकाल में भी मुझको ही जानते हैं। उनकी जानकारी कभी विस्मृत नहीं होती। ब्रह्म, आध्यात्म, कर्म, आदि विषयक जिज्ञासा शान्त करते हुए भगवान अर्जुन से भक्तियोग रूपी भगवद्प्राप्ति अक्षर ब्रह्मयोग का वर्णन करते हुए कहते हैं कि आजीवन भक्ति पूर्वक उनका ही स्मरण करते हुए विशेषकर मृत्यु के समय भगवद्–स्मरण मनुष्य को परमधाम प्राप्त करा सकता है। अतः मनुष्य को प्रत्येक क्षण, हर समय में, सभी अवस्थाओं में और शास्त्र विहित सभी कार्य करते हुए भगवान को ही याद रखना चाहिए। जिससे अंत समय में केवल भगवान ही याद आयें और कल्याण सध जाए। काम, क्रोध, राग–द्वेष दुर्जय शत्रु हैं, जो भगवद स्मरण में बाधक होते हैं, इनसे पार पाना ही युद्ध है। इन शत्रुओं के मिट जाने पर ही व्यक्ति निरंतर प्रभु–स्मरण करता हुआ परमगति को प्राप्त होता है, जो अव्यक्त, अक्षय और अक्षर है। इस परमगति को पाने के लिए अर्जुन तू जप तो 'ओम्' का कर और ध्यान मेरा कर। यह नाम और रूप ही आराधना की कुंजी है। इस अध्याय में भगवान् ने अर्जुन द्वारा किए सात प्रश्नों के उत्तर दिए हैं। (1) परब्रह्म क्या है? उत्तर–जिसका विनाश नहीं होता वही परब्रह्म है। (2) अध्यात्म क्या है? उत्तर–स्वयं की उपलब्धि वाला परमभाव ही अध्यात्म है। (3) सम्पूर्ण कर्म क्या है?

उत्तर–भूतों के वे भाव जो शुभाशुभ संस्कारों को उत्पन्न करते हैं, उन भावों का रुक जाना ही कर्म की सम्पूर्णता है। इसके आगे कर्म करने की आवश्यकता नहीं रह जाती। अतः कर्म कोई ऐसी वस्तु हैं, जो संस्कारों के उद्‌गम को ही मिटा देती है। (4) अधिदैव क्या है? उत्तर–परमपुरुष (5) अधिभूत क्या है? उत्तर–क्षर भाव (6) अधियज्ञ क्या है? उत्तर–भगवान स्वयं इस शरीर में अधियज्ञ मैं ही हूँ। (7) अन्तकाल में आप किस प्रकार जानने में आते हैं? उत्तर–जो मेरा निरन्तर स्मरण करते हैं तथा ऐसा करते हुए ही शरीर त्यागते हैं, वे साक्षात् मेरे स्वरूप को प्राप्त होते हैं। मन का विलय ही अन्तकाल है, जहाँ फिर शरीरों की उत्पत्ति का माध्यम शान्त हो जाता है। उस समय वह परमभाव में प्रवेश पा जाता है। फिर उसका पुनर्जन्म नहीं होता।

अर्जुन उवाच

दोहा

हे पुरुषोत्तम! जगत में, कहहुँ अध्यातम रूप
कर्म कहहुँ अधिभूत को, काह अधिदेव स्वरूप।

8 / 1–2 / 1

को अधियज्ञ मधुसूदन, तन निवास जेहि कीन्ह
जिन्ह बहोरि निज मन बसहिं, अन्तकाल प्रभु चीन्ह।

8 / 1–2 / 2

छन्द

ब्रह्म क्या है ? देव क्या है ? आत्मा क्या? परमात्मा क्या?
जगत है क्या? भगत है क्या? कर्म क्या? गुणधर्म है क्या?
कौन यज्ञ का स्वामी है? आत्मा–तन–मन मर्म है क्या?
कौन कहहुँ अधियज्ञ देह है? हे मधुसूदन ! धर्म है क्या?

8 / 1–2 / 3

प्रयाणकाल का लाल कौन है? कौन मृत्यु का भाल कौन है?
तन–मन कैसे अन्तर रहते? जीव–प्राण खुशहाल कौन है?
मृत्यु समय गण भक्ति पुजारी, शक्ति पाय मन हंस कौन है?
आत्म–संयमी जलज भंगमी, शील–सुशील तन बंश कौन है?

8 / 1–2 / 4

क्या पुरुषोत्तम कर्म जो उत्तम, ज्ञानवान गुणखान कौन है?
मृत्युजाल गहि ढाल कौन है? अन्तकाल खुशहाल कौन है?
भक्ति–शक्ति तन पूर्ण स्वस्थ्य है,चरणकमल रत मस्त कौन है?
विश्व–प्रशासक देव मन स्थिर, पूर्ण विश्व मन–मस्त कौन है?

8 / 1–2 / 5

श्री भगवान उवाच

चौपाई

दिव्य जीव ब्रह्म अविनाशी। नित्य स्वभाव अध्यात्म प्रकाशी।
भौतिक तन गतिविधि होइ कर्मा। कर्मानुसार प्रकटि गुणधर्मा।।

8 / 3–4 / 6

जीव रूप अध्यातम रूपा। अक्षर ब्रह्म अखण्ड स्वरूपा।
सर्ग–सृष्टि बढ़ावन हारा। कर्म विसर्ग स्वरूप निहारा।।

8/3–4/7

अपना होनापन नित भावा। सोइ भाव तुम मानि स्वभावा।
विधि विधान अचल तुम जानो। विविध–सृष्टि रचना पहिचानो।।

8/3–4/8

पावहिं देह गेह मन छेंका। चौरासी लाख योनि तन एका।
कर्मानुसार प्रकटि मनुरूपा। पशु–पक्षी अरु देव स्वरूपा।।

8/3–4/9

सकल वेद विधि यज्ञ समर्पी। सुखभोगी–इच्छा बहु अर्पी।
पंच अग्नि आहुति पंच रूपा। यज्ञ विशेष करहिं विधि भूपा।।

8/3–4/10

दोहा

स्वर्गलोक बादल धरा, मनुज नारि पंच रूप
श्रद्धा वर्षा सोम रस, अन्न वीर्य स्वरूप।

8/3–4/11

करहिं सकाम यज्ञ जो, स्वर्गलोक सो पाय
पुण्य–क्षीण जब होबहीं, मर्त्य–लोक पुनि आइ।

8/3–4/12

चौपाई

वर्षा–रूप धरा सो आवा। अन्न रूप मनुज सो खावा।
परिणत अन्न वीर्यरस होवहिं। स्त्री–गर्भ पाइ पुनि खोवहिं।।

8/3–4/13

सृष्टि–चक्र पुनि–पुनि यहि भांपी। शाश्वत रीति जीव गति नापी।
बुद्धिमान नर दूरि सकामा। जन्म–मृत्यु पर होइ गहि नामा।।

8/3–4/14

पंचभूत निर्मित अधिभूतं । आधिदेव वाचक अधिरूपं।
आधिभूता क्षर देह मुनादी। आधिदेव जग पुरूष अनादी।।

8/3–4/15

देह प्रकाशक सब फल दाता। महा ईश अधियज्ञ विधाता।
जगमें ईश ईशमें जग हैं। सब कुछ ईश्वर ही पग मग हैं।।

8/3–4/16

प्रतिक्षण जगत अभाव में जावहिं। सत अरु असत ईश जग छावहिं।
परे सतासत परम सत जानहुँ। अत्यंत अलौकिक मोहि पहिचानहुँ।।

8/3–4/17

सब भौतिक तन उपजहिं वाढ़हिं। कछुक काल रहवहिं अरु गाढ़हिं।
गौण पदार्थ उपजाहिं समाना। क्षीण होंइ पुनि विनशि प्रमाना।।

8/3–4/18

निश्चित समय प्रकृति उपजाए। निश्चित समय विनष्ट होइ जाए।
आधिभूत कहिं भौतिक प्रानी। नित्य–नित्य बदलहिं सुख सानी।।

8/3–4/19

विराट स्वरूप अधिदैवत मानी। देव–लोक शामिल सनमानी।
तन प्रत्येक मम रूप सुवासा। आत्मा सह परमात्मा वासा।।

8/3–4/20

दोहा

अक्षर परम जो ब्रह्म है, अविनाशी अध्यात्म
भूत भाव उद्भव सभी, यज्ञ कर्म महात्मय।

8/3–4/21

द्रव्यादिक जो त्याग है, यज्ञ होम निर्माण
अध्यातम मम भाग है, कर्म नाम सोहि जान।

8/3–4/22

हिरण्यपुरुष अधिदैव है, क्षर पदार्थ अधिभूत
विष्णुरूप वासुदेव मैं, अधियक्षी नर रूप।

8/3–4/23

चौपाई

मम स्वरूप सद्गति फल पावा। कुन्तीपुत्र नहि संशय लावा।
अन्तकाल मम सुमिरन कीना। त्यागहिं देह जो प्रबल प्रवीना।।

8/5–6/24

मम समग्र रुप एक नित्या। अंन्तकाल सद्भाव अनित्या।
जिन जिन देव समेत सनेहा। सुमिरि अन्त या त्यागहि देहा।।

8/5–625

भाव पंथ वासना विहीना। भाव पाय सदा मन चीन्हा।
जाको जैसो सकल स्वभावा। ताको तैसो चिंतन भावा।।

8/5–6/26

निर्मल निर्विकार चित पापी। अंतकाल गति प्रभुपद नापी।
त्यागि कलेवर चिन्तन जैसो। भाव सदा पावै गति तैसो।।

8/5–6/27

दोहा

अन्तकाल मम सुमिरहीं, तन त्यागहिं मम रूप
ममस्वरूप को पावही, संशय नहि कछु भूप।

8/5–6/28

अन्तकाल गहि भाव जो, तन त्यागहिं वहि पाय
चिन्तन सदा हो भाव जो, अन्तकाल सोइ पाय।

8/5–6/29

चौपाई

ते कारण मम ध्यान धरावहिं। नित कर युद्ध कराल गुनावहिं।
सौंपि मोहि मन बुद्धि गुसाईं। लहि मम रुप विशद तन पाई।।

8/7–8/30

परमेश्वर धरि ध्यान चित्त में। सतत् योग अभ्यास नित्त में ।
नित्य निरन्तर चिन्ता करता। पुरूष परम पुरूषारथ भरता।।

8/7–8/31

बोध क्रिया–जन्य सम्बन्ध सब। सुमिर सदा स्वतःसिद्ध सब।
कार्य सकल ईश्वर के जानी। खिन्न प्रसन्न अभाव सुजानी।।

8/7–8/32

लक्ष्य प्रधान ध्यान नित रुपा। दिव्य चिरंतन चित्त स्वरुपा।
भगवत कार्य भाव स्वरुपा। नित्य निरंतर चिन्तन भूपा।।

8/7–8/33

प्रभु सर्वज्ञ सूक्ष्मतम भर्ता। सब जग पालत पालनकर्ता।
आदि अनादि अचिन्त्य पुरातन। अविकारी नित नित्य सनातन।।

8/9/34

नित्य प्रकाशक रूप भानु सम। अजर अमर सब गुण मोरे तम।
भजहुँ सच्चिदानन्द निरंन्तर। ब्रह्म कला हीन लघु अन्तर।।

8/9/35

दोहा

अन्तकाल मन अचल करि, परिहर सकल विकार
अविचल हृदय भक्ति सब, गहि बल योग विचार।

8/10/36

भृकुटी मध्य प्राण को, योग बलहिं ते टिकाय
सोइ अखण्ड आनन्द अज, नित्य निरंन्तर पाय।

8/10/37

चौपाई

अक्षर जाहि कहैं अविकारी। आगम निगम प्रवीन विचारी।
पावहिं जाहिं यती संन्यासी। विगत राग मदहीन सुपासी।।

8/10/38

ब्रह्मचर्य व्रत कठिन सो जाना। सोइ संक्षेपहि ज्ञान बखाना।
सर्वाशक्ति लीन परमपद। प्रयत्न शील नर पावें बिनु मद।।

8/11/39

सकल रोकि इन्द्रियगण द्वारा। मन हिय मध्य टिकाय विचारा।
प्राण मन मस्तक रहें समाये। नित्य योग साधन ही सुहाये।।

8/12/40

योगधारण मन थिर होवहिं। नहिं संकल्प विकल्प संजोवहिं।
एक अक्षर तब जब सुमिरहिं। निर्गुण निराकार नित गुनिरहिं।।

8/12/41

भजि अक्षर एक ओंकारा। सुमिरन मोर विवेक विचारा ।
एहि विधि भजै तजै जो देही। मिलहि परम पद उत्तम तेही।।

8/12/42

अचल चित्त त्यागी सब बंधन। मम रटना लागी रघुनन्दन।
नित्य मुक्त गहि अचल समाधी। सो मम रूप सुलभ सक साधी।।

8/13–14/43

नहि महत्व अन्तर में कोई। नित्य निरंतर मो में खोई ।
श्रद्धा प्रेम भाव निष्कामा। चित्त सदा लवलीन सुगामा।।

8/13–14/44

दोहा

अक्षर एक रूप को, ओंम् ब्रह्म उच्चार
चिन्तनरत तन त्यागहीं, पुरुष परम गति चार।

8/13–14/45

अनन्य चित्त थिर पुरुष जो, नित्य निरन्तर ध्यान।
सुमिरहिं ममयोगी वही, सहज सुलभ मम ज्ञान।

8/13–14/46

चौपाई

मोहि पाय जिन जन्म न धरहीं। तिन दुख रूप असार न तरहीं।
पावहिं पंथ विरक्त सकल जन। मोक्ष परम पद निर्विकार मन।।

8/15–16/47

योग सिद्धि मार्ग विभिन्ना। साध्य तत्व एक ही चिन्ना।
पुनरावर्ती लोक सकल सुख। जीवन्मुक्त नरोत्तम बहुमुख।।

8/15–16/48

ब्रह्म लोक मोहि पावहिं जोगी। कालातीत मुक्त सब भोगी ।
आदि अनादिहीन मोहि लोका। सो पुनिजन्म न धरहिं त्रिलोका।।

8/15–16/49

दोहा

परम सिद्धि पाए हुए, महात्मना मोहि पांय
पुनर्जन्म नहिं पांय फिर, दुःख सारे विलगांय।

8/15–16/50

पुनरावर्ती लोक सब, आवर्ती तेहि जान
पाते मुझको पुरूष जो, पुनर्जन्म नहिं मान।

8 / 15–16 / 51

चौपाई

ब्रह्म दिवस चतुर्युगी सहस्त्रा। यही अवधि ब्रह्मरात्रि प्रहस्त्रा।
ब्रह्म आयु शत दिन औ राता। जो जानइ तत्वज्ञ विधाता।।

8 / 17–18 / 52

विधि प्रभात माया गुण आनी। सृजहि चराचर सब जग जानी।
दिवस विगत रैनि तब जानी। सृष्टि लीन ब्रम्ह गति मानी।।

8 / 17–18 / 53

ब्रह्म उठहिं सर्ग उपजाई। सूक्ष्म शरीर सृष्टि प्रगटाई।
प्रलय काल ब्रह्मा जब सोबहिं। उसी सूक्ष्म में लीन हो खोवहिं।।

8 / 17–18 / 54

महाप्रलय शत आयु सुहाई। भगवद् लीन परमगति पाई ।
महासर्ग कालहि उपजाई। जानहि कोउ न काल गति भाई।।

8 / 17–18 / 55

सर्ग भूतगत बारम्बारहिं। पुनि लै होहिं महीप कुतारहिं।
परवश निशा निहारि पिलावहिं। ब्रह्म दिवस पुनि–पुनि प्रगटावहिं।।

8 / 19–20 / 56

प्रथम भाव अव्यक्त बखानहिं। भाव सनातन आन सुखानहिं ।
जो चर अचर बिना हिय जानी। अविनाशी तेहि तिन पहिचानी।

8 / 19–20 / 57

अव्यक्त ब्रह्म जड़ चेतन रूपा। चेतन तत्व श्रेष्ठ स्वरुपा।
सदा भाव पद शाश्वत जानी। व्यक्ताव्यक्त सनातन मानी।।

8 / 19–20 / 58

पुरूषोत्तम व्यापक जग जोई। अचल भक्ति आश्रित नर सोई।
जासु उदर मंदिर जग सारा। निवसहिं सृष्टि पाइ विस्तारा।।

8 / 19–20 / 59

दोहा

सोइ अक्षर अव्यक्त पर, जासु परमगति नाम
पाइ सनातन जाहि भव, मम पुनीत सोइ धाम।

8/19–20/60

सर्वश्रेष्ठ पुरुषो : परम, अविचल भक्ति महान
नित्य विराजे धाम नित, सर्वव्यापि पहिचान।

8/19–20/61

परमधाम आनन्दप्रद, चिन्मय रस गुणगान
सकल विविधता प्रकट जो, विस्तृत कृपा निधान।

8/19–20/62

सर्वव्याप्त माया विविध, अपरा–परा विधान
आध्यात्मिक भौतिक जगत, नित थित शक्ति महान।

8/21–22/63

चौपाई

योगीजन तजि तन जेहि काला। मोक्ष पाहि सदगतिहि विशाला।
जन्म लेहि त्यागहि जब देही। कालपंथ गति कहहुँ सनेही।।

8/21–22/64

अनन्यपुण्य शरणागत योगी। परम भक्त निज आनन्द भोगी।
भगवत धाम पधारहि नित–नित। पुनः वापसी न कबहूँ तित।।

8/23–24/65

अनल ज्योति दिव पक्ष उजेरहिं। उत्तर अयन छमास बसेरहिं।
चलहिं ब्रह्म गहि पथ सो प्रवीनहि। गहहिं ब्रह्मगति जन्म विहीनहिं।।

8/23–24/66

देव अधिष्ठाता जग सोई। अग्नि तेज दिन पक्ष सँजोई।
मृत्यु समय मन पंथहि लीन्हा। निर्विशेष शुभ कालहिं चीन्हा।।

8/25–26/67

धूम रात्रि कृष्ण पक्ष देवा। दक्षिणायन षट मासहिं सेवा।
योगी जन गहि मारग जावहिं। बहुरहिं स्वर्ग सुखहिं जग पावहिं।।

8/25–26/68

शुक्ल पक्ष पंथ प्राचीना। श्रुतिमत कहहिं अनादि प्रवीना।
जन्म विमुक्त प्रथम पथ जावहिं। चलि मग दूसर पुनि तन पावहिं।।
8/25–26/69

कर्म सकाय मोक्ष नहिं पावा। नित्य निरंतर आवा जावा।
कृष्ण शरण गहि ते नहिं पाई। अंधकार मारग अपनाई।।
8/25–26/70

वृहत् तत्व जानहिं हौ पंथा। नहिं मोहित योगी तेहि संता।
समत्व बुद्धि पारथ तू होजा। समदर्शी योगी सोइ हो जा।।
8/27/71

योगयुक्त भावमय प्रानी। अनासक्त वैराग्य सुहानी।
मार्ग सुनहु विचलित केहि हेतू। आत्मप्रयाण नित्य नव सेतू।।
8/27/72

साधन नित्य निरन्तर करहूँ। अविनाशी यह साधन करहूँ।
मोहित नहिं योगी कोई होई। मारण जानि पूर्णता सोई।।
8/27/73

षड्विकार युत भोगी जानो। भगवद्भजन शक्ति पहचानो।
काम, क्रोध, मद, लोभ अपारा। भजन एक प्रभु कटि षड्विकारा।।
8/27/74

योगी यति मुनि ध्यान लगावैं। ब्रह्मध्यान रत ब्रह्म ही पावैं।
क्षीण प्रकाश नाशि नहिं होवै। सकलकाल योग रत होवै।।
8/27/75

छन्द

जो पुण्य पावत, वेद गावत, यज्ञ फल नर पावहीं
तप दान दर्शन, काम कर्तन, निगमागम फल गावहीं।
जो जानि गागर, ज्ञान सागर, सकल उल्लंघन करहिं
पुनि आदिकारण, रूप धारण, अंत भारत पग धरहिं।

8/28/76

दोहा

यज्ञ दान, तप वेद शुचि, पावहिं पुण्य जो दाम
योगी पुरुष रहस्य सब, जानि परम नित धाम।

8/28/77

यज्ञ दान चिंतन सकल, महिमा–मण्डित प्रान
एक व्यक्ति शरणागति, ब्रह्मज्योति पहिचान।

8/28/78

छन्द

ओम् भगवद्गीता तत् सत् मीता, विद्याब्रह्म बिचारहीं
ब्रह्मास्त्रमय योगशस्त्रमय, जीव ब्रह्म उच्चारहीं
उपनिषद् जो गावा, ब्रह्म सुनावा, गीत पुनीत विचारहीं
जीवार्जुन आत्मा मय परमात्मा, परमानन्द प्रचारहीं ।

ओम् इति डॉ. रामवीर सिह कुशवाह 'पथिक' कृत
श्रीमद्भगवद्गीतामृत गीतयोग नामक ग्रन्थ का भगवत्–प्राप्ति अक्षर ब्रह्मयोग नामक
आठवां अध्याय समाप्त हुआ।

❉ ❉❉

ॐ गुं गुरुभ्यो नमः । ॐ गं गणेशाय नमः । ॐ श्री परमात्मने नमः।

श्रीमद्‌भगवद्‌गीतामृत गीतयोग

अध्याय - नौ

राजविद्या-राजगुह्य योग

(परम गुप्त ज्ञान)

अध्याय एक से छः तक भगवान् ने योग का क्रमबद्ध विश्लेषण करते हुए यज्ञ की प्रक्रिया को स्पष्ट किया। यज्ञ उस परम में प्रवेश दिला देने वाली आराधना की विधि–विशेष का चित्रण है, जिसमें हवन्–सामग्री के रूप में समस्त चराचर जगत है। मन का निरोध होने तथा इस निरुद्ध मन के भी विलयकाल में वह अमृततत्व विदित हो जाता है। पूर्तिकाल में यज्ञ जिसकी सृष्टि करता है, उसको पान करने वाला ज्ञानी है, जो सनातन ब्रह्म में प्रवेश पा जाता है। आत्मा का परमात्मा से मिलन ही 'योग' है, इस यज्ञ को कामरूप देना 'कर्म' कहलाता है। सातवें अध्याय में भगवान् ने बताया कि इस कर्म को करने वाले षड़ैश्वर्य (व्याप्त ब्रह्म, सम्पूर्ण कर्म, सम्पूर्ण अध्यात्म, सम्पूर्ण अधिदैव, अधिभूत और अधियज्ञ) सहित मुझको जानते हैं। आठवें अध्याय में बताया :–इस योग में प्रविष्ट पुरुष की दो गतियाँ हैं–षैड़श्वर्य सम्पन्न ऊर्ध्वरेता परमगति को प्राप्त होता है। यदि उस योगकर्त्ता में लेशमात्र भी कमी है, ऐसी अवस्था में ही शरीर का क्षय होने, इसका समय समाप्त होने वाले योगी को जन्म लेना पड़ता है। तब वह योग भ्रष्ट सामान्य जीव की तरह जन्म–मरण के चक्कर में न फँसते हुए उससे आगे की साधना पूरी करता है। अगले जन्म में योग–पथ पर चलते हुए परमधाम को पहुँच जाता है। इस योग का थोड़ा सा भी साधन जन्म–मरण के महान भय से उद्धार करके ही छोड़ता है। दोनों मार्ग शाश्वत् हैं, अमिट हैं–इस बात को समझकर कोई भी पुरुष

योग–पथ से विचलित (चलायमान) नहीं होता। अतः भगवान् कहते हैं कि अर्जुन! तू योगी बन और अव्यक्त, अक्षय, अक्षर नामों से जानी जाने वाली परमगति को प्राप्त कर जिसका कभी क्षय (विनाश) नहीं होता। इस अध्याय में योगेश्वर बताते हैं कि योगायुक्त पुरुष का ऐश्वर्य कैसा है? सबमें व्याप्त रहने पर भी वह कैसे निर्लेप है? सब करते हुए भी कैसे अकर्त्ता है? उस शाश्वत् अविनाशी पूर्ण पुरुष के स्वभाव पर प्रकाश डालते हुए इस योग को अपने आचरण में ढालने पर बल दिया, साथ ही मार्ग में आने वाली देवादिक विघ्नों से सतर्क किया और उस परमपुरुष के शरण होने पर बल दिया। भगवान कहते हैं कि ईश्वर–भक्ति के माध्यम से मनुष्य रूपी जीव का परमात्मा से शाश्वत सम्बन्ध है जो शुद्ध भक्ति से जागृत हो जाता है और जीव को परमधाम वापस ले जाता है। सभी मनुष्य भगवत्प्राप्ति के अधिकारी हैं, चाहे वे किसी भी वर्ण, आश्रम, सम्प्रदाय, देश, काल, वेश, आदि के क्यों न हों। वे सभी भगवद्कृपा से भगवान का आश्रय लेकर भगवान को प्राप्त कर सकते हैं। यह विज्ञान सहित ज्ञान सम्पूर्ण विद्याओं का राजा है अर्थात् निश्चित कल्याण करने वाला है। दुःख के संयोग का वियोग ही योग है। परमात्मा की प्राप्ति ही योग की पराकाष्टा है। विवेकीजन मन के निरोध के लिए अधर्म का परित्याग कर धर्म में प्रवृत्त हो जाते हैं। निरूद्ध मन का भी विलय हो जाने पर युगों के साथ–साथ कल्प का भी अंत हो जाता है। पूर्णता में प्रवेश हिलाकर कल्प भी शांत हो जाता है। यही 'प्रलय' है, जब प्रकृति पुरूष में विलीन हो जाती है। तब महापुरूष की जो रहनी है, वही उसकी प्रकृति अर्थात् उसका स्वभाव है। जो मेरा अनन्य भक्त है, मैं उसमें हूँ वह मुझमें है, वही धार्मिक है।

श्री भगवान उवाच

दोहा

हे पुरुषोतम जगत महँ, कहहुँ अध्यातम रूप
कर्म कहहुँ अधिभूत को, काह अधिदेव स्वरूप।

9/1–2/1

दोषदृष्टि बिनु परंतप, सुनहुँ ज्ञान विज्ञान
गुप्त रहस्य असूय बिनु, मुक्त होइ दुख ज्ञान।

9/1–2/2

ब्रह्म ज्ञान अति गुह्तम, पावन अति सुख धाम
प्रगट धर्म–फल सुखकर, साधन सुगम सुनाम।

9/1–2/3

ईश जगत कारण महा, दृढ़ता से यह मान
बुद्धि तत्व महिमा यही, ज्ञान इसे ही जान।

9/1–2/4

ईश सिवाय कारण नहीं, कार्य कारण विज्ञान
अनुभवजन्य महानतम, सोहि महकारण जान।

9/1–2/5

मुक्त अशुभ से होना ही, लक्ष्य यही यह जान
नहिं अभाव परिणाम में, दिव्य ज्ञान पहिचान।

9/1–2/6

चौपाई

श्रद्धारहित तत्व नर सोई। अस जन मोहि न पावहिं कोई।
विचरहिं बहुबिधि सोइ संसारा। धरहिं देह जन्म मृत्यु अपारा।।

9/3–4/7

मम मूरति अव्यक्त प्रचारा। थिर संकल्प अचार विचारा।
मम हिय मध्य स्थिति जग जाना। मोरि न कोइ स्थिति पहिचाना।।

9/3–4/8

विज्ञान सहित ज्ञान तुम जानो। धर्म तत्व नित ही पहिचानो।
श्रेष्ठ अतीव सबल फल पावा। सर्वोपरि शुभ विद्या लाभा।।

9/3–4/9

अव्यक्त स्वरुप व्याप्त सब जीवा। योग दृष्टि अवलोकि सजीवा।
जीवन्मुक्त भक्त दृगलोचन। वासुदेव सर्वम भव मोचन ।।

9/3–4/10

पुनि मम भूत समूह निवासा। लखि मम योग प्रभाव प्रकासा।
जगत जनक पालित जग कर्ता। धरा धरण धारण नित भर्ता।।

9/5–6/11

प्रबल मरुत जग गति सब जाहीं। नभ–मण्डल थिति सदा सदाहीं।
तैसेहिं जगत चराचर नाना। मम उर बसहुँ मध्य नित प्राना।।

9/5–6/12

मम अरु मम मन नहिं कछु भेदा। भौतिक जग मन स्वयं विभेदा।
भिन्न भूत भौतिक जग देखहुँ । सकल जगत मम आश्रित लेखहुँ।।

9/5–6/13

रचित पदारथ शक्ति हमारी। टिके होइ मम पृथक विकारी।
धारण कर्ता भूत–भृत भर्ता। पालक सृजक भूत भव हर्ता।।

9/5–6/14

स्पर्श करहुँ नहिं सृष्टि मुरारी। धारहुँ पालहुँ जग त्रिपुरारी।
पवन सदा थित नभ में होई। सकल जीव मम हृदय सँजोई।।

9/5–6/15

प्रलयकाल भूत लवलीना। पाय प्रकृति मोरे भय छीना।
सृष्टि काल पुनि रचहुँ बहोरी। भूत समूह नूत पुरजोरी।।

9/7–10/16

बार–बार संग माया खेवहिं। भूत ग्राम सिरजौं नित सेवहिं।
त्रिगुणमयी मायावश सारा। कर्म अनुसार रचहुँ संसारा।।

9/7–10/17

कल्पक्षये ईश्वर में लीना। कल्प आदि पुनि रचहुँ कुलीना।
परवश प्रकृति होइ सो जन्महिं। महासर्ग सोइ सब सोइ तन्महिं।।

9/7–10/18

प्रलयपूर्व इच्छा जो जोई। तदनुसार जन्महुँ सो सोई।
प्रकृति संग सम्बन्ध जो छोड़ी। कबहुँ नहीं जन्मेहिं जग मोड़ी।।

9/7–10/19

जगत रचत पालत बहु बारा। लय पुनि करत अनेक प्रकारा।
कामाशक्तिहीन मोहि चीन्हा। उदासीन बन्धन बिनु कीन्हा।।
9/7–10/20

गहि मम शरण अलौकिक माया। बिबिध रचे ब्रह्माण्ड निकाया।
तेहि कारन प्रगटे बहुबारा। चक्र चराचर अद्भुत न्यारा।।
9/7–10/21

दोहा

कामासक्त नर अहं वश, बँधहिं कर्म बन्धान
उदासीन आसक्त नहिं, महासर्ग संधान।
9/7–10/22

जग रचना भगवान करि, ईश–महीश महान
ब्रह्माण्ड अखण्ड रचहिं बहु, विनशें प्रलय जहान।
9/7–10/23

नित्य निरंतर स्वयं थित, परमेश्वर जग प्रान
स्वतः सिद्ध हैं प्रान एक, नित्य प्रेम पहिचान।
9/7–10/24

भूतेश्वर मम रूप नहिं, मूढ़ न जानेहुँ मोय
बिनु जानेउ मम भाव सब, बिहँसि देह नर सोय।
9/11–12/25

तिन्हके वृथा कर्म सब, ज्ञान विकार महान
मित्थ्या आस औं असुरपन, मायाचित्त जहान।
9/11–12/26

अविवेकी सोइ नर सकल, प्रकृति मोहनी मान
काम प्रधान विकारयुत, आसुरि असत निशान।
9/11–12/27

मूढ़ प्रधान विमोह रत, आसुरि–सम्पदा विभाग
काम क्रोध सम्मोह सब, मूर्ख लोभ सम्भाग।
9/11–12/28

चौपाई

महापुरुष गुणवान अचल मन। भजहि सदा मम आश्रित सब जन।
सदाभूत अनुमान सनातन। सहित दैव–सम्पत्ति पुरातन।।
9/13–14/29

जानहिं अक्षर सोइ अविनाशी। अनन्य–युक्त मन भज नित काशी।
नित्ययुक्त दृढ़वृत्ती भक्तजन। नित्य निरंतर भजन शांत मन।।

9/13–14/30

सकल क्रिया परमारथ हेतू। नित्य तत्व साधक सब सेतू।
अनन्य भक्त उपासहिं नित्या। सदा ध्यान मन मोर अनित्या।।

9/13–14/31

बारम्बार प्रणाम प्रणामी। सत् अविनाशी नाम सुनामी।
दैवीयगुण सम्पति सो जानी। नित्य ईश जगदीश सुजानी।।

9/13–14/32

ज्ञानयज्ञ भावहिं करि पूजा। भजहिं अभेद एक लखि पूजा।
वासुदेव सब कुछ ही भाई। पूजहिं अपर स्वरूपहिं साई।।

9/15–18/33

कोइ भजि भेद सहित मम रूपा। स्वामी सेवक भाव स्वरूपा।
यज्ञ–कृतु रहँ श्रुति मुनि मानहुँ। स्वधा अन्न औषधि पहिचानहुँ।।

9/15–18/34

मंत्र अनल घृत मै ही दाहक। हवन क्रिया आहुति मैं पावक।
वैदिक कर्मकाण्ड सब मै हूँ। भावयुक्त यज्ञ मैं ही हूँ।।

9/15–18/35

ज्ञानयज्ञ एकीभाव प्रधाना। कर्मयोगी सेवक निज माना।
तन मन धन सेवा रत रहहीं। भगवत्कृपा पूर्णता गहहीं।।

9/15–18/36

मैं ही नित्य जगत पितु माता। पिता पितामह सृष्टि विधाता।
ओंमकार ऋक् भजु श्रुति सामा। वेद प्रमाण ज्ञेय सब नामा।।

9/15–18/37

गति भरता प्रभु लोचन हारी। जगत निवास मित्र उपकारी।
प्रति उपकार कबहुँ नहिं चाहहुँ। सर्व शुभाशुभ कारण गाहहुँ।।

9/15–18/38

प्रलय प्रभव रखवारि प्रधाना। अव्यय बीज स्वरूप निधाना।
सकल स्थावर जंगम प्रानी। जड़ चेतन धाता सब मानी।।

9/15–18/39

बारम्बार अवतरहुँ धारहुँ। विश्व विधाता पालहुँ मारहुँ।
सर्वोपरि गति भरता साक्षी। जीव स्वरूप सुहृद् मति भाक्षी।।
9/15–18/40

उपादान कारण निमित्त अरु। स्थान निधान बीज प्रवृत्त करु।
उदित होइ जग मोहि में लीना। प्रलय प्रभव मम कर्म कुलीना।।
9/15–18/41

सूर्य रूप तपि जग सरसाऊँ। वृष्टि अनल अमृत बरसाऊँ।
सत् अरु असत् अपार असाऊँ। मैं पुनि पुनि नित मन हरषाऊँ।।
9/19–20/42

वेद नीति ज्ञाता अरु ज्ञानी। पीवहिं सोम विज्ञ श्रुति जानी।
पाय पुण्यफल भोग जे भोगहिं। दिव्य अलौकिक सुख जे लोगहिं।।
9/19–20/43

स्वर्ग इन्द्र लोकन्ह तेहि जावहिं। अति धन पूजन अति सुख पावहिं।
विद्युत सूर्य प्रकाश विखेरहिं। सकल शक्ति अभिव्यक्ति निखेरहिं।।
9/19–20/44

सकल पदारथ जेहि जग माहीं। कृष्ण रूप दर्शन तेहि पाहीं।
सूत वस्त्र सूत चहुँ ओरा। व्यक्ति वस्तु क्रिया सब मोरा।।
9/19–20/45

'वासुदेव सर्वम्' मोहि जानी। नित्य अनित्य मोहि पहिचानी।
त्रैविद्या सकाम भजि प्रानी। दिव्य भोग भोगहिं गति जानी।।
9/19–20/46

पुण्य क्षीण पुनि वापस आवा। आवागमन गतागत पावा।
यह विधि शोध विशुद्ध कहावा। उच्च लोक तप लोक नहावा।।
9/19–20/47

दोहा

सुर लोकन्ह सुख भोग करि, भोग भोगि सुख पाइ
नाश पुण्यफल अन्त जब, जन्म लेइ भुव आइ।
9/21–24/48

वेद विज्ञ आचरण सब, फल चाहन नर नारि
आवागमन गतागति, जन्म अनेक विचारि।
9/21–24/49

जे पुनि फल सब त्यागि के, भजहिं भक्त तजि भोग
आतम रत चित विमल तस, तासु क्षेय देहुँ योग।

9/21–24/50

त्रयी धर्म आश्रय गहहुँ, योग क्षेम नित पाय
चिन्तामुक्त विरक्त नर, सब संकल्प नशाय।

9/21–24/51

चौपाई

जे पुनि पूजन देवन देवी। श्रद्धा भक्ति सहित नित सेवी।
तेहि विधि रहित सहित अज्ञाना। मोहि भजौं नाना विधि जाना।।

9/21–24/52

मैं अकेल भोगहुँ यज्ञ सब। यज्ञपतिहिं मैं खेलहुँ जग तब।
ते मम तत्व स्वरूप न जानहिं। जे जग आवागमन भुलानहिं।।

9/21–24/53

अविधि पूर्वक कामना पूजा। देव पूजि हरि ज्ञान सो दूजा।
अर्थार्थी आर्त सोइ जानी। तेहि उदार भगवत पहिचानी।।

9/21–24/54

जेहि विधि पूजहिं देवन देवा। पूजक लाभ भावना सेवा।
मैं हूँ सब कुछ एक वसुदेवा। प्रकट अनेक रूप सहदेवा।।

9/21–24/55

पूजहिं देव भजहिं सुर लोका। पितर पूजि गति भगत त्रैलोका।
पूजहिं भूत भूतगति पावहिं। मम गति पाव अगम नित नावहिं।।

9/25–26/56

पुनर्जन्म नहिं जाकर होवहिं। पावहिं मोहि परम पद सोवहिं।
पत्र पुष्प जल भक्ति चढ़ावहिं। पत्रादिक उपहार बढ़ावहिं।।

9/25–26/57

भक्त देहिं नित शुद्ध चित्त मन। स्वीकारो तेहिं सगुण रूप जन।
देवोपासन नियम विधि सब। सामग्री बहु मंत्र चाहि तब।।

9/25–26/58

पत्र पुष्प फल जल ही चाहौं। प्रेमभाव अर्पण मुदिताहौं।
भगवत सकल भाव के भूखे। प्रेम सहित पावहिं सब रूखे।।

9/25–26/59

कर्म करहिं जे अन्न जल खावहिं। होम करहिं पुनि दान कमावहिं।
धर्माचरण स्वरूप रूप तप। मोहि समर्पहिं कर्म अर्प जप।।

9/27–28/60

यहि विधि अर्पण करहुँ शुभाशुभ। मुक्त कर्मफल बन्ध सदा शुभ।
गहि संन्यास योग विमल मन। जीवन्मुक्त पाय मुझको जन।।

9/27–28/61

क्रिया पदारथ जेहि जग माहीं। तेहिं आसक्ति जगे भल नाहीं।
खाद्य पदार्थ कर्म बहु नाना। यज्ञ ज्ञान तप बहु विधि दाना।।

9/27–28/62

सब कुछ अर्पित एक भगवाना। लौकिक परमार्थिक सजवाना।
सकल कर्म मर्म मोहिं अर्पहुँ। जीव स्वयं प्रभु हेतु समर्पहुँ।।

9/27–28/63

अंश ईश अभिन्नता लागी। स्वयं सिद्ध अनुभव नित जागी
कर्म शुभाशुभ बन्धनकारी। जन्मारम्भ शुभ कुन्दन धारी।।

9/27–28/64

दोहा

कर्म हवन जो भी करो, खाओ जो भी अन्न
करो समर्पित प्रभु को, दान करो सम्पन्न।

9/27–28/65

सकल शुभाशुभ कर्म जो, मम अर्पण मन प्रान
मुक्त होइ जग बन्ध से, योग मुक्त मन प्रान।

9/27–28/66

चौपाई

व्याप्त सकल भूत सचराचर। जगत मोहि नहिं प्रिय अप्रिय कर ।
जेहि भज मोहि भजहुँ मम चेरा। तिनकेहिं गत मम ते गत मेरा।।

9/29–30/67

अतिशय दुष्ट अधम आचारीं। भजहुँ अनन्य भाव सुविचारी।
सोइ सज्जन श्रुति संत बखानहुँ। निश्चय उत्तम तासु प्रमानहुँ।।

9/29–30/68

राग द्वेष पक्षपात विषमता। ईश्वर मानहुँ सब जग समता।
सूर्य किरण सब एक समाना। पकड़े जेहि प्रकटें तेहि जाना।।

9/29–30/69

सकल जीव मम अंश स्वरूपा। कबहुँ बिलग नहिं मो सों भूपा।
तदपि काहि सम विषम बिहारा। भक्ति अभक्ति हृदय अनुसारा।।

9/29–30/70

सुमति कुमति सबके उर बहहीं। रूप कुरूप भाव भव लहहीं।
नीति कुनीति अनीति दुराई। दृढ़ निश्चय करि भजि मोहि भाई।।

9/29–30/71

अनन्य भाव भजि दुर्गुणचारी। साधु समान स्वरूप विचारी।
प्रिय अप्रिय ना मेरा कोई। व्यापक मैं सम भाव सँजोई।।

9/29–30/72

दोहा

सुदुराचारी भजहि मोहिं, नित्य निरन्तर धीर
सम्यक् भाव में साधु वह, मानों उसे सुधीर।

9/29–30/73

धर्मात्मा वह शीघ्र होइ, परमशान्ति थित होय
विनशहिं नहीं कबहुँ वह, मोर भक्त जो जोइ।

9/31–32/74

नारि वैश्य अरु शूद्र जो, पाप योनि ही कोइ
शरणागत हों मम भजें, पाय परमगति सोइ।

9/31–32/75

चौपाई

धर्म शील ज्ञानी मोहि पावा। परमशांति नित सत्य जनावा।
धर्मात्मा क्षिप्रहिं सुर सारी। पाय परम गति मति अनुसारी ।।

9/31–32/76

मोर भक्त नाश जिन पावहिं। निश्चय निराधार सरसावहिं।
स्त्री वैश्य शूद्र सब काहू। पाप योनि अधयोनि लखाहू।।

9/31–32/77

होय मलिन मन तन सविकारा। शूद्र नीच आचार विचारा।
नित्य भरोस मोर मन जाकहुँ । नित्यानन्द मुक्ति नित हाकहुँ।।

9/31–32/78

मुक्ति रूप अभेद विभेदा। निर्विकार भव भेद सुभेदा।
कर्ता जैसेहि तस करि कर्मा। कर्तापन दृढ़ सम्यक् धर्मा।।

9/31–32/79

जीव भाव मिटि ब्रह्महिं पावा। ब्रह्म नित्य ही ब्रह्म सुहावा।
मिटै अहंता ज्ञानयोग सम। अहम न होय स्वरूप कबहुँ मम।।

9/31–32/80

कबहुँ और कर्तव्य न देखी। निज करतव पालहुँ नित लेखी।
कर्मयोग रत शुद्ध अहंता। भक्ति से परिवर्तित भगवन्ता।।

9/31–32/81

मैं भगवान का वे मम होई। अनन्य भाव भक्तन सो सोई।
ईशोन्मुख चलि भाव प्रधाना। जन्म नहीं कर्म पहिचाना।।

9/31–32/82

छन्द

होंय जो नित्य भक्त पुनि, सुनि विप्र सबै गुणखान हीं
लगि जाति जान सुजान पारथ, तब न अचरज मानहीं
दुख रूप लगिहि अनित्य तेहि, जेहि जगत नर तनु पावहीं
मोहिं भजि संताप तजि सब, नित्य ध्यान लगावहीं।

9/33/83

अनन्य भाक् अनन्य प्रेम, अनन्यता नितलीन मन
निष्काम भाव स्वभाव गुण, प्रभाव भजन भजावहीं।
शंख चक्र किरीट कुण्डल, पीत भूषण भावहीं।
कौस्तुम्भ मणि धारी प्रभो, बलबीर तन मन बार हीं।

9/33/84

ऐश्वर्य बल माधुर्य सब सौन्दर्य गुण सम्पन्न प्रभु
आश्रय सकल भव विकल धीर गम्भीर प्रभु नित भावहीं
नित भक्तियुत प्रमाण नित्य नमामि एकीभाव नित
गहि शरण मोरी भरण भाव, सुहृद् आत्म–दिखावहीं।

9/33/85

चौपाई

ब्राह्मण क्षत्रि भगत मम ओरा। पुण्यात्मा राजर्षि चकोरा।
मम पद भक्ति परमगति पावा। नहिं संशय कछु चित्त न लावा।।

9/33/86

द्विज सुतीक्षण सो पुण्यात्मा। लखन राम सिय लख परमात्मा
अम्बरीष राजर्षि विराजे। भक्त ध्यान करे मोहि साजे।।

9/33/87

भजन मोर धर्मात्मा होवहिं। परमशांति गहि दुर्मति खोवहिं।
पारथ जानहुँ गहि दृढ़ आशा। बिनशहिं नहिं मम भक्त प्रकाशा।।

9/33/88

क्षण भंगुर मानव तन पावा। पारथ भजु मम नित नित गावा।
पुण्यशील विप्र जन राजा। भक्त परम मम पावहिं खाजा।।

9/33/89

विनय करहुँ कर जोरि अपावन। शरण हुआ प्रभु पावन पावन।
विनय भाव से दण्ड प्रनामा। बारम्बारि नमामि नमामा।।

9/34/90

दोहा

भक्ति मोरि नित चिन्तन, नित पूजन मन मोर
मोर परायण मुक्ति चित, शुभ गति चित्त चकोर।

9/34/91

बारम्बार प्रणाम करि, नित नूतन जगदीश
करहिं दण्डवत् नित्य नित, आत्मरूप दृग ईश

9/34/92

नित्य निरन्तर भजहुँ मोहि, नमहुँ पूजि धरि धीर।
पूर्णरूप तल्लीन मम, निश्चय पाव सुधीर।

9/34/93

मोर उपासक लीन मन, अचल अभिन्न अबीर
आत्मलीन गुण भाव एक, मोर परायण वीर।

9/34/94

अनन्य प्रेम मन ओर मन, नित्य–निरन्तर भाव
श्रद्धा भक्ति स्वभाव गहिं, नमस्कार गुण गाव।

9/34/95

शरणमोर जो आवहीं, मुझ में एकी भाव
आत्म तत्व में लीन वे, मन वाणी सद्भाव।

9/34/96

नमस्कार है आत्म को, आत्मतत्व गुणमान
परम प्रतापी वीर को, बारम्बार प्रणाम।

9/34/97

छन्द

ओम् भगवद्गीता तत् सत् मीता, विद्याब्रह्म बिचारहीं
ब्रह्मास्त्रमय योगशस्त्रमय, जीव ब्रह्म उच्चारहीं
उपनिषद् जो गावा, ब्रह्म सुनावा, गीत पुनीत विचारहीं
जीवार्जुन आत्मा मय परमात्मा, परमानन्द प्रचारहीं ।

ओम् इति डॉ. रामवीर सिह कुशवाह 'पथिक' कृत
श्रीमद्भगवद्गीतामृत गीतयोग नामक ग्रन्थ का अक्षर ब्रह्मयोग
(राजविद्या राज गुह्य योग) नामक
नवमाँ अध्याय समाप्त हुआ।

❋ ❋❋

ॐ गुं गुरुभ्यो नमः । ॐ गं गणेशाय नमः । ॐ श्री परमात्मने नमः।

श्रीमद्भगवद्गीतामृत गीतयोग

अध्याय - दसवाँ

श्री भगवान का ऐश्वर्य

(विभूतियोग)

अध्याय नौ में भगवान् ने गुप्त राजविद्या का चित्रण करते हुए बताया कि यह ज्ञान सम्पूर्ण विद्याओं का राजा है। वस्तुतः विद्या वह है जो परब्रह्म में प्रवेश दिलाए। यह ज्ञान उसका भी राजा (अर्थात् निश्चित ही कल्याण करने वाला) है। यह गोपनीयों से भी गोपनीय वस्तुओं को भी प्रत्यक्ष करने वाला, प्रत्यक्ष फलवाला, साधन करने में सुगम और अविनाशी है। भगवान् कहते हैं दुःख के संयोग का वियोग ही योग है और परमात्मा की प्राप्ति योग की पराकाष्ठा है। प्रकृति के दो भेद विद्या और अविद्या हैं। विद्या जगत् की रचना करती है जिसमें प्रभु ही प्रेरक बनकर कार्य कराते हैं। अविद्या दुष्ट है, दुःखरूप है जिससे विवश हो जीव भव–कूप में पड़ा है। अविद्या से प्रेरित होकर जीव काल, कर्म, स्वभाव और गुण के घेरे में आ जाता है। अतः इस अविद्या को तू ज्ञान की तलवार से काट, भगवद् भजन में लग जा। इस भजन का प्रारम्भ होना ही कल्प का प्रारम्भ तथा भजन की पराकाष्ठा ही कल्प का अन्त कहा जाता है। जब यह कल्प भव–योग से पूर्ण नीरोग बनाकर शाश्वत् ब्रह्म में प्रवेश दिला देता है, उस प्रवेशकाल में योग मेरी रहनी और मेरे स्वरूप को प्राप्त होता है। प्राप्ति के पश्चात् महापुरुष की रहनी ही उसकी प्रकृति होती है।

भगवान् कहते हैं कि दुनियाँ के सब प्राणी मेरे हैं; परन्तु मुझे किसी भी प्राणी से न राग है, न द्वेष। मैं तटस्थ हूँ। किन्तु जो मेरे अनन्य भक्त हैं, मैं उसमें हूँ, वे मुझमें हैं। अत्यन्त दुराचारी, जघन्यतम पापी भी

अनन्य–श्रद्धा–भक्ति से मुझे भजकर साधु बन जाता है, धार्मिक हो जाता है। धार्मिक वह है जो मुझ एक परमात्मा का सुमिरन करता है। अतः अर्जुन! तू इस सुखरहित, क्षणभंगुर किन्तु दुर्लभ मनुष्य शरीर को पाकर मेरा भजन कर, निरन्तर मुझमें ही मनवाला हो, निरन्तर नमस्कार कर। इस प्रकार मेरी शरण में आया हुआ तू मुझे ही प्राप्त होगा, जहाँ से पीछे लौटकर नहीं आना पड़ेगा। यह राजविद्या एक बार जागृत होने पर निश्चित ही कल्याण करती है।

इस अध्याय में भगवान् पुनः कहते हैं–महाबाहु अर्जुन! मेरे परम रहस्य युक्त वचन को पुनः सुन। इस पुनरोक्ति की क्या आवश्यकता है? यह स्वाभाविक प्रश्न हो सकता है। वस्तुतः साधक को पूर्तिपर्यन्त खतरा निरन्तर बना रहता है। ज्यों–ज्यों वह स्वरूप में ढलता जाता है, प्रकृति–आवरण सूक्ष्म होते जाते हैं, नए–नए दृष्य आते जाते हैं। उसकी जानकारी महापुरुष ही निरन्तर देते हुए साधक का पथ–प्रदर्शन करते रहते हैं, साधक को साधन–पथ से फिसलने, लड़खड़ाने नहीं देते, स्वरूप की उपलब्धि करा देते हैं।

भगवान कहते हैं कि ऐश्वर्य, बल, सौन्दर्य, उत्कृष्टता, महत्ता, विशेषता, अलौकिकता दिव्यता, भव्यता, आदि प्रदर्शित करने वाली समस्त घटनाएँ मुझ एकमात्र परमात्मा की असीम शक्तियों व ऐश्वर्य की आंशिक अभिव्यक्तियाँ मात्र हैं। अतः वहाँ मात्र मुझ भगवान का ही चिंतन होना चाहिए, उस व्यक्ति, वस्तु आदि का नहीं। यही यहाँ इस अध्याय में भगवान द्वारा अपनी इक्यासी विभूतियों के वर्णन का तात्पर्य है। भगवान कहते हैं कि बुद्धि, ज्ञान, असंमूढ़ता, इन्द्रियों का दमन, मन का शमन, दान, तप, संतोष, कीर्ति के भाव, आदि दैवीय सम्पद के लक्षण मेरी ही देन हैं। इस संसार में जो कुछ भी तेज और ऐश्वर्ययुक्त वस्तुएं हैं; वह सब मेरे तेज के अंश मात्र में स्थित हैं। इस अध्याय में भगवान श्रीकृष्ण ने अपनी विभूतियों की मात्र भौतिक जानकारी दी, जिससे अर्जुन की श्रद्धा सब ओर से सिमट कर एक इष्ट में लग जाए।

श्री भगवान उवाच

दोहा

परमरहस्य प्रभावयुत, वचन श्रवण हित काम्य
महाबाहु अति प्रीति लखि, परम हितैषी धाम्य।

10/1–2/1

हे कुरुनन्दन बाहुबलि, सुनि उत्तम सुविचार
अतिशय प्रीति निरखि तब, हित लखि परम तुम्हार।

10/1–2/2

मम प्रभाव नहिं देवगण, लखहिं न ऋषि गण कोय
आदिकरण मम सकल विधि, सबका कारण सोय।

10/1–2/3

सकल भाव उपजैं मम, मूल भूत मोहि जान
कार्यलीन निज कारण, जानि मर्म नहिं ज्ञान।

10/1–2/4

आदि अंत अरु मध्य युत, तन अव्ययी शरीर
देव अनादि अनन्त बुधि, केहि जाने मोहि धीर।

10/1–2/5

महा ईश जगदीश मोहि, जानहुँ नित्य अनित्य
बुद्धि ससीम असीम को, मम विभूति नित नित्य।

10/1–2/6

चौपाई

अज अनादि मम रूप जे जानहिं। लोक महेश सकल बिधि मानहिं।
सोइ अजन्म ज्ञानी नर माना। मुक्ति पाय अध परिहर नाना।।

10/3–4/7

शम दम सत्य क्षमा अरु ज्ञाना। सुख दुख असम्मोह बलवाना।
उद्भव बुद्धि विनाश विकारा। भय अरु अभय अनेक प्रकारा।।

10/3–4/8

संतोष सम तप दान अहिंसा। कीरति अपकीरति जेहि मंशा।
नाना भाव विधान विधाना। सकल प्राणि प्रकटौं सब ज्ञाना।।

10/5–6/9

प्रथम चारि सनकादिक ज्ञानी। मनु दस सात सप्तऋषि मानी।
संतति लोक प्रजा उदि होई। प्रगट प्रभाव मोरि गति सोई।।

10/5–6/10

मम विभूति विस्तार निहारहुँ। मम प्रभाव सब योग विहारहुँ।
प्राणी अचल योग गति पावहिं। संशय रहित वाणि मम जावहिं।।

10/7–8/11

मैं वसुदेव जगत का कारण। सकल चेष्ट सब दुक्ख निवारण।
श्रद्धा भक्त्ति युक्त सब प्रानी। मोहि भजहिं समझि नित ज्ञानी।।

10/7–8/12

समता युत सामर्थ सुहाई। भइ निष्काम योग तब पाई।
शक्ति–क्षय होइ काम जब आई। संचय शक्ति निष्काम सुहाई।।

10/7–8/13

सकल विभूति योग तत्व ज्ञानी। अविचल भक्ति युक्त सोइ ज्ञानी।
भाव आचरण क्रिया विलोकी। साधक दृष्टि ईश अवलोकी।।

10/7–8/14

अर्पण करे मोहि मन प्राना। मम उपदेश सुदेश सुजाना।
सोइ संतोष परम सुख लेवहिं। बोध प्रबोध सकल सुख देवहिं।।

10/9–10/15

जे मम भजन निरन्तर करहीं। प्रेमलीन ध्यान नित धरहीं।
ज्ञान योग जेहि करहुँ प्रधाना। जेइ बल तत्व रूप मम जाना।।

10/9–10/16

जे मम चित्त भक्त मम जाना। मद्गत प्राण मोहि पहिचाना।
नित्य तुष्टि संतुष्टि ते पावहिं। साधक क्रिया भाव बहु भावहिं।।

10/9–10/17

भगवत्भाव आदान प्रदाना। नित्य समत्व योग लुभाना।
भाव विलक्षण दीपक जानी। नाशें तम रमन्ति नित ज्ञानी।।

10/9–10/18

दोहा

तेइ हित मैं उर उत्तर, प्रकटौ ज्ञान प्रदीप
जेइ बल अज्ञानज जगत, जम हर प्रकटैं दीप।

10/11/19

भक्त विमुक्त हृदय नहिं, मुक्ति रूप अभिलाष
ज्ञान और वैराग्य सुत, भक्ति में करहिं निवास।

10/11/20

अनन्य भाव जे भजहिं नित, समता पायँ विराग
योग क्षेम मैं वहन करि, बोध स्वरूप सुराग।

10/11/21

अर्जुन उचाव

दोहा

ब्रह्म परम पर धाम प्रभु, आदि देव गुणखान
दिव्य पुरुष अज देव जन, अति पवित्र ऋषि प्रान।

10/12/22

छन्द

मस्तक में नभ बाहु धरा, लोक नीति उदर थिति व्यापहिं
आदि सनातन पुरुष दिव्य, रचि सकल प्राणि नित थापहिं।
सकल लोक उपजैं रचि प्रानि भाव सकल जानै गुण ज्ञानहिं
देव देवता भूप सेवता, परम पुरातन दिव्य सुजानहिं।

10/12/23

भूत भविष्य हविष्य स्वरूप, तपादिक रूप सुनावहिं
तप नित पूजा काम न दूजा, शुद्ध भाव अन्तर पहिचानहिं।
प्रेम परायण भक्त नरायण तत्व बोध सुबोध सुजानहिं
भक्ति जो आवहिं निज सुत लावहिं ज्ञान विराग भुजानहिं।

10/12/24

दोहा

हे परमधाम पवित्र प्रभु, हे! परमसत्य महान
नित्य शाश्वत दिव्यप्रेमी, हे ध्येय धीरज ज्ञान।

10/12/25

चौपाई

देवल असित व्यास मुनि नारद। देव सकल ऋषि ब्रम्ह विशारद।
तेहि सन कहहिं रूप तब प्यारा। श्रीमुख वरण स्वयं नर न्यारा।।

10/13–14/26

केशव रूप कहेउ शुभ देखा। सत्य प्रमान मानि तेहि लेखा।
प्रभु प्रभाव देव नहिं जानहिं। दानव तब लीला नहिं मानहिं।।

10/13–14/27

ईश्वरों के परमेश्वर जानी। दिव्यपुरुष शाश्वत पहिचानी।
देव महर्षि आदिदेव प्रभु। असम्मूढ़ अव्यक्त रूप बिभु।।

10/13–14/28

ब्रह्मा विष्णु महेश स्वरूपा। उद्‌भव सृष्टि सँहारहिं भूपा।
शक्ति–सामर्थ्य सुबुद्धि विवेका। प्रकृति अतीत ईश केहि देखा।।

10/13–14/29

त्याग अनन्य भाव तप जागी। निर्मल अंतर प्रभु सन लागी।
प्रभु की कृपा होइ तब जानहुँ । शरणागत प्रभु'गुण पहिचानहुँ।।

10/13–14/30

सत्य एक प्रभु केशव वानी। दानव देव न निज मुख जानी।
हे प्रभु सत्य कहा जो मानहुँ। पूर्णसत्य प्रभु वचन सुजानहुँ।।

10/13–14/31

हे भूतेश देवाधिपति देवा। जगपति पुरुषोत्तम प्रभु सेवा।
तब बल दिव्यरूप प्रभुताई। जानहुँ आपु स्वरूप सुहाई।।

10/15–16/32

गहि जेहि देव विभूति अपारा। धारहुँ जगत सकल संसारा।
तुम प्रभु सब समरथ पहिचानहुँ। मम हित नाथ विभूति बखानहुँ।।

10/15–16/33

ज्ञान विभूति आस दृढ़ होई। मानव मन स्वभाव खिंचि सोई।
सकल भूत जग भोग विशेषा। दिव्य विभूति विशेष विशेषा।।

10/15–16/34

निज संकल्प उपजि भूतेषा। पंचदेव पुरुषोत्तम पोषा।
सकल लोक व्यापी थित होवहिं। दिव्य विभूति देव चित खोवहिं।।

10/15–16/35

दोहा

करहुँ कृपा विस्तार से, बरनहुँ दिव्य विभूति
सर्वव्याप्त स्वरूप थित, केहि बिधि गहि संभूति।

10/15–16/36

चौपाई

केहि विधि नाथ धरहुँ धरि ध्याना। जानेहुँ निज प्रभुता भगवाना।
योगेश्वर हे! केहि विधि जानहुँ। धरि चित चित्त भाव किन मानहुँ।।
10 / 17–18 / 37

अब निज योग कहहुँ विस्तारहुँ। बरनहुँ बहुरि विभूति विचारहुँ।
परिचिन्तन भाव भगवन्ता। उत्कण्ठा नित् नित् भव सन्ता।।
10 / 17–18 / 38

योग विभूति जनार्दन जानू। नित् चिन्तन अनन्यचित मानू।
योग शक्ति ऐश्वर्य प्रशंसा। सर्वव्यापि सर्वश अनुशंसा।।
10 / 17–18 / 39

कृष्ण रूप स्वरूप बखानहुँ। लीला दिव्य श्रवहुँ न थकानहुँ।
प्रभु मोहि अमृत वचन सुनावहुँ। सुनि तेहि नाथ न सुनत अघावहुँ।।
10 / 17–18 / 40

दोहा

अमृततुल्य आख्यान तब, सुनि कभि तृप्त न होइ
ज्यों ज्यों सुनि त्यों त्यों अथकि, शब्दामृत चखि सोइ।
10 / 17–18 / 41

श्री भगवान उचाव

चौपाई

दिव्य विभूति कहहुँ मैं प्रधाना। तब हित वरणि अनन्त बखाना।
मम विभूति विस्तार अपारा। जासु अमित कुरु श्रेष्ठ प्रकारा।।
10 / 19–20 / 42

मैं आतम सब हृदयमें बासा। नित्य निरंतर करहुँ निवासा।
आदि अंत सब भूत में रहहूँ। मध्य सदा सब काल मैं सहहूँ।।
10 / 19–20 / 43

इन्द्रिय विषय परमातम नाहीं। स्वयं ज्ञान स्वरूपहिं पाहीं।
सकल कामना मन महि त्यागी। स्वयं तुष्ट संतुष्ट सुभागी।।
10 / 19–20 / 44

शब्द अचिन्त्य शक्ति सुनि काना। इन्द्रिय मन बुधि लीन अज्ञाना।
लीन अविद्या शब्द जगावा। स्वयं स्वरूप शब्द भव भावा।।
10 / 19–20 / 45

आदि अंत अरु मध्य आत्मा। परमभूत पूर्ण परमात्मा।
करण निरपेक्ष होइ मम ज्ञाना। कान शब्द पकड़े विज्ञाना।।

10 / 19–20 / 46

आदिति सुनु विष्णू भगवाना। प्रभा मध्य आदित्य प्रधाना।
ज्योति किरण मारीच समीरा। तारागण मैं शशि मतिधीरा।।

10 / 21–22 / 47

सामवेद वेदहुँ मैं वेदहिं। इन्द्रिय मन इन्द्रहुँ मैं देवहिं।
भूतप्राणि चेतन तत्वेकहिं। ज्ञान शक्ति मम रूप विवेकहिं।।

10 / 21–22 / 48

द्वादस माह सोइ आदित्या। कार्तिक मास भानु ज्योतिष्या।
आदिति सुत बावन अवतारा। मरुत उन्चास तेज विस्तारा।।

10 / 21–22 / 49

सत्ताइस अधिपति नक्षत्र शशि। मन चेतन इन्द्र सोम वसि।
इन्द्रिय मन प्राणी सब भूता। ज्ञान शक्ति चेतन मम कूता।।

10 / 21–22 / 50

रुद्र एकादशशंकर जानहुँ। मोहिं सुर असुर कुबेरहिं मानहुँ।
अष्ट वसुहिं अनल बलवानहुँ। भूधर मध्य सुमेरु प्रधानहुँ।।

10 / 23–24 / 51

सकल पुरोहित पंडित ज्ञानी। तिन महँ देवगुरू मोहि जानी।
सेनापति कार्तिक मैं स्वामी। अचल सरोवर सागर नामी।।

10 / 23–24 / 52

दोहा

मैं भृगु सकल महर्षिगण, अक्षर मैं ओंमकार
यज्ञों में जपयज्ञ मैं, हिमगिरि अचल पुकार।

10 / 25–26 / 53

तरु समूह पीपल बनूँ, ऋषिगण नारद ज्ञान
गर्न्धर्वों में चित्ररथ, सिद्ध कपिल पहिचान।

10 / 25–26 / 54

चौपाई

उच्चश्रवा मम रूप कहावत। गजगण मानि मोहि एरावत।
नर समूह नरवर मैं नरपति। मानुष रूप जगत मैं जगपति।।

10 / 27 / 55

आयुध वज्र कठोर कठोरा। कामधेनु सब धेनु सठोरा।
कामरूप संतति उपजावा। सर्पराज वासुकि समझावा।।
10/28/56

जलचर अधिपति वरुण कहाऊ। शेषनाग फण नाग दिखाऊ।
पितरहुँ मानि अर्यमा स्वामी। शासन–नियम लीन यम नामी।।
10/29/57

गणना काल दैत्य प्रह्लादहिं। पशुपति सिंह गरुण खगराजहिं।
मानेहुँ मोहि सबहि नृप राखा। खग ही जानेहिं खग की भाषा।।
10/30/58

पावन पवन प्रलय मम रूपा। मैं श्रीराम शस्त्रधर भूपा।
मैं ही मगरमक्ष मय मीना। भागीरथी सरित सुश्रवीना।।
10/31/59

आदि अंत अरु मध्य जगत मैं। अध्यातम वेदान्त ब्रह्म मैं।
वाद विवाद वादगण जानहुँ। वेद्या महिं ब्रह्म विद्या मानहुँ।।
10/32/60

मैं अकार प्रथमाक्षर प्यारा। मैं ही द्वन्द्व समास में न्यारा।
महाकाल अक्षय मय धाता। मैं जग जगत निवास विधाता।।
10/33/61

मैं चर अचर मृत्यु विन शावहुँ। मैं उद्भव भावी प्रगटावहुँ।
मेघा धृति श्री सुमति सुवानी। कीर्ति वाकश्री क्षमा प्रमानी।।
10/34/62

ब्रह्ममास श्रुति गायन गावहिं। गायत्री मधि छंद सुनावहिं।
मार्ग शीर्ष सुखदायी मासा। ऋतु बसंत ऋतुराज सुखासा।।
10/35/63

वंचक बीच द्यूत मम रूपहिं। तेजस्वी महँ तेज अनूपहिं।
विजित जीत दृढ़ निश्चय माना। सात्विक महिं सत्वगुण जाना।।
10/36/64

वृष्टिवंश केशव वासुदेवा। तोर सखा पांडव कुल सेवा।
मुनिगण मध्य व्यास गुणखानी। ज्ञानवंत कवि शुक्र सो ज्ञानी।।
10/37–38/65

दमन शक्ति मैं दण्ड प्रधाना। नीति पुनीत जिगीषत जाना।
गुप्त भाव मौन अनुमाना। तत्व ज्ञानमय गुणगण खाना।।

10/37–38/66

उपादान जग मैं ही कारण। सकल बीज अव्यय जग धारण।
प्रकटै सृष्टि रूप उपजाए। नहिं व्यय होय यथावत पाए।।

10/39–42/67

जो कछु देखहुँ सुनहुँ जगत में। सर्व विशेष व्याप्त भगत में।
चर अरु अचर सकल सब भूता। मोर बिना नहिं पंथ पुनूता।।

10/39–42/68

सब कछु बाहर भीतर ब्यापा। मोर रूप प्रकटहुँ जग चापा।
विभूति अनन्त सूक्ष्म बखाना। बीज सनातन नूतन जाना।।

10/39–42/69

छन्द

अद्भुत पंथ विभूति मुनिहिं, कवि जासु न अंत बखान गुनिहिं
तेहिं कारन लखि विस्तार मही, कुरुनन्दन सार संक्षेप कहीं
श्रीमान स्वरूप प्रभाव धरहिं, बलवन्त परन्तप तेज भरहिं
जग क्रान्ति प्रशान्ति पदारथ जेहिं, मम तेजस अंश धरण उपजेहिं।

10/39–42/70

चौपाई

सकल भूत उद्भव मैं कारण। चर अक अचर सभी का चारण।
मैं सर्वत्र व्याप्त भगवंता। मैं सर्वज्ञ रूप सुनि संता।।

10/39–42/71

दिव्य विभूति अनेक अनन्ता। कुछ मैं कहीं अनुभूति तुरन्ता।
ऐश्वर्य कांति शक्ति युत रूपा। मम तेजस उपजहिं सोई भूपा।।

10/39–42/72

सब कुछ जानत देउ जनाई। अल्प ज्ञान सम्पूर्ण है भाई।
एक अंश धारउँ जगदीशा। सृष्टि पूर्ण मम थिति सुपुनीता।।

10/39–42/73

दोहा

अर्जुन बहुत जानि जिन, बहुरूपक यह ज्ञान
सर्व जगत मम अंश एक, व्यापहु पंथ सुजान।

10/39–42/74

सृष्टि अनन्त अनन्त मत, अन्तहीन गुण ज्ञान
ज्ञान द्वार नहिं बन्द होइ, पंथज्ञान पहिचान।

10/39–42/75

अनन्त असीम अगाध है, प्रकृति अतीत सुगन्ध
सकल विभूति तत्व एक, पहिचाने सोइ संत।

10/39–42/76

बुद्धि स्वामि जगदीश मैं, मैं ही गुण विज्ञान
वृहत् ज्ञान नहिं तत्व से, तत्व रूप मोहिं जान।

10/39–42/77

छन्द

ओम् भगवद्गीता तत् सत् मीता, विद्याब्रह्म बिचारहीं
ब्रह्मास्त्रमय योगशस्त्रमय, जीव ब्रह्म उच्चारहीं
उपनिषद् जो गावा, ब्रह्म सुनावा, गीत पुनीत विचारहीं
जीवार्जुन आत्मा मय परमात्मा, परमानन्द प्रचारहीं ।

ओम् इति डॉ. रामवीर सिह कुशवाह 'पथिक' कृत
श्रीमद्भगवद्गीतामृत गीतयोग नामक ग्रन्थ का भगवान का ऐश्वर्य
—विभूतियोग नामक
दसवाँ अध्याय समाप्त हुआ।

❄ ❄❄

भगवान की 81 विभूतियाँ

1. भगवान् विष्ण
2. मारीच
3. शशि (चन्द्र)
4. सामवेद
5. इन्द्र
6. चेतन–तत्व
7. विवेक
8. कार्तिक माह
9. वामन अवतार
10. उनन्चास मरुत
11. सत्ताइस अधिपति नक्षत्र
12. एकादश रुद्र
13. कुबेर
14. आठ वसु
15. सुमेरू पर्वत
16. देवगुरु
17. सेनापति कार्तिकेय
18. भृगु ऋषि
19. ओमकार अक्षर
20. जप यज्ञ
21. हिमालय पर्वत
22. पीपल वृक्ष
23. नारद ऋषि
24. चित्ररथ गन्धर्व
25. कपिल मुनि
26. उच्चद्रावा घोड़ा
27. एरावत हाथी
28. राजा
29. जगपति
30. वज्र
31. कामधेनु गाय
32. काम
33. वासुकि सर्प
34. वरुण (जलचराधिपति)
35. शेषनाग
36. अर्यमा (पितर)
37. महाकाल
38. प्रल्हाद (दैत्य)
39. सिंह (पशुपति)
40. गरुण (पक्षिराज)
41. प्रलय
42. श्रीराम
43. मगर
44. भागीरथी
45. ब्रह्म
46. वाद–विवाद
47. ब्रह्म–विद्या
48. प्रथम अक्षर "आकार"
49. द्वन्द्व समास
50. मेघा
51. कीर्ति
52. वाक्श्री
53. क्षमा
54. ब्रह्ममास
55. श्रुति गायन
56. गायत्रीछन्द
57. मार्गशीर्ष मास
58. वसंतऋतु
59. द्यूत (जुँआ)
60. सत्वगुण
61. वृष्टिवंश
62. केशव
63. व्यास
64. शुक्राचार्य
65. दण्ड
66. नीति
67. मौन (गुप्त भाव)
68. तत्व–ज्ञान
69. बीज
70. सृष्टि
71. सूर्य
72. तेज
73. बुद्धि
74. शक्ति
75. दान
76. तप
77. संतोष
78. श्रद्धा
79. राज विद्या
80. ज्ञान
81. सत्य

ॐ गुं गुरुभ्यो नमः। ॐ गं गणेशाय नमः। ॐ श्री परमात्मने नमः।

श्रीमद्भगवद्गीतामृत गीतयोग

अध्याय - ग्यारहवाँ

विश्वरूप दर्शन योग

अध्याय दस में भगवान् श्रीकृष्ण ने अपनी विभूतियों की बौद्धिक जानकारी दी, जिससे अर्जुन की श्रद्धा सब ओर से सिमटकर एक इष्ट में लग जाए। भगवान ने बताया कि साधनामयी प्रवृत्तियाँ मेरी ही प्रजा हैं, इनकी उत्पत्ति अपने से नहीं गुरु से होती है। जो इन विभूतियों को साक्षात् जान लेता है, वह निःसन्देह मुझमें एकीभाव से प्रवेश करने योग्य है। अर्जुन ने निवेदन किया कि भगवान्! आपकी वाणी सुनने से मेरा मोह नष्ट हो गया है, किन्तु आपने जो कहा, उसे प्रत्यक्ष देखना चाहता हूँ।

सामान्य दृष्टि से भगवान के दर्शन नहीं किये जा सकते। अतः भगवान कृपा करके अर्जुन (जीव) को दिव्य दृष्टि प्रदानकर उन्हें अपने विराट स्वरूप (विश्व रूप) का दर्शन कराते हैं। वे बतलाते हैं कि उनका सर्व आकर्षण मानव रूप ही ईश्वर का आदि रूप है। शुद्ध भक्ति के द्वारा ही जिसका दर्शन किया जा सकता है। भले ही दिव्य विश्व रूप को हम सब साधारण चक्षुओं से नहीं देख सकते, पर नेत्रों से दीखने वाले संसार को भगवद्स्वरूप मानकर अपना उद्धार तो कर ही सकते हैं। क्योंकि यह संसार भगवान से ही प्रकट हुआ है तथा अन्त में भगवान में ही समा जाएगा। भगवान ही सब कुछ हैं, भगवान ही सब कुछ बने हुए हैं। भगवान ही सकल ब्रह्माण्ड के कण–कण, अणु–अणु, परमाणु–परमाणु में हैं। सब जड़ जीव वस्तुएँ प्राणी आदि

सब भगवान ही हैं, भगवान की त्रिगुणमयी माया माया से उद्भूत हुई हैं। उनका यह विश्वरूपी विराट स्वरूप उनकी ही महान कृपा से देखा जा सकता है, अन्यथा इसे देखा जाना असम्भव है। यह अध्याय इस ग्रन्थ का विशिष्ट अध्याय कहा जाता है जिसमें हम परम दुर्लभ विश्वरूप दर्शनयोग की प्राप्ति करते हैं।

जो स्वयं योगी है और जिसमें दूसरों को भी योग प्रदान करने की क्षमता हो, जो योग का स्वामी हो, वही योगेश्वर कहलाता है। सर्वस्व का हरण करने वाला ही 'हरि' है, जो अपना स्वरूप देने में भी सक्षम है। भगवान् परमअक्षर अक्षय परमात्मा हैं, अविनाशी सनातन पुरुष हैं। प्राप्ति के पश्चात् महापुरुष भी उसी आत्म–भाव में स्थित होता है, तभी तो भगवान् और आत्मा एक ही लक्षण वाले हैं। भगवान् सम्पूर्ण विश्व में सर्वत्र अणु के रूप में व्याप्त हैं, अतः 'विष्णु' कहलाते हैं। वस्तुतः विकारों के अन्त के साथ परमात्मस्वरूप की स्थिति ही वास्तविक समृद्धि है, जो स्थिर सम्पत्ति है, जिसका कभी विनाश नहीं होता। यही राजयोग का परिणाम है।

भगवान् कहते हैं परमात्मा न स्वयं कुछ करता है, न कराता है, न संयोग ही जोड़ता है; परन्तु मोहवृत्ति के कारण लोग कहते हैं कि परमात्मा कराता है। अनुराग ही अर्जुन है, अनुरागी के लिए भगवान् सदैव खड़े हैं, उन्हीं के कर्त्ता हैं, रथी बन जाते हैं। वस्तुतः प्रकृति और उस परमात्मा पुरुष के बीच एक सीमा रेखा है। जब तक प्रकृति के परमाणुओं का दबाव अधिक रहता है, तब तक माया प्रेरणा देती है और जब साधक उससे ऊपर उठ जाता है, इष्ट, सद्गुरु अपना कर ईश्वर के कार्यक्षेत्र में प्रवेश प्राप्त कर लेता है उसके बाद हृदय से रथी हो जाता है, आत्मा से जाग्रत होकर उस अनुरागी साधक का स्वयं पथ–संचालन करने लग जाता है। साधक तो निमित्तमात्र होकर उनके संकेतों और आदेशों पर चलता भर रहता है। ऐसे अनुरागी के लिए ईश्वर अपनी दृष्टि से देखता है, दिखाता है और अपने स्वरूप तक पहुँचाता है। अर्जुन का प्रत्यक्ष दर्शन उसकी आन्तरिक अनुभूति

है। श्रीकृष्ण स्पष्ट करते हैं कि अव्यक्त स्वरूप में विलय के साथ महापुरुष का भी वही नाम है, जिसमें वह स्थित है। सब ओर से चित्त समेटकर एकमात्र इष्ट के अनुरूप राग ही अनुराग है। अनुरागी के लिए ही प्राप्ति का विधान है। अनुराग विहीन पुरुष न भगवान् के ऐश्वर्य को कभी देख सका है और न भविष्य में कभी देख सकेगा।

'भुजा' कार्य का प्रतीक है। वे भीतर भी कार्य करते हैं बाहर भी, यही चतुर्भुज स्वरूप है। उनके हाथों में शंख, चक्र, गदा और पद्म क्रमशः वास्तविक लक्ष्यघोष, साधन–चक्र का प्रवर्तन, इन्द्रियों का दमन और निर्मल–निर्लेप कार्य–क्षमता का प्रतीक मात्र है। चतुर्भुज महापुरुषों के शरीर और स्वरूप से कार्य करने की विधि–विशेष का नाम है। अनन्य भक्ति व अनन्य श्रद्धा से ही यह रूप देखा जा सकता है। अन्त में ज्ञान भी अनन्य भक्ति में ही परिणत हो जाता है। अर्जुन अनन्य भक्त का नाम है, एक अवस्था का नाम है, एक अनुरागी पुरुष का नाम है। भक्ति का परिमार्जित रूप है 'अनुराग'...इष्ट के अनुरूप लगाव। "मिलहिं न रघुपति बिनु अनुरागा।" अतः इष्ट के अनुरूप राग (अनुराग) अथवा अनन्य भक्ति प्रभु के दर्शन हेतु नितान्त आवश्यक है। अन्त में श्रीकृष्ण कहते हैं–"दुर्जय संसार रूपी शत्रु को असंगता रूपी शस्त्र से काटकर परम में प्रवेश पा जाना ही वास्तविक विजय है, इसके पीछे हार नहीं है।" वस्तुतः जब आप संग–दोष से अलग रहकर अनन्य–चिन्तन में लगते हैं, निर्धारित यज्ञ की क्रिया में प्रवृत्त होते हैं, उस समय परिपंथी रागद्वेष, काम–क्रोध, वैर भाव, इत्यादि दुर्गम शत्रु बाधा के रूप में प्रत्यक्ष ही होते हैं। इनका पार पाना ही युद्ध है। जब आप सम्पूर्ण प्राणियों में वैर–भाव से सर्वथा रहित हो जाते हैं, मन में किसी को भी सताने की कल्पना तक नहीं करते, तब आप भगवान् को प्राप्त हो जाते हैं। जब आपके साथ कोई है ही नहीं तब आप युद्ध किससे करेंगे?

अर्जुन उवाच

दोहा

भाव विभोर पारथ हुए, भगवत्कृपा सुजान
मोह विगत अज्ञान सब, शेष रहा निज प्रान।

11/1–2/1

मम हित गुह्य वचन कहुँ, आतम तत्व विचार
विगत नाथ अज्ञान मम, सुनिके बचन तिहार।

11/1–2/2

हे प्रभु! सरसिज लोचन, महिमा तब विस्तार
उद्भव प्रलय भूतगण, शाश्वत गति सुविचार।

11/1–2/3

सब कुछ प्रभु ही आप हैं, प्रभव प्रलय रघुबीर
तीन भाव प्रकटैं सदा, तुम कारण गुणधीर।

11/1–2/4

आदि अंत अरु मध्य तुम, गुणसागर परिज्ञान
सत्व सनातन दिव्य गुण, योग तत्व पहिचान।

11/1–2/5

चौपाई

हे परमेश्वर परम दयाला। जस वर्णेउ निज रूप विशाला।
तस प्रभाव जस रूप कृपाला। देखन चाहुँ स्वरूप निराला।।

11/3–4/6

ज्ञान शक्ति ऐश्वर्य विराटा। वीर्य तेजयुत शील सुजाटा ।
विश्वरूप–दर्शन ललचाहूँ । पाइके दर्शन कृत होइ जाहूँ।।

11/3–4/7

हे समर्थ! योगेश नृपाला। प्रगटहुँ हे योगीश कृपाला।
जो प्रभु पावहुँ मोहि अधिकारी। दिव्य दरश अव्यय अविकारी।।

11/3–4/8

सकल जगत तब अंश शरीरा। तब सामर्थ्य असीम सुधीरा।
विश्वरूप दर्शन अभिलाषी। मोहि समर्थ देउ गुणखासी।।

11/3–4/9

हे अच्युत! परमेश्वर ज्ञानी। तब ऐश्वर्य रूप पहिचानी।
परम योग निज लोचन देखी। तब गुण ज्ञान स्वरूपहिं लेखी।।
11/3–4/10

श्री भगवान उचाव

चौपाई

लखहुँ पार्थ शत् अमित् सहस्त्रा। नाना वर्ण दिव्य बहु वस्त्रा।
बहु आकार अनेक विधाना। रूप विलोकहुँ परम सुजाना।।
11/5–6/11

निरखि पंथ आदित्य समूहा। रुद्र मरुत बसु गण बहु व्यूहा।
अदृश्य भूत अचरज बहु रूपा। लखहुँ अश्विनी वैद्य स्वरूपा।।
11/5–6/12

मम तन मध्य भाग गुणकेशा। सकल चराचर जगत खगेसा।
सब जड़ जंगम निरखउँ प्रानी। जस चाहे तस देखउँ ज्ञानीं।।
11/7–8/13

चक्षु समर्थ नहीं द्वै तेरे। दिव्य स्वरूप विलोकि घनेरे।
देहुँ अलौकिक दिव्य–दृग तोहिं । योगशक्ति से देखउ अब मोहिं।।
11/7–8/14

संजय उचाव

चौपाई

सुनहुँ भूप सब सद्गुण सानी । पारथ मुख सुनि श्री हरि वानी।
परम ऐश्वर्य मुक्त स्वरूपा । दिव्य लोक परलौकिक रूपा।।
11/9–14/15

मुख अनन्त अरु नयन अनन्ता। विश्वरूप अद्भुत नहिं अंता।
अगनित दिव्याभूषण नाना। आयुध दिव्य अनेक विधाना।।
11/9–14/16

दिव्य माल गल अम्बर शोभहिं। दिव्य सुगंध अनुलेपन मोहहिं।
अचरज अपर असीम अकारा। परम विराट अनन्त प्रकारा।।
11/9–14/17

सूर्य सहस्त्र उदित एक बारा। तबहुँ न तेज प्रकट सकि सारा।
तब जस प्रभा प्रसार प्रकासा। उपमा व्यर्थ कदाचित हासा।।
11/9–14/18

तेज दिवाकर भौतिक लौकिक। दिव्य तेज पारमात्म अलौकिक।
केहि मुख महिमा जाइ बखानी। अद्भुत रूप तेज गुणगानी।।

11/9–14/19

दोहा

तब पारथ अविभक्त महँ, पृथक–पृथक संसार
सकल जगत अवलोकिहहुँ, अनेक अनन्त अकार।

11/9–14/20

परमेश्वर तन एक थित, विभक्त होइ जग सार
लोक विलक्षण ईश के, प्रकृति अतीत प्रसार।

11/9–14/21

बढ़ि विस्मय हिय रूप लखि, पुलकित तन सिर नाय
ठाढ़ि रोमावलि जोरि कर, विनती पार्थ सुहाय।

11/9–14/22

प्रभु विराट स्वरूप लखि, अति प्रसन्न रोमांच
बारम्बार नवाहिं सिर, तन बहु झुकि मन शांत।

11/9–14/23

श्रद्धा भक्ति असीम नित, कर जोड़े मिटि श्रांति
नमन करहुँ अर्पित स्वयं, अर्जुन जागी क्रांति।

11/9–14/24

अर्जुन उवाच

चौपाई

हे केशव मध्य तब तन में। सकल भूतगण देवहिं मन में।
कमलासन ब्रह्मा वसुदेवा। दिव्य सर्प ऋषिगण महदेवा।।

11/15–16/25

हे प्रभु! विश्वरूप भगवाना। तोर न आदि मध्य अवसाना।
मुख अनन्त अरु नयन अनन्ता। उदर अनन्त स्वरूप अनन्ता।।

11/15–16/26

मनुज शरीर शरीरी भागा। जड़ चेतन रूपी अनुभागा।
तब शरीर चिन्मय ही चिन्मय। स्वयं शरीरी नित नित तन्मय।।

11/15–16/27

विश्वेसर हे! विश्व विधाता। आदि अन्त मध्य नहिं ज्ञाता।
रूप असीम अलौकिक देखी। आदि अनादि स्वरूपहिं लेखी।।
11 / 15–16 / 28

चक्र गदा मुकुट सिर शोभहिं। चहुँ दिसि पुंज प्रकाश विलोभहिं।
अनल प्रभा रवि सम दुति जाकी। प्रबल प्रचण्ड गहन गति ताकी।।
11 / 17–18 / 29

अप्रमेय अति दीप्त स्वरूपा। अनुपलब्ध मूल्यांकन भूपा।
कछु प्रमान अनुमान न लागी। केहि विधि माप कान्ति गुण जागी।।
11 / 17–18 / 30

परमाश्रय परब्रह्म सुजाना। परमाक्षर परमातम ज्ञाना।
आदि पुरुष जो दिव्य सनातन। परमवैद्य सत धरम पुरातन।।
11 / 17–18 / 31

अक्षर गुण मैं परमनिधाना। वेदशास्त्र बहुरूप बखाना।
निर्गुण सगुण सकारा प्यारा। निराकार परमेश्वर न्यारा।।
11 / 17–18 / 32

आदि अनादि असीम अनन्ता। कर सामर्थ्य प्रबल सुखभन्ता।
प्रज्वल अनल तेज मुख मंजुल। रवि शशि नयन अनन्त समांजुल।।
11 / 19–20 / 33

आदि अन्त मध्य नहिं देखहुँ। अग्निरूप मुख तेज विशेषहुँ ।
सकल जगत तापहु त्रैलोकहिं। तेजयुक्त बल शक्ति विलोकहुँ।।
11 / 19–20 / 34

स्वर्ग धरा परिपूर्ण दिशाएँ। पूर्ण अलौकिक गगन निशाएँ ।
अन्तरिक्ष असीम नभ राजा। स्वामि रूप चहु दिशहिं विराजा।।
11 / 19–20 / 35

देखहुँ यह अद्‌भुत तब रूपा। सकल विश्वपति माया भूपा।
तीनहुँ लोक प्रकम्पित होवहिं। रूप भयंकर भयकर सोवहिं।।
11 / 19–20 / 36

स्वर्ग धरा के बीच अकाशा। दसों दिशाएँ नभ विस्वासा।
व्यापहि तब स्वरूप चहु ओरा। दिव्य दृष्टि देखहुँ घनघोरा।।
11 / 19–20 / 37

छन्द

सकल देव समूह आपन नाम गुण उच्चारहीं
सुरसिद्ध ऋषिगण जयति जय जय जोरि कर सुविचारहीं
सोइ करहिं अस्तुति भाँति बहु भयभीत कम्पित मन डरहिं
हे नाथ! सब तनु हरहिं उत्तम श्रोतास्तुति उच्चारहीं
स्वर्ग देव समस्त भूषण प्रविसि अन्तर तब करिहिं
गुण नाम लीला भजहिं गावहिं पूज्य पाद प्रचारहीं।

11 / 21 / 38

रुद्र गुण आदित्य बसु गण पितर गण समुदायकम्
यक्ष सिद्ध असिद्ध सुर असुर गण गुणदायकम्
विश्व देव कुमार अश्विनि, मरुत रुद्र विनायकम्
प्रकट सब गण भूत विस्मित रूप अचरज दायकम्
कोटि तैंतिस देव गण अरु साध्यगण रघुनायकम्
सब लखहिं विम्बित हृदय कम्पित तेज तब सुखदायकम्।

11 / 22 / 39

छन्द

अनन्त बाहु अनन्त मुख अनन्त उदर विशालकम्
विकराल दाड़ विशाल उरु अनेक दन्त करालकम्
तेहि दृष्य लोकि विलोकि व्याकुल होइ नत धर धायकम्
बहु डरहिं डरपहिं निडर बनि सब लोक विश्व विनायकम्।

11 / 23 / 40

दे दीप्यमान! अनेक वरणं दीप्ति नयन विशालकम्
भयभीत अन्तर धीर धीरज धीरता सों कृपालुकम्
व्यापहि सदा त्रैलोक लौकिक तेज प्रभा प्रकाशिकम्
व्याकुल भयो मम मन हियो अवलोकि मुख विकरालुकम्।

11 / 24 / 41

दन्ष्ट्रा कराल विशाल दाढ़ विशाल मुख विकरालहीं
प्रलय काल कराल मुख प्रज्जवलित चहुँ दिशकालहीं
विश्रम भयेउ दिक् सब गयेउ, सुखहीन तन नर हालहीं
देवेश जगन्निवास आस तुम्हार चित जगपालहीं।

11 / 25 / 42

धृतराष्ट्र सुत समुदाय कौरव – कुल महीपति लोचनम्
प्रविसहिं सकल तन भूत जन – समुदाय सकल विलोचनम्
भीष्म द्रोण प्रधान कर्ण महान कुल फल जानितम्
जे सूर वीर सुधीर योधा धीर धर बल मोचनम्।

11 / 26 / 43

बहुवेग युक्त कराल डाढ़ विशाल मुख घुसि जाबहीं
पिस दन्त बीच लटंत कछु पुनि चूर्ण चूरन चावहीं
सिर युक्त नायक मुख भयानक विदीर्ण अंग दिखावही
मुनि नाग सुर गन्धर्व सर्व विदर्भ गुण गण गावही।

11 / 27 / 44

जिमि सरित सलिल प्रवाह थाह अथाह वेग जे जावनहिं
तिमि बीर नरवर दसहुँ दिस तब तीर मुख ते धावनहिं
मुख जरहिं अनल प्रदीप्त नित निज देह गेह विमाननहिं
ते सूरवीर सुधीर जन नर नारि प्रविसहिं काननहिं।

11 / 27 / 45

जिमि अनंग पतंग बहुविध मोहबस तन झोंकहीं
तिमि वेग अति संवेग अग्नि प्रवेश मुख अवलोकहीं
जिमि लीन तब लवलीन मुख निज दीप तप्त विलोकहीं
पाएउँ परम पद प्रेम प्रियपद नाश निज पद रोकहीं।

11 / 29 / 46

दोहा

सकल लोक ज्वलवन्त मुख, ग्रसहुँ जगत निज तेज
प्रभो रूप तब उग्र अति, तपित ताप जग सेज।

11 / 30–31 / 47

सकल दिशा ब्रह्माण्ड सब, चाटहिं ग्रसहिं समग्र
झुलसावहिं किरणें प्रकटि, अपूर्व तेज अति उग्र।

11 / 30–31 / 48

को तुम उग्र रूप प्रभु, करहु नमन गुणखान
होउ प्रसन्न देउ वर, निज स्वरूप को ज्ञान।

11 / 30–31 / 49

आदि अनादि ईश तुम, नहिं जानहुँ तब तत्व
इच्छुक मैं इस ज्ञान में, देहुँ प्रसाद ममत्व।

11/30–31/50

बार–बार बिनती करहुँ, नमन करौ कर जोरि
तत्व ज्ञान प्रवृत्त मैं, प्रभु प्रसन्न भल मोरि।

11/30–31/51

श्री भगवान उचाव

छन्द

मैं महाकाल कराल रूपहिं, चर अचर भक्षण करहुँ
संसार नर संहार कारण, रूप अस अद्भुत धरहुँ
प्रतिपक्ष सेना पक्ष सेना, बिनु हने रण में जरहिं
तू युद्ध तत्पर हो विरत, या शूर विक्रम सब मरहिं।

11/32/52

उठि हेतु रण तैयार गण यश अर्जहूँ रिपु गर्जहूँ
सम्पन्न राज्य सुराज्य भोगहुँ सकल भोग विसर्जहूँ
मैं हनहुँ पहिले सकल शत्रुन मित्रगण बाकी रहे
हे सव्यसाची! उठहुँ धीर निमित्त कारण मर्जहूँ।

11/33/53

दोहा

पारथ उठि रण हित सजहुँ, यश अर्जित करि लेउ।
रिपु जीतहुँ अरु राज्यसुख, भोगहुँ भोगहिं सेउ।।

11/33/54

चौपाई

उठहुँ बीर रणधीर समाना। समर जीति गहि कीर्ति प्रमाना।
मारेहुँ रिपु खलु विजय सुहानी। भोगि अकंटक राज सुज्ञानी।।

11/33/55

मैं सब शूर प्रथम संहारहुँ। नाम मात्र तुम मारन हारहुँ।
सव्यसाची निमित्त तू बन जा। खड़ा युद्ध हित यशमय तन जा।।

11/33/56

प्रमुख–प्रमुख जो जोधा होवहिं। पहिलेहि मारे गए हैं खोवहिं।
करहुँ बध विचलित जिन होई। करहुँ कर्म कर्त्तव्य संजोई।।

11/34/57

छन्द

भीष्म द्रोण जयद्रथ कर्ण एक, अनेक गण ज्योधा रणहिं
पुनि शूरवीर सुधीर धीर, विकल सकल रण प्रेरणहिं
संहारहूँ मम सकल रिपु गण, दमन सब गण भारणहिं
संदेह नहि कछु जीतिअहुँ रणनीति सकल विचारणहिं।

11/34/58

संजय उचाव

छन्द

सुनि केशव के बैन रैनि, सुनैन वचन सुनावहीं
मुकुटधारी जीव अर्जुन, भीर भय गुन गावहीं।
वर जोरि दुइ कर जोरि, गदगद् रिदय कण्ठ भुलावहीं
प्रणमामि बारम्बार कृष्ण, नमामि वचन सुनावहीं।

11/35/59

अर्जुन उचाव

छन्द

जेहि नर निरन्तर हे कृपाकर, विमल यश तब गावहीं
तेहि पाय अति अनुराग पावन, अमिट आनन्द पावहीं
जेहि असुरगण भयभीत आतुर, दसहुँ दिस नित भागहीं
सब सिद्धगण समुदाय सविनय, नमन करि पुनि जागहीं।

11/36/60

हे हृषिकेश जगदीश श्रवण, नाम यश हर्षित सकल
अनुरक्त लोग विरक्त सिद्ध, असुर गण भयसे विकल
जे तत्व ज्ञानी गुण निधानी, प्रसन्न चित नम जावहीं
मूढ़ नर भयखायँ भागहिं, इतहिं उत गण से निकल।

11/36/61

हे पतित पावन जग निवासम, अनन्त महत्तम हे महात्मन
सत् असत अक्षर पुरातन रूप प्रभु तब अज सनातन
आदि कर्ता ब्रम्ह भर्ता जग संहर्ता हे पुरातन
हे सच्चिदानन्द! घन आनन्द जन पोषक रसातन।

11/37/62

ज्ञात अरु अज्ञात हे देवेश, मालिक आप शासक
सबके नियंता जग प्रणयंता, दिव्य सत्तावान हैं
हे सकल कारण जग निवारण, परम अक्षर ब्रह्म तुम
परश्रोत उद्गम सकल सद्गम, ब्रह्म गुण की खान हैं।

11/37/63

दोहा

तुम ही आदि देव प्रभु, पुरुष सनातन रूप
परम धाम अनन्त ईश्वर, व्याप्त वेद्य स्वरूप।

11/38/64

परम आश्रय दृश्य जग के, अदृश्य के जगपाल
समग्र विश्वाधार व्यापी, कण–कण के नरपाल।

11/38/65

सकल विज्ञ सर्वज्ञ तुम, उद्भव प्रभव आधार
ज्ञान अनन्त ज्ञानी तुम्हीं, ज्ञेय दिव्य सुखसार।

11/38/66

तुम ही नाथ प्रजापति, प्रभु तुम जग के काज
वायु वसब शशांक तुमि, वरुण ब्रह्म यमराज।

11/39/67

बारम्बार प्रणाम करि, बहुरि नमामि नमामि
अन्तर्यामी नमन बहु, कोटि कोटि प्रणमामि।

11/39/68

हे अनन्त समर्थ्ययुत, शौर्य प्रधान विशाल
अनन्त रूप कराल विक्रम, सर्व व्यापहिं काल।

11/40/69

हे कृपानिधि हाथ जोरहुँ, वासुदेवम् नमस्कारम्
नाथ सब दिसि व्याप्त तुम, सर्वरूपम् नमस्कारम्।

11/40/70

छन्द

जानता न अजानता प्रभु, उचित अनुचित जो कहहुँ
हे निडर डरपहुँ सखा तड़पहुँ, सदा तब शरणागतम्
हे दीन दीनानाथ सखि मद, मोह हठ मैं जो करहुँ
हे कृष्ण! यादव! हे सखा! सखि, मानि क्षमा नित हौं करहुँ ।

11/41–42/71

मैं प्रगादी तुम अनादी प्रेम नित नित दीजिए
मैं मोहवश तुम ज्ञान रज अज्ञान तम हर लीजिए
मैं सखा हूँ तुम सखा हो, महिमा नहीं तब जानहूँ
मूर्खता या प्रेम वश अज्ञान वश नहिं मानहूँ ।

11/41–42/72

महिमा सकल प्रभु जानिके, अन्जान से अपराधि हौ
हे मित्र आदर करि निरादर, अच्चुत क्षमा मैं आनहूँ
हे अच्युता मन मुक्तिता प्रभु, सेज सैया हार कर
भोजन सजन मन मीत संग, खेलि केलि बिहार कर।

11/41–42/73

बहुयान बहु अभियान मैं, अभिमान वश अपमान कर
बहुहास कर परिहास आसन, एक विरजि विचार कर
हे कृष्ण शाश्वत तब विरासत, रूप थिर आचरण तव
नित क्षमा करि प्रभु नित्य, अन्तर मोहि प्रेमी जानकर।

11/41–42/74

दोहा

अपराधी मैं आदिप्रभु, पालहुँ मोहि भगवान
शरणागती भरणामती तव, रूप दर्शन ठान।

11/41–42/75

चौपाई

सखा मान प्रभाव न जानहुँ । प्रेम प्रमाद स्वभाव न जानहुँ।
न जानता अजान बनि जानहुँ। प्रेम प्रलाप सकल पहिचानहुँ।।
11/41–42/76

हे कृष्ण यादव हे सखा । हे अच्युत माधव हे सखा।
लखि मोर हठ स्वभाव गुण। प्रभु क्षम्यताम् प्रभाव सुन।।
11/41–42/77

विहार सैय्या भोजन संग पावा। संग साथ प्रभाव प्रभावा।
हँसी के क्षण या हों अकेले । बहुत से अपराध झेले।।
11/41–42/78

सब सखाओं सामने। प्रभु जानते या न जानते।
अचिन्त्य हों या चिन्त्य सब। अपराध मोरे क्षमहुँ सब।।
11/41–42/79

पिता तुम सब लोक के स्वामी। जगत चराचर अन्तर्यामी।
पूजनीय गुरु के गुरु तुम्हहीं। अतिशय प्रबल प्रभावी तुम्हही।।
11/43/80

तीन लोक में नहिं कोई दूजा। तुम समान प्रभु नहिं कोई पूजा।
आप समान नहिं दूसर कोई। प्रभु से ज्यादा कौन है सोई।।
11/43/81

परम पुरुष तुम दिव्य प्रतापी। ज्ञान कर्म शक्ति सर्वव्यापी।
दिव्य कर्म दिव्यता व्यापी। माधव कृष्ण ब्रह्म बहु छापी।।
11/43/82

छन्द

तुम जगत कारण विश्व भारण, पिता जग के तुग पितामह
गुरु के गुरुवर विश्व तरुवर, श्रेष्ठ अति सत् चित् निरामय।
त्रैलोक पावन शोक भावन लोक कोउ न समान यह
अतिशय प्रभाव बहाव धारा, यह धरा नित के महामय।
11/43/83

तुम जनक दृग मय रूप सबके, भूप पूज्य महानतम
तुम भिन्न हो या अभिन्न प्रभु, मन हृदय वासी ज्ञानतम।

तुम गुरू गुरुवर महा नरवर शेष सब अनुगामिमय
मैं दास शिष्य भविष्य तुम, चैतन्य चरितामृतमलय ।

11/43/84

दोहा

परम पुरुष का ज्ञान, कर्म शक्ति हैं दिव्य
दिव्य कर्म की दिव्यता, जानहिं जो सोई भव्य।

11/43/85

छन्द

पूज्यनीय जीवन सकल तुम, विश्व के भगवान हो
मैं कृपा की याचना करता तुम्ही मन प्रान हो।
प्रभु होइ हासु प्रहासु, सविनय प्रेममय प्रभु जानिए
तुम प्रशंसा योग केशव, ईश गुण पहिचानिए।

11/44/86

सखा दोष न देखिए, मन लेखिए प्रभु प्रान कर
नारि अघ भरतार दोष, हमार पितु सुत मानकर।
पिता पति स्वामी सकल अपराध सहना जानते
हे ईश हे जगदीश प्रभु, मुझको अकिंचन मानते।

11/44/87

दोहा

पिता पती अरु स्वामि सब, सहन करें अपराध
वैसेहि प्रभु मोहि क्षमा करि, दयाभाव भरि आध।

11/44/88

छन्द

पहले कभी देखा नहीं यह, रूप अद्भुत विश्वमय
पुलकित हुआ मन प्रान, छाया हृदय हैं रोमांचमय
मन हुआ भयभीत विचलित, देखकर यह रूप तव
प्रभु कृपा की जे सदा मोहि, देहुँ शरणागति सो अब।

11/45/89

अदृष्ट रूपहिं तब स्वरूपहिं लोकि मम अवलोकहीं
झुकिशीश हे जगदीश अद्‌भुत, रूप घन अभिषेकहीं
वैकुण्ठ जगन्निवास प्रभु, कृपा मुझ पर कीजिए
मन मोर व्याकुल दरस को, तव नित्य दर्शन दीजिए।

11/45/90

दोहा

विराट रूप दर्शन करि, भारी मन भयभीत
पुलकित पल पल मैं हुआ, पुरुषोत्तम जगदीश।

11/45/91

छन्द

कृपा करिए हे प्रभू! मोहि, नित नित्य दर्शन दीजिए
नारायणी नर रूप तव सोइ, सत सत्य शाश्वत कीजिए
भयउ मन मैं गयउँ तन आकुल, सदा व्याकुल महा मुनि
देवेश जगन्निवास प्रभु दिखलाउ चतुर्भुज रूप पुनि।

11/45/92

चौपाई

रूप अदृष्ट प्रथम अवरेखी। भयेउ हर्ष हिय अति अभिलेखी।
व्याकुल अति मन भयवश होई। लखि प्रभु अद्‌भुत रूप सँजोई।।

11/46/93

हे सुर असुर चराचर स्वामी। अब करि कृपा हे अन्तर्यामी।
धरहुँ रूप पुनि दर्शन चाहहुँ। नित्य चतुर्भुज रूप दिखावहुँ।।

11/46/94

प्रभु प्रसन्न कृपा मोहि कीन्हा। रूप चतुर्भुज पुनि हरि लीन्हा।
कर दोउ गदा चक्र गहि शोभहिं। मुकुट किरीट शीश छवि मोहहिं।।

11/46/95

अस तव रूप चाहुँ पुनि देखहिं। जस मैं प्रथम विश्वपति लेखहिं।
हे सहस्त्र बाहो जग मूरति। रूप चतुर्भुज मोहनि सूरति।।

11/46/96

लखन चाहु तब स्वामी रूपहिं। देहु दरस अविनाशि स्वरूपहिं।
तव अस्तित्व सदा सत रूपा। नित्य विद्य सहस्त्र स्वरूपा।।

11/46/97

रूप असंख्य अनन्त गुणादी। विश्वरूप क्षण मनहि मुनादी।
आदि कृष्ण रूप भगवाना। अंश अभिन्न असंख्य सुजाना।।

11/46/98

तरुण ही दीखहिं नित प्रभु सोई। नित्य निरंन्तर भव पद जोई।
अंश अभिन्न एक प्रभु सोई। रूप असंख्य प्रभू के होई।।

11/46/99

दोहा

पद्म शंख चक्र गदा युत, सहस्त्रवाहु भगवान
किरीटधारी रूप पुनि गहि, हे जगदीश महान।

11/46/100

श्री भगवान उचाव

चौपाई

हे पारथ! प्रसन्न मन होई। निज बल रूप दिखावहुँ तोई।
रूप अनादि अनन्त स्वरूपा। नहिं देखहुँ कोउ जन जग भूपा।।

11/47/101

तोइ दिखाइ बल योग प्रभावा। परमतेजमय रूप दिखावा।
आदि असीम अनन्त गुणागर। अति विराट रूप सुखसागर।।

11/47/102

नहिं कोउ कर्मफलहिं मम रूपा। विश्वरूप दर्शन सोइ भूपा।
वेदपाठ विद्या बल तापहिं। यज्ञाध्ययन दान तप मापहिं।।

11/48/103

उग्र कठोर ध्यान जप कीन्हा। अति दुर्लभ स्वरूप नहिं चीन्हा।
सांसारकि सब क्रिया सुहावा। मम स्वरूप मम कृपा ही लावा।।

11/48/104

बनहुँ दिव्य सब कर्म सुकर्मा। शुद्ध कर्म सात्विक निज धर्मा।
भक्त बनहुँ शरणागत मोरा। शुद्ध रिदय पावहुँ चित चोरा।।

11/48/105

चर्मचक्षु केहि विधि अवलोकी। मम स्वरूप इन्द्रिय परलोकी।
दिव्यदृष्टि मम कृपा से पावहिं। तिन्हहिं शक्य मम रूप लखावहिं।।

11/48/106

दोहा

देवरूप गहि दिव्यता, पावहिं दिव्य–सुलोकि
तबहीं दिव्यदृष्टियुत, दृग मोहि रूप विलोकि।

11/48/107

चौपाई

होउ म व्यथित घोर लखि रूपा। अति विकराल काल स्वरूपा।
व्याकुल चित्त न होउ पारंगत। होइ प्रसन्न बहुरि अपने चित।।

11/49/108

निर्गम निर्विकार चित देखी। शंख किरीट पद्म नित लेखी।
मोहासक्त जबहिं मन होवहिं। दिव्य दृष्टि तबहिं जन खोबहिं।।

11/49/109

देखि पुनीत रूप मम रूपा। मूढ़भाव भय त्यागहुँ भूपा।
प्रीति युक्त मन देखहुँ पुनि पुनि। रूप चतुर्भुज चक्र गदा पुनि।।

11/49/110

संजय उचाव

दोहा

वासुदेव भगवान तब, प्रकटि चतुर्भुज कीन्हि
सौम्य मूर्ति वह कृष्ण की, धीरज पारथ दीन्हि।

11/50/111

अति सुन्दर श्री कृष्ण हैं, सुन्दरता गुणखान
सकल जगत मोहित हुआ, प्रीति प्रतीति बखान।

11/50/112

रूप चतुर्भुज प्रकट कर, द्विभुज रूप दिखलाय
एक ईश के जगत में, रूप विभिन्न लखाय।

11/50/113

छन्द

शंख चक्र किरीट कुण्डल, पीत अम्बर शोभते
कौस्तुभ्भमणि धारण किए, भगवान मन को लोभते
गलहार नयन विशाल प्रभु का रूप अद्भुत् प्रीतयुत्
हे विष्णुरूपी ईश! तुमको, बन्दना मन मोहते।

11 / 50 / 114

अर्जुन उचाव

चौपाई

सौम्य जनार्दन मानुष ईशा। देखि विमल चित मन जगदीशा।
पावहुँ शांत चित्त मन भावा। चित्त चेति मन सरल स्वभावा।।

11 / 51 / 115

हे देवेश! कृपा गुणसागर। लखि मानुषी रूप नटनागर।
मैं निज भूलि भाव पुनि पावा। स्थित चित्त सरल मन भावा।।

11 / 51 / 116

परिहर सकल दोष करतारी। अति दुर्लभ तब संग त्रिपुरारी।
मोह भय संकट मिटि जाई। कछु नहिं मम तब कृपा गुसाईं।।

11 / 51 / 117

श्री भगवान उचाव

चौपाई

कुरुनन्दन निज नयन विलोका। रूप सुजान जान अवलोका।
अतिदुर्लभ देवन कोहुँ होवहिं। तेइ मम रूप सखा दिख सोवहिं।।

11 / 52 / 118

देव शक्ति यज्ञ तप दाना। मम स्वरूप अति दुर्लभ जाना।
अनन्य भक्ति रूप मम जानहुँ। भगवत तत्व रूप निज जानहुँ।।

11 / 52 / 119

वेद पाठ कठिन तप दाना। तबहुँ न पाय सके बलवाना।
देख न सकहिं जो तुम अब देखा। सुन्दर विश्वरूप निज लेखा।।

11 / 53–54 / 120

जाके हृदय भक्ति दृढ़ होई। आसपास विश्वास सँजोई।
देखि सकें गहि रूप मोर सोइ। अनन्त तत्व पावें मम जो जोइ।।

11 / 53–54 / 121

भक्ति अनन्य मोहि जो लेखा। साक्षात मम दर्शन देखा।
एकीभाव प्रकट मोहि जानो। अन्तर्दृष्टि रूप पहिचानो।

11 / 53–54 / 122

दोहा

मोरे अर्पण कर्म सब, मोहि परमहित जानि
परम भक्त शरणागत, नित्य रूप पहिचानि।

11 / 55–56 / 123

स्नेह युक्त आसक्ति नहिं, मनन ध्यान लवलीन
वैरभाव नहिं जाके मन, भक्त मोर सुप्रवीन।

11 / 55–56 / 124

त्यागहुँ सर्वभूत जग, बैर सकल संसार
स्वतः सिद्ध तब पाइहौं, परमोत्कृत मम प्यार।

11 / 55–56 / 125

छन्द

ओम् भगवद्गीता तत् सत् मीता, विद्याब्रह्म बिचारहीं
ब्रह्मास्त्रमय योगशस्त्रमय, जीव ब्रह्म उच्चारहीं
उपनिषद् जो गावा, ब्रह्म सुनावा, गीत पुनीत विचारहीं
जीवार्जुन आत्मा मय परमात्मा, परमानन्द प्रचारहीं।

ओम् इति डॉ. रामवीर सिह कुशवाह 'पथिक' कृत
श्रीमद्भगवद्गीतामृत गीतयोग नामक ग्रन्थका विश्वरूप दर्शन योग
नामक
ग्यारहवाँ अध्याय समाप्त हुआ।

❄ ❄❄

ॐ गुं गुरुभ्यो नमः । ॐ गं गणेशाय नमः । ॐ श्री परमात्मने नमः।

श्रीमद्भगवद्गीतामृत गीतयोग

अध्याय - बारहवाँ

भक्ति योग

अध्याय ग्यारह में भगवान् ने बार–बार कहा था कि अर्जुन! मैं न तप से, न यज्ञ से और न दान से ही देखे जाने को सुलभ हूँ; किन्तु अनन्य भक्ति के द्वारा (निरन्तर तैल धारावत् मेरे चिन्तन द्वारा) मैं प्रत्यक्ष देखने व तत्व से जानने तथा प्रवेश करने के लिए सुलभ हूँ। अतः अर्जुन! निरन्तर मेरा ही चिन्तन कर, भक्त बन! मेरे ही द्वारा निर्धारित किए गए कर्म को कर। मेरे परायण होकर अनन्य भक्त ही मेरी प्राप्ति का एक मात्र माध्यम है। तब अर्जुन ने यहाँ प्रश्न किया कि, भगवान्! आपमें अनन्य भक्ति से लगने वाले और अव्यक्त अक्षर की उपासना में लगने वाले इन दोनों में कौन श्रेष्ठ है? उत्तम योग वेत्ता कौन है?

भगवान कहते है कि भक्त निज शरीर इन्द्रियों मन बुद्धि आदि सहित अपने आप को ही भगवान के चरणों में अर्पित कर देता है। भक्त भगवान में ही निवास करता है। सभी द्वन्द्वों से अतीत भक्त समता में स्थित रहता हुआ किसी भी प्राप्त परिस्थिति में निरंन्तर संन्तुष्ट रहता है। भगवान का शुद्ध प्रेम प्राप्त करने का सर्वाधिक सुगम व सर्वोच्च साधन भक्तियोग ही है, जो परम् पथ है। भक्तगणों में भगवान के स्वाभाविक दिव्यगुण उत्पन्न हो जाते हैं। वे मुझे पा सकते हैं, मुझमें प्रवेश कर सकते हैं।

अतः अर्जुन समर्पण कर अनन्य भक्ति से मेरा चिन्तन कर। मैं शीघ्र ही संसार–सागर से अपने भक्तों का उद्धार करता हूँ। अतः मुझमें मन लगा। मन न लगे तो भी लगाने का अभ्यास कर। जहाँ भी चित्त जाए, पुनः घसीटकर उसका विरोध कर। यह भी न कर सके तो यज्ञार्थ (कायम) कर्म

कर, दूसरा न कर। यदि यह भी न कर सके तो स्थितप्रज्ञ, तत्वज्ञ महापुरूष की शरण होकर सम्पूर्ण कर्मफलों का त्याग कर। ऐसा करने से तू परमशांति को प्राप्त हो जायेगा।

भगवान् कहते हैं कि जो सम्पूर्ण भूतों में द्वेषभाव से रहित है, जो करुणायुक्त, दयालु है, ममता और अहंकार से रहित है, वह भक्त मुझे प्रिय है। निरन्तर तत्पर, आत्मवान्, आत्म स्थित है, वह भक्त मुझे प्रिय है। जिससे न किसी को उद्वेग प्राप्त होता है और स्वयं भी जो किसी उद्वेग को प्राप्त नहीं होता, ऐसा भक्त मुझे प्रिय है। जो शुद्ध है, बुद्ध है, दक्ष है, व्यथाओं से उपराम है, सर्वारम्भों को त्यागकर जिसने पार पा लिया है, ऐसा भक्त मुझे प्रिय है। सम्पूर्ण कामनाओं का त्यागी और शुभाशुभों का पार पाने वाला भक्त मुझे प्रिय है। जो निन्दा–स्तुति में समभाव रख मौन है, जिसकी मन–इन्द्रियाँ मौन हैं, जो ममता से रहित है, शरीर रक्षा में भी जिसकी आसक्ति नहीं है, ऐसा स्थितप्रज्ञ पुरुष (भक्तिमान् पुरुष) मुझे प्रिय है। जो मेरे परायण हुआ अनन्य श्रद्धा से युक्त पुरुष मेरे द्वारा कहे गए धर्ममय अमृत को निष्काम भाव से ग्रहण कर भली भाँति आचरण में ढालते हैं, वे भक्त मुझे अतिशय प्रिय हैं। अतः समर्पण के साथ इस भक्तियोग–कर्म में प्रविष्ट होना श्रेयतर है, क्योंकि भक्त के हानि–लाभ की जिम्मेदारी वह इष्ट सद्गुरु अपने ऊपर ले लेते हैं।

अर्जुन उचाव

दोहा

जो अनन्य प्रेमी भगत, निराकार अव्यक्त
नित्य उपासें संतजन, श्रेष्ठ भाव सो भक्त।

12/1/1

अनन्य भाव तब शरण गहि, अनन्य भक्त गुणधीर
नित्य आपको उपासते, तब संयुक्त रणवीर।

12/1/2

अव्यक्त रूप जो भजहिं नित, निज साधन पहचान
स्वतन्त्र रूप से उपासते, भक्ति भाव को जान।

12/1/3

नित्य उपासक युक्त चित, प्रेमी भक्त जो जोइ
निर्गुण सगुण उपासने, कहहुँ श्रेष्ठ जो होइ।

12/1/4

श्री भगवान उचाव

छन्द

मन मोहि लगावा जेहि मन भावा, श्रद्धायुक्त भजहि मन में
मन मुझमे अर्पित पूर्ण समर्पित, नित्य निरंतर चिंतन में।
जे नित्य उपासक मुनि मन गाहक, परिहर मोहि चित उर न धरे
उत्तम संग्राहक मोरे वाहक, सद्गुण मन के मंथन में।

12/2/5

जिन इन्द्रिय जीतहिं मन ते रीतहिं, सकल प्रकार विकार हरहिं
समबुद्धि बिचारी मुनि मन हारी, जन हितकारी काज करहिं
जो इन्द्रिय जीता मन ते रीता, शून्यानुभूति तप नित्य सखहिं
आत्मा ही देखहिं सब जग लेखहिं, आत्मरूप परमात्म लखहिं।

12/2/6

जो कछु नहिं लेखा स्वाद न जेखा, ईश रूप सब दिशि ही लखहिं
नहिं जीव से ईर्ष्या करहिं न शीर्षा, राग द्वेष सब मिटहिं सुलेखा।

समभाव समत्वा मन थित तत्वा, शुद्ध चित्त समभाव सखहिं
जे समता पैठहिं एक रस भेंटहिं, भाव स्वभाव मम भाव लखहिं।

12/3/7

दोहा

मम साकार रूपमें, मन जो करें एकाग्र
श्रद्धायुत मम चित लगें, परमसिद्ध कुशाग्र।

12/3/8

वश इन्द्रिय मन जे करें, समताभाव प्रधान
परमसत्य नित पूजते, अव्यक्तभाव गुणगान।

12/3/9

चौपाई

इन्द्रिय समुदाय पुरुष वश जाके। मन बुद्धि परे स्वरूप जस ताके।
अकथनीय एक रस रूपा। निराकार नित नित्य स्वरूपा।।

12/3/10

अविनाशी अक्षर ध्यान उपासे। नित्य निरंतर भाव प्रभासे।
सर्वभूत हित रत जे लोगा। भाव समत्व बुद्धि न भोगा।।

12/4/11

भाव समान योग से योगी। समता में चित सकल वियोगी।
पावहिं मोहि सकल जग स्वामी। भाव स्वभाव गुणी पहिचानी।।

12/4/12

ध्या़न धेय चित लक्ष्य समाना। एक जान मन गुण–गण गाना।
प्रेम अनन्य अनन्य गुणासी। निज अर्पित मम पद मन जासी।।

12/4/13

मम आविष्ट चित्त मम लागी। भक्त सो मम प्रिय सकल सुभागी।
करि उद्धार मृत्यु जग–सागर। पार लगावहुँ सब गुण सागर।।

12/4/14

करहुँ पार भवसागर तारी। चिन्तन नित मम हो त्रिपुरारी।
अक्षर अचल नित्य अबिकारी। अकथनीय स्वरूप विचारी।।

12/4/15

छन्द

अकल अनीह अनाम अरूपहिं, अचल एक ध्रुव फल न चहहिं
जे अक्षर व्यापी ब्रह्मा नापी मम, गतिहि गहहिं सब नित्य रहहिं।
ते अगुण उपासक सब जग व्यापक, नित्य नित्य मन मोर हरहिं
सो सब गुण गागर करुणा सागर, ध्यान धरहिं नित चैन परहिं।

12 / 4 / 16

जो पंथ सुहानी तन अभिमानी, निर्गुण कटु पहचान सकहिं
अव्यक्त जे ध्यावहिं गुण चित लावहिं, तिन ध्रुव घोर कलेश धकहिं।
मम मन ज्ञानी गुणगण खानी, मम प्रिय प्रानी मोहि भजहिं
नित्य निरंतर मन मोहि चिरंतर, सगुण रूप जे नित्य तजहिं।

12 / 4 / 17

दोहा

जो अचिन्त्य चिन्तन करे, निराकार अव्यक्त
ज्ञानयोग की भावना, हरपल होवे पुष्ट।

12 / 5–6 / 18

कठिन बहुत यह मार्ग है, ज्ञानपंथ तुम जान
देहधारी दुष्कर प्रगति, इन्द्रियातीत पहिचान।

12 / 5–6 / 19

चौपाई

शुद्ध सच्चिदानंद ब्रह्मधन। लीन चित्त आसक्त पुरुष मन।
जब तक तन अभिमान वसावहिं। अव्यक्त विषम गति दुःख ही पावहि।।

12 / 5–6 / 20

मोर परायण सकल भक्त जन। सकल कर्म अर्पण मन ही मन।
सगुणरूप भजि मम परमेश्वर। ध्यानयोग गहि मम अखिलेश्वर।।

12 / 5–6 / 21

दोहा

मम अंतर तम जासु चित, मैं ही सकल अधार
नाहि मृत्यु संसार से, करौं तुरत भवपार।

12 / 7 / 22

सकाम कर्म बहु बिधि नहीं, उलझे नहीं सुजान
कोरा चिन्तन चित नही, ज्ञानानुशीलन ज्ञान।

12/7/23

तेहि लगि थिर मनमोहि महँ, बुद्धि मोहिं अनवन्त
यहि विधि तजि तनु मम गति, संशय नहिं सुखवन्त।

12/8/24

चौपाई

सुनहुँ पार्थ! तब चित्त गति धीरा। कटि न सकहिं यह विधि मति बीरा।
तब अभ्यास योग अनुसारी। मन वश करि गहि मम गति चारी।।

12/9/25

जो न सकहुँ मन अचल सुभाषा। नित्य निरन्तर करि अभ्यासा।
चन्चल मन उस चित्त जनाना। बारम्बार घसीटहि लाना।।

12/9/26

प्रभु चिन्तन मम नित–नित होई। इष्ट आराधन में सब कोई।
करहु सदा अभ्यास निरन्तर। घट–घट वासी मम उर अन्तर।।

12/9/27

करि न सकहिं अभ्यास जे कोई। मम हित कर्म परायण होई।
करि मम अर्थ कर्म विधि सोई। निश्चय–पथ कल्याणहि बोई।।

12/10/28

करत निरन्तर मन अभ्यासा। साधन–पथ नित देइ प्रकासा।
मम अखपत सब करम सुवासा। मम तत्कर मन मुदित सुभाषा।।

12/10/29

जप तपादि श्रुति सम्मत धर्मा। करि न सकहिं यज्ञादिक कर्मा।
तब मम भक्ति मर्म अनुरागा। मन अपना फल त्यागि विरागा।।

12/11/30

सकल कर्म–फल त्यागहुँ भाई। लाभ–हानि चिन्ता नहिं आई।
आत्मवान् की शरण में जाओ। प्रेरित कर्म स्वतः मन भाओ।।

12/11/31

उत्तम ज्ञान श्रेष्ठ अभ्यासा। ताते उत्तम ध्यान प्रकासा।
पुनि अति श्रेष्ठ त्यागफल जानहुँ। त्याग करहिं बहुविधि कल्यानहुँ।।

12/12/32

ज्ञानमार्ग से पर सोइ कर्मा। निष्काम कर्मयोगी को धर्मा।
भक्त समर्थित जो कोउ होई। त्यागि कर्मफल शान्ति हि बोई।।
12/12/33

द्वेष रहित बिनु स्वार्थभूत सम। क्षमा दया गुणवान पूत सम।
अहंकार ममता सब त्यागी। दुख सुख नित्य समान विरागी।।
12/13/34

द्वेष भाव से रहित गुसाईं। ममता रहित भाव सोइ साईं।
अहंकार नहिं सुख दुःख नाहीं। क्षमावान दुःख दोष नसाहीं।।
12/13/35

सबका प्रेमी दीन दयाला। शान्ति भाव गहि परम कृपाला।
सोइ नर पुरुष नारि मोइ भावा। जनम जनम के दुःख विसरावा।।
12/13/36

चित संतुष्ट निरंतर योगी। इन्द्रिय नियम देह तजि भोगी।
मम गति मन रति निश्चय ज्ञानी। सो मम भक्त परमप्रिय मानी।।
12/14/37

नित्य निरन्तर मन संतुष्टा। लाभ–हानि सम ज्ञान प्रविष्टा।
मन इन्द्रिय तन वश में करहीं। नित–नित योगी भाव अनुसरहीं।।
12/14/38

निश्चय दृढ़ मम अर्पित होई। मम प्रिय भक्ति भाव सोइ सोई।
योगारूढ़ सोइ योगी जानो। मम प्रिय भक्त ताहि पहचानो।।
12/14/39

दुख उद्वेग काहु नहिं कबहूँ। देइ न जन लखि दाह न अबहूँ।
हर्ष अमर्ष ताप भय जबहूँ। दुख नहिं जाय परम प्रिय सबहूँ।।
12/15/40

जो न काहु को दुःखी करावा। सो सब ही के मन अति भावा।
हर्ष–सन्ताप भय नहिं जोई। सकल विकार नहीं सोइ सोई।।
12/15/41

दोहा

अन्तर्यामी मैं प्रभु, सबके अन्तर सोउँ
नित्य हृदय विराजता, सब प्राणी हिय होउँ।

12/15/42

स्मृति–ज्ञान अपोहनम्, बुद्धि विचारालीन्ह
वेद मैं वेदान्तकर्ता, वेद ज्ञान गुणचीन्ह।

12/15/43

चलहुँ पंथ साधक सकल, सबकी ममता लेइ
नहिं काहूसन वैर करि, शुभ आचरण संजोइ।

12/15/44

शान्त चित्त तब मन रहे, प्रेम–भाव भरपूर
प्रभु चिन्तन नित सुर लगे, करुणामय सब नूर।

12/15/45

चौपाई

इच्छाहीन परम प्रिय चीन्हा। परम पवित्र चित्त मन दीन्हा।
द्वन्द्व रहित पावन सुप्रवीना। उदासीन मन दुक्ख विहीना।।

12/16/46

सकल कर्म फल त्यागि सुजाना। मम प्रिय भक्त सदा तेहि जाना।
दक्ष चित्त मन समता पाई। भक्त अनन्य प्रियहि मोहि भाई।।

12/16/47

हर्ष द्वेष इच्छा सविकारा। शोक विगत मन रहित विकारा।
पाप पुण्य जिन सकल विसारे। भक्त मोहि ते अति प्रिय सारे।।

12/17/48

नियतकर्म आराधन चिन्तन दक्ष होइ सोइ वसि मन अन्तर ।
त्यागी सब आरम्भी होई। नहिं कछु शेष साधना सोई।।

12/17/49

शत्रु मित्र गुण दोष समाना। शीत तप्त मान अपमाना।
द्वन्द्व तुल्य सुख दुख सम जाके। उदासीन आसक्ति न ताकें।।

12/18/50

कबहुँ न सुखी दुखी वह होई। शोक–अशोक में सम हो जोई।
नहिं कछु कछुक कामना जागी। कर्म शुभाशुभ फल सब त्यागी।

12/18/51

नहिं शुभ विलग अशुभ नहिं शेषा। भक्ति भाव अविचल मन भेषा।
अतिशय प्रिय मम भक्त सो जानो। योग श्रेष्ठ भक्त पहचानो।।

12/18/52

ममता मन आसक्ति न जाना। अशुभ कर्म कारण पहचाना।
भक्त सकल विकार अभावा। कर्म बन्ध शुभ अशुभ प्रभावा।।

12/19/53

राग द्वेष दुख सुख नहिं होई। भक्तिमान अपमान न कोई।
ज्यों ज्यों साधनरत पथ बढ़हीं। त्यों त्यों द्वन्द्व होंइ कम गढ़हीं।।

12/19/54

मौन रहे संतुष्ट सदा जोइ। दृढ़ता ज्ञान भक्ति रहे सोइ।
सिद्धावस्था पहुँचि जे पावहिं। परम सिद्धि योगी कहलावहिं।।

12/19/55

छन्द

निंदा स्तुति व्रत मौन सही। सम कीर्ति अकीर्ति औ मान गही।
बिनु यत्न प्रयत्न धन जेहि मिले। चित्त प्रसन्न हिय कमल खिले।
जग जासु निवासु न वास कहीं। थिर बुद्धि विकार प्रदोष नहीं।
उर भक्ति निरंतर बुद्धि थिरहिं। मम प्रीतम प्रीति हृदय न फिरहिं।

12/19/56

दोहा

जे नर श्रद्धा भक्ति युत, चित्त विकार विहीन
पुरुष निरंतर धर्म सुधि, पार्थ सुहृद मम लीन।

12/20/57

नित्य अचार–विचार रत, ध्यान सिवा नहिं कोय
भक्त निमग्न विचारिहैं, अतिशय मम प्रिय होय।

12/20/58

धर्मामृत सेवहिं सुजन, अति प्रिय मोरे जान
भक्त सिद्ध साधक सदा, सम ज्ञानी पहिचान।

12/20/59

अति प्रिय तनय समान मम, बालक तिन मोहि जान
मोर परायण भक्त जे, साधक सिद्ध सुजान।

12/20/60

अनन्य भक्त जानो उसे, मोर–परामण जोइ
निष्काम भाव आचरहि जो, सो मम प्रिय बहु होई।

12/20/61

मम स्वरूप थित पुरुष जो, शरणागत मम होइ
परमशान्ति पावै सदा, मम हिय जानै सोइ।

12/20/62

छन्द

ओम् भगवद्गीता तत् सत् मीता, विद्याब्रह्म बिचारहीं
ब्रह्मास्त्रमय योगशस्त्रमय, जीव ब्रह्म उच्चारहीं
उपनिषद् जो गावा, ब्रह्म सुनावा, गीत पुनीत विचारहीं
जीवार्जुन आत्मा मय परमात्मा, परमानन्द प्रचारहीं ।

ओम् इति डॉ. रामवीर सिह कुशवाह 'पथिक' कृत
श्रीमद्भगवद्गीतामृत
गीतयोग नामक ग्रन्थ का भक्तियोग नामक
बारहवाँ अध्याय समाप्त हुआ।

❄ ❄❄

ॐ गुं गुरुभ्यो नमः । ॐ गं गणेशाय नमः । ॐ श्री परमात्मने नमः।

श्रीमद्भगवद्गीतामृत गीतयोग

अध्याय - तेरहवाँ

क्षेत्र-क्षेत्रज्ञ विभाग योग

(प्रकृति, पुरुष, चेतना)

गीता के आरम्भ में ही धृतराष्ट्र का प्रश्न था कि, संजय! धर्मक्षेत्र तथा कुरुक्षेत्र में युद्ध की इच्छा से एकत्र हुए मेरे व पाण्डु–पुत्रों ने क्या किया? परन्तु अभी तक गीता में यह नहीं बताया गया कि वह क्षेत्र है कहाँ? इस अध्याय में भगवान् स्वयं बताते हैं–"कौन्तेय! यह शरीर ही एक क्षेत्र है और जो इसको भली प्रकार जानता है वह क्षेत्रज्ञ है, उसका संचालक है। अब स्वाभाविक प्रश्न यह उठता है कि शरीर तो एक ही है, उसमें धर्मक्षेत्र और कुरुक्षेत्र–ये दो क्षेत्र कैसे स्थित है? वस्तुतः इस शरीर के अन्तराल में अन्तःकरण की दो पुरातन प्रवृत्तियाँ हैं–एक पुण्यमयी प्रवृत्ति (दैवीय सम्पदा) है जो परमधर्म परमात्मा में प्रवेश दिलाने वाली है। दूसरी दूषित दृष्टिकोण से गठित आसुरी सम्पद् है जो नश्वर संसार में विश्वास दिलाती है। आसुरी सम्पद् का बाहुल्य होने पर यह शरीर 'कुरुक्षेत्र' बन जाता है। परन्तु जब इस शरीर में दैवीय सम्पद् का बाहुल्य हो जाता है, तो यही शरीर 'धर्मक्षेत्र' कहलाता है। स्वामी अड़गड़ानन्द जी के अनुसार–"यह उतार–चढ़ाव बराबर लगा रहता है, किन्तु तत्वदर्शी महापुरुष के सानिध्य से जब कोई अनन्य भक्ति द्वारा साधना में प्रवृत्त होता है, तो दोनों प्रवृत्तियों में निर्णायक युद्ध का सूत्रपात् हो जाता है।"

भगवान कहते है कि क्षेत्र क्षेत्रज्ञ विभाग प्रकृति, पुरुष, चेतना,

शरीर, आत्मा व इससे परे परमात्मा के अन्तर को समझने वाला इस भौतिक जगत में मोक्ष पा लेता है। तत्व से जानने वाले की परमात्म तत्व से अभिन्नता हो जाती है। इन्द्रिय रहित होने पर भी सम्पूर्ण इन्द्रियों को प्रकाशित करने वाला, सम्पूर्ण प्राणियों के अन्दर–बाहर रहने वाला, चर–अचर प्राणियों के रूप में, सम्पूर्ण प्राणियों में विभक्त रहता हुआ भी विभाग रहित, सम्पूर्ण ज्ञानों का प्रकाशक, समस्त विषम प्राणियों में सम रहने वाला, अनित्य जीवों में नित्य रूप से रहने वाला, विनाशी प्राणियों में अविनाशी रूप से रहने वाला, सब जगह हाथ, पैर, सिर, नेत्र, कान वाला एक भगवान ही है। जिसे यथार्थ तत्व रूप से जान लेने पर अमरता की प्राप्ति हो जाती है। भगवान कहते हैं कि–साधना के पूर्तिकाल में परम तत्व परमात्मा का प्रत्यक्ष दर्शन ही ज्ञान है। ज्ञान का अर्थ है साक्षात्कार, इसके अतिरिक्त जो कुछ भी है, वह अज्ञान है। ब्रह्म न सत् है, न असत्। इन दोनों से परे है। उसे हृदय में ध्यान करके जाना जा सकता है। क्षेत्र–क्षेत्रज्ञ की जानकारी ज्ञानरूपी नेत्रों द्वारा ही सम्भव है। तत्वज्ञ् महापुरुषों द्वारा बताए मार्ग पर चलकर मन सहित इन्द्रियों के निरोध से इस परमतत्व की अनुभूति रूपी 'ज्ञान' प्राप्त किया जा सकता है।

दैवीय व आसुरी सम्पद् प्रवृत्तियों में निर्णायक युद्ध होने पर क्रमशः दैवीय सम्पद् का उत्थान और आसुरी सम्पद् का शमन हो जाता है। आसुरी सम्पद् के शमन के उपरान्त परम के दिग्दर्शन की अवस्था आती है। इस परम के दर्शन के साथ ही दैवी सम्पद् की आवश्यकता समाप्त हो जाती है, अतः वह भी परमात्मा में स्वतः ही विलय हो जाती है। इस विलय के बाद पुरुष का जो स्वरूप शेष रहता है, वही 'क्षेत्रज्ञ' है। इस प्रकार क्षेत्र–क्षेत्रज्ञ के भेद को तथा विकार सहित प्रकृति से छूटने के उपाय को ज्ञानरूपी नेत्रों से देख लेने वाले महात्मा जन परब्रह्म परमात्मा को प्राप्त होते हैं। मनसहित इन्द्रियों के निरोध तथा उस निरोध के भी विलयकाल में परमतत्व को देखने के साथ होने वाली अनुभूति ही 'ज्ञान' है।

अर्जुन उचाव

दोहा

प्रकृति पुरुष प्रभु कहा तुम, कहा ज्ञेय पुनि ज्ञान
कहौ क्षेत्र क्षेत्रज्ञ पुनि, बरनहुँ सो भगवान।

13/1/1

श्री भगवान उचाव

दोहा

दुख सुख जनक शरीर यह, पंथ क्षेत्र मति धीर
बहुरि पुरुष अभिमान तन, तेहि क्षेत्रज्ञ सुधीर।

13/1/2

चौपाई

भारत देह बहुत जग माहीं। एक निरखि क्षेत्रज्ञ सुताहीं।
क्षेत्र और क्षेत्रज्ञ विवेकहिं। उत्तम ज्ञान मोर मत एकहिं।।

13/2/3

तनु स्वभाव इच्छादिक नाना। बहुरि विकार अनेक विधाना।
पुनि प्रभाव जस रूप अपारहिं। सुनि संक्षेप कहौं विस्तारहिं।।

13/3/4

ऋषिगण बहुविधि ज्ञान जो गावहिं। भिन्न भिन्न श्रुतिसार वतावहिं।
युक्ति युक्त वेदान्त वखाना। ब्रह्म–सूत्र ललित पद नाना।।

13/4/5

महाभूत पंच अभिमाना। बुद्धि और अव्यक्त सुजाना।
इन्द्रिय दस एक चित्त सुहाना। त्रिगुणमयी माया तेहि जाना।।

13/5/6

चौबीस तत्व सांख्य सब माना। इन्द्रिय गोचर सकल प्रधाना।
द्वेष इच्छा सुख दुख संघाता। धारण–शक्ति क्षेत्र गुण ज्ञाता।।

13/5/7

स्थूल पिण्ड तन धृति सविकारा। देहेन्द्रिय मय ज्ञान विचारा।
कहहुँ क्षेत्र संक्षेप बखानहिं। सहित विकार सुनाव सुजानहिं।।

13/6/8

दोहा

इच्छा द्वेष पिण्ड सब, चेतनता गुण शक्ति
अन्तःकरण की शक्ति यह, क्षेत्र विकार विभक्ति।

13/6/9

अभिमान श्रेष्ठता दम्भ का, दम्भाचरण अभाव
क्षमा अहिंसा आर्जवम्, शौच विनिगृह भाव।

13/7/10

शुद्ध सरल व्यवहार जो, द्रव्य शुद्धि कहिलाय
अन्न शुद्धि आहार शुचि, निर्मलता नहिलाय।

13/7/11

यथायोग्य वर्ताव से, बाहर शुचिता होय
राग–द्वेष विकार नशि, भीतर सुखिया सोय।

13/7/12

चौपाई

रहित अहं दम्भ अभिमाना। क्षमा सरलता गुरु सम माना।
हिम पावन थिर मन धरि ध्याना। देहेन्द्रिय निज वश करि ज्ञाना।।

13/7/13

इन्द्रिय विषय विराग विचारहिं। अहंकार मन मलिन निकारहिं।
जरा मरण सुख दुख वय व्याधहिं। लोकासक्ति भोग नित साधहिं।।

13/8/14

जन्म मृत्यु भय व्याधि विचारी। जरा दोष दुःख रोग प्रचारी।
लोक–परलोक सकल जो भोगा। आसक्ति –भाव अभाव कुरोगा।।

13/8/15

अहंभाव सब मोह विलीना। सकल भोग सुख जोग विलीना।
बारम्बार विचारि विचारी। जन्म मृत्यु भय रोग अचारी।।

13/8/16

स्त्री सुत प्रीति घर धन में। ममता अप्रिय प्रिय नहि मन में।
इष्ट अनिष्ट न द्वेष न रागहिं। हर्ष–शोक समता ही विरागहिं।।

13/9–10/17

मन अनुकूल नहीं प्रतिकूलहिं। चित्त सदा ही सम अनुकूलहिं।
अविचल योग निरंतर लीना। भक्ति एक रस मोर प्रवीना।।

13/9–10/18

शुद्ध देश एकान्त निवासहिं। निर्जन वन तजि जनसंग वासहिं।
विषयासक्त प्रेम सन तजहीं। मुझ एकल परमेश्वर भजहीं।।

13/9–10/19

दोहा

आत्मज्ञान लवलीन सब, बहहिं तत्व हिमधार
तत्व ज्ञान श्रुति संत तब, ईश तत्व सुविचार।

13/11–12/20

ज्ञेय पदारथ अब कहहुँ, सुनत होउ भव पार
परम ब्रह्म कारण रहित, नहिं सत् असत् विचार।

13/11–12/21

चौपाई

हाथ पैर सर्वत्र चहुँ ओरा। नयन सीस मुख अंत न घोरा।
कर्ण अनन्त श्रोत्र चहुँ फेरा। व्याप्त सकल जग अविचल घेरा।।

13/13/22

भक्त जहाँ कहुँ नमन झुकाहीं। झुकि झुकि वन्दन पावहुँ भाई।
जहँ देखहिं तहँ दर्शन मोरे। कोटि–कोटि जन पूजहिं थोरे।।

13/13/23

मोरे चरन भक्त के भावा। दृष्टि न ओझल रूप सुझावा।
चन्दन जहाँ माथ वहँ कीन्हा। भोग जहाँ मुख तहाँ ही चीन्हा।।

13/13/24

विनती जहाँ कर्ण वहँ जावहिं। धीमे मन में बोल सुनावहिं।
सकल अंग अवयव गुणहीना। जो चाहे सोइ करहि प्रवीना।।

13/13/25

दोहा

ज्ञेय ज्ञात्वा परम जो, परमानन्द स्वभाव
सत् असत् नहिं ब्रह्म हैं, आदि रहित गुणभाव।

13/13/26

चौपाई

इन्द्रियहीन ब्रह्म अविकारा। जानिअ ताहि विषय गुण द्वारा।
उदासीन सब तन भरतारा। निर्गुण चिरगुण भोगन हारा।।

13/13/27

चहुँ दिसि आरति चहुँ दिसि पूजा। चहुँ दिसि पावहिं नहिं कोउ दूजा।
निरासक्त गुणातीत मोहि जानहुँ। धारण पोषण गुण पहिचानहुँ।।

13/13/28

दोहा

हाथ पैर चहुँओर हैं, नयन मुख चहुँ ओर
श्रोत्र सिर बहु व्याप्त हैं, जग में थित चहुँ ओर।

13/13/29

चौपाई

माया योगशक्ति प्रकटावहिं। गुणहिं सकल भोक्ता मिटि जावहिं।
भारण पोषण सब जग कीन्हा। गुणातीत निर्गुण मोहि चीन्हा।।

13/13/30

बाहर भीत चराचर भूतहिं। ब्रह्म जगत अणुरूप निरूपहिं।
अविज्ञेय परिपूर्ण सुजानहिं। सो अति निकट दूरि गुन गानहिं।।

13/15/31

अविभक्त विभक्त भूत समुदायी। भिन्न भिन्न थिर एक सुखदायी।
पालन पोषण प्रभु नित करहीं। जग प्रकटाय रुद्र संहरहीं।।

13/15/32

परमातम कर पाद विहीना। बेगि चलहुँ करतार कुलीना।
नयन बिना देखहिं बिनु काना। बानी बिना श्रेष्ठ बक्ताना।।

13/15/33

प्रभु समर्थ तन बिनु प्रकटावहिं। सगुण निगुण को भेद मिटावहिं।
हिम घट जल में चहुँ दिसि नीरा। भीतर बाहर जल सब तीरा।।

13/15/34

मैं सब जड़ चेतन नित बासा। प्राणि चराचर रूप सुवासा।
सूक्ष्म तत्व परिपूर्ण स्वभावा। बाहर–भीतर अन्तर भावा।।

13/15/35

दोहा

ज्ञेय सदा अति सूक्ष्म है, विषय मोर नहिं ज्ञानि
अविज्ञेय मोहि मानिए, मन इन्द्रिय नहिं जानि।

13/16/36

रहित विभाग विभक्त हूँ, होइ मोर बहु रीति
गुण अधिपत्य सदा सब, स्वयं से होइ परतीति।

13/16/37

चौपाई

ब्रह्म ज्योति रविचन्द्र कलादी। तासु प्रकासक ज्योति अनादी।
ग्यानगम्य तमहीन स्वरूपा। बोधगम्य हिय तत्व निरूपा।।

13/17–18/38

कहेउँ क्षेत्र क्षेत्रज्ञ स्वरूपहिं। अति संक्षेप ज्ञेय निज रूपहिं।
जासु तत्व मम भक्ति जे गावहिं। पद निर्वान परम पद पावहिं।।

13/17–18/39

ज्योति की परम ज्योति मम तेजा। शब्द ज्योति कर्ण चहुँ भेजा।
त्वचा स्पर्श जीभ रस रसिका। रूप प्रकाशक घ्राण नस नसिका।।

13/17–18/40

इन्द्रिय ज्योति मन बुद्धि को जानो। बुद्धि ज्योति स्वयं नित मानो।
स्वयं की ज्योति परमातम चीन्हो। स्वयं प्रकाशक तेज निज दीन्हो।।

13/17–18/41

स्वयं प्रकाश बुद्धि में जावहिं। बुद्धि प्रकासित मन घुसि पावहिं।
मन प्रकाश इन्द्रिय सुप्रकासा। तहाँ ते विषय पाय निज वासा।।

13/17–18/42

विषम जीव सुरासुर भेदहिं। सकल एक तें एक सचेतहिं।
सबकर परम प्रकाशक मैं ही। ईश अनादि आधिपति में ही।।

13/17–18/43

अन्तर घुसि न पाय अज्ञाना। निर्विकार परमातम जाना।
अवसि देखि चहँ देखन जोगी। नित्य निरंतर विज्ञ वियोगी।।

13/17–18/44

क्षेत्र ज्ञान ज्ञेय तत्व ज्ञानी। जानहि सोइ परमातम जानी।
परमतत्व अभिन्न सो पावहिं। ब्रह्म ज्योति एक झलक दिखावहिं।।

13/17–18/45

दोहा

ब्रह्म ज्योति पर ज्योति है, बोधस्वरूपी रूप
माया से है परे अति, सबके हिय का भूप।

13 / 17–18 / 46

क्षेत्र और क्षेत्रज्ञ का, अतुल अलौकिक ज्ञान
भक्त मोर जे जानहीं, तत्व रूप पहिचान।

13 / 17–18 / 47

चौपाई

पुरुष प्रकृति अनादि अनादी। पुनि सविकार प्रकृति देहादी।
सुख दुख राग द्वेष गुण नाना। सब माया उपजहिं सोइ नाना।।

13 / 19–20 / 48

इन्द्रियादि मन बुद्धि शरीरहिं। कारण तासु प्रकृति मति धीरहिं।
सुख–दुख विषय योग संसारहिं। भोगल पुरुष प्रकट करतारहिं।।

13 / 19–20 / 49

ज्ञेय तत्व क्षेत्रज्ञ हैं एकहिं। गुणालीन स्वाभाविक देखहिं।
गुणातीत पुरुष मम जानहुँ। कारण जगत प्रकृति को मानहुँ।।

13 / 19–20 / 50

पुरुष सदा से कारण हीना। कारण कार्य विमुक्त कुलीना।
सुख–दुख विलग अलग हैं जानो। एक सदा सम नित पहिचानो।।

13 / 19–20 / 51

पुरुष नहीं थित प्रकृति शरीरा। प्रकृति जन्म गुण मानि सुधीरा।
भोक्ता तबहिं बने गुणज्ञानी। सकल क्रियाफल भोग सुजानी।।

13 / 19–20 / 52

नहिं प्रकृति गुण ममता नाहीं। कबहुँ न भागहिं सुख–दुख पाहीं।
सुख–दुख में समता रम रहहीं। स्वस्थ्य चित्त मन ज्ञानी गहहीं।।

13 / 19–20 / 53

दोहा

प्रकृति जीव जीवात्मा, आदि अनादी जान
राग द्वेष विकार सब, उपजें प्रकृति सुजान।

13 / 19–20 / 54

त्रिगुणमयी माया गुण, प्रकृति संग उपजाय
प्रकटें पुरुष नित्य नित, योनि सकल तजि जाय।

13 / 19–20 / 55

सुख–दुख माया के गुण, पुरुष देह धरि भोग
उत्तम अधम योनि सब, ताते उपजहिं रोग।

13 / 19–20 / 56

चौपाई

प्रकृति में स्थित पुरुष ही भोगहिं। प्रकृति–पुरुष उत्पन्न सुजोगहिं।
त्रिगुण संग कारण वहु जन्मा। भली बुरी बहु योनि में जन्मा।।

13 / 21–22 / 57

सतगुण संगी देवयोनि में। रजगुण संगी मनुज योनि में।
संग तमोगुण जब जो भावा। पशु–पक्षी सब योनि ही पावा।।

13 / 21–22 / 58

त्रिगुणमयी माया उपजाए। नर–नारी बहु मोह सुहाए।
सब जग भूत सकल बहुताए। माया मोह निकल नहिं पाए।।

13 / 21–22 / 59

छन्द

प्रकृतिजन्य प्रकृतिस्थ नर गुण, भोगि भोक्ता भोगहीं
क्रियाफल नित भोगि रोगि, शरीर सोक्ता रोगहीं।
जोरि तन सम्बन्ध बन्धन सकल कर्ता आवहीं
संग गुण मैं मेरापन बँधि पुरुष नित बँधि जावहीं।

13 / 21–22 / 60

चौपाई

देह विराजि पुरुष करतारा। दृष्टा सोइ सम्मत भरतारा।
भर्ता परम महेश्वर भोगी। परमातम श्रुति कहिं सो योगी।।

13 / 21–22 / 61

उपद्रष्टा अनुमन्ता मानहिं। व्यष्टि शरीर एकता जानहिं।
स्वयं इन्द्रि तन मन मलिकाना। धन सम्पत्ति बुद्धि गुणखाना।।

13 / 21–22 / 62

परमात्मा भरता त्रिपुरारी। परमपुरुष महेश्वर प्यारी।
ब्रह्मादिक स्वामी महाईशा। शुद्ध सच्चिदानन्द जगदीशा।।

13/21–22/63

दोहा

देहेस्मिन थित पुरूष पर, उपद्रष्टा ही होइ
भर्ता भोक्ता होय सो, अनुमन्ता शुचि सोइ।

13/21–22/64

शुद्ध सच्चिदानंद घन, ब्रह्मादिक सुखपाल
सकल महेश्वर ईश हैं, सर्वेश्वर दिक्पाल।

13/21–22/65

प्रकृति स्थित उपजाय जो, त्रिगुणी माया संग
भली बुरी सब योनि में, जन्महिं त्रिगुणी रंग।

13/21–22/66

त्रिगुणमयी माया से, पुरुष सर्वथातीत
साक्षीभाव से धारता, तन स्वामी सब मीत।

13/21–22/67

चौपाई

जो यह भांति पुरुष पहिचानहिं। सम्यक् प्रकृति सहित गुण जानहिं।
सो सब कर्म करहिं विधि नाना। पारथ जन्म न धरहिं जहाना।।

13/23–24/68

पुनर्जन्म गुण संग ही कारण। देह परे साधक गुण हारण।
वर्णाश्रम पर स्थिति ज्ञानहिं। प्राप्त कर्म मर्म सुजानहिं।।

13/23–24/69

स्वयं अकर्ता जानहिं साधक। कर्तापन अभिमान ही बाधक।
फलासक्ति रहित सब कर्मा। क्रिया स्वतः परिचालित धर्मा।।

13/23–24/70

अहं सकल विनष्ट स्वताहीं। शास्त्र विहित कर्तव्य सुहाहीं।
ध्यान चित्त विमूढ़ आरम्भहिं। चित्त स्वरूप लीन प्रारम्भहिं।।

13/23–24/71

समाधिस्थ एकाग्र निरुद्धा। निर्विकल्प योगी सब रुद्धा।
जबहि ध्यान सिद्धगत जोई। तन जग चिन्तन उपरत होई।।
13/23–24/72

सांख्य योग विवेकहिं जागी। प्रकृति कार्य पृथक मन लागी।
अनुभव स्वयंसिद्ध तब जागहिं। निज स्वरूप तब सिद्ध कहावहिं।।
13/23–24/73

कर्मयोग जगहित सब कर्मा। फल इच्छा मन नहिं कछु मर्मा।
निज कर्तव्य कर्म ही जानहिं। क्रिया पदारथ तन नहिं मानहिं।।
13/23–24/74

दोहा

दृश्य मात्र यह जगत है, नाशवान् जड़ जान
नित अनित्य त्रिगुणामयी, प्रकृति तत्व पहचान।
13/23–24/75

जीवात्मा नित चेतना, निर्विकार शुचि रूप
सत्य सनातन अंश यह, नित्य–निरन्तर भूप।
13/23–24/76

असंग रहे माया सकल, करें सर्वथा त्याग
परमपुरुष पहिचानिके, नित्य लीन भव लाग।
13/23–24/77

ध्यान योग शुचि बुद्धि से, हृदय लखहिं कछु लोग
ज्ञान योग बहु भासते, कर्म योग कछु जोग।
13/23–24/78

प्रकृति पुरूष गुण रूप से, सकल तत्व जो जानि
सकल भाँति घटते रहें, पुर्नजन्म नहिं मानि।
13/23–24/79

दृश्यमात्र यहि जगत में, माया सकल विराजि
क्षणभंगुर जड़ होइ सब, असत् रूप सोइ साजि।
13/23–24/80

जीवात्मा नित नित्य है, निर्विकार चैतन्य
अविनाशी शुचि रूप में, बोध–स्वरूप अनन्य।
13/23–24/81

भली भाँति यहि जानिके, तत्व पुरुष पहिचान
मन चित्त एकाग्र थित, परम पुरुष मम ज्ञान।

13/23–24/82

माया रूपी जड़ जगत्, सकल पदारथ त्यागि
निर्विकार युत चित्त गहि, चरनन महिं मम लागि।

13/23–24/83

परमात्मा लखि आत्मना, सूक्ष्म बुद्धि धरि ध्यान
नित्य हृदय लखि शुद्धता, निष्काम कर्म अरु ज्ञान।

13/23–24/84

योगशक्ति को प्रगट करि, बहु आयामी ज्ञान
शुद्ध भक्ति शुचि शुद्धता, अन्तर्मन पहिचान।

13/23–24/85

चौपाई

कोइ आतम निज देहहिं देखहिं। मन धरि ध्यान स्वरूप विलोकहिं।
कोइ विवेकजन कर्म करावहिं। आतम ज्ञान हृदय नित पावहिं।।

13/25–26/86

मन्द बुद्धि जे ध्यान न जानहिं। सांख्य कर्म न योग प्रमानहिं।
सद् उपदेश तत्व सुनि ज्ञानहिं। भव तरि सकल कलेश सुजानहिं।।

13/25–26/87

जड़ जंगम सचराचर चेतन। प्रकटहिं पुरुष प्रकृति संग केतन।
सकल जगत विनष्टहिं खोई। क्षड़भंगुर अनित्य नित सोई।।

13/25–26/88

सांख्य ध्यान कर्म लय ध्यानी। जीवनमुक्त पुरुष महाज्ञानी।
सुनि तत्वज्ञ ज्ञान बहु रूपा। एक साधना सकल स्वरूपा।।

13/25–26/89

नाशवान जग सकलहिं भूता। उपजहिं शाश्वत एक रस रूपा।
स्थावर जंगम जितने प्रानी। सर्ग विसर्ग संयोग सुजानी।।

13/25–26/90

नाशवान अनित्य सब जानो। प्रकृति साथ सम्बन्ध न मानो।
जन्म मृत्यु चक्र सब छूटहिं। लखहिं भूत सब एकहिं रूपहिं।।

13/25–26/91

दोहा

स्थावर जंगम वस्तु जो, उपजी जग में जानि
क्षेत्र अरु क्षेत्रज्ञ से, उपजी तुम पहिचानि।

13 / 25–26 / 92

मन्द बुद्धि नर जगत में, अन्य पुरुष सुनि ज्ञान
करैं ज्ञान उपासना, परमतत्व पहिचान।

13 / 25–26 / 93

तत्व ज्ञानी पुरुष जो, सबको देवें ज्ञान
मृत्युरूप संसार से, तारहिं सकल निधान।

13 / 25–26 / 94

स्थावार जंगम भूत जो, किंचित जग उपजाय
क्षेत्र और क्षेत्रज्ञ के, मिलन से शुचिपाय।

13 / 25–26 / 95

सकल जगत अनित्य है, नाशवान थित होय
क्षणभंगुर जग जानिए, सकल भूप नित खोय।

13 / 25–26 / 96

चौपाई

नश्वर निरखि चराचर भूता। अविनाशी ईश्वर जगदूता।
ब्रह्म एक सब जीव समानहिं। जो समभाव लखहिं तेइ जानहिं।।

13 / 27–28 / 97

ईश्वर सब समभूत अनित्या। सम थिति लखहिं अनित्या नित्या।
हनहिं न निज सब आतम प्रानी। पावहिं मोक्ष परम पद ज्ञानी।।

13 / 27–28 / 98

समत्व अभिन्न भाव पहिचानी। परमतत्व अवलोकहिं ज्ञानीं।
सत्व ज्ञान सच्चा यहि मानो। भिन्न अभिन्न रूप पहिचानो।।

13 / 27–28 / 99

नित्य प्राप्त सत्यता लेखहिं। मोह असत् जग कारण देखहिं।
मोह विनशि परमात्महिं देखा। 'वासुदेव सर्वम्' मन लेखा।।

13 / 27–28 / 100

प्रकृति संग सम्बन्ध जो माना। तोड़हुँ सकल बन्ध जग जाना।
स्वतःसिद्ध ज्ञानी जग जानी। सकल ईश ईश्वर पहिचानी।।

13 / 27–28 / 101

दोहा

विनशि चराचर भूत जो, लखहिं नित्य समभाव
अविनाशी परमेश्वरम्, समतामयी स्वभाव।

13/27–28/102

सम्भावी जगदीश लखि, आत्मा नहिं विनशाय
स्वयं नष्ट नहिं होबहीं, परमगति सुख पाय।

13/27–28/103

पुरुष जेहि लखि भूत सब, अविनाशी जगदीश
परमेश्वर समभावथित, सोइ देखहिं महाईश।

13/27–28/104

परम पुरुष समभाव लखि, आत्म तत्व धरि ध्यान
लखहिं सर्व जगदीश को, परम गति शुचि पान।

13/27–28/105

चौपाई

माया कर्म सकल विधि जानहिं। आतम बहुविधि अक्रिय मानहिं।
जो यह भेद परंपत जानहिं। सो आतम सम्यक् पहिचानहिं।।

13/29–30/106

प्रलयकाल भूत बहु भावहिं। प्रकृति लवलीन बहुरि प्रकटावहिं।
सकल भूत ब्रह्म विस्तारा। एक ईश लखि ब्रह्म प्रकारा।।

13/29–30/107

चेतन तत्व स्वतः निर्विकारा। शांत रूप सम तत्व विचारा।
शक्ति स्वरूप स्वाभाविक कर्ता। नित्य क्रियारत पावन भर्ता।।

13/29–30/108

अक्रिय–सक्रिय दोइ अवस्था। प्रकृति सदा आधीन व्यवस्था।
सूक्ष्म क्रिया नित चलहिं चलाहीं। सर्ग प्रलय भुवि अंत कहाहीं।।

13/29–30/109

प्रकृति सदा सबकी ही कारण। गुण कार्य इन्द्रिय रस भारण।
स्वार्थ भोग सुख बुद्धिहि उपजै। मानि असत् सम्बन्धहिं सुपजै।।

13/29–30/110

राग द्वेष उद्भव गुण देखहिं। गुण ही गुण दोष ही लेखहिं।
स्थूल सूक्ष्म कारण तनु देखा। दोषदृष्टि सब मिटहिं स्व–पेठा।।

13/29–30/111

प्रकृति त्रिगुण सब कर्म करावा। गुण ही वर्तहिं गुण ही भावा।
सकल कर्म लखि आत्मा देखा। आत्म अकर्ता मानहिं लेखा।।

13/29–30/112

दोहा

न्यारे–न्यारे भाव से, परमात्मा एक देखि
सकल भूत विस्तार जो, सत्‌चित् आनंद लेखि।

13/29–30/113

सकल कर्म बहु भाँति लखि, उपजाए बहु ज्ञान
आत्म अकर्त्ता पश्य मम, रूप सकल पहिचान।

13/29–30/114

यदा काल बहुभूत के, न्यारे –न्यारे भाव
परमात्मा संकल्प से, शाश्वत गुणी स्वभाव।

13/29–30/115

एक गुणी संकल्प थित, सकल गुणी विस्तार
बही सच्चिदानंद घन, एक रूप शुचि सार।

13/29–30/116

चौपाई

ब्रह्म अनादि अगुण गुण आतम। अव्यय अकथ अमिट परमातम।
घट–घट वास विकार न कोई। जिमि अणुरूप व्याप्त जग सोई।।

13/31–32/117

रहि निर्लिप्त जगत सब कोई। तनु विराजि तिमि नहि फल सोई।
गुणातीत अनादि अनादी। त्रिगुण विकार रहित पुरुषादी।।

13/31–32/118

वास शरीर नहीं कछु करहीं। पुरुष प्रकृति निर्लिप्त ही रहहीं।
त्यागहुँ जब लिप्तता ज्ञानी। कर्तापन स्वमेव तजि जानी।।

13/31–32/119

पवन अकाश अति सूक्ष्म गुणादी। भूत लिप्त नहिं सब सनकादी।
नित्य स्वयं सर्वगत् परमाणू। शाश्वत् अचल अचिन्त्य स्थाणू।।

13/31–32/120

व्याप्त सकल ब्रह्माण्ड और जग। निर्लिप्त सदा से होवहिं यह खग।
शाश्वत जीव सनातन आत्मा । दिव्य रूप उपजहिं परमात्मा।।

13/31–32/121

गुणातीत लिप्त नहिं देही। सूक्ष्म आत्म निर्लिप्त सो रेही।
सर्वव्याप्त अणुरूप सो होई। वही परमात्म परंतप सोई।।

13/31–32/122

दोहा

गुणातीत अनादि यह, अविनाशी परमात्म
तन स्थित नहिं लिप्त हैं, आत्म अंश आध्यात्म।

13/31–32/123

सर्व व्याप्त नभ सूक्ष्म अति, लिप्त नहीं जो होय
देहास्थित यह आत्म –गुण, गुणातीत गुण सोय।

13/31–32/124

चौपाई

एक भानु सब जगत प्रकाशी। आत्म तत्व तन क्षेत्र प्रकाशी।
ब्रह्माण्ड सकल गुण तेज प्रकाशा। ईश तत्व लखि गुणी विकाशा।।

13/33–34/125

सकल जगत जड़ वर्ग प्रकाशी, आत्म तत्व सब गुण अविनाशी
क्षेत्र अरु क्षेत्रज्ञ विकारा। भेद जानु तुम ब्रह्म विशाला।।

13/33–34/126

प्रकृति विकार छूटि हिय जानो। ज्ञान नेत्र ब्रह्म पहिचानो।
क्षेत्र अरु क्षेत्रज्ञ विभेदों। तत्व ज्ञान चक्षुओं छेदों।।

13/33–34/127

छन्द

ब्रह्माण्ड प्रकाशहिं सब जग वासहिं, एक दिवाकर आदि अनादहिं
नित् बोध स्वरूपा आतम रूपा, क्षेत्रज्ञ सनातन बोध मुनादहिं।
जो भेद यह जानहिं सब जग मानहिं, ज्ञान दृष्टि नित छावहीं
सब भूत स्वभावा नित नित गावा, पुरुष परमपद पावहीं।

13/33–34/128

दोहा

स्थूल सूक्ष्म कारण तन, सदा प्रकाशित होय
क्षेत्रीय माया बड़ी, दम्भ सदा ही खोय।

13 / 33–34 / 129

क्षेत्र बदलता है सदा, एक रूप नहिं सोय
क्षेत्रज्ञ सदा ही एक रस, नहिं परिवर्तन होय।

13 / 33–34 / 130

जड़ चेतन का भेद जो, क्षेत्र–क्षेत्रज्ञ को ज्ञान
भूत स्वभावी जानि नित्, ज्ञान–नेत्र पहिचान।

13 / 33–34 / 131

परमतत्व पहचान कर, दर्शन दे सोइ ज्ञान
निज साधना की पूर्णता, अनुभूति हो भगवान्।

13 / 33–34 / 132

ध्यान करें नित हृदय में, तत्व–विवेकी मान
कर्म आराधन आचरण, मूल तत्व पहचान।

13 / 33–34 / 133

साक्षात्कार हो ईश से, तभी पूर्ण हो ध्यान
महापुरुष आचरण से, पल–पल प्रकटे ज्ञान।

13 / 33–34 / 134

क्षेत्र अरु क्षेत्रज्ञ का, भेद सोइ पहचान
ईश्वर को सम देखते, स्थित प्रज्ञ सुजान।

13 / 33–34 / 135

ज्ञाननेत्र से जानते, देखें नित नव ज्ञान
दिव्य–दृष्टि पाते वही, प्रभु को प्रिय सोइ जान।

13 / 33–34 / 136

सकल पदारथ जगत के, त्रिगुणमयी भगवान्
देख सके तो देख ले, नित्य–निरन्तर ज्ञान।

13 / 33–34 / 137

महापुरुष के पंथ पर, चलता जो इन्सान
ज्ञान–नेत्र से जानता, कब मिलते भगवान्।

13 / 33–34 / 138

हृदय–प्रकाशित ज्योति से, ईश्वर प्रेरित काम
अन्तर्मन में विराजते, भगवन् नित निज धाम।

13 / 33–34 / 139

ब्रह्म परात्पर जानते, सत् नहिं असत् सुजान
इन दोनों से परे है, नित्य हृदय धरि ध्यान।

13 / 33–34 / 140

महापुरुष ज्ञाता नहीं, प्रभु की जोइ पहचान
सोइ आचरण में ढालते, होइ सर्व कल्याण।

13 / 33–34 / 141

छन्द

ओम् भगवदगीता तत् सत् मीता, विद्याब्रह्म बिचारहीं
ब्रह्मास्त्रमय योगशस्त्रमय, जीव ब्रह्म उच्चारहीं
उपनिषद् जो गावा, ब्रह्म सुनावा, गीत पुनीत विचारहीं
जीवार्जुन आत्मा मय परमात्मा, परमानन्द प्रचारहीं ।

ओम् इति डॉ. रामवीर सिह कुशवाह 'पथिक'
कृत श्रीमद्भगवद्गीतामृत गीतयोग
नामक ग्रन्थ का क्षेत्र–क्षेत्रज्ञ विभाग योग नामक
तेरहवाँ अध्याय समाप्त हुआ।

❉ ❉❉

ॐ गुं गुरुभ्यो नमः । ॐ गं गणेशाय नमः । ॐ श्री परमात्मने नमः।

श्रीमद्भगवद्गीतामृत गीतयोग

अध्याय - चौदहवाँ

त्रिगुणी प्रकृति के तीन गुण

(प्रकृति के तीन गुण)

भगवान कहते हैं कि समस्त देहधारी जीव त्रिगुणमयी भौतिक प्रकृति के अधीन हैं। ये त्रिगुण हैं– सत्वगुण, रजोगुण व तमोगुण । प्रकृति से अतीत होने के लिए इन त्रिगुणों एवं उनकी वृत्तियों को जानना जरूरी है। ये त्रिगुण मन पर प्रभाव डालते हैं ये तीनों गुण शरीर व संसार में आसक्ति, ममता आदि करके जीवात्मा को बाँध देते हैं। सत्वगुण अहं, सुख व ज्ञान की आसक्ति से; रजोगुण कर्मो की आसक्ति से और तमोगुण प्रमाद, निद्रा, आलस्य आदि से मनुष्य को बन्धन में डालते हैं। सत्वगुण की वृद्धि रहने पर ईश्वरीय प्रकाश और शोध शक्ति रहती है। रजोगुण रागात्मक है, उस समय कर्म का लाभ रहता है, आसक्ति रहती है और अन्तःकरण में तमोगुण के कार्यरूप लेने पर आलस्य–प्रमाद घेर लेते हैं। सत्व गुण की वृद्धि में मृत्यु को प्राप्त पुरुष उच्च निर्मल लोकों में जन्म लेते हैं। रजोगुण की वृद्धि में प्राप्त हुआ मनुष्य मानव–योनि में ही लौट आता है तथा तमोगुण के बृद्धिकाल में मनुष्य शरीर त्याग कर अधम योनि (पशु, कीट, पतंग, आदि) को प्राप्त होता है। अतः भगवान कहते हैं कि मनुष्य को क्रमशः उन्नत गुण सात्विक की ओर बढ़ना चाहिए। वस्तुतः तीनों ही गुण किसी न किसी योनि के ही कारण हैं। गुण ही आत्मा को शरीर से

बाँधते हैं। अतः अव्यभिचारिणी भक्ति व योग के द्वारा निरंतर मुझ परमात्मा को भजते हुए जो इन तीनों गुणों से अतीत हो जाता है, वही भगवद्धाम को प्राप्त हो जाता है। परन्तु बिना भजन किए कोई गुणातीत नहीं होता। अनन्य भाव से नियत कर्म का आचरण ही गुणातीत पुरुष की पहचान है। भगवान् कहते हैं–हे अर्जुन! उस अविनाशी ब्रह्म का, अमृत का, शाश्वत् धर्म का और उस अखण्ड एक रस आनन्द का मैं ही आश्रय हूँ। इसी अविनाशी ब्रह्म में वह गुणातीत एकीभाव से प्रवेश करता है।

भगवान् कहते हैं कि अब यदि तुम्हें अव्यक्त, अविनाशी, ब्रह्म, शाश्वत धर्म, अखण्ड, एकरस आनन्द की आवश्यकता है तो किसी तत्वास्थित महापुरुष की शरण लें। उनके द्वारा ही अव्यक्त से साक्षात्कार, परम की प्राप्ति सम्भव है। अनुरागी को यह महापुरुष स्वयं आत्मा से अभिन्न होकर रथी बन जाते हैं और शनैः शनैः उसे संचालित करते हुए उसके स्वरूप तक (जिसमें वे स्वयं प्रतिष्ठित हैं) पहुँचा देते हैं।

श्री भगवान उवाच

दोहा

ज्ञानोत्तम अब कहि बहुरि, उत्तम साधन ज्ञान
मुनिजन पहिले जाहिं भजि, पावहिं पद निर्वान।

14/1–2/1

गहि आश्रय शुभ ज्ञान जेहि, पाय रूप मम धाम
सृष्टि आदि जन्महिं न पुनि, प्रलय न लय गुण काम।

14/1–2/2

ज्ञानरूप धारण करें, निज स्वरूप पहिचानि
वासुदेव से भिन्न कछु, नहीं सृष्टि सोइ जानि।

14/1–2/3

निर्विकार निर्लिप्त होइ, संशय मिटै जहान
सर्ग–प्रलय नहिं करि व्यथित, दिव्य–दृष्टि युत ज्ञान।

14/1–2/4

चौपाई

ब्रह्मरूप गुण तीन प्रधानहिं। सोइ मम योनि गर्भ स्थानहिं।
तहँ मम बीज धरहुँ विस्तारहिं। प्रकटैं भूत सकल विस्तारहिं।।

14/3–4/5

योनि योनि मूरति तन शोभहिं। अग जग जीव चराचर लोभहिं।
त्रिगुणमयी माया गुण खानहिं। माता जनक बीज पितु जानहिं।।

14/3–4/6

ब्रह्माण्ड अनन्त उपजि एक योनी। लीन अनन्त शक्ति जहँ खोनी।
मूल प्रकृति सब जग उपजाए। प्रलय समय सब लीन विलाए।।

14/3–4/7

तेहि ते श्रेष्ठ परम परमात्मा। सर्वश्रेष्ठ निर्गुण नर आत्मा।
आदि ब्रह्म मोहि जानहुँ प्रानी। निज स्वरूप भूप मोहि जानी।।

14/3–4/8

भारत ध्रुव माया प्रकटावहिं। सत रज तम गुण तीनि बनावहिं।
बाँधि जीव अव्यय तन देही। अविनाशी अज आतम गेहीं।।

14/5–6/9

हे निष्पाप त्रिगुण सो प्रकाशी। ज्ञान संग सुख संग अकाशी।
निर्विकार स्वरूप जे जानहिं। जीव सतोगुण सत् पहचानहिं।।

14 / 5–6 / 10

अविकारी स्वरूप न बँधहीं। अविनाशी गुण काहु न धँसहीं।
तन वियोग होवहिं प्रति क्षण भव। अपने आप स्वरूपहि अनुभव।।

14 / 5–6 / 11

निर्मल सत्व गुणहिं सब ज्ञाना। अनामयम् सुख ज्ञान सुजाना।
साधक सतत् ध्यान सुख देवहिं। सकल प्रकाशित सुख सब सेवहिं।।

14 / 5–6 / 12

दोहा

प्रकृति उपजि त्रिगुणी सदा, अविनाशी जीवात्म
बाँधहि सत्‌रज् तमोगुण, देही को देहात्म।

14 / 5–6 / 13

त्रिगुण प्रकाशक सत्व जो, निर्मल शुद्ध सुखान्
सुखासक्ति अभिमान से, बनता दुःख की खान।

14 / 5–6 / 14

ज्ञानासक्ति का अहं ही, बांधे सत्व सुजान
अविनाशी नर देह में, आत्म–तत्व पहिचान।

14 / 5–6 / 15

चौपाई

अति अनुराग काम आसक्ता। तृष्णा संग जे फल को भोक्ता।
बँधहिं जीव कर्म जेइ जेइ। राग स्वरूप रजोगुणी तेइ।।

14 / 7–8 / 16

अज्ञानज तम जानिअ मोही। मोह जनक जग मानिअ सोही।
आलस नींद प्रमाद पुकारहिं। मोहन जीव अपार गुजारहिं।।

14 / 7–8 / 17

क्रिया सकल रजगुण तुम मानो। सात्विक क्रिया सत्वगुण जानो।
कर्मासक्ति जीव रज बाँधहिं। निष्फल कर्म मुक्ति सत् साधहिं।।

14 / 7–8 / 18

तमगुण उपजहिं बेसमझी से। अज्ञान मूर्खता नासमझी से।
निद्रा आलस सकल प्रमादा। करहिं निकम्मा तमगुण बाँधा।।

14 / 7–8 / 19

दोहा

रागरूप रजगुण सदा, कामासक्ति को भाव
कर्म कर्मफल बाँधहिं, जीव को यही स्वभाव।

14 / 7–8 / 20

अज्ञान उपजाता तमोगुण, निद्रा आलस माथ।
अंतः इन्द्रिय व्यर्थ की, चेष्ठारत संग साथ।

14 / 7–8 / 21

चौपाई

सतगुण अन्तर अरु ज्ञानेन्द्रिय। रजगुण प्राण और कर्मेन्द्रिय।
स्थूल पदारथ तमगुण उपजहिं। त्रिगुण जगत भूत सब उद्भहिं।।

14 / 9–10 / 22

भगवत सृष्टि कर्म बिनु रागा। तेहि ते कबहुँ बँधहिं न विरागा।
सतगुण सदा विरत सुख माहीं। रजगुण कर्म सदाही सुहाहीं।।

14 / 9–10 / 23

ज्ञानाच्छादित तमगुण जानहुँ। ढँकहिं ज्ञान प्रमाद सुहानहुँ।
सुख संयोग सत्वगुण करहीं। राजस कर्म संग अनुसरहीं।।

14 / 9–10 / 24

ज्ञान ढकहिं तमगुण रत भोगी। नींद प्रमाद विकार के रोगी।
बढ़हिं सत्व तम रजस दबाबहिं। रज सत पेलि तमोगुण आवहिं।।

14 / 9–10 / 25

राजस होय सत्व तम खोबहिं। सत्व गुणी भारत जे शोभहिं।
रज तम गुण को देइ दबाई, सत्गुण भाव वृद्धि तब पाई।।

14 / 9–10 / 26

दोहा

रज् तम् गुण को भेद कर सत्गुण बढ़ता जाए
सत् तम् गुण को बाँधकर रज्गुण चढ़ता जाए।

14 / 11–12 / 27

सर्वद्वार इन्द्रिय सकल, अतःकरण प्रकाश
क्रोध शक्ति उपजाहि जब, बढ़े सत्वगुण खास।

14 / 11–12 / 28

लोभ प्रवृत्ति बढे जब, भोग लालसा जान
चंचल मन अशांत हो, रज्गुण बढ़ता मान।

14 / 11–12 / 29

चौपाई

इन्द्रिय अतःकरण औं देही। चेतनता भव उदित सनेही
बोध शक्ति जागहिं तब मानो। बढ़ता सत्गुण कालहिं जानो।।

14 / 11–12 / 30

रजगुण बाढ़े लोभ प्रवृत्ती। जग – चेष्टा मन चंचल वृत्ती।
भोग लालसा जब बढ़ि जाबहिं। जानि रजोगुण वृत्ति सुहावहिं।।

14 / 11–12 / 31

छन्द

स्वच्छ निर्मल सबल सतगुण, विवेक–शक्ति जागृत करे
रज और तम गुण दाबिके सत्गुण सदा उद्धृत हरे।
जब लोभ बाढ़े क्षोभ भी, प्रवृत्ति न निवृत्ति रहे
जानिए रज गुण बढ़ा तम, सत में न प्रवृत्ति रहे।

14 / 11–12 / 32

सब कर्म तब स्वारथ सदा, उपजी बुद्धि कुबुद्धि से
नित भोग संगृह राग संगृह नित्य नित दुर्बुद्धि से।
जब राग द्वेष मिटहिं सकल, अरु काम क्रोध दबाइके
वैराग्यशांति उदारता गुण, आइके सत आइके।
तब कर्म परहित फल रहित, साधक सदा करता रहे
मिटि जाय सारे द्वन्द्व, निसदिन भोग संग्रह न सहे।

14 / 11–12 / 33

चौपाई

सतगुण बृद्धि मृत्यु जे पावहिं। दिव्य लोक स्वर्गादिक पावहिं।
उत्तम कर्म करहिं सत लोगा। सत्गुण ज्ञानी सत् सुख भोगा।।

14 / 13–14 / 34

दोहा

देह मध्य इन्द्रिय सकल, ज्ञान होइ उजियार
अन्तःशुद्ध चैतन्य नित, सतगुण सोइ सुखियार।
14 / 13–14 / 35

लोभ यत्न आरम्भ धन, इच्छा काम प्रवाह
हृदय तमोगुण प्रकटता, स्वार्थ बुद्धि गहि राह।
14 / 13–14 / 36

सात्विक सुख रज अंश है, राग बढ़े सम्मोह
बाधा पड़े तो क्रोध ही, पाय लोभ निर्मोह।
14 / 13–14 / 37

बढ़े हृदय आलस्य जब, काम मोह अज्ञान
तब तामस् गुण अधिकता, जानिय पाप महान।
14 / 13–14 / 38

शुभ जब अधिक हो सत्व गुण, लोक अमल जग छेंकि
महापुरुष विवेक वश, बहुरि देह सब फेंकि।
14 / 13–14 / 39

त्रिगुण वृत्ति पहिचानिए, सूक्ष्म गुणहिं सब रीति
वृत्ति सदा स्थूल है, इन्द्रिय गुण से प्रीति।
14 / 13–14 / 40

नित बदलहि सब वृत्ति ही, दृष्य दिखावइ जोय
संज्ञा रहित पुरुष ही, दृष्टा दिव्य ही होय।
14 / 13–14 / 41

दृश्य नहीं अपना कभी, दृश्य सर्वथा भिन्न
निर्विकार श्रद्धा सहित, देखहुँ रूप अभिन्न।
14 / 13–14 / 42

चौपाई

रजगुण बाढ़ि जेहि तन त्यागहिं। तेहि नर लोक निरंतर भागहिं।
तमगुण मृत्यु मूढ़ जे प्रानी। ते पशु कीट अधोगति जानी।।
14 / 15–16 / 43

सात्विक फल सुख ज्ञान उजाला। निर्मल चित्त वृत्ति दुशाला।
राजस कर्म दुक्ख फल होवहिं। तामस फल अज्ञान में सोवहिं।।
14 / 15–16 / 44

अन्त समय लोभ वृति बाढ़हिं। अशांति स्पृहा प्रवृत्ति हो गाढ़हिं।
कर्मासक्त मनुज तन जन्महिं। कीट पतंग तमोगुणि तन्महिं।।
14 / 15–16 / 45

कर्ता सात्विक राजस तामस। कर्म सदा क्रियमाण अमावस।
निर्मलशुद्ध चित्त ही सात्विक। आत्मतत्व नित लीन हो तात्विक।।
14 / 15–16 / 46

पुनर्जन्म नहिं सात्विक पावहिं। जन्म–जन्म के पाप नसावहिं।
फल राजस सम्बन्ध जन्म दुख। तामस मूढ़ अज्ञान बन्ध मुख।।
14 / 15–16 / 47

राजस् तामस् सुख नहिं जानहिं। सत्गुण निर्मल चित्त सुजानहिं।
अन्तकाल चिन्तन हो जैसा। भाव मूल फल पावहिं वैसा।।
14 / 15–16 / 48

कर्म रहहिं भाव उपजावहिं। ऊँची नीची गति तेहि जावहिं।
सात्विक सुखी ज्ञान बैरागी। निर्मल फल सत्गुणी बिरागी।।
14 / 15–16 / 49

अविज्ञेय अतिसूक्ष्म चराचर। अति समीप अरु दूर पूर्ण कर।
दोउ प्रकार पुरुष संसारा। नाशवान् अविनाश विचारा।।
14 / 15–16 / 50

विष्णु रूप भूत सब धारण। रुद्ररूप संधारण कारण।
ब्रह्मा रूप सकल उपजावहिं । अविभक्तम् सब भूत सजावहिं।।
14 / 15–16 / 51

दोहा

ज्ञान सुख बैराग्य ही, सात्विक कर्म सुजान।
राजस फल दुःख तामसी, फल जानों अज्ञान।
14 / 15–16 / 52

चौपाई

सत्गुण पाय ज्ञान प्रकटावहिं। राजस लोभ सदा अधिकावहिं।
मोह प्रमाद बहुरि अज्ञानहिं। तमगुण प्रकट प्रमाद जहानहिं।।
14 / 17–18 / 53

स्वर्गलोक सतगुणी जो जावहिं। मध्य बसहिं गुण राजस् पावहिं।
जे जन बहुरि तमोगुण भावहिं। तनु तजि शोक अधोगति पावहिं।।

14/17–18/54

मोह अज्ञान प्रमाद तमोगुण। लोभ मोह उपजाहिं रजोगुण।
नित्य निरंतर साधन बढ़ता। बोध जगावहि लक्ष्य सुदृढ़ता।।

14/17–18/55

सिद्ध स्वतः गुणातीत स्वरूपा। नित्य बोध अनुभव करि भूपा।
सत्वप्रधान आचरण जे नर। ऊर्ध्व लोक प्रस्थित विहंगवर।।

14/17–18/56

रजोगुणी भूतत्व प्रधाना। नर शरीर पावहिं बहु नाना।
निन्दित कर्म तमोगुणि करते। सर्ब अहित सोचत नित मरते।।

14/17–18/57

दोहा

जेहि काल दृष्टा सदा, लखहिं त्रिगुण के पार
गुण ही गुणें में वर्तते, जानहिं मम गुण सार।

14/19–20/59

त्रिगुणमयी माया उपजि, अन्तःकरण सुजान
इन्द्रिय विषय विचारहीं, गुण–वर्तन सोइ जान।

14/19–20/60

त्रिगुण उल्लंघन जो करें, जन्म मृत्यु दुःख पार
मुक्त हुआ वह पुरुष ही, परमानन्द बिहार।

14/19–20/61

चौपाई

दृष्टा नहिं कर्ता अवलोकहिं। तीन गुणहिं वर्तहिं सो विलोकहिं।
ध्यान स्वरूप रूप मम जानी। पुनि आतम पर लखि जे प्रानी।।

14/19–20/62

पुरुष त्रिगुण उलंघन करहीं। जन्म जरा दुख मरन न परहीं।
तजि सब धरम परम पद गहहीं। तरहिं जीव भवसागर लहहीं।।

14/19–20/63

त्रिगुण देंह अविनाशी बाँधहिं। मोहित सकल विश्व को साधहिं।
क्रिया और परिवर्तन कारण। गुण ही होंय जगत गुण भारण।।

14/19–20/64

गुणातीत तत्व जो आसित। लिप्त नहीं सब गुण ही भासित।
जो साधक विवेक मोंहि जानहिं। कुशल विचार तत्व पहिचानहिं।।

14 / 19–20 / 65

पावहिं मम स्वरूप गुणज्ञानी। रह निर्लिप्त अमरता जानी।
सकल दुक्ख बिमुक्त ते होवहिं। पाइ अमरता नित सुख सोवहिं।।

4 / 19–20 / 66

कार्य सकल त्रैगुण आधीना। कर्त्ता नहिं कोइ अन्य प्रवीना।
त्रिगुणातीत परे प्रभु सोई। हे परमेश्वर परम सनेही।।

14 / 19–20 / 67

मम स्वभाव जानि जो लेई। दिव्य स्वभाव दिव्यता सेई।
भौतिकगुण समर्थ जो जोई। जन्म मृत्यु कष्ट नहिं सोई।।

14 / 19–20 / 68

तेइ बुढ़ापा कष्ट न देई। अमृतभोग करहिं सो लेई।
ज्ञानोन्नति गुणमुक्ति पाय जो। कष्टमुक्ति सुखसाध साध्य सो।।

14 / 19–20 / 69

अर्जुन उवाच

दोहा

नाथ तीनि गुण तजहिं जे, लक्षण कौन सो होइ
कहौं तासु अचार सब, त्यागहिं गुण सो सोइ?

14 / 21 / 70

गुणातीत नर कौन से, लक्षणयुक्त सुजान
कैसे नित आचरण हैं, सामान्य विलक्षण प्रान?

14 / 21 / 71

केहिं विधि त्रिगुण त्यागिहौं, केहि विधि साधन कीन्ह
हे ईश्वर प्रभु कहहु तुम, केहि उपाय मोहि दीन्ह?

14 / 21 / 72

श्री भगवान उवाच

छन्द

ज्ञान प्रवृत्ता मोह निवृत्ता, निज कारण गुण तीनि कहैं
सत् कार्य प्रकाशा रूप अकाशा, कार्यरूप सतगुण जे लहैं।

आस न धरहीं द्वेष न करहीं, विगत हृदय अभिलाष नहीं
समगुणी प्रकाशा रजगुण आशा, तमगुण मोह विकास रहीं।

14 / 22 / 73

सम रहि जाने नित्य पहिचाने, समता थित हिय त्रास नहीं
मन से मनन बुद्धि उत्खनन, गुणातीत समदृष्टि रहीं।
जो नित प्रति होवहिं कोउ न रोवहिं, यह समष्टि गति होवहीं
पर हम जो करहीं कर्म में जरहीं, मानि व्यक्तिगत खोवहीं।

14 / 22 / 74

चौपाई

अन्तः निर्मल इन्द्रि प्रकासा। तजि गुण सोइ प्रवृत्ति की भाषा।
राग–क्रिया द्वेष गुण मोहा। सकल त्यागि निवृत्ति सो सोहा।।

14 / 22 / 75

प्रकाश प्रवृत्ति मोह गुणतीता। राग–द्वेष मिटि सकल अतीता।
वृत्ति होइ संबंध न जोड़हुँ। जग में बहु बिधि निजता छोड़हुँ।।

14 / 22 / 76

वृत्ति एक रस कबहुँ न होबहिं। त्रिगुणातीत पुरुष सम शोभहिं।
एक दृष्टि मम ओर निहारी। आयँ– जायँ बहु वृत्ति बिहारी।।

14 / 22 / 77

मम स्वरूप नित एक रस रहहीं। सत् रजतम् निगुर्ण मन गहहीं।
वृत्ति अनेक स्वरूप हैं नित्या। साधक नहिं विचलित एक सत्या।।

14 / 22 / 78

सोरठा

उदासीन थित अविचल, गुणातीत मन प्रीति गहि
पक्षपाती मध्यस्थ चल, सत् स्वरूप थित रीति रहि।

14 / 23–24 / 79

दोहा

यह जग नहीं स्वतंत्र सत्, सत्तावाला दीखि
अविचल रहि दृढ़ इंगिते, अनन्य भाव संग प्रीति।

14 / 23–24 / 80

चौपाई

उदासीन गुण विचलित नाहीं। गुण ही गुण में बरतत राहीं।
भाव–स्वरूप अनन्य गुणाहीं। सत्चित् परमानन्द सुनाहीं।।

14 / 23–24 / 81

सकल जगत नहिं भाव अभावा। परम तत्व नित–नित मन भावा।
सत–स्वरूप चिंतन मन राखी। निर्विकार मन सतत् पताखी।।

14 / 23–24 / 82

गुणातीत मन उदासीन रहि। परम अतीत प्रतीति छाँव गहि।
जग– विकार निर्लिप्त जो रहहीं। सोइ नर महापुरुष पद गहहीं।।

14 / 23–24 / 84

छन्द

उदासीन थिर समता से घिर, गुण जेहि विचलित नहिं होई
सबके निज कारण भवभय हारण, गुण लवलीन राग नहिं कोई।
गुण गुण महिं बरतहि सब नित तरसहिं, सत् चित् धन थिर सोई
सुख दुख एक जाना भाव समाना, नारी कंचन सम लखि जोई।

14 / 23–24 / 85

दोहा

साक्षी सदृश थित सदा, गुण से विचलित नाहिं
गुण ही गुणों में बरततें, एकीभाव सुहाहि।

14 / 23–24 / 86

अनित्य तनकी अनित्यता, देखहिं केहि विधि धीर
शाश्वत नित्य शरीरी, देखि सकहिं सुरवीर।

14 / 23–24 / 87

चौपाई

माया कृत गुण दोष अनेका। केहि विधि जानि पाउँ नर लेखा।
पक्षपात नहिं विचलित नाहीं। गुण से सकल क्रिया जग माहीं।।

14 / 23–24 / 88

निर्विकार सुखदुख सम जानी। तुल्य प्रियाप्रिय त्यागी मानी।
कर्मारम्भ त्यागि परित्यागी। निन्दा स्तुति सम बड़भागी।।

14 / 23–24 / 89

माटी पाथर सोना चाँदी। प्रिय– अप्रिय रिपु–मीत मुनादी।
धीर मनुज सुख–दुख समलागी। निज स्वरूप थित ममता भागी।।

14 / 23–24 / 90

मानापमान पक्ष वहुपक्षी। कर्मारंभ सकल तजि भक्षी।
गुणातीत सोइ नर तुम जानो। उदासीन सत् नर पहिचानों।।

14 / 23–24 / 91

छन्द

सम मान अमाना सम अपमाना, मित्र बैरि सम भाव लहैं
जे समता जागी दंभहिं भागी, गुणातीत अव्यभिचार रहैं।
जेहि त्रिगुणातीता हिय मन रीता, भक्ति रूप नित मोहि भजैं
तें मोहि पद पावहिं, पाप नसावहिं, मुक्ति पाय विकार तजैं।

14 / 25–27 / 92

पूर्व कर्म फल जाय न निष्फल, सुख दुख पाय सकाय भजैं
ज्ञान न दोषी मन ही रोषी, स्वभाव धारणा नाम सजैं।
मन जो अनुकूला सहि प्रतिकूला, शांति भंग नहि फर्क पड़े
समता नित जागहिं ममता भागहिं, ज्यों का त्यों थित तर्क सड़े।

14 / 25–27 / 93

दोहा

मान–अपमान में सम रहे, सुख दुःख एक समान।
मित्र शत्रु में भेद नहिं, गुणातीत पहिचान।

14 / 25–27 / 94

सुख दुख एक समान ही, मिट्टी स्वर्ण समान
अविचल भाव प्रधान हो, भक्ति भाव गुण गान।

14 / 25–27 / 95

दिव्य कर्म विचलित नहीं, चेतनता भरमार
गुण लांघहिं सब रूप के, ते सर्वज्ञ हमार।

14 / 25–27 / 96

भगवत्सेवा योग्यता, पावहिं नर ते मुक्त
एकाकार नित्य नित, अव्यय ब्रह्म संयुक्त।

14 / 25–27 / 97

अमृत अव्यय नाम हैं, शाश्वत धर्म महान
एकान्तिक सुख नित कहैं, मर्म परम जहान।

14 / 25–27 / 98

ब्रह्म प्रतिष्ठा अमरता, दिव्य सनातन ज्ञान
परम सत्य आमर्त्य पद, ब्रह्म बोध गुणखान।

14 / 25–27 / 99

ब्रह्म भूत आगे बढ़हिं, भौतिक पद के पार
परमात्मा साक्षात् है, दिव्य दरस को द्वार।

14 / 25–27 / 100

ब्रह्मज्योति थित नित्य ही, मोहि तुल्य तेहि जान
परमाश्रय भगवान ही, गुणतुल्य मोइ पहिचान।

14 / 25–27 / 101

छन्द

ब्रह्म अमृत शब्द शाश्वत्, धर्म सब सुख सार है
नित्य निर्मल तत्व दधिबल, नित्य सुख भण्डार है
नित खण्ड हों अखण्ड ईश्वर, रूप तुम पहिचान लो
आनन्दघन अमृत बरसि नित, नित्य तत्व को जान लो।

14 / 25–27 / 102

परब्रह्म को पहिचानिए, हे पार्थ! तुम रसज्ञान लो
अखण्ड आनंद एक रस, आनंदघन को जान लो
मैं नित्य आश्रय परम आश्रय, नित्यधर्म का प्रान हूँ
मैं सत्य शाश्वत् धर्म हूँ, मम रूप को पहिचान लो।

14 / 25–27 / 103

दोहा

त्यागि स्वार्थ अभिमान सब, गहिए श्रद्धा भाव
प्रेम सहित मम चिन्तन, मोर भक्त स्वभाव।

14 / 25–27 / 104

अव्यभिचारी भक्त मम, भक्तिरूप भजि मोय
नित्य निरन्तर प्रेमरत, भक्त कहावहिं सोय।

14 / 25–27 / 105

तत्वस्थित अव्यक्त थित, महापुरुष महिपाल
ब्रह्म शाश्वत् एक रस, अनुभूति सोइ दिक्पाल।

14 / 25–27 / 106

गुणातीत वह पुरुष है, अमृत–रस आधार
नित्य–निरन्तर प्रेम रस, बहती अविरल धार।

14 / 25–27 / 107

आत्म अभिन्न रथी होइ, शनैः शनैः रथ थाम
अनुरागी संचलित ह्वै, निज स्वरूप पहचान।

14 / 25–27 / 108

नित्य निरन्तर एक रस, शाश्वत् धर्म को ज्ञान
योगेश्वर श्रीकृष्ण की, वाणी ले पहचान।

14 / 25–27 / 109

गुणातीत वे पुरुष हैं, योगाधीश महान
आत्म–सारथी रथी हैं, महारथी सोइ जान।

14 / 25–27 / 110

स्थित प्रज्ञ पुरुष हैं, योगि–स्वरूप महान
शरणागत को तारते, दिव्य–दृष्टि दे ज्ञान।

14 / 25–27 / 111

निज स्वरूप में थित रहें, परम आश्रय जान
स्वरूपस्थ उस पुरुष को, अन्तर से पहचान।

14 / 25–27 / 112

छन्द

ओम् भगवद्गीता तत् सत् मीता, विद्याब्रह्म बिचारहीं
ब्रह्मास्त्रमय योगशस्त्रमय, जीव ब्रह्म उच्चारहीं
उपनिषद् जो गावा, ब्रह्म सुनावा, गीत पुनीत विचारहीं
जीवार्जुन आत्मा मय परमात्मा, परमानन्द प्रचारहीं ।

ओम् इति डॉ. रामवीर सिह कुशवाह 'पथिक'
कृत श्रीमद्भगवद्गीतामृत गीतयोग
नामक ग्रन्थ का त्रिगुणी प्रकृति नामक
चौदहवाँ अध्याय समाप्त हुआ।

❋ ❋❋

ॐ गुं गुरुभ्यो नमः । ॐ गं गणेशाय नमः । ॐ श्री परमात्मने नमः।

श्रीमद्‌भगवद्‌गीतामृत गीतयोग

अध्याय - पन्द्रहवाँ

पुरुषोत्तम योग

अध्याय बारह में भगवान् ने कहा—जो मेरे अनन्य भक्त हैं, उनका संसार—सागर से मैं शीघ्र ही उद्धार करता हूँ। यहाँ इस अध्याय में योगेश्वर कहते हैं कि संसार एक वृक्ष है, इसको काटते हुए ही योगीजन उस परम पद को खोजते हैं। इस प्रकार भगवान् ने संसार को समुद्र और वृक्ष की संज्ञा दी। इस वृक्ष का मूल ऊपर परमात्मा तथा नीचे प्रकृति ही जिसकी शाखाएँ हैं। वेद इस वृक्ष के पत्ते हैं। जो इस वृक्ष को विदित कर लेता है, अर्थात् जान लेता है, वही वेद का ज्ञाता है।

जिसने इस संसार वृक्ष को जाना है, उसने ही वेद को जाना है। भगवान कहते हैं कि भौतिक पाश (बन्धन, शिकन्जे) से स्वयं को विलग करते हुए मेरे (परमात्मा के) परम—स्वरूप को समझ लेना व उनकी शरण ग्रहण करते हुए भक्ति में लग जाना ही पुरुषोत्तम योग है। वस्तुतः संसार का मूल आधार व संसार में अत्यंत श्रेष्ठ परम पुरुष एक परमात्मा ही हैं जिनसे यह संसार अनादिकाल से चला आ रहा है। जिसे प्राप्त कर लेने पर जीव फिर लौटकर संसार में नहीं आता हैं। दिव्य—दृष्टि युक्त ज्ञान नेत्र वाले साधक अपने आपमें उस परमात्मा का अनुभव कर लेते हैं। वह परमात्मा ही सूर्य, चन्द्र व अग्नि में तेज—स्वरूप रहकर संसार में प्रकाश करता है। वहीं सबके हृदय में रहने वाला, वेदों द्वारा जानने योग्य है। वह सम्पूर्ण जगत का पालन—पोषण करता है। पृथ्वी में प्रवेश करके पृथ्वी को धारण करता है, रस मय चन्द्र होकर पेड़ पौधे लता आदि को पुष्ट करता है।

जठराग्नि बनकर प्राणियों के खाये अन्न को पचाता है। वह (परमात्मा) नाशवान संसार से अतीत व अविनाशी जीवात्मा से उत्तम है। वही सर्वोत्तम पुराण पुरुष है। जो बीज रूप से प्रत्येक जीव–दृश्य में निवास करता है। ईश्वर की ओर उन्मुख ब्रह्म–विद्या से संयुक्त बुद्धि ही ब्रह्मा है। बुद्धि जब निर्मलता रूपी आसन पर आसीन होकर मन सहित इन्द्रियों को समेटकर हृदय देश में निरोध कर लेती है, उस निरोध के भी विलीनीकरण की अवस्था में अपने ही हृदय में स्थित परमात्मा को पा लेती है, उसे जान लेती है। जो इस संसार रूपी वृक्ष को मूलसहित जानता है वह वेदवित् है। भगवान् कहते हैं कि मैं भी वेदवित् हूँ, जिन्हें पाने का अधिकार मानवमात्र को है। लोक में तीन प्रकार के पुरुष हैं। भूतादिकों के सम्पूर्ण शरीर क्षर हैं, मन की कूटस्थ अवस्था में यही पुरुष अक्षर है। यह क्षर–अक्षर से परे वाली अवस्था है, यही परमस्थिति है। मैं भी भी क्षर–अक्षर से परे वही हूँ, इसीलिए लोग मुझे पुरूषोत्तम कहते हैं।

श्री भगवान उवाच

दोहा

अव्यक्त तरु संसार को, मूल ऊपर ज्ञान
पत्ते–पत्ते वेद हैं, ब्रह्म मूल पहचान।

15/1/0

आदि पुरुष सो मूल है, पीपल तरु संसार
पातल–पातल वेद सब, ब्रह्मरूप श्रुतिसार।

15/1–3/1

मूल सहित जग वृक्ष को, तत्व सहित जेहि ज्ञान
ब्रह्मरूप श्रुतिसार को, वेदरूप पहिचान।

15/1–3/2

मूल ऊपर ईश है, शाखा नीचे ज्ञान
नित्यधाम निवासते, सर्वरूप गुणखान।

15/1–3/3

सकल जगत उपजें सदा, परमतत्व से जान
शाक्ति पाइके ईशकी, सर्व चेष्टा मान।

15/1–3/4

अविनाशी तरुवर सदा, सार तत्व पहिचान
मूल सहित ज्ञानी कभी, बनते जगत मचान।

15/1–3/5

छंद

संसार रूपी वृक्ष अव्यय तीन, गुण जल सींचिहैं
बहु विषय कोमल–पत्र कोमल, भोग देवहिं भींचिहैं
दृग मूल पादप गगन पगतल, प्रसर चहुँदिसि छाबहीं
नर लोक ममता कर्म समता, कर्मफल बहु गावहीं ।

15/1–3/6

संसार वृक्षस्वरूप जे नर, रूप सम्यक् पथ सही
आदि अंत न जग अनन्त, पिरन्त क्षण भंगुर मही
अस्वस्थ अति दृढ़मूल मति, पादप जगत अनन्त ही
तेहि काटि ममता अरु अहंता, वैराग से होइ संत हीं ।

15/1–3/7

एहि भांति खोजहुँ रूप मौजहुँ भजहुँ सब नर आज हीं
संसार सागर रूप नागर गगन गागर साजहीं
आदि अन्तर भजि निरन्तर शक्ति सम्पति पावहीं
जासु प्रभुता तासु गुणता, गुणहिं गुण गण गावहीं ।

15/4/8

आदि नर की शक्ति निशदिन, आस सब बिसरावहीं
प्रभुता जासु अगम निगमागम, अद्भुत सृष्टि बनावहीं
असंग रूप प्रसंग शस्त्र से, छेदि दृढ़ता खोंजहीं
संसार अपना नाहिं सपना देखि नहिं पर दोजहीं ।

15/4/9

मन मोह विजित आसक्ति दोष, स्वरूप में सब जीति हैं
राग द्वेष रिपु जीति सकल बिधि, सर्व मनोभव रीति हैं
सुखदुख त्यागहिं द्वन्द्व न लागहिं, नाशवान पहिचानि हैं
सोई अविकार अनादि परमपद, गहहिं एकरस जानि हैं।

15/5/10

प्रेम ईश आसक्ति सदा जग, भक्ति की शक्ति कहावहीं
स्पृहा ममता विषमता रमता, आदि विकार उपजावहीं
'मोह कलिलम्' 'श्रुति विप्रतिपन्ना', छन्द भेद में जानिए
शास्त्र वर्णित मोह निर्मित, आसक्ति के गुण मानिए ।

15/5/11

दोहा

भानु शशी अरु अनल जेहि, नहिं प्रकाश करि पाय
गहि जेहि पद पुनिजन्म नहिं, परमधाम सोइ भाय।

15/6–7/12

जीव सनातन अंश मम, माया चित जग सार
मायागत मन इन्द्रियाँ, खैचहिं जीव असार।

15/6–7/13

सूर्यचन्द्र अरु अनल सब, नयन बचन प्रकाश
ये तीनों जड़ ही रहें, केहि चेतन करि भास।

15/6–7/14

नयन दरस सम्भव नहीं, मन चिन्तन नहिं होय
वाणी से वर्णन नहीं, परमतत्व वही सोय।

15/5–6/15

नदियों का जल जलज है, सागर मिलि थिर होय
जीव अंश मोसे मिलहिं, तब ही सुखिया सोय।

15/6–7/16

चौपाई

जीव रूप गति पवन समाना। निज तनु पुण्य गहहिं पुनि आना ।
जहँ जहँ जाय गन्ध लै जाहीं। इन्द्रिय मन जस जीव समाहीं।।

15/8–9/17

श्रोत्रा चक्षु त्वक् प्राण सुजाना । रसना पंच इन्द्रिय षट् ज्ञाना ।
विषय भोग नित भोग नवीना । पुनि मन संग अचल लवलीना।।

15/8–9/18

मन इन्द्रिय अपना जब मानहिं । अनेक योनि संग–संग लै भागहिं।
वायुगंध सम्बन्ध अनित्या । वायु–तत्व निर्लिप्त है नित्या।।

15/8–9/19

अहं मान्यता जब–जब जागहि । जीवाकर्षण तब तब लागाहिं।
पुनर्जन्म कारण यहि जानहुँ । जीव शरीर तादाम्य ही मानहुँ।।

15/8–9/20

श्रोत्रा वाक् शब्द आकाशा । त्वचा हस्त स्पर्श प्रकाशा।
नेत्र पाद रूप पावक जल । उपस्थ रसना रस जानो बल।।

15/8–9/21

प्राण गुदा गंध महि के गुन । तन मन प्राण जीव–अंग सुन।
सत् रज् तम् गुण अंश विचारी । पंच महाभूतहिं गुणचारी।।

15/8–9/22

तजहिं देह जीतिहिं तनु पावहिं । गुणमय भोग भोगि नित जावहिं।
अविवेकी देखहिं नहिं कोई । देखहिं ज्ञानीजन सोइ सोई।।

15/10–11/23

योगी नित्य धरहिं जेहि ध्याना । लखहिं सो आतम देह समाना।
अज्ञानी अविवेकी प्रानी। अशुद्धचित्त नहिं सम्यक् ज्ञानी।।

15/10–11/24

ज्ञान रूपि लोचन तत् ज्ञानी । योगीजन अन्तर पहिचानी।
उत्क्रमण स्थिति कवहुँ न होई । भोक्तापन अभिव्यक्ति न सोई।।
15/10–11/25

परिवर्तन क्रिया तुम जानहुँ। स्वयं सदा अपरिवर्तित मानहुँ।
स्वयं भिन्न रूप जग देखहिं । अज्ञानी विमूढ़ गति लेखहिं।।
15/10–11/26

ज्ञान नेत्र गुणरहित स्वरूपा । ज्ञानी लखहिं शुद्ध तत् रूपा।
अन्तःकरण विशुद्ध बनावा । अनुभवजन्य स्वरूपहिं पावा।।
15/10–11/27

अविवेकी बहुयत्न कराहीं । परमतत्व बहु दूरि पराहीं।
अशुद्ध चित्त आत्म नहि मानहुँ । अविनाशी शाश्वत नहिं जानहुँ।।
15/10–11/28

तेज जो सूर्य जगत उजियारा । अनल तेज शशि चित सुखियारा।
मानहुँ जानहुँ मम लखि सारा । तेजस्वरूप प्रकाश निहारा।।
15/12–13/29

अमृतमयी पृथिवी रस रूपा । प्रविसहुँ जिन बल तेज स्वरूपा।
धारहुँ भूत सकल गण नाना । मही पैठि भुव मध्य सुजाना।।
15/12–13/30

मैं रसरूप कलानिधि चारहुँ । पुष्ट करों औषधि जग धारहुँ।
सूर्य नयन मन को शशि देवा । बाणी अनल अधिष्ठानि सेवा।।
15/12–13/31

तेज दिवाकर सकल अकाशहिं । अग्नि शशी ब्रह्माण्ड प्रकाशहिं।
तेजस्वीं पदार्थ जो भावहि । सकल प्रकाश मोहि में लावहिं।।
15/12–13/32

ज्योति पुंज ज्योति की ज्योती । मैं रसकुंज पूर्णरस मोती।
सम्पूर्ण तेज मैं परम प्रकाशा। पोषक संज मैं चरम अकाशा।।
15/12–13/33

मैं जठराग्नि बैश्वानर रूपा । सकल भूतगण देह समूचा।
प्राण अपान उभय संग लीन्हा । पाचन अन्न चारि बिधि कीन्हा।।
15/14–15/34

मैं हियचित सविचल घटवासी । अन्तर्यामी स्मृति सुवासी।
मम स्वरूप निगमागम गावहिं । वेद अर्थ श्रुतिसार सुनावहिं।।
15/14–15/35

पोषक शक्ति अन्न वन पावहिं । वनस्पती औषधि रस भावहिं।
अमृत–रस बरसहिं नित मोरा । धारहुँ कलश पुष्ट चित् चोरा।।

15 / 14–15 / 36

शुक्लपक्ष चन्द्र नित पोषक । कृष्ण पक्ष में रहिहहुँ शोषक।
सकल तेज रस मोर स्वरूपा । पचि भोजन जठराग्नि के रूपा।।

15 / 14–15 / 37

पाचक अनल जानि मम खोजन । भोज्य पेय लेह सत् भोजन।
प्रान अपान समान उदाना । व्यान पंच वायु पहिचाना।।

15 / 14–15 / 38

मोहि से प्रकटि वेद सब जाना । गुनी न सकहिं तेहि अर्थ बखाना।
हृदयास्थित मैं अन्तर्यामी । स्मृति ज्ञान अपोहन नामी।।

15 / 14–15 / 39

पुरुष प्रशिद्ध नास अविनाशी । क्षर अक्षर सब भूत बिनाशी।
क्षर काया भूतहि उपजाया । कारण रूप निरक्षर माया।।

15 / 16–17 / 40

उत्तम पुरुष अन्य सोइ जानहिं। तीनि लोक प्रविसहिं जेइ प्रानहिं।
धारण पोषण पालन करहीं। परमातम अव्यय अज नरहीं।।

15 / 16–17 / 41

छन्द

आदि अन्त समष्टि व्यष्टि, क्रिया सकल भगवान की
उनके ही द्वारा शक्ति मारा, माध्यम वहीं भव प्रान की
अज्ञानवश लघु ज्ञान वश, कर्त्ता स्वयं नर मान कर
वँधता जगत संसार से, अनित्यता परिपुष्ट कर नर।

15 / 16–17 / 42

चेतन सदा गतिशीलता, तन की बनी रखते हुए
शाश्वत् सदा मरता नहीं, जेहि जन्म से बचते हुए ।
ज्यों आत्म निकले जीव से, परमात्म के संजीव से
सड़ जाए तन बेकार हो, क्षर है असत् जग जीव से।

15 / 16–17 / 43

अपरा प्रकृति क्षर परा अक्षर अहम् भाव न जानता
अधिभूत क्षर अधिदैव अक्षर अधियज्ञ को पहचानता

योनि क्षर हैं गर्भ अक्षर, पिता मैं आदित्य का
त्रौलोकी समान मैं न्यायहूँ, शाश्वत नित्यानित्य का।

15 / 16–17 / 44

मैं करहुँ एक समान पालन, अन्न जल आदित्य सा
भक्त अभक्त हों सदा मैं, पालता अभिसक्त सा
अविनाशि है जगदीश जो, निज आत्मा दुर्गुण सहैं
सगुण बाचक ईश्वरहि, परमात्मा निर्गुण कहैं।

15 / 16–17 / 45

अक्षर नित्यम् क्षर से उत्तम, अविनाशी अव्यय पुरूषोत्तम
लोक वेद श्रुतिशास्त्र गुणोत्तम, जानहुँ मोहि सो नर सर्वोत्तम ।
तत्वज्ञान बखान सम्यक्, जान मोहि पहिचानि मोहि
नित् नित्य सेवहिं मम वसुदेवहिं, सर्वज्ञ पुरुष सुजानि मोहि।

15 / 18–19 / 46

मैं क्षरातीता, अक्षर मन मीता, लोक वेद पुरुषोत्तम गावहिं
शुद्व ज्ञानमय बुद्ध प्रानमय, अक्षर उत्तम गुण ही भावहिं ।
मोहि जानहि प्रानी गुण खानी, शेष नहीं कछु ज्ञान ही
जीव क्षर मोहित अक्षर सोहित, प्रकृति अतीत मन प्रान ही।

15 / 18–19 / 47

दोहा

यह अति उत्तम गुप्त मत, तत्व ज्ञान श्रुतिसार
होइ कृतारथ ज्ञानि जन, प्रेमी दृष्टि निहार।

15 / 20 / 48

प्रेम जहाँ चिन्तन वहाँ, उत्तम सकल पदार्थ
जासु मर्म जानहिं जे नर, सो मतिमंद कृतार्थ।

15 / 20 / 49

बात विशेष लगैं नित, श्रद्धायुत हो बुद्धि
रागपूर्वक मन लगै, वृत्ति क्रिया हो शुद्वि।

15 / 20 / 50

दोष दृष्टि विहीन नर, अनद्य पाप निवृत्त
भगवत् भक्ति सुपात्र हो, अन्तः शुद्ध प्रवृत्त।

15 / 20 / 51

मम स्वरूप नित लखहुँ तुम, कछु सन्देह न पाल
परमतत्व की चाह में, मत भटकहुँ नरपाल।

15 / 20 / 52

मन सहित निरोधकर, इन्द्रि समेटि हिय जानि
निर्मल बुद्धि आसीन हो, परमात्मा जिय पानि।

15 / 20 / 53

परमतत्व अति शुद्धि हिय, अनुभव कर लो ज्ञान
शुद्ध दृष्टि से भासते, मन से प्रकटे मान।

15 / 20 / 54

उत्तम पुरुष जो होय सो, प्रकटावे सद्ज्ञान
गोपनीय अति गुह्यतम, अविनाशी शाश्वत् जान।

15 / 20 / 55

सकल पदारथ जानिए, मम आश्रित हैं ज्ञान
मूल सहित जो जानता, वही वेदविद् मान।

15 / 20 / 56

छन्द

ओम् भगवद्गीता तत् सत् मीता, विद्याब्रह्म बिचारहीं
ब्रह्मास्त्रमय योगशस्त्रमय, जीव ब्रह्म उच्चारहीं
उपनिषद् जो गावा, ब्रह्म सुनावा, गीत पुनीत विचारहीं
जीवार्जुन आत्मा मय परमात्मा, परमानन्द प्रचारहीं।

ओम् इति डॉ. रामवीर सिंह कुशवाह 'पथिक' कृत
श्रीमद्भगवद्गीतामृत गीतयोग
नामक ग्रन्थ का पुरुषोत्तम योग नामक
पन्द्रहवाँ अध्याय समाप्त हुआ।

❊ ❊❊

ॐ गुं गुरुभ्यो नमः । ॐ गं गणेशाय नमः । ॐ श्री परमात्मने नमः।

श्रीमद्‌भगवद्‌गीतामृत गीतयोग

अध्याय - सोलहवाँ

देव-असुर सम्पति विभाग योग

स्वामी अड़गड़ानन्द जी के अनुसार योगेश्वर भगवान् श्रीकृष्ण अपनी विशिष्ट शैली में पहले प्रकरण की विशेषताओं का उल्लेख करते हैं जिससे पुरुष उसकी ओर आकर्षित हो, तत्पश्चात् वे उस प्रकरण को स्पष्ट करते हैं। उदाहरण के लिए 'कर्म' को ही लें। दूसरे अध्याय में कर्म करने की प्रेरणा दी, तीसरे अध्याय में निर्धारित कर्म करने पर बल दिया, फिर आगे बताया कि यज्ञ की प्रक्रिया ही कर्म है। चौथे अध्याय में यज्ञ का स्वरूप स्पष्ट किया, जिनको करना कर्म है। यहाँ कर्म स्पष्ट होता है जिसका शुद्ध अर्थ है—योग, चिन्तन, आराधना, जो मन और इन्द्रियों की क्रिया से सम्पन्न होता है।

अध्याय नौ में दैवीय व आसुरी सम्पद् की विशेषताओं पर बल दिया। अब यहाँ इस अध्याय सोलह में उनका स्वरूप स्पष्ट करते हैं। भगवान् कहते हैं। कि शास्त्रनियमों का पालन न करके मनमाने ढँग से जीवन व्यतीत करने वाले काम, क्रोध, लोभ, चिंता, अहंकार आदि दुर्गुण—दुराचारोंयुक्त आसुरी सम्पत्ति वाले व्यक्ति 'अधम योनि' (84 लाख योनियों) व नरकों में जाते है। दैवीय गुण सम्पन्न व्यक्ति जो शास्त्रों के आधार पर नियमित जीवन बिताने वाले तथा ध्यान में स्थिति, सर्वस्व का समर्पण, अन्तःकरण की शुद्धि, इन्द्रियों का दमन, मन का शमन, स्वरूप का स्मरण दिलाने वाला अध्ययन, यज्ञ के लिए प्रयत्न, मन सहित इन्द्रियों को तपाना, अक्रोध, चित्त का शान्त प्रवाहित रहना, भय का सर्वथा अभाव, निरन्तर लगन, सर्वस्व का समर्पण, तेज, सत्य, क्षमा, दान, धैर्य, शुद्धि, शत्रु भाव का अभाव, स्वपूज्य भाव का अभाव,

चित्त की चंचलता का सर्वथा अभाव लक्ष्य के विपरीत निन्दित कार्यों को न करना, सम्पूर्ण प्राणियों में दया का भाव, कोमलता, अपने लक्ष्य से विमुख होने में लज्जा तथा कार्य की चेष्टाओं का अभाव, आदि 26 गुणों से युक्त व्यक्ति आध्यात्मिक सिद्धियों को सहज ही प्राप्त कर लेते है। ये सभी छब्बीस दैवीय गुण योग साधना में प्रवृत्त किसी साधक में ही सम्भव हैं, आंशिक रूप सें सब में हैं।

इस अध्याय में दैवीय एवं आसुरी सम्पदाओं की विस्तृत विवेचना की गई है। अभिमान, दम्भ, कठोरता, अज्ञान, आदि चार आसुरी सम्पद् में प्रधान चार बिकार हैं। ये दैवीय व आसुरी वृत्तियाँ प्रत्येक जीव में विद्यमान रहती हैं, जिनसे द्वन्द्व उत्पन्न होता है। इससे शरीर रूपी कुरुक्षेत्र में युद्ध का जन्म होता है। ईश्वर का निवास सबके हृदय–देश में है। हमें सदैव यह स्मरण रखना चाहिए कि कोई हमें सतत् देख रहा है। अतः सदैव शास्त्र–निर्दिष्ट क्रिया का ही आचरण करना चाहिए अन्यथा दण्ड मिलेगा ही। आसुरी वृत्तियों का त्याग करने पर ही वास्तविक कर्म का आरंभ होता है। अतः स्पष्ट है कि कर्म कोई ऐसी वस्तु है, जिसका आरम्भ काम, क्रोध, लोभ को त्याग देने पर ही होता है। यही निर्धारित कर्म परम में प्रवेश दिलाते हैं। अतः इसी कर्म–विशेष (यथार्थ कर्म) को ही तू कर।

वस्तुतः लोक में मनुष्यों के स्वभाव दो प्रकार के होते हैं–देवताओं जैसा और असुरों जैसा। दैवी सम्पद् का बाहुल्य होने पर मनुष्य देवताओं जैसा तथा आसुरी सम्पद् का बाहुल्य होने पर मनुष्य असुरों जैसा होता है। आसुरी सम्पद् को प्राप्त पुरुष कर्त्तव्य कर्म में प्रवृत्त होना और अकर्त्तव्य कर्म से निवृत्त होना नहीं जानता। जब वह कर्म में प्रवृत्त ही नहीं हुआ तो न उसमें सत्य होता है, न शुद्धि और न आचरण ही होता है। भगवान् कहते हैं, वे मन्द बुद्धि वाले क्रूरकर्मी पुरुष कल्याण का नाश, सबका अहित करने के लिए ही पैदा होते हैं।

श्री भगवान उचाव

दोहा

दैवीय अरु आसुरी, सम्पत्ति प्राप्त गुण ज्ञान
पार्थ सुनहुँ धीर धरि, पृथक्–पृथक् यह ज्ञान।

16/1/1

निर्मल चित्त विकार बिनु, भय बिनु तत्पर ज्ञान
निरत ध्यान थित यज्ञ पुनि, भाव सरल पहचान।

16/1/2

सात्विक दान इन्द्रिय शमन, वेद पाठ गुण गान
अग्निहोत्र उत्तम करम, यज्ञ मर्म सोइ जान।

16/1/3

अतःकरण सरल अति, मन वाणी तन धीर
काहुको कष्ट न कर्तापन, वाणी मधुर सुधीर।

16/1/4

निन्दा काहू की नहीं, विषयासक्ति अभाव
चेष्टा व्यर्थ करहि नहिं, शास्त्र–युक्त सब भाव।

16/1/5

ये दैवी–सम्पत्ति गुण, वर्णहुँ पुरुष महान
सत्व करत संशुद्धि नित, योगी यज्ञ जहान।

16/1/6

चौपाई

अभय हिय शुचि अन्तः निर्मल। भाव शुद्धि संशुद्धि हो निर्मल।
ज्ञानयोग व्यवस्थित जानहुँ। सत्विक् लक्षण तुम पहिचानहुँ।।

16/1/7

यज्ञ दान जप तप दम जाना। स्वाध्याय अर्जव सब माना।
पाठ नित्य हो वेद पुराणा। सात्विक दान करहिं गुण गाना।।

16/1/8

कष्ट सहहिं पालहिं निज धर्मा। अन्तःकरण सरल अतिकर्मा
परम् तत्व चित् एकी भावा। ध्यान गाढ़ सत् चित् घन् भावा।।

16/1/9

छन्द

सत्य अहिंसा त्याग जहाँ। अक्रोध शान्ति स्वभाव वहाँ।
दया अपैशुन कोमलता। न भूतासक्ति न चापलता।।

16/1/10

छन्द

अहिंसा बुद्धि संशुद्धि सदा, पर निन्दा पाप न क्रोध कदा
पुनि त्याग विराग न राग कहीं, दम दान कृपान हो शांति सदा
सब भूत सभूत दया समता, अति लोलुपता कछु नहिं ममता
मन अविचल थिर नहिं चंचलता, गुण ज्ञान लाज मन कोमलता।

16/2/11

दोहा

तेज क्षमा धृति शौच गुण, धैर्य अद्रोह सुधीर
अहंकार नहिं क्रोध नहिं, श्रेष्ठ पुरुष गुणधीर।

16/2/12

छन्द

तेज क्षमा धृत शौच गुणा, उर पूरण भाव अभाव बिना
तनु तेज प्रकाश विकास जहाँ, व्रत धीरज नीरज मित्र तहाँ
नहिं द्रोह न क्रोध विरोध नहीं, अभिमान न मान गुमान कहीं
सुर सम्पत्ति सन्मुख जन्म धरहिं, गुण पूरण पंथ खरे उतरहिं।

16/3/13

पाखण्ड घमण्ड प्रचण्ड जहाँ, चहुँ घोर कठोर जो क्रोध तहाँ
अज्ञान अधम गुणधाम यहाँ, परिपूरन मलिन विकार वहाँ
कटु बोलि सुडोलि दम्भ मन में, जन क्रोध भरहि नित जीवन में
आसुर–सम्पत्ति के लक्षण है, अज्ञान पुरुष के भक्षण है।

16/4/14

दोहा

सुर–सम्पदा विमुक्त करि, आसुरि बन्धन देइ
पाण्डव शोक विव्हल क्यों, जन्मे सुर–सम्पद लेइ।

16/5–6/15

जीव लाभ कल्याण सब, भाव प्रभू कि विभूति
अपना कुछ भी है नहीं, सत्य भाव अनुभूति।

16/5–6/16

सत् अरु असत् संयोग से, अहंभाव अत्पन्न
सम्मुख परमातम हुए, संत सदा सम्पन्न।

16/5–6/17

भूत सकल स्वभाव द्वय, सुर अरु असुर प्रकार
वर्णेउ सुर सम्पत्ति सुनि, पुनि अब असुर विचार।

16/5–6/18

चौपाई

धर्म अधर्म कबहुँ नहि जानहिं। कर्म अकर्म असुर नहिं मानहिं।
भीतर बाहर शुचि सत् हीनहिं। नीति अचार विचार विहीनहिं।।

16/7–8/19

असुर असत्य प्रपंच बखानहिं। बिनु अधार अनीश्वर मानहिं।
प्रकट नारि नर चरित संयोगा। नित भज हेतु मनोभव योगा।।

16/7–8/20

विहित कर्म प्रवृत्ति अभावा, कर्म निषिद्ध निवृत्ति न भावा।
खानपान अति रुचि मन जागी। कर्तव्य कर्म होश नहिं लागी।।

16/7–8/21

सत्य नहीं जानहिं दृढ़ निश्चहिं। असत् धर्म ईश्वर हिय इच्छहिं।
श्रद्धा सकल अभाव कदा ही। भोग–संग्रह मन बुद्धि सदा ही।।

16/7–8/22

भजनु मोर नहि चिन्तन मन में। पापवंत चंचल हिय जन में।
सद्भाव सभी लुप्त सब ज्ञाना। सद्विचार प्रकटें कस जाना।।

16/7–8/23

आश्रय रहित सकल जग मानी। झूठ सर्वथा ईश पग जानी।
भोगहु भोग सकल जग माहीं। जाके सिवाय और कछु नाहीं।।

16/7–8/24

मन मलीन मतिहीन मन्दमति। बुद्धि कुबुद्धि पाइ बहु दुर्गति।
हिंसक कर्म कठोर दम्भयुत। असुर जन्म जग नास हेतु सुत।।

16/9–10/25

दम्भमान मद काम समाहे। अशुभ असुर गहि निश्चय गाहे।
सकल जगत अज्ञान सहारहिं। मिथ्या कर्म–सिद्धान्त अचारहिं।।
16/9–10/26

नित्य स्वरूप स्वभाव न मानहिं। जड़ सन्मुख बड़ि शेखि बखानहि।
अल्प विवेक विचार क्षुद्र नर। उग्र कर्म हिंसारत क्रोधतर।।
16/9–10/27

दोहा

मिथ्या ज्ञान स्वभावरत्, अपकारी जो जीव
मंद बुद्धियुत क्रूरता, सकल स्वभाव सजीव।
16/9–10/28

दम्भमान मदयुक्त जो, दुष्पूरण हो काम
भ्रष्ट आचरणरत सदा, अज्ञानी सोइ नाम।
16/9–10/29

चौपाई

लोक परलोक ईश मर्यादा। डरहि नहीं मद मान ही ज्यादा।
अशुचि मूढ़ दुराग्रह नित्या। कपट झूठ जालसाजी हत्या।।
16/9–10/30

आस लिए जग सकल कामना। भ्रष्टाचार युक्त भावना।
पाप–पुण्य पुनि जन्म न मानहुँ। आसुर–गुण सम्पत्ति तुम जानहुँ।।
16/11–12/31

चिन्ता हृदय निरन्तर बासहिं। अचल भोग उपभोग सुभासहिं।
जासु न मरण प्रथम विरामहिं। असुर प्रकट सुख मानि निरामहिं।।
16/11–12/32

अगणित आस रूप सत फांसहिं। लागहिं क्रोध मनोभव गांसहिं।
मरण पर्यन्त रहहिं सब चिन्ता। अन्त अनन्त भोग विष भिन्ता।।
16/11–12/33

काम भोग अरु सुख आरामा। संग्रह आसा बन्ध अभिरामा।
दम्भ मान मद साथी मानहिं। क्रोध परायण कामहि जानहिं।।
16/11–12/34

लोभ क्षोभ बहु पास के बन्धन। करहि न कोऊ जिन अभिनन्दन।
धन अन्याय अधर्म कमावहिं। साधत विषय भोग समुदावहिं।।
16/11–12/35

दोहा

अनन्त सदा चिंतारत, विषय–भोग तल्लीन
इतना ही आनंद है, यहि मानहिं सुख–लीन।

16 / 11–12 / 36

सहस्त्र फाँसि बँधे जो, आशा पुष्ट प्रमाद
विषय–भोग संपूर्ति हित, धन–संचय गुण स्वाद।

16 / 11–12 / 37

चौपाई

मै मनभावन मनोरथ पावहुँ। होइहैं फेरि अकथ मन भावहुँ।
यह प्रभूत घन मोर अधीनहिं। लहो अपरमित काल प्रवीनहिं।।

16 / 13–14 / 38

आजु एक रिपु प्रबल पछारहुँ। हरिहौं फेरि अपर बल धारहुँ।
ईश्वर अरु ऐश्वर्य मैं भोगहुँ। अति बलवन्त मही जग जोगहुँ।।

16 / 13–14 / 39

लोभ बाढ़ि मनोरथ उत्तर। मात्र शरीर समाज निरुत्तर।
सीमित दृष्टि बैरि हनि वृत्ती। अहित जगत सोचहिं दुखमुक्ती।।

16 / 13–14 / 40

ईश्वर स्वयं मानि अहं भोगी। सिद्ध सदा मानहिं निज रोगी।
हाँकहिं डींग सींग उगि दम्भा। जलन अशान्ति संताप आरम्भा।।

16 / 13–14 / 41

मोहि सन बलशाली नहिं कोऊ। सर्वशक्तिशाली मैं होऊ।
बहुधन पाइ घमण्ड घनोरा। भीतर अन्तर ममता मोरा।।

16 / 13–14 / 42

सोरठा

पुरुष जो करहिं विचार, यह पाया वह पावहूँ
असुर–गुणी आचार, सकल मनोरथ सिद्धकर।

16 / 13–14 / 43

वह रिपु मारा वीर, और शत्रु का वध करहुँ
मैं सब गुणी सुधीर, अतिबलशाली पुरुष मैं।

16 / 13–14 / 44

दोहा

मैं धनवन्त कुबेर सम, अति कुलीन बड़ भाग
यज्ञ दान बहु विधि करहुँ, को जग मोहि सुभाग।

16/15–16/45

भ्रमित चित्त चितचोर नित, युत अज्ञानी मोह
विषयासक्त लीन घन, नरक अपावन खोह।

16/15–16/46

असुर स्वभावयुक्त नर, अज्ञानी जो वीर
धन बल जन बलयुक्त नर, सब गुणयुक्त सुधीर।

16/15–16/47

अशांति जलन संताप से, अन्तर भरा जहान
मोह भोग पदार्थ सब, फँसे रहें मन–प्रान।

16/15–16/48

एक निश्चय नहिं होवहीं, जड़ आसक्ति फँसाइ
संग्रह अरु उपभोग ही, सुख आराम धँसाइ।

16/15–16/49

चौपाई

घन घमण्ड धन मान बड़ाई। शास्त्र रहित विधि हीन यजाई।
परनिन्दारत काम वटोरहिं। निज प्रसिद्ध मख नाम चटोरहिं।।

16/17–18/50

अहम्भाव अभिमान अपारहिं। काम क्रोध उर असुर विकारहिं।
निज पर तन सम आतम लीन्हा। तासु द्वेष निन्दा नित कीन्हा।।

16/17–18/51

अति दुर्भाव पूर्ण वोइ बीजहिं। आसुरि योनि अनन्त समेटहिं।
नहिं विनम्र मद मान से चूरा। दम्भ युक्त यज्ञ होइ पूरा।।

16/17–18/52

उल्टी बात सकल मन भावहिं। अहंकार बल दर्प सुहावहिं।
काम क्रोध आश्रय बहु लेवहिं। असुर ईश संग करहिं न सेवहिं।।

16/17–18/53

दोहा

श्रेष्ठ स्वयं को मानते, धन मद मान से चूर
नाम मात्र हों यज्ञ रत, दंभ यज्ञ भरपूर।

16 / 17–18 / 54

अहंकार बल दर्पयुत, क्रोध द्वेष युत वीर
परनिंदारत जो सदा, आसुरभाव अधीर।

16 / 17–18 / 55

चौपाई

जे नर अधम निठुर जग द्वेषी। नित रत नीच अचार विशेषी।
ते गहि प्रथम अधोगति नाना। होंहि क्रूर सर्पादि निधाना।।

16 / 19–20 / 56

जनम अनेक अधम गति पावहिं। क्रूर कठोर योनि दुख खावहिं।
मूढ़ पाइ आसुरि गति नीचहिं। अधमाधम गति नरक सुभीचहिं।।

16 / 19–20 / 57

हिंसक मनुज नराधम होवहिं। पापाचारी सद्गति खोवहिं।
पाप प्रायश्चित नरक गिरावहुँ। भोगि कर्मफल शुद्धि पिरावहुँ।।

16 / 19–20 / 58

स्वार्थ कामना मोह वासना। झूठ कपट अभिमान त्रासना।
सब दुष्कर्म असुर रत रहहीं। दुराचार दुर्भाव ही गहहीं।।

16 / 19–20 / 59

धर्म अधर्म कबहुँ नहिं जानहिं। कर्म–अकर्म असुर नहिं मानहिं
निहित कर्म प्रवृत्ति अभावा। कर्म निषिद्धि निवृत्ति न भावा।।

16 / 19–20 / 60

काम क्रोध दुर्भाव विराजहिं। भावानुकूल योनि बहु साजहिं।
मनुज भयंकर पापी शापी। नरक योनि बहु गिरि अभिशापी।।

16 / 19–20 / 61

काम क्रोध अरु लोभ अपारा। त्रिगुण अधोगति नरक के द्वारा।
वश इनके आतम गति भूलहिं। त्यागहिं तीनि निरखि प्रतिकूलहिं।।

16 / 19–20 / 62

दोहा

क्रोध परायण दंभयुत, पापाचारी क्रूर
आसुरी–योनि गिरावहुँ, बारम्बार अक्रूर।

16 / 19–20 / 63

मूढ़ पुरुष इस जन्म में, पावहिं दुर्गति जोइ
परहिं अधोगति नरक में, आगत में गति सोइ।

16 / 21–22 / 64

चौपाई

नाश करहिं ये त्रिगुण अतीता। भूत भविष्य काल भवरीता।
सब अनर्थ मूल इन्ह मानहुँ। नरक प्राप्ति हेतु जिन जानहुँ।।

16 / 21–22 / 65

त्याग करो पारथ ये अवगुण। द्वार नरक के जानों ये गुण।
त्रिगुण विकार मुक्त हुआ नर। जिन उद्धार प्रवृत्त हुआ नर।।

16 / 21–22 / 65

करहिं परम कल्याण आचरण। गहहिं पवित्र शुद्ध मम चरण।
सोइ परमगति मम गति पावहिं। सद् आचरण भक्ति मोहि भावहिं।।

16 / 21–22 / 66

छन्द

नरक द्वार कामादि मुक्त नर, निज कल्याण सदा आचरहीं
निज आतम बल निरत निरंतर, तिन उत्तम गति नित सुविचरहीं
काम क्रोध मोह मद मत्सर, लोभ षडरिपु आत्मविनाशहिं
सबमें मूल 'काम' ही नित नित् बाढ़ि अधोगुण ईश भुलावहिं।

16 / 21–22 / 67

पार्थ हे! सुनि बचन मम नित, नित्य शुद्ध आचारिहौं
वृत्ति उन्मुख ईश सम्मुख, शुचि चेतना प्रचारिहौं
अनुभूति करि विभूति कोटि, हृदय भवन पसारिहौं
नरक द्वार विमुक्त होइ मम, परम गति सद्चारिहौं।

16 / 21–22 / 69

शास्त्र विधि जो त्याग हीं, निज कामना मन भाव हीं
कामकारत मन मना जो, सिद्धि न गति पावहीं
न परम मति न परम गति, संसिद्धि दूर ही भागहीं
सुख शांति न हो क्रांति न हो, रिद्धि–सिद्धि नशावहीं।

16 / 23–24 / 70

यहि जानि पारथ मानि शास्त्र प्रमान तुम नर खास रे
गहि शास्त्रयुत ही कर्म विधि विधान युत पहिचान लो
पहिचान के कर्त्तव्य निज अकर्त्तव्य भेद का ज्ञान लो
करि आत्म चिंतन शास्त्रयुत तुम धर्म– मर्म को जान लो।

16 / 23–24 / 71

दोहा

मनमाने आचरन जे, शास्त्र निषिद्ध विधान
कामकारत वर्तहीं, न सिद्धि असिद्धि सुजान।

16 / 23–24 / 72

अन्तःकरण अशुद्ध हो, शुद्धि सिद्धि सब दूर
क्रिया उच्छृंखल वृत्ति की, दुख देवें भरपूर।

16 / 23–24 / 73

तेहि लगि शास्त्र प्रमाण गहि, नियत अचार–विचार
करहुँ कर्म परमार्थ हित, शास्त्र नियत श्रुतिसार।

16 / 23–24 / 74

काम हैतुक काम आश्रित, काम भोग असुरारि
आसुरि सम्पति मूल में, काम रहे त्रिपुरारि।

16 / 23–24 / 75

निज करतब पहिचानिहहुँ, स्वार्थ रहित सब काम
नित्य परम पद पाइहहुँ, शुद्ध चित्त निष्काम।

16 / 23–24 / 76

कार्याकार्य व्यवस्थितौ, शास्त्र–विधान प्रमाण
शास्त्र नियत ही कर्म सब, कर्म–मर्म पहचान।

16 / 23–24 / 77

कर्त्तव्य अरु अकर्त्तव्य की, शास्त्र करें पहिचान
शास्त्र नियत शुचि कर्म ही, करते हैं कल्याण।

16 / 23–24 / 78

छन्द

ओम् भगवद्‌गीता तत् सत् मीता, विद्याब्रह्म बिचारहीं
ब्रह्मास्त्रमय योगशस्त्रमय, जीव ब्रह्म उच्चारहीं
उपनिषद् जो गावा, ब्रह्म सुनावा, गीत पुनीत विचारहीं
जीवार्जुन आत्मा मय परमात्मा, परमानन्द प्रचारहीं।

ओम् इति डॉ. रामवीर सिह कुशवाह 'पथिक' कृत
श्रीमद्‌भगवद्‌गीतामृत गीतयोग
नामक ग्रन्थ का देव असुर सम्पत्ति विभाग योग नामक
सोलहवाँ अध्याय समाप्त हुआ।

❉❉❉

ॐ गुं गुरुभ्यो नमः । ॐ गं गणेशाय नमः । ॐ श्री परमात्मने नमः।

श्रीमद्भगवद्गीतामृत गीतयोग

अध्याय - सत्रहवाँ

श्रद्धात्रय विभाग योग

भगवान कहते हैं कि त्रिगुणी प्रकृति से तीन प्रकार की श्रद्धा उत्पन्न होती है। सतोगुणी श्रद्धा युक्त शास्त्र–सम्मत कर्म हृदय को शुद्ध करते हुए भगवत् भक्ति उत्पन्न करने वाले होते हैं, जबकि रजोगुणी व तमोगुणी युक्त श्रद्धा पूर्वक किए गए कर्म अस्थायी फल देते हैं। मन की श्रद्धा के अनुसार उनके पूजे जाने वाले देवता, आहार, पूजन पद्धति, आदि सभी तीन–तीन प्रकार के होते हैं।

अध्याय–सात में भगवान् ने कहा था कि–'अर्जुन! कामनाओं ने जिनका ज्ञान हर लिया है, वही मूढ़ बुद्धि अन्य देवताओं की पूजा करते हैं।' अध्याय–नौ में कहा कि–'जो अन्यान्य देवताओं की पूजा करते हैं, वे भी मुझे ही पूजते हैं, किन्तु उनका वह पूजन अविधिपूर्वक है, अतः वह नष्ट हो जाता है। इस सत्रहवें अध्याय में उन्हें आसुरी स्वभाव वाला कहकर सम्बोधित किया। भगवान् श्री कृष्ण के शब्दों में एक परमात्मा की पूजा का ही विधान है।

अध्याय सोलह में योगेश्वर श्रीकृष्ण ने स्पष्ट किया कि काम, क्रोध और लोभ के त्यागने पर ही कर्म का आरम्भ होता है। नियत–कर्म को किए बिना न सुख, न सिद्धि और न परमगति ही मिलती है। इसलिए अब तुम्हारे लिए कर्त्तव्य–अकर्त्तव्य की अवस्था में शास्त्र ही प्रमाण हैं। कोई अन्य शास्त्र नहीं बल्कि यह गीता स्वयं शास्त्र है–"इति गुह्यतमं शास्त्रमिदम्"।

इस सम्पूर्ण अध्याय में श्रद्धा पर प्रकाश डालते हुए अध्याय के

अंत में गीता श्लोकों में प्रथम बार "ॐ, तत्, सत्" की विशद् व्याख्या प्रस्तुत की गई है। भगवान् कहते हैं "ॐ, तत्, सत्"—ये तीन नाम परमात्मा की स्मृति दिलाते हैं। शास्त्र विधि से निर्धारित तप, दान, यज्ञ, आदि आरम्भ करने में "ओम् (ॐ)" का प्रयोग होता है। "तत्" का अर्थ है—वह परमात्मा। उसके प्रति समर्पित होकर ही वह कर्म होता है। जब धारावाही कर्म (अर्थात् भजन) होने लगे, तव "सत्" का प्रयोग होता है। परमात्मा में प्रवेश दिला देने वाला कर्म निश्चयपूर्वक "सत्" है, किन्तु इन सबके साथ श्रद्धा आवश्यक है, अपरिहार्य है।

अर्जुन उचाव

दोहा

प्रभु कहहुँ मोहि असुर सुर, सम्पद् सब समुझाइ
शास्त्र–नियम जो पालहीं, कहहिं देव समुदाय।

17/1/1

शास्त्राज्ञा न मानहीं, आसुर–गुण सम्पन्न
निष्ठावानी व्यक्ति जो, निजगुण से उत्पन्न।

17/1/2

देव भजहिं सकामयुत्, भाव सहित आचार
शास्त्र विधी–नहिं जानहीं, तेहि गति करहुँ विचार?

17/1/3

नाथ कवन गति भजहिं जे, श्रद्धामय विधिहीन
सतोगुणी या राजसी, तमोगुणी प्रभुलीन ?

17/1/4

श्रीभगवान उवाच

दोहा

श्रद्धा उपजि स्वभाव से, मनुज रूप सद्भाव
शास्त्रबिधि नहिं जानते, श्रद्धायुक्त स्वभाव।

17/2/5

श्रद्धा जीव समाय सब, त्रिपुरारिहिं ते होय
सत्गुण प्रथम प्रधानहिं, राजस् तामस् सोय।

17/2/6

विधि विधान जो जानते, कार्य–विमुखता बोय
शासित त्रिगुणी प्रकृतिसे, पूर्व–कर्म संजोय।

17/2/7

प्रकृति की संगति पायके, त्रिगुणि मनोवृति पाय
प्रामाणिक गुरु संग करि, उच्च प्रवृत्ति उपाय।

17/2/8

चौपाई

अनन्त जन्म संचित संस्कारा। उपजि जो श्रद्धा गुण अनुसारा।
'स्वभावजा श्रद्धा' सोइ जानहुँ। सात्विकता गुण तुम पहिचानहुँ।।
17/2/9

भारत निज स्वभाव अनुसारा। सबकी श्रद्धा होय अगारा।
श्रद्धायुत सद्भाव अचारा। जस श्रद्धा तस गति सुबिचारा।।
17/3/10

निज स्वरूप निष्ठा प्रकटावहिं। अन्तःकरण स्थिति बतलावहिं।
अन्तर रूप त्रिगुण संस्कारा। सात्विक राजस् तमस् प्रकारा।।
17/3/11

जैसी जेहिकी श्रद्धा होबहिं। तैसो तेहिको स्वरूप शोभहिं।
अन्तःकरण अनुरूप स्वभावा। सत् श्रद्धा अनुरूपी भावा।।
17/4/12

सांसारिक अरु परमार्थिक। भोग भाव अरु तत्व धार्मिक।
गुण प्रधान मान्यता रचना। पर्यावरण बिधि–शास्त्र विचरना।।
17/4/13

पूजन भजन इष्ट जे जानी। राक्षस देव गुणी पहिचानी।
सत्गुणलीन देव नित पूजहिं। राजस् यक्ष असुर चित् दूजहिं।।
17/4/14

दोहा

सत्वपुरुष नित पूजहीं, देव पुरुष गुणखान्
राजस यक्ष को पूजते, तामस प्रेत बखान।

17/4/15

चौपाई

तामस गुणी पुरुष तेहि जाना। भजहिं भूत प्रेतादिक नाना।
जिनके ह्रदय काम बल रागा। दम्भाचरण आसक्ति विराजा।।
17/5–6/16

तेइ परिहर श्रुति नीति न जानहिं। तपहिं क्रूर अज्ञान विधानहिं।
पंच भूत थित देह विरामी। पुनि मैं नित उर अन्तर्यामी।।
17/5–6/17

इनहिं वृथा कष्ट जो देवहिं। मूढ़ असुर सम्पदा सेवहिं।
मनकल्पित घोर तपधारी। दम्भाचरणयुक्त नर नारी।।

17 / 5–6 / 18

अन्तर कृशहुँ मोर निज मूरति। पंचभूत दुखियारी सूरति।
काम राग बल तनहि सुखाई। दुखी करहिं असुरारि दुखाई।।

17 / 5–6 / 19

भूतप्रेत समुदाय सो जानहुँ। आसुरि योनि सकल पहिचानहुँ।
मुक्ति हेतु दैवीय सम्पदा। बंधनकारी आसुरी सम्पदा।।

17 / 5–6 / 20

दोहा

मन कल्पित तप जो तपहिं, शास्त्र विधी विहीन
अहंकार बल दम्भयुत, मोहासक्ति प्रवीन।

17 / 5–6 / 21

तन मन इन्द्रिय भूत सब, अज्ञानी नर जान
निज आत्मा भी कृश करें, आसुरि गुण पहिचान।

17 / 5–6 / 22

चौपाई

होय परंतप सब प्रिय प्यारा। तीनि प्रकार अहार विहारा।
यज्ञ दान तप तीनि प्रकारी। सुनहुँ भेद गुण तीनि पुकारी।।

17 / 7 / 23

त्रिविध प्रकार भेद गुण होई। करहुँ विचार विचारहुँ सोई।
भजन नहीं आहार बिहारा। श्रद्धा रुचि स्वभाव अनुसारा।।

17 / 7 / 24

छन्द

बल आयु वृद्धि आरोग्य शुद्धि, सुख प्रीति नीति वढ़ावही
सुखस्वाद दायक रसविनायक, आहार सात्विक खावहीं
जासुरस थिर नीर सुस्थिर, अतीव कोमल स्वास्थ्यदायक
खाय होय प्रशन्न भोजन, सत्वगुण नित पावहीं।

17 / 8 / 25

सत्व आयु विबर्धना रसना सुखम् बल देहि मन
शक्ति बहुदिन भक्ति निसदिन, बुद्धि सौम्ययुक्त जनम्
ताजे पके नहिं अधपके, भोज्य पेय रस चोस्य लेह्य
स्निग्ध रसमय स्वास्थ्यदायक, करते सतजन भोजनम्
बलवीर्ययुक्त सुखतृप्तियुक्त, शुचि देत जीवनम् प्रियम
स्नेहयुक्त सुपाच्य भोजन सात्विकम् पुरुषम् प्रियम्।

17/8/26

दोहा

आरोग्य बुद्धि बल प्रीतियुत, रसानायुक्त अहार
भोज्य–तत्व स्थिर रहे, मन–प्रिय सात्विक सार।

17/8/27

चौपाई

बहुत काल थिर सात्विक सारा। सात्विक भोजन सत्व प्रकारा।
दूध रोटी फल भिन्न प्रकारा। मन को प्रिय शुचि अन्न अहारा।।

17/8/28

आयु–वृद्धि गुण युक्त सुहानी। स्निग्धयुक्त रसयुक्त कहानी।
सात्विक अन्न खाय जो प्रानी। भोज्य–पदारथ प्रीति बढ़ानी।।

17/8/29

बहुत गरम अहार जो जोई। चटनी मिर्च स्वाद बहु खोई।
दूध गरम अति राजस जानो। तीक्ष्ण लवणयुत दाहक मानो।।

17/8/30

रसना मोहित अन्न जो जोई। स्वाद कुस्वाद बढ़ावत होई।
दुःख चिंता रोग उपजावा। राजस अन्न बहुत नर भावा।।

17/8/31

छन्द

कटु लवणयुत अति गरम रूखे तीखे सूखे चावहीं
अतिदाहकारक चिंता दुख नित, रोग शोक उपजावहीं
ये रोग गाहक भोज्य नाहक, राजस्गुणी नित भावहीं
अनुकूल निज अनुरूप भूप, भोज जेवहिं स्वभावहीं।

17/9/32

दुर्गन्धयुक्त अहार खावहिं, मलिन वासी चावहीं
रसहीन भोजन अति अपावन, एक प्रहर बितावहीं
उच्छिष्ट रैनि सिरान पंथ, अपान मन मलसान हीं
नर जिन तमोगुण धावहीं, पुनि पाइ भोजन खावहीं।।

17/9/33

जैसा भोजन अन्न बने मन, तैसा गुण आहार हो
सात्विक भोजन करहिं जो रागी, राजस में बदले अनुरागी
लोलुपता बस ज्यादा खावहिं, तामस में अतिसार हो
रूखा सूखा पावहिं भगवत् अर्पण, खावहिं जेहिमें सार हो।

17/10/34

दोहा

परिहर फल स्वर्गादिक, निगमागम पुनि नीति
मन थिर लखि निजधर्म सन, सात्विक यज्ञ सो प्रीति।

17/11/35

यज्ञ कर्म कर्तव्य नित, मानहिं सत्व सुजान
फल इच्छा सब त्यागिहौं, सात्विक यज्ञ महान।।

17/11/36

चौपाई

जेहि जन मन फल इच्छाधारी। निज प्रभुता चह दम्भाचारी।
यहि विधि यज्ञ करहिं जे प्रानी। सोइ राजस मख जगत बखानी।।

17/12/37

मंत्र शून्य श्रद्धा बिनु कीना। यज्ञ शास्त्र निगमागम हीना।
बिनु अर्पण बिनु ब्रह्म अहारा। मलिन तामसिक यज्ञ पुकारा।।

17/13/38

देव गुरू ज्ञानीजन पूजहिं। विप्र प्राज्ञ गुरुवर नित पूजहिं।
शारीरिक तप पूजहिं देवा। ब्रह्मचर्य अहिंसक सेवा।।

17/14/39

जीवन्मुक्त पुरुष महापूजन। शुद्धि सरलता शुचि गुण दूजन।
ब्रह्मचर्य व्रत पालक ज्ञानी। ब्राम्हण देव तपहिं नर मानी।।

17/14/40

दोहा

देव गुरू द्विज ज्ञानिजन्, पूजन सकल महान
शौच अहिंसा सरलता, शारीरिक तप जान।

17 / 14 / 41

भाषण अनुभवजन्य जो, प्रिय हितकारक सत्य
वेद शास्त्र पाठन सदा, वाणी तप उत्कृष्ठ।

17 / 14 / 42

मन प्रसन्नता सौम्यता, भगवत्–चिन्तन भाव
आत्म–विनिग्रह शुद्धता, मानस तपी स्वभाव।

17 / 15–16 / 43

चौपाई

सत्य बचन हितकारी वाणी। कोमल सुखद सकल प्रिय जानी।
बहुरि भेद अभ्यास तपावहिं। वाचिक तप गुण संत अपावहिं।।

17 / 15–16 / 44

नहिं उद्वेग विछेप न हलचल। सत्य प्रियम् हितकारक हरपल।
स्वाध्याय अभ्यास नित करहीं। वाणी तप उत्तम गुण परहीं।।

17 / 15–16 / 45

हरदम मन सौम्यता गहई। वियोग संयोग द्वंद्व सम रहई।
आत्म विनिग्रह तत्वालीना। संशुद्धि भाव क्रिया शुभ चीन्हा।।

17 / 15–16 / 46

मन प्रसन्न नित् भगवत् चिन्तन। शांत स्वभाव मनोग्रह अन्तर।
विषयहीन बिना छल माया। पंडितवर तप मानस गाया।।

17 / 17 / 47

फल परिहर श्रद्धा हिय योगी। काम वचन मन तप त्रिय भोगी।
अचल चित्त निष्कामी कर्मी। वर्णहिं बुधि सात्विक तपधर्मी।।

17 / 17 / 48

आदरयुत उत्साही करतब। परमश्रेष्ठ श्रद्धायुत वरतब।
सात्विक तप अति उत्तम मानी। फल इच्छा नहिं भाव प्रमानी।।

17 / 17 / 49

दोहा

फलेच्छा की चाह नहिं, श्रद्धा परम् पुनीत
निष्कामी योगी पुरुष, सात्विक तप सुपुनीत।

17/17/50

सत्कार मान की चाहयुत, पूजा अहं अखण्ड
क्षणिक फल युत जानिए, राजस तप पाखण्ड।

17/18/51

चौपाई

श्रद्धाहीन मान तप जोई। हित पूजा छण भर दे सोई।
फल चल राजस तप सो जानी। दम्भ पाखण्ड युक्त तेहि मानी।।

17/18/52

मन संकल्प विकल्प प्रधाना। भाव संशुद्धि अति कठिन निधाना।
मानसत्कार नित पूजा चाहहिं। चल अस्थिर अध्रुव फल गाहहिं।।

17/18/53

सात्विक ऊर्ध्वलोक फल पावा। मध्यलोक राजस उद्भावा।
सात्विक मनुज मनुजता बोई। दम्भ सत्कार में राजस खोई।।

17/18/54

मूढ़ विवेक रहित तप जोई। तन मन वचन दुखी कर सोई।
पशु–पक्षी निकृष्ट कहावहिं। पर पीड़ा दुर्बुद्धि सुनावहिं।।

17/19/55

निज दुख पशुपक्षी नहि बांटहिं। केवल तामस स्वास्थ ही सांटहिं।
पर पीड़ा अनरथ आचरहीं। तामस तप सोइ संत उचरहीं।।

17/19/56

दोहा

दान प्रधान सो धर्म हित, देश काल कर्तव्य
प्रत्युपकार चाहे नहीं, सात्विक दान है भव्य।

17/20/57

व्यक्ति अभाव ग्रस्त हो, पावन देश सुपात्र
क्रिया वस्तु फल दान से, अनुपकारि सद्गात्र।

17/20/58

सात्विक यज्ञ करें जो, दैवी गुण संयुक्त
राग उपजि बन्धन बने, रज् तम् आसुर युक्त।

17/20/59

चौपाई

फलेच्छा अरु प्रत्युपकारा। क्लेशपूर्वक दान उचारा।
निज हित सर्वस जाते जोई। राजस दान मानिए सोई।।

17/21–22/60

देश काल नहिं पात्रानुकूला। फल कामनायुत बहु भूला।
असत्कार अदेशहिं काला। अवज्ञापूर्वक दान अकाला।।

17/21–22/61

अशुचि देश अवसरु बिनु जेई। दान कुपात्रहिं जेहि जन देई।
आदरहीन अवज्ञा कीजहिं। तिरस्कार युत तामस लीजहिं।।

17/21–22/62

चारि चरण धर्म के जानहुँ। सत्य दया तप दान को मानहुँ।
कलयुग एक चरण ही होई। दान एक नित जानहुँ सोई।।

17/21–22/63

चौपाई

अन्न वस्त्र औषधि जल दाना। पात्र कुपात्र न लखि कल्याना।
कर्तव्य पालिहउँ निज बहु माना। जेन केन विधि बहु कर दाना।।

17/23–24/64

दोहा

ॐ तत् सत् वन्दना, त्रि–प्रकार गुणनाम
सर्गकाल उपजी मही, सृष्टि सकल गुणधाम।

17/21–22/65

वेद ब्राह्मण यज्ञ सब, रचे गए जेहि काल
ॐ शब्द से ऊपजे, सकल ब्रह्म–विशाल।

17/21–22/66

चौपाई

ओम्कार तत् सत् त्रिय नामा। पावन परम ब्रह्म अभिरामा।
आदि सृष्टि रचि ब्राह्मण वेदहिं। यज्ञादिक श्रुति कर्म निवेदहिं।।

17/23–24/67

ओम प्रथम उच्चारहिं जबहीं। दान यज्ञ तप आरम्भ तबहीं।
यह विधि शुचि निगमागम केरहिं। वर्णहिं जेहि श्रुति जानि घनेरहिं।।

17 / 23–24 / 68

ओम् तत् सत् परमात्मा नामा। सृष्टि सर्ग नहिं उपजें जाना।
वेद ब्राह्मण यज्ञ बनाए। जग उपजाय क्रिया बहुताए।।

17 / 23–24 / 69

कभी कोइ क्रिया जब बाकी। ओम् नाम बहुविधि गुण राखी।
सबका मूल ओम् शुचि जानी। गायत्री श्रुति वेद बखानी।।

17 / 23–24 / 70

दोहा

तत् नामी परमात्मा, भाव सकल फल नाहिं
यज्ञ दान तप रूप सब, क्रिया भाव सद् चाहिं।

17 / 25–26 / 71

सत् नामी सत्भाव से, श्रेष्ठ भाव गुण चीन्ह
उत्तम कर्म स्वभाव जो, भाव सत्यता लीन्ह।

17 / 25–26 / 72

चौपाई

तत् पद कहि कछु काम विचारहिं। नित्य मुक्ति पद चाहि अचारहिं।
यज्ञ दान तप बहुविधि नाना। फल विसराय विधान सुजाना।।

17 / 25–26 / 73

सत सद्भाव साधु प्रिय जाना। मंगल कारज भाव सो माना।
फलेच्छा बिनु तप भाई। परहित सरित सकल समुदाई।।

17 / 25–26 / 74

सत्तावान् परम् तत्व ज्ञाना। क्रिया भोगफल एक समाना।
तत् उच्चारण ईश्वर इच्छा। प्रमुख भाव नहीं फलइच्छा।।

17 / 25–26 / 75

ध्यान समाधि यज्ञ तप नाना। व्रत जप स्वाध्याय बहु दाना।
तत् उचार सब आरम्भ करते। हम प्रभु में प्रभु हममें भरते।।

17 / 25–26 / 76

श्रेष्ठ आचरण सत् संग योगा। सदाचार सत्कर्म सुयोगा।
सद्गुण सद्विचार मन माहीं। सच्चिदानन्द सद्भाव सदाहीं।।

17 / 25–26 / 77

सत् तो सदा रहहिं नित् जोगी। कबहुँ नहीं अभाव जिन भोगी।
साधुभाव सत् चित् घन पावा। शुद्ध परम आनन्द सुहावा।।

17/25–26/78

श्रेष्ठ भाव तुम सत् को जानो। उत्तम कर्म सकर्म पहिचानो।
तत् सत् नाम एक जग नामी। सत्य सनातन गुण सुखधामी।।

17/25–26/79

दोहा

यज्ञ दान तप स्थिति, सत् जानहुँ सत्वीर
परमारथ जो कर्म हैं, निश्चित सात्विक वीर।

17/27–28/80

बिनु श्रद्धा विश्वास के, हवन दान तप जोय
सकल कर्म जो कुछ हुए, असत् को सेवन सोय।

17/27–28/81

चौपाई

यज्ञ दान तप थिति सत् होई। परमारथ हित कर्म जो जोई।
अपरकर्म अनुकूल सुहाई। सत् सत्मित्र कहाय कहाई।।

17/27–28/82

परमारथ परहित जे कर्मा। परमात्मा अर्पित सब धर्मा।
सकल कर्म निश्चय सत् जानो। श्रद्धा निष्ठा सत् पहिचानो।।

17/27–28/83

प्रशंसनीय लौकिक सब कर्मा। परमार्थिक जप ध्यान सो धर्मा।
तदर्थीय भगवत् हित सोचहिं। निष्काम भाव सब संकट मोचहिं।।

17/27–28/84

दोहा

श्रद्धा बिनु सब कर्म जेइ, हवनादिक तप दान
विफल लोक परलोक तेइ, असत् सकल पहचान।

17/27–28/85

फल इच्छा हित कामना, अन्तःकरण विकार
अश्रद्धायुत कर्म सब, उपजावें दुक्ख हजार।

17/27–28/86

शास्त्र –नियत नित कर्म सब, सोत्साह आचार
परमेश्वर रत भाव नित, नित्य ही पुण्य विचार।

17 / 27–28 / 87

हे पारथ! निष्काम हो, नित्य निरंतर रूप
चिन्तन मनन करहुँ नित, नित्यानन्द स्वरूप।

17 / 27–28 / 88

छन्द

ओम् भगवद्गीता तत् सत् मीता, विद्याब्रह्म बिचारहीं
ब्रह्मास्त्रमय योगशस्त्रमय, जीव ब्रह्म उच्चारहीं
उपनिषद् जो गावा, ब्रह्म सुनावा, गीत पुनीत विचारहीं
जीवार्जुन आत्मा मय परमात्मा, परमानन्द प्रचारहीं ।

ओम् इति डॉ. रामवीर सिह कुशवाह 'पथिक'
कृत श्रीमद्भगवद्गीतामृत गीतयोग
नामक ग्रन्थ का श्रद्धात्रय विभागयोग नामक
सत्रहवाँ अध्याय समाप्त हुआ।

❄ ❄❄

ॐ गुं गुरुभ्यो नमः । ॐ गं गणेशाय नमः । ॐ श्री परमात्मने नमः।

श्रीमद्‌भगवद्‌गीतामृत गीतयोग

अध्याय - अठारहवाँ

सन्यास-सिद्धि रूपी मोक्ष-सन्यासयोग

(उपसंहार)

इस अन्तिम अध्याय में पूर्व अध्यायों में विवेचित विषयों का पूरक संक्षेप दिया गया है। त्याग के वर्णन के पश्चात कर्म–सांख्य सिद्धांत की विवेचना की गई है। त्रिगुणों के अनुसार ज्ञान, कर्म, कर्त्ता, बुद्धि, धृति एवं सुख के भेदों को बतलाने के उपरान्त भगवान वर्णाश्रम धर्म, ज्ञान, निष्ठा, भक्तियुक्त कर्मयोग समझाते हुए अन्ततः श्रीमद्भगवद्‌गीता का महात्म्य बतलाकर ग्रन्थ का समापन करते हैं। अन्त में अर्जुन (जीव) इस गीताज्ञान से अपने मोह रूपी अज्ञान को विनष्ट होने की बात स्वीकार करता है तथा भगवान के समक्ष पूर्ण शरणागत् भाव से प्रस्तुत होता है।

मानवीय चेतना कर्म पर प्रकृति के गुणों का प्रभाव, ब्रह्मानुभूति, गीता की महिमा व इसके चरम निष्कर्षो को भगवान समझाते हैं। चरम निष्कर्ष है: धर्म का सर्वोच्च मार्ग **भगवान की परम शरणागति है** । जो पूर्ण प्रकाश प्रदान करने वाला है तथा मनुष्य को परम नित्य धाम ले जाने में समर्थ बनाने वाला है। गीता ज्ञान का मर्म है: जीव की अपनी प्रवृत्ति अनुसार योग साधन की सही पद्धति का चुनाव कर उस पर दृढ़तापूर्वक चलते हुए ईश्वर से अपने परमयोग का अनुभव करना। भगवान ने तीनों योगो को स्वतन्त्र–साधन बताया है।

कर्मयोगी :– कुछ करने की इच्छा वाले यज्ञ, तप, दान, नियत कर्मो की आसक्ति और फलेच्छा का त्याग करते हुए कर्म करने वाले

कहीं भी कर्म–फल को प्राप्त नहीं होते। इससे सम्पूर्ण संदेह मिट जाते हैं और वह अपने स्वरूप में स्थित हो जाता है। कर्मयोगी सदा परहित कर्म (सेवा) ही करता है तथा निज कर्त्तव्य का पालन करते हुए कृतकृत्यता स्थिति (कुछ करना शेष न रहना) को प्राप्त हो जाता है।

ज्ञानयोगी :– कुछ जानने की इच्छा वाले सात्विक ज्ञान, कर्म, बुद्धि, धृति, सुख आदि को धारण कर कर्तृत्व भोक्तृत्व से रहित हो जाते हैं। अपने स्वरूप में स्थित पराभक्ति को प्राप्त ज्ञानी परमात्मतत्व को यथार्थ से जानकर उसमें प्रविष्ट हो जाते हैं। स्वयं में ईश्वर की अनुभूति करता हुआ वह ज्ञातज्ञातव्य स्थिति (कुछ जानना शेष न रहना) को प्राप्त हो जाता है।

भक्तियोगी : ईश्वर को मानने की इच्छा वाले भक्त भगवान का आश्रय लेकर, सम्पूर्ण कर्मो को भगवद् अर्पण करके, अनन्य भाव से भगवद् परायण होकर केवल भगवान की ही शरण हो जाता है। उसे भगवान सभी पापों से मुक्त कर देते हैं। भक्तयोगी ईश्वर में ही लीन रहता हुआ प्राप्तप्राप्तव्य (कुछ पाना शेष न रहना) स्थिति को प्राप्त कर लेता है।

मनुष्य–मात्र के द्वारा शास्त्र के अनुकूल अथवा प्रतिकूल कार्य होने में पाँच कारण हैं–कर्त्ता (मन), पृथक्–पृथक् करण, नाना प्रकार की इच्छाएं, आधार (साधन) तथा पाँचवाँ हेतु है–दैव (प्रारब्ध या संस्कार)। वस्तुतः प्रकृति और पुरुष के बीच एक आकर्षण सीमा है। जब तक मनुष्य प्रकृति में बरतता है, तब तक माया प्रेरणा करती है और वह इष्ट जन हृदय–देश से रथी हो जाता है, फिर भगवान् करते हैं। पूर्ण ज्ञाता महापुरुष, जानने की विधि और ज्ञेय परमात्मका इन तीनों के

संयोग से कर्म की प्रेरणा मिलती है। इसलिए किसी सद्गुरु (अनुभवी स्थित प्रज्ञ महापुरुष) के सान्निध्य में समझने का प्रयास करना चाहिए। यह गीता का समापन (अन्तिम) अध्याय है। अर्जुन (अनुरागी जीव) त्याग और संन्यास के भेद को जानना चाहता है। योगेश्वर श्रीकृष्ण बताते हैं कि यज्ञ, दान और तप किसी काल में भी त्यागने योग्य नहीं हैं, ये मनीषियों को भी पवित्र करने वाले हैं। इन तीनों (यज्ञ, दान, तप) को धारण कर इनके विरोधी विकारों को त्यागना ही वास्तविक त्याग है जो फलेच्छा रहित होता है। फलेच्छा सहित त्याग राजस त्याग और मोहवश नियतकर्म का ही त्याग तामस त्याग कहलाता है। संन्यास त्याग की ही चरमोत्कृष्ट अवस्था है। नियतकर्म और ध्यान जनित सुख सात्विक, इन्द्रियोंऔर विषमों का भोग राजस तथा तृप्तिदायक अन्न की उत्पत्ति से रहित दुःखद–सुख तामस है। इस अध्याय में सन्यास का स्वरूप स्पष्ट करते हुए योगेश्वर श्रीकृष्ण कहते हैं कि 'सर्वस्व का न्यास' ही संन्यास है। केवल बाना धारण कर लेना ही संन्यास नहीं है। बल्कि इनके साथ एकान्त का सेवन् करते हुए नियत कर्म में अपनी शक्ति समझकर अथवा पूर्ण समपर्ण के साथ सतत् प्रयास अपरिहार्य है। प्राप्ति के साथ सम्पूर्ण कर्मों का त्याग ही संन्यास है, जो मोक्ष का पर्याय है यही संन्यास की पराकाष्ठा है। वर्ण–व्यवस्था के सम्बन्ध में स्थिति स्पष्ट करते हुए भगवान् बतलाते हैं कि वस्तुतः ये चार अवस्थाएँ–शूद्र, वैश्य, क्षत्रिय, ब्राह्मण कर्त्ता की चार श्रेणियाँ क्रमशः निकृष्ट, मध्यम, उत्तम और अति उत्तम हैं। मनुष्य को नहीं अपितु गुणों के माध्यम से कर्त्ता को चार भागों में बाँटा गया। शूद्र का अर्थ हैं 'अल्पज्ञ साधक'–जो नियत कर्म चिन्तन में दो घण्टे बैठकर दस मिनट भी अपने पक्ष में नहीं पाता, क्योंकि मन वश में नहीं है। अतः उसके लिये उपाय बताया–'परिचर्या' अर्थात् अपने से उन्नत अवस्था वाले साधक (सद्गुरु) की सेवा करो। जिससे शनैः शनैः उसमें भी संस्कारों का सृजन होगा, साधना गति पकड़ेगी। वह तब

निरन्तर उन्नति करते हुए क्रमशः वैश्य, क्षत्रिय और अन्ततः ब्राह्मण श्रेणी का साधक बन जाएगा। तब वह ब्रह्म में प्रवेश दिलाने वाली योग्यताएँ पा लेगा, हासिल कर लेगा। कर्म एक ही है–नियत कर्म, कर्त्तव्य कर्म या चिन्तन; परन्तु उसके कर्त्ता की उपरोक्त चार श्रेणियाँ हैं, चार वर्ण हैं।

तत्व को स्पष्ट करते हुए उस परम सिद्धि की विधि बताते हुए भगवान् कहते हैं कि विवेक, वैराग्य, शम, दम, धारावाही चिन्तन और ध्यान की प्रवृत्ति, ब्रह्म में प्रवेश दिलाने वाली सारी योग्यताएँ जब परिपक्व हो जाती हैं; काम, क्रोध, मोह, राग, द्वेष आदि प्रकृति में घसीटकर रखने वाली प्रवृत्तियाँ जब पूर्णतः शान्त हो जाती हैं, उस समय व्यक्ति ब्राह्मणत्व को प्राप्त होता है अर्थात् ब्रह्म को जानने योग्य होता है। इसी योग्यता का नाम पराभक्ति है। इस पराभक्ति के द्वारा ही वह तत्व को जानता है। वह तत्व है–परमतत्व। इसकी प्राप्ति के साथ आत्मा उसी स्वरूप में स्थित हो जाता है, उन्हीं गुणधर्मों से युक्त हो जाता है। ईश्वर सम्पूर्ण भूतों के हृदय में निवास करता है, किन्तु मायारूपी यंत्रारूढ़ लोग भटक रहे हैं, इसीलिए नहीं जानते। अतः अर्जुन! तू हृदय में स्थित उस ईश्वर की शरण में जा, सम्पूर्ण धर्मों की चिन्ता छोड़कर तू मेरी शरण में आ जा तू मुझे ही प्राप्त होगा।

अन्त में भगवान् ने पूछा–अर्जुन! मैंने जो कुछ कहा उसे तूने भली भाँति सुना–समझा, तुम्हारा मोह नष्ट हुआ कि नहीं? तब अर्जुन ने कहा–भगवन्! आपकी कृपा, आपके सद्वचनों से मेरा मोह सर्वथा नष्ट हो गया है। मैं अपनी स्मृति को प्राप्त हो गया हूँ। आप जो कुछ कहते हैं, वही सत्य है। अब मैं आपके इन बचनों का पालन करूँगा।

अतः जहाँ योगेश्वर कृष्ण हैं और जहाँ महात्मा अर्जुन हैं, वहीं श्री,

विजय–विभूति तथा ध्रुवनीति हैं। सृष्टि की नीतियाँ जो आज हैं, कल बदलेंगी। ध्रुव तो एकमात्र परमात्मा है। उसमें प्रवेश दिलाने वाली नीति, ध्रुवनीति भी वही है। अतः बार–बार स्वरूप का स्मरण, ध्यान आदि करते रहना चाहिए। भगवान् कहते हैं कि "मैं हूँ तो अव्यक्त, लेकिन जिस भाव को मैं प्राप्त हूँ, वह ईश्वर सबके हृदय में निवास करता है। वह सदैव है और रहेगा। सबको उसकी शरण में जाना है। शरण में जाने वाला ही महात्मा है, अनुरागी है, अर्जुन है, रथी है। भगवान् तो उसके सारथी ही हैं। जो अनुरागी को उसके गन्तव्य (सद्गति) तक पहुँचा ही देंगे। परमपद की प्राप्ति (अनुभूति) करा ही देंगे। मोक्ष तक पहुँचा ही देंगे।

(इस प्रकार जैसे अर्जुन ने भगवान् के बचनों को आत्मसात् कर मायारूपी मोह नष्ट कर लिया उसी प्रकार आप सभी पाठक–गण अर्जुन वनें, अपने हृदय में भगवान् के प्रति अनुराग पैदा करें। तदनुसार शैनः–शनैः सीढ़ी दर सीढ़ी चढ़ते–चढ़ते मोह रूपी दुर्गुणों को सर्वथा नष्ट करते हुए भगवान् को पालें, भगवत्–शक्ति का अनुभव कर लें जो आपके अन्दर ही है जिसे खोजने कहीं बाहर जाना नहीं है।–लेखक)

अर्जुन उवाच

दोहा

आप समर्थ विषय सब, जानहुँ मन की बात
ऋषीकेश स्वामी प्रभो! सर्वस्व न्यास क्या खास?

18/1/1

मूढ़ अज्ञानी मैं अति, हे प्रभु! कृपा निधान
विघ्न–विनाशक देव हे! शरणागत मोहि जान।

18/1/2

त्याग और सन्यास तत्व, पृथक् पृथक वसुदेव
कहहुँ महावाहो प्रभो, केशिनिषूदन देव।

18/1/3

श्री भगवान उवाच

काम्य कर्म के त्याग को, कहहिं कछुक सन्यास
कछुक कर्म फल त्यागहीं, जानि त्याग विन्यास।

18/2/4

कछु विद्वान सलाह दें, कर्म छोड़ सब दोष
कछुक त्याग की न कहें, यज्ञ दान तप होष।

18/2/5

चौपाई

कर्म प्रत्येक कर्मफल बनता। परिणत रूप कामना धरता।
त्याग कामना फल विच्छेदा। स्वतः सिद्धि जागहिं सम भेदा।।

18/3–4/6

कर्म दोषयुत एक निहारहिं। त्याग तासु बरनहि व्यवहारहिं।
अपर कहहिं यज्ञ तप दानहिं। त्यागि न कर्म पुनीत प्रमानहिं।।

18/3–4/7

नर श्रेष्ठ सुनि त्याग अकारा। सात्विक् राजस् तमस् प्रकारा।
तीनि प्रकार त्याग श्रुति गावहिं। कुरुनन्दन निश्चय मत ध्यावहिं।।

18/3–4/8

दोहा

सुनहु पार्थ नर श्रेष्ठ अति, त्रिविधि त्याग प्रकार
सात्विक्, राजस् तामसिक्, विषय भेद अनुसार।

18 / 3–4 / 9

चौपाई

सात्विक् त्याग पार्थ पहिचानहुँ। राजस् तामस् हिय नहिं जानहुँ।
यज्ञ तीर्थ अरु व्रत उपवासा। कर्मासक्ति फलेच्छा त्यागा।।

18 / 3–4 / 10

दान यज्ञ तप पावन कर्मा। कबहुँ न त्याग सकहिं निज धर्मा।
पावन करहि दान तप ज्ञानी। यज्ञ करहिं मुनि पण्डित जानी।।

18 / 5–6 / 11

कर्मासक्ति तजहिं फल नाना। नित्य करहिं यज्ञ तप दाना।
मत सर्वोत्तम सुनि गहि ज्ञाना। निगमागम सत्नीति विज्ञाना।।

18 / 5–6 / 12

कामना ममता अहंता त्यागी। कर्म प्रवाह जगत हित लागी।
कर्म स्वयं–हित बन्धनकारी। राग–निवृत्ति कर्म गुणकारी।।

18 / 5–6 / 13

निज हित कबहुँ कर्म न करहीं। परहित सकल कर्म आचरही।
जग हित कर्म योग निज हेतू। कर्मयोगी बनि जगतहि सेतू।।

18 / 5–6 / 14

दोहा

यज्ञ दान तप त्यागि मत, करहुँ अवशि सम्पन्न
पावन कर्मसंस्कार शुचि, निस्सन्देह उत्पन्न।

18 / 5–6 / 15

चाहे अवस्था निम्नतर, यज्ञ नहीं परित्यागि
दान हृदय शुचि शुद्धता, तप ज्ञानी नहिं त्यागि।

18 / 5–6 / 16

कार्य बिना फलासक्तिके, करहुँ सदा सुविचार
कर्म दान अरु यज्ञ भी, चित्तशुद्धि आचार।

18 / 5–6 / 17

चौपाई

नियत कर्म मोहवश त्यागहिं। नित्य–कर्म शुचिखान ते भागहिं।
सांध्यादिक नित्कर्म त्यागी। तामस् त्यागी पुनि–पुनि जागी।।
18/7/18

दुख–स्वरूप कर्म जे मानहिं। तन क्लेश भय समुझि सुजानहिं।
तजहिं जो कर्म सकल दुख पावहिं। राजस् त्याग व्यर्थ गुण गावहिं।।
18/8/19

सन्ध्यादिक नित कर्म सुजानी। कर्माचरण धर्मनिज मानी।
कर्मासक्ति कर्मफल त्यागहिं। सात्विक–त्याग श्रेष्ठतम् लागहिं।।
18/8/20

निज कर्त्तव्य मानि अनुसरहीं। भाव निष्काम कर्मगत् परहीं।
कर्मस्वरूप कबहुँ नहिं त्यागहुँ। फल इच्छा आसक्ति भगावहुँ।।
18/9/21

दोहा

कर्म स्वरूप न त्यागहूँ, फलासक्ति को त्यागि
करहुँ निज कर्त्तव्य जो, सात्विक त्यागी लागि।
18/9/22

अकुशल कर्म से द्वेष नहिं, कुशल कर्माशक्त
शुद्ध सत्वगुण युक्त नर, संशय रहित सशक्त।
18/9/23

चौपाई

सत्गुण लीन स्थिर मति ज्ञानी। हिय नहिं संशय द्वेष न जानी।
ज्ञानवान शुचि त्याग स्वरूपा। शुद्ध सच्चिदानन्दघन रूपा।।
18/10/24

अकुशल कर्म से राग न द्वेषा। कर्म–कुशल राग नहिं होशा।
तत्व अभिन्नभाव थिति होई। त्यागी बुद्धि पुरुष गति सोई।।
18/10/25

देहधारि केहि कर्महि त्यागहिं। तजि न सकहिं तन रूप अभागहिं।
जे नर कर्मफलहि नहिं रागी। सकल विराग कहहिं श्रुति त्यागी।।
18/10/26

शुद्ध तत्व नर निर्विकारी। चाह कर्मफल नर सविकारी।
पुरुष प्रकृति सम्बन्ध जो मानो। त्यागि कर्मफल गति पहचानो।।

18 / 11 / 27

नर सकाम कर्मफल पावहिं। लोक तीन पुनि–पुनि जावहिं।
स्वर्ग नरक अरु मानव लोकहिं। भोगहिं फल तजि रूप विसोकहिं।।

18 / 12 / 28

त्यागी पुरुष फलेच्छा नाहीं। कर्म अकर्म सकल खोइ जाहीं।
भोगहिं तजि काम विन्यासी। नित प्रति निर्विकार सन्यासी।।

18 / 12 / 29

दोहा

पंच सांख्य सिद्धान्त सुनि, श्रुति सिद्धान्त प्रमान
कर्मसिद्धि के हेतु गुनि, भली भाँति तेहि जान।

18 / 13 / 30

आधार शिला है ज्ञान की, वेदान्त सूत्र तुम जान
सांख्य योग पहिचानिये, कारण कर्म सुजान।

18 / 13 / 31

चौपाई

अधिष्ठान कर्ता विधि नाना। करण चेष्टा अनन्त बखाना।
प्राण अपान समान उदाना। व्यान देव पंचम जेहि जाना।।

18 / 14 / 32

कर्म उपकरण इन्द्रियाँ जानो। इन्द्रिय कर्म आत्म पहिचानो।
पृथक् चेष्टा एक–एक कर्मा। कार्यकलाप ईश चित् मर्मा।।

18 / 14 / 33

कर्मारम्भ करहिं जे प्रानी। तन मन शास्त्र रूप मति बानी।
धर्म अधर्म जे नित आचरहीं। कारण सकल पंच सुविचरहीं।।

18 / 14 / 34

तन मन वाणी जो कुछ करहीं। अनुचित उचित विविधता भरहीं।
जो कछु करहिं पंच यहि कारण। परम ज्ञान् सब दुक्ख निवारण।।

18 / 15 / 35

बुद्धि अशुद्ध मन्दमति प्रानी। पापी लखहिं न आतम ज्ञानी।
कर्ता निज कर्मन को मानहिं। आत्मरूप स्वरूप न जानहिं।।

18 / 16 / 36

मूर्ख न अन्तर्मन पहिचानहिं। सकल चेष्टा स्वयं ही मानहिं।
भौतिक कारण चारहि देखहिं। अन्तिम कारण कबहुँ न लेखहिं।।

18 / 16 / 37

बुद्धि हीन नर बुद्धि न ज्ञाना। बस्तु रूप नहिं सत् पहिचाना।
जो परमेश्वर को नहिं देखहिं। कर्ता–भर्ता निजता लेखहिं।।

18 / 16 / 38

दोहा

कारण पंच न मानता, स्वयं को कर्त्ता देखि
बुद्धिमान अति होय नहिं, बस्तु सही नहिं लेखि।

18 / 16 / 39

कर्त्ता चेष्टा इन्द्रियाँ, कारण पंच स्थान
अन्तिम कारण मुख्य है, जानो मम भगवान।

18 / 16 / 40

चौपाई

सकल ज्ञान विज्ञान प्रमानहि। बुधि संसार विकार न मानहिं।
कर्ताभाव विलोप सुलोपा। बन्धन कटहिं पाप सब लोपा।।

18 / 17 / 41

अहंकार प्रेरित हों नाहीं। स्वतंत्रता बंधन बुधि जाहीं।
परम निदेशक आज्ञा पालहिं। बंधन कटहिं विमुक्ती ढालहिं।।

18 / 17 / 42

ज्ञाता ज्ञेय ज्ञान विज्ञाना। प्रेरक कर्म विधान सुजाना।
कर्ता करण कर्म पहिचानो। त्रिविध लोक संग्रह सोइ जानो।।

18 / 18 / 43

त्रिसंघटक कर्म सब रहहीं। कर्म पूर्व फल सूक्ष्मता गहहीं।
क्रियारूप यहि लघु फल धरहीं। प्रेरक सदा प्रेरणा परहीं।।

18 / 17 / 44

ज्ञान क्रिया प्रवृत्ति न दोषा। कर्त्तृत्वभिमान में रहि न होशा।
ज्ञान ज्ञेय ज्ञाता ये कारण। कर्म प्रेरणा देत उदाहरण।।

18 / 18 / 45

दोहा

कर्म प्रेरणा ज्ञान की, ज्ञाता ज्ञेय से होय
सूक्ष्म उपकरण कर्म के, पुनि तुम जानहुँ जोय।

18 / 18 / 46

कर्ता कर्म करण सब, स्थूल सामग्री होंय
कर्म संग्रह के हेतु हैं, ज्ञाता कर्ता सोय।

18 / 18 / 47

चौपाई

ज्ञान कर्म कर्ता गुण तीना। त्रि–भेद सुनि सांख्य प्रवीना।
ज्ञान बखानि कपिल गुणखानी। सुनहुँ सांख्य गुण तीनि सुजानी।।

18 / 19 / 48

सतगुण परम प्रकाशक जानो। भौतिक वादी रज् पहिचानो।
आलस प्रमाद प्रेरक तम् गुण। बन्धनकारी प्रकृतिजन्य गुण।।

18 / 19 / 49

सात्विक ज्ञान जान पर भावहिं। भिन्न भूतगत सम रस पावहिं।
एक ही भाव भूत नित ध्यावहिं। अव्यय परखि निरखि नित गावहिं।।

18 / 20 / 50

ज्ञान अनन्त रूप अविभक्ती। जीव विभक्त आध्यात्मिक शक्ती।
एक आत्मा सब घट जीवा। जीवन –'शक्ति अभिव्यक्ति' सजीवा।।

18 / 20 / 51

पराप्रकृति परमेश्वर दर्शन। अविनाशी विभक्त बहु कर्षन।
जीव प्रत्येक शरीर में देखहुँ सात्विक् दर्शन आत्मा लेखहुँ।।

18 / 20 / 52

प्रकाश्य दृष्टि प्रकाशक जानहुँ। विभक्त–दृष्टि अविभक्त ही मानहुँ।
प्रकाश्य विभक्त रहित यह ज्ञाना। निरापेक्ष निर्गुण जग जाना।।

18 / 20 / 53

छन्द

ज्ञान अनन्त विभक्त रूप में, एक सकल में देखहीं
जीव जन्तु अरु तन्तु सकल में, अविभक्त प्रकृति नित लेखहीं
सब जीव धारहिं आत्मा में, अविभक्त सो परमात्मही
वो शक्ति जीवन धारिणी, अविनाशि अनल सुलेखहीं।

18/20/54

दोहा

जीवनिशक्ति अविनाशिनी, विनाशयुत तन वासि
निराकार का ज्ञान यह, आत्म–दरस सुवासि।

18/20/55

पराप्रकृति देखहिं सदा, परमात्मा अभिव्यक्ति
सात्विक दर्शन ज्ञान यह, होइ प्रतीति विभक्ति।

18/20/56

चौपाई

राजस् ज्ञान् जान् गुण न्यारा। भिन्न भाव प्रति जीव निहारा।
सकल भूत तन भाव अनेका। आतम् एक अनेक विवेका।।

18/21/57

जड़ चेतन विवेक कछु नहीं। राग–द्वेष उपजहि सब मांही।
अस्थिरता चेतन को जानहिं। ज्ञानपूर्ण आत्मा नहिं मानहिं।।

18/21/58

अतःकरण भाव अनुसारा। इन्द्रिय प्राण विभिन्न प्रकारा।
सकल धारणा रज–गुण उपजीं। चेतनता विकास गति उलझी।।

18/21/59

तामस ज्ञान सत्य नहिं जाने। तुच्छ कार्य संतुष्टि ही माने।
कारण रूप मूढ़ तनु माना। सकल शरीर ज्ञान् तम् जाना।।

18/22/60

व्यापक ब्रह्म अखण्ड बखानी। मूरति परमारथ बिनु मानी।
एक शरीर प्रीति आसक्ता। मूढ़ मोह ममता गुण भक्ता।।

18/22/61

ज्ञान् विवेक् रहित तामसी। केहि विधि ज्ञान कहहुँ आलसी।
धन ही ईश्वर तन जगदीश्वर। शारीरिक सुख ही परमेश्वर।।

18 / 22 / 62

सात्विक–कर्म नियत अरु नियमित। राग–द्वेष रहित हिय संयमित।
संग रहित निज करतब देखहिं। राग द्वेष विसराय विशेषहिं।।

18 / 23 / 63

कर्तापन अभिमान न जानहिं। फल इच्छा बिनु जन पहिचानहिं।
क्रिया पदार्थ लिप्त नहिं लोगा। संग रहित असंगता भोगा।।

18 / 23 / 64

दोहा

कर्मफल की चाह नहिं, नियमित सारे कर्म
अनासक्त हों भाव सब, सात्विक कर्म का मर्म।

18 / 23 / 65

प्रेम–घृणा का भाव नहिं, प्रभु प्रसन्न हिय होंय
आसक्ति अधिकार नहिं, मन समता संजोय।

18 / 23 / 66

चौपाई

राजस् कर्म फल इच्छा भोगी। अहंकार तन सुख हित योगी।
फल अभिलाष दंभयुत प्रानी। दम्भ बलहिं श्रुति–सम्मत मानी।।

18 / 24–25 / 67

पुनि सम बहुत कलेष घनेरी। मिथ्या भाव नित्य नित् घेरी।
प्रेम घृणा बहु भाव अनेका। संस्तुति वृत्तिपरक् अभिनेता।।

18 / 24–25 / 68

तामस् कर्म क्षय मोह प्रधाना। अनुबन्धन बहु मूढ़ रिझाना।
कर्म नहीं शुभ अशुभ विचारहिं। अज्ञान हिंसा हानि निहारहिं।।

18 / 24–25 / 69

मोह युक्त बिनु पौरुष धारहिं। शास्त्र अवज्ञा ईश्वर जारहिं।
निज–सामर्थ्य न कर्मफल जानहिं। अज्ञानहि आरम्भ सुहानहिं।।

18 / 24–25 / 70

भावी बन्धन नहिं परवाहा। सदा सकल जग दुखी दुखावा।
उत्तरदायित्व विहीन जे कर्मा। अन्य जीव दुखदायी धर्मा।।
18/24–25/71

मोहग्रस्त निज अनुभव घोरा। कलुष कठोर कठिनता जोरा।
हिंसा आधारित सो जानो। तामस कर्म मर्म पहिचानो।।
18/24–25/72

सात्विक कर्ता अविचल जानहुँ। भौतिक गुण संसर्ग न मानहुँ।
दृढ़ संकल्पित अति उत्साही। अहंकार नहिं द्वन्द्व नसाहीं।।
18/26/73

धैर्ययुक्त उत्साह निरंतर। परहित निर्विकार हो अन्तर।
सिद्धि–असिद्धि भावमें समता। लाभ हानि जस विजय न ममता।।
18/26/74

सकल विकार द्वन्द्व सम होई। सकल जीव विषमता खोई।
फल इच्छा नहिं विरत कामना। जागे मंगल जगत भावना।।
18/26/75

दोहा

राजस कर्ता द्वन्द्वयुत, लम्पट लोभी जान
रागी द्वेषी हृदय से, अशुचि भाव हिय ज्ञान।
18/27/76

फलइच्छा से कर्मरत, हिंसक अशुचि सुजान
हर्ष शोक के जाल में, उलझा सारा ज्ञान।
18/27/77

तामस् कर्ता मूढ़ अति, ज्ञान रहित शठ जान
दीर्घ सूत्री अनैष्कृतिक, सदा विषादी मान।
18/28/78

भौतिक वादी हठी पटु, अन्यों का अपमान
कपटी पापी आलसी, सदा खिन्न जहान।
18/28/79

चौपाई

विक्षेप युक्तचित् शिक्षाहीना। घन घमण्ड शुचि शील विहीना।
चंचल चित् आलस नित् व्यापहिं। तामस् कर्ता लखि जग तापहिं।।
18/29/80

धारणा शक्ति बुद्धि गुण तीना। तीन भेद गुण तीनि प्रवीना।
तासु विचारि सकल श्रुति सारहुँ। सुनि कुरुनन्दन भेद विचारहुँ।।
18/29/81

बुद्धि जो धर्म अधर्म विचारहिं। बन्ध भयाभय मर्म निहारहिं।
वृत्ति निवृत्ति तत्वमय जानहिं। सात्विक बुद्धि सकल पहिचानहिं।।
18/30/82

काज अकाज भेद नहिं जानहिं। बन्धन मोक्ष न पद पहिचानहिं।
धर्म–अधर्म यथार्थ न ज्ञानहिं। बुद्धि कुबुद्धि सो राजस् मानहिं।।
18/31/83

सकल अर्थ कुअर्थ जे मानहिं। अधर्म कर्म धर्मयुत जानहिं।
सत्य असत्य मानि अज्ञानी। कुपथ गहहुँ उल्टी दिश जानी।।
18/32/84

मोह बुद्धि अंधकूप निवासी। भ्रम आच्छादित कुटिल कपासी।
ज्ञान सकल अज्ञान ही पावहिं। तामस् बुद्धि दुर्बुद्धि भयावहिं।।
18/32/85

दोहा

ध्यान योग गहि धारण, इन्द्रि प्राण मन धारि
सात्विक धृति सो जानिए, हे पारथ गुण चारि।
18/32/86

चौपाई

सात्विक धृतिबस तन मन प्राना। इन्द्रिय कार्यकलाप न जाना।
अचल अटूट धारणा जानो। चंचल मन गति बस में ठानो।।
18/33/87

ध्यान योग युत योग समाधहिं। इन्द्रिय क्रिया प्राण सब साधिहिं।
योगाभ्यास अपर बल पाई। परमात्मा अनुभूति सुहाई।।
18/33/88

राजस् धृति फलेच्छा आकांक्षी। इन्द्रिय तृप्ति लिप्त बहुकांक्षी।
फलासक्त अति इच्छाचारी। साधन काम अर्थ पुनि धारी।।
18/34/89

धारहिं धित् गुण धाम निहारी। धर्म अर्थ काम सुख भारी।
धार्मिक–आर्थिक कर्म जो करहीं। निज स्वार्थ सर्वोपरि करहीं।।

18/34/90

तामस् धृति अति निद्राकारी। स्वप्न विशाद शोक भयकारी।
निद्रा भय चिंता सुख भारी। धारहिं नित् उन्मतता सारी।।

18/35/91

भौतिक सुखभोगी नित् रोगी। इन्द्रिय स्वप्न सदा के भोगी।
मोह सदा दुर्बुद्धि सुहावहिं। धारहिं पंथ कुपंथ लजावहिं।।

18/35/92

दोहा

सुखगुण भेदहिं तीनि जे, सुनि सुखपंथ सुजान
दुक्ख निरन्तर नाशहीं, रमण अनन्त सुखान।

18/36/93

साधक ध्यान भजन् नित्, शुभ सब साधन कीन्ह
अन्त पाय दुखि सन्त भी, भरतश्रेष्ठ सुख चीन्ह।

18/36/94

चर्वित चर्वण नित करे, बद्धजीव सुख भोगि
महापुरुष संगति सदा, बन्धन मुक्ति सुबोधि।

18/36/95

चौपाई

सात्विक् सुख विष, सम आरम्भहिं। आत्मकेन्द्रित मन समारम्भहिं।
मन इन्द्रियवश बहुबिधि कीन्हा। विधि–विधान पालन हिय चीन्हा।।

18/37/96

बहुत कठिन करनी विष जैसी। बिधियाँ सात्विक् अमृत तैसी।
प्रथम जो सुख साधन विष भासहिं। अमृत–तुल्य सकल दिसि रासहिं।।

18/37/97

पाइ दिव्य–पथ अमृत पाना। जीवन सुख पावै नित् नाना।
बुधि विचार आतम् लवलीना। सात्विक् सुख सुखधाम कुलीना।।

18/37/98

दोहा

साधनारम्भ जो सुख लखहिं, विष सदृश जो भास
भवद् विषयक् बुद्धि गहिं, अमृत–तुल्य सुभास।

18 / 37 / 99

चौपाई

राजस् सुख अमृत सम जागहिं। अन्त समय विषतुल्य सा लागहि।
विषय–संसर्ग सुख इन्द्रिय जागी। दुख कारण सदैव मन भागी।।

18 / 38 / 100

इन्द्रि विषयरत भोग आहारा। सुधा समान अगार निहारा।
भोगकाल अमृत सम भासहिं। अन्त हलाहल बुधिमन त्रासहिं।।

18 / 38 / 101

तामस सुख अन्धा मोह कारक। निद्रालस्य जनक दुखभारक।
नींद प्रमाद मोह अज्ञाना। उपजें आलस जीव कुजाना।।

18 / 39 / 102

सर्ग अन्त सकल दुखकारी। तमोगुणी भ्रमपालि खरारी।
मोहहिं जीव सकल बिधि नाना। सोइ तामस् सुख तुम्ह पहिचाना।।

18 / 39 / 103

दोहा

स्वर्ग धरा आकाश में, नहिं प्राणी है खास
त्रिगुण रहित जो होय ते, माया बन्धन आस।

18 / 40–41 / 104

कर्म पूर्वकृत होंय जो, संस्कारी स्वाभाव
गुणानुसार विभक्तहीं, वर्णाश्रम के भाव।

18 / 40–41 / 105

चौपाई

सुनहुँ पार्थ भुव मण्डल प्रानी। स्वर्ग देव लोकहिं गुण ज्ञानी।
त्रिगुण विहीन जीव नहिं कोई। निर्गुण सकल पदारथ सोई।।

18 / 40–41 / 106

ब्राह्मण क्षत्रिय वैश्य स्वभावा। शूद्रवर्ण उपजें श्रुति गावा।
कर्म अनेकानेक विभक्ता। स्वाभाविक गुण सब संयुक्ता।।

18/40–41/107

ब्राह्मण गुण स्वाभाविक जानहुँ। सत्यनिष्ठा संयम मानहुँ।
इन्द्रिय–निग्रह शुचि गुणधर्मा। शम् दम् शुचि सम कोमल कर्मा।।

18/42/108

क्षमा ज्ञान विज्ञान विभागा। सहज–कर्म हृदय दृढ़ लागा।
शान्तिप्रियता निर्मलता ज्ञानी। तप सहिष्णु मन पावन जानी।।

18/42/109

दोहा

शम दम शौचम् आर्जवम्, क्षमा भाव प्रधान
शास्त्र ज्ञान आस्तिक बुधि, परम् तत्व संधान।

18/42/110

चौपाई

शौर्य तेज धृति रण चतुराई। धैर्य दान लखि वीर सुहाई।
नेतृत्व उदारता वीर सी शक्ती। संकल्प दक्षता वीरता भक्ती।।

18/43/111

युद्ध विमुख कबहुँ नहिं होई। दानवीर स्वाभाविक सोई।
दृढ़ प्रभु भाव निरन्तर ध्याना। ये सब क्षत्रिय–धर्म प्रधाना।।

18/43/112

वैश्य–कर्म कृषि सहज सुजाना। गोरक्षा व्यापार सो ज्ञाना।
शूद्र–कर्म श्रम सबकी सेवा। परिचर्या स्वाभाविक खेवा।।

18/44–45/113

दोहा

ब्राह्मण सत्व प्रधान गुण, रजोगुण क्षत्रिय जान
तमोगुण गौण सो वैश्य हो, तमोगुण शूद्र मान।

18/44–45/114

वर्णस्वाभाविक गुण प्रमुख, शेष होंइ सब गौण
तदनुसार सब कर्म ही, सरल स्वाभाविक प्रौढ़।

18/44–45/115

चौपाई

निज–निज वर्ण कर्मरति मानहिं। निश्चय गहहिं परमपद ज्ञानहिं।
नियत–कर्म निज सिद्धि जे देवहिं। परम–सिद्धि पावहिं विधि सेवहिं।।
18/44–45/116

परमात्म–प्राप्ति वर्ण नहिं हेतू। परमार्थिक भाव आचरण सेतू।
निज कर्त्तव्य पालन रत होई। सम्यक्–सिद्धि परम्पद वोई।।
18/44–45/117

निज कर्त्तव्य कर्मगुण पालन। सिद्धि पाय तेहि नर मोहि लालन।
सुनहुँ तात केहि विधि यह करहूँ। परमात्म रूप नर जग अवतरहूँ।।
18/46/118

प्रगटें भूत सकल गण नाना। जिन विस्तार सर्ग सोइ जाना।
पूजि ताहि निज कर्म स्वाभावा। पावहिं सिद्धि सुगति मन भावा।।
18/46/119

जो सब प्राणी उद्गम होई। सर्व–व्यापि अनुपम सोइ सोई।
मनुज कर्म अरु ईशोपासन। पाइ पूर्ण सिद्धि सुभासिन।।
18/46/120

ब्रह्म अनन्त् कोटि घटवासी। सकल अधार उत्पाद् प्रकाशी।
कर्म निस्वार्थ करहिं मोहि पूजहिं। प्रकृति सम्बन्ध रहित होइ दूजहिं।।
18/46/121

स्वतःसिद्ध स्वरूप थित होवहिं। पावइ सिद्धि जगत् सब खोवहिं।
श्रेष्ठ स्वधर्म भलेहि गुणहीना। सहज स्वाभाव कर्म जेहि दीना।।
18/46/122

दोहा

सर्वभूत उपजाहिं जे, ते परमात्मा पूजि
सर्वजगत हिम्–जल सदृश, व्याप्त परम् नहिं दूजि।
18/46/123

चौपाई

अशुभ सगुण परधर्म बतावहिं। बरतैं सहज स्वभाव सुहावहिं।
वृत्तिपरक कार्य सब करिहहुँ। ढ़ँग त्रुटिपूर्ण चाहे अनुसरिहहुँ।।
18/47/124

निज स्वभाव निर्दिष्ट हो कर्मा। पाप प्रवृत्त कबहुँ नहिं धर्मा।
निज कर्त्तव्य कबहुँ नहिं त्यागहुँ। पाइ स्वधर्म परधर्म न लागहुँ।।

18 / 47 / 125

जो निज सहज धर्म अनुसरहीं। पाप न पातिक पग नहिं धरहीं।
सकल उद्योग दोष–आवृत्ता। भौतिकगुण दूषित–प्रवृत्ता।।

18 / 47 / 126

कामासक्ति स्वार्थ अभिमाना। हिंसक प्रमाद्वृत्ति बहु जाना।
निरखहिं सहज कर्म प्रधानहिं। दोष समेत न तजहिं सुजानहिं।।

18 / 48 / 127

कर्मारम्भ सदोष सदाहीं। जिमि पावक तम धूम समाहीं।
अर्जितगुण विशेष अनुसारा। करहिं कर्म कर्त्तव्य प्रसारा।।

18 / 48 / 128

सहजवृत्ति प्रवृत्ति न त्यागहुँ। बाधक तत्व निवृत्ति ही जागहुँ।
सदा–सर्वदा अंश परमेश्वर। मानहिं सन्यासी सब ईश्वर।।

18 / 48 / 129

दोहा

आसक्ति रहित सर्वत्र जो, स्पृहा रहित प्रवीन
अन्तः विजित पुरुष वह, सांख्य–सिद्धि नवीन।

18 / 49 / 130

चौपाई

आत्म संयमी सतत् अभ्यासा। अनासक्त गुणकर्म विन्यासा।
भौतिक् भोग सकल सुख त्यागी। मुक्ति अवस्था सिद्धिहि जागी।।

18 / 49 / 131

विजित हृदय नर समता पाई। जासु बुद्धि ममता बिलगाई।
परमात्मा हित तन मन लागी। शुद्ध चित्त घन ब्रह्म सुभागी।।

18 / 49 / 132

स्व–संतुष्ट क्रिया नित रहहीं। कर्म–बन्ध भय सकल विसरहीं।
कृष्णभावनामृत गहि प्रानी। बिनु सन्यास सिद्धि गहि जानी।।

18 / 49 / 133

पुरुष सांख्ययोगी सन्यासी। पाहि परम पद आनन्दरासी।
अभ्यास कर्मफलमुक्ति सुजाना। अनासक्ति गहि भक्ति महाना।।

18 / 49 / 134

सिद्धि प्राप्त नर ब्रह्महिं पावहिं। सर्वोच्च ज्ञान सिद्धि मनभावहिं।
वृत्तिपरक् कार्यरत् जे नर। त्यागि कर्मफल ईशतुष्टि हर।।

18 / 50 / 135

सोरठा

आत्म–साक्षात्कार होय, यहि विधि गहहिं विधान
चरमज्ञान् शुचि सोय, सब विधि से कल्यान।

18 / 50 / 136

दोहा

जड़ता त्यागि असक्त् बुधि, असक्त्–बुद्धि जित् आत्म
जितात्मा से विगतस्पृही, विगत–स्पृही सांख्य परमात्म।

18 / 50 / 137

कार्यसिद्धि शुचि योग गहि, पावहिं ब्रह्म–स्वरूप
तत्वज्ञान परनिष्ठ यहि, वरणौ ज्ञान अनूप।

18 / 50 / 138

बुद्धि विनीत पुनीत शुचि, देहादिक गुण धीर
त्यागि विषय शब्दादि पुनि, बिलगहिं द्वेष सुधीर।

18 / 51–53 / 139

चौपाई

मितहारी एकान्त निवासी। तन मन वचन विजित घटरासी।
ध्यान निमग्न निरन्तर रहहीं। दृढ़ वैराग्य पुष्ट नित करहीं।।

18 / 51–53 / 140

अहंकार बल दर्प नसावहिं। काम क्रोध संग्रह विसरावहिं।
ममतारहित शान्त चित रहहीं। ब्रह्म स्वरूप चिरन्तन गहहीं।।

18 / 51–53 / 141

बुद्धि शुद्धि गहि वश मन होई। इन्द्रिय तृप्ति बिषय सब खोई।
राग द्वेष विमुक्त मित् भोजन। एकान्तवास विष–इन्द्रि नियोजन।।

18 / 51–53 / 142

पूर्ण विरक्ति मुक्त अभिमाना। मिथ्या शक्ति भक्ति नहिं माना।
सदैव समाधि शान्त चित् रूखा। स्वामित्व मिथ्या भाव न भूखा।।

18 / 51–53 / 143

दोहा

विशुद्ध बुद्धियुत पुरुष जो, अल्पाहारी होय
दृढ़ बेरागी धृति सदा, अन्तः वश में होय।

18 / 51–53 / 144

अहंकार बल त्यागकर, काम क्रोध सब भोग
ममता सारी त्याग दी, शांत भाव नीरोग।

18 / 51–53 / 145

चौपाई

भगवत्कृपा सिद्धि जो पावहिं। मन संतुष्टि क्रोध नहिं आवहिं।
सकल भूत भौतिकता मुक्ती। ब्रह्मभूत गहि निज मम शक्ती।।

18 / 51–53 / 146

विचलित नहिं मन शान्त निराला। प्रवाह अनवरत अमृत हाला।
शान्ति परम् गहि ब्रह्म समाना। मिटहिं भेद सत्–पात्र सुनामा।।

18 / 51–53 / 147

निर्मल शान्ति बसहिं उर अन्तर। सहज स्वरूप अनुभूति निरन्तर।
सत् चित् परमानन्दघन रूपा। भाव अभिन्न–अभिन्न स्वरूपा।।

18 / 51–53 / 148

छन्द

विचलित नहिं होवहिं सब इच्छा खोवहिं, मुक्ति देहात्मक बुद्धि से
ज्यों नदि जल बाढ़हिं जलज सुधाढ़हिं, शान्तचित्त बिशुद्धि से
गहि नित–चित शुद्धी अहं से मुक्ती, भौतिकता से विमुक्ति हो
होइ परम् सुचारू पावहिं जग न्यारू, परमशान्ति चित् शुद्धि से।

18 / 51–53 / 149

दोहा

बुद्धि शुद्ध होइ धैर्य गहि, मन वश विषयी त्याग
राग–द्वेष से मुक्त होइ, एकान्त वास करि जाग।

18 / 51–53 / 150

मित् भोजनवश तन मन, समाधिस्त नित होइ
पूर्ण विरक्त औ मुक्त सब, सकल विकार ही खोइ।

18 / 51–53 / 151

संग्रहमुक्त मिथ्या रहित, शान्त्चित्त सब भाव
आत्म–साक्षात्कार करि, पाइ परमपद छांव।

18 / 51–53 / 152

मुक्त देहात्मक बुद्धि से, उत्तेजित नहिं होय
नित्य–निरन्तर शान्त–चित्, निर्मल शान्ति संजोय।

18 / 51–53 / 153

चौपाई

ब्रह्मभूत थित आनन्द पावहिं। ब्रह्मस्वरूप निरन्तर ध्यावहिं।
चित् प्रसन्न नित् आस विहीनहिं। चित् थिर शोक–विकार विलीनहिं।।

18 / 54 / 154

भूत समूह सकल सम मानहिं। भक्ति परा मम् सद्गति जानहिं।
शोक न काम कामना भावहिं। जीव प्रत्येक सम्भाव सुहावहिं।।

18 / 54 / 155

शुद्ध भक्ति मम् नित्य ही पाई। सकल तत्व अस्तित्व नसाई।
पूर्ण प्रसन्न ब्रह्म अनुभूतहिं। स्थित् दिव्य दिव्यता गूँथहिं।।

18 / 54 / 156

पराभक्ति मम तत्व में लीना। प्रविशहिं ब्रह्म अनूप कुलीना।
तत्वमोर लखि तजि निज देहा। पावहिं नित् मम् बसि पर गेहा।।

18 / 55 / 157

सर्व समक्ष प्रकाशित नाहीं। मनोधर्म गुण केहि बिधि पाहीं।
भक्ति शुद्ध शक्ति मोहि जानहुं। दिव्यरूप गुण भव्य सुजानहुँ।।

18 / 55 / 158

भौतिक बुद्धि विमुक्ति अवस्था। उदित भक्तियोग व्यवस्था।
ज्यों–ज्यों कामइच्छाएँ विमुक्ता। त्यों त्यों भक्तिभाव आसक्ता।।

18 / 55 / 159

स्वाभाविक स्थिति प्रभु सेवा। भ्रान्ति धारणा मुक्ति ही मेवा।
भक्तियोग नित् चलहिं निरन्तर। बाद–विमुक्ति भाव नहिं अन्तर।।

18 / 55 / 160

दोहा

केवल शुद्ध भक्ति गहि, यथारूप मोहि जान
पूर्णभावनामृत जो होइ, सत्य तत्व पहिचान।

18/55/161

मम् संरक्षित भक्त शुचि, हर पल करि मम ध्यान
सकल कार्य संलग्न रहि, गहि अविनाशी धाम।

18/56/162

चौपाई

मम् आश्रय गहि मोर परायण। निष्काम कर्मयोगी नारायण।
विधिवत् कर्म करहिं हित् सेहीं। नित्य–निरन्तर सद्गति गेहीं।।

18/56/163

शुद्धभक्त संरक्षण पावहिं। कार्य–कलाप यहीं विचलावहिं।
भौतिक कल्मष् रहित शुद्धतन। शुद्धभक्त चित्त प्रतिनिधि मन।।

18/56/164

अन्त्तोगत्वा शाश्वत् धामा। सर्वेश्वर अविनश्वर नामा।
परमधान गहि पद निर्वाना। पाइ परमपद मन भगवाना।।

18/56/165

मम अर्पण सम रूप समर्पण। कर्म बुद्धि मन थित् नित् अर्पण।
बुद्धि समत्व पाइ नित् सेवन। नित्य निरन्तर मन चित् खेवन।।

18/57/166

सर्ब कर्म चेतस मन जागहिं। मत्पर बुद्धियोग भव लागहिं।
सत्य हृदय हिय शुद्ध आत्मा। कर्त्तव्य–कर्म मन बुधि परमात्मा।।

18/57/167

मम् अर्पित शरणागत् चेता। प्रामाणिक गुरु पन्थ सचेता।
गुरु पावहिं नित भजि मोहि पाई। जीवन सिद्धि नित भाव जगाई।।

18/57/168

दोहा

जीवन–सिद्धि सुनिश्चित, कर्त्तव्य मूल जो जान
उपाश्रित्य मत्चित्त मम, सकल भाव पहिचान।

18/57/169

सकल कार्य निर्भर रहो, मुझपर सदा सुजान
मम् संरक्षण कार्य करि, पूर्ण सचेत जहान।

18 / 57 / 170

चौपाई

परमारथ रत चित्त अनुग्रह। तारहिं सकल वृत्ति दुराग्रह।
अस्तित्व कनक उद्विग्न न रहहीं। एक भावना विघ्न न सहहीं।।

18 / 58 / 171

निष्ठापूर्ण कार्यवश चेतन। सक्रिय बद्धजीव निकेतन।
प्रत्येक कर्म मोहि प्रेरित पावा। पुष्ट गुरू करि पंथ दिखावा।।

18 / 58 / 172

मत्प्रसाद दुर्गुण सब लांघी। सब अवरोध पार भव झांखी।
निज अस्तित्व उद्विग्न न रहहीं। एक भावना विघ्न न सहहीं।।

18 / 58 / 173

अहंकार वश समर न करिहौं। मिथ्या निश्चय धीर न धरिहौं।
क्षत्र स्वाभाव युद्ध नित खैंचहुँ। कैसे पार्थ कालगति खैचहुँ।।

18 / 59 / 174

बद्धजीव विस्मृति छुटकारा। केहि बिधि पाइ जो मन से हारा।
अच्छा बुरा कर्म कछु नाहीं। निज–कर्त्तव्य करहुँ भल चाहीं।।

18 / 59 / 175

निज स्वभाववश् कर्म भुलाई। अहंकार करतब विसराई।
क्षात्र प्रकृतिवश परवश होई । भाव स्वभाव सर्वगत सोई।।

18 / 59 / 176

खैंचि स्वभाव कर्म तोहि वरवश। मोह हटहि चेतन ही सर्वश।
पार्थ उठहु दृढ़ निश्चय जानो। निज कर्त्तव्य रूप पहिचानो।।

18 / 59 / 177

दोहा

भावनायुत प्रसाद मम, तरि अवरोध जहान
अहंकार तृष्णा नहीं, जीव बद्धता ज्ञान।

18 / 59 / 178

मिथ्या अहंवश कर्म तजि, आत्म–ध्वनि विसराय
विनष्ट होइ सब धर्म से, केहि विधि मर्म सुहाय।

18/59/179

मम निर्देशन कर्म करि, युद्ध–प्रवृत्त न होय
वमेव क्षत्र स्वभाववश, युद्धभाव संजोय।

18/59/180

जीवन के संग्राम में, हर पल युद्ध ही होय
कर्मरूपि धनुवान गहि, विकार सकल बधि जोय।

18/59/181

सर्वोत्तम यह बात है, मम निर्देशन पाय
मम् प्रतिनिधि के रूप में, कर्त्तव्य–कर्म ही भाय।

18/59/182

चौपाई

सहज कर्म जो पारथ छोड़हुँ। मोह विवश रण से मुख मोड़हुँ।
पूर्ण स्वभाव विवश नित् जरिहौं। सुचित कर्म सहजवश करिहौं।।

18/60/183

व्यक्ति विशेष प्रकृतिगुण योगा। बाध्य कर्म संचित संयोगा।
चित् चेतन् स्वभाव जड़ होई। सर्वभूत ईश्वर सब खोई।।

18/60/184

प्रत्येक व्यक्ति त्रिगुणाधीना। वशीभूत संयोग परधीना।
तदनुसार कर्म रत् रहहीं। अवश होइ स्वभाव ही गहही।।

18/60/185

दोहा

सुनहुँ पार्थ तूं मोहिवश, नहीं करे जो कर्म
पूर्वकृत स्वभाव वश, परवश बाँधे कर्म।

18/60/186

यंत्र रूपि शरीर में, निज आरूढ़ी ईश
अन्तर्यामी ह्वदय थित्, माया भ्रम जगदीश।

18/60/187

सकल भूत भ्रम में फँसे, माया मोह बिहार
लज्जा भ्रम अरु शोक से, व्याकुल नर संसार।

18 / 60 / 188

चौपाई

सर्बभूत रत हृदय में ईश्वर। प्राणि विराज नित्य जगदीश्वर।
मायाधीन कर्म भ्रम परहीं। नाचु नचाव पाल–तट जरहीं।।

18 / 61 / 189

यन्त्रारूढ़ शक्ति उद्‌भूता। भौतिक शक्ति भाव भवभूता।
सकल जीव भ्रमवश होइ माया। घूमहिं चक्र–सृष्टि भरमाया।।

18 / 62 / 190

तन मन धन अर्पहुँ ओ नृपाला। सब प्रकार गहि शरण कृपाला।
भक्ति अनन्य प्रसाद अपारा। परमानन्द अचल पद सारा।।

18 / 62 / 191

सबके हिय स्थित भगवाना। शरण गहहुँ सोइ पद निर्वाना।
परमशांति परम् नित धामा। तत् प्रसाद दिव्य अविरामा।।

18 / 62 / 192

दोहा

गुह्यज्ञान अति गुह्यतम, कहहुँ सुपात्री जान
भलीभांति सुविचारहीं, करहुँ कर्म महान।

18 / 63–64 / 193

पुनि–पुनि श्रवहुँ मर्मयुत, बचन मोर गुणधीर
तू अतिशय प्रिय मोर नित, सुनहुँ परम धरि धीर।

18 / 63–64 / 194

परम प्रेम मम नित्य रत, अचल ईश मनचोर
नित्य–निरन्तर होइ हित, पुनि सुनि बचन कठोर।

18 / 63–64 / 195

तुम मोरे अति प्रिय सखा, सुनहुँ गुह्तम ज्ञान
गुह्य गुह्यतर सौंपहूँ, निज हित सुनहुँ सुजान।

18 / 63–64 / 196

छन्द

शंख चक्र गदा सदा, नित रूप भूप जे ध्यावहीं
पद्म पाद किरीट कुण्डल, पीत भूषण भावहीं
वनमाल शोभ विशाल, कौस्तुभ रत्न शोभा पावहीं
सर्वस्व अर्पण निज समर्पण, विष्णु रूप दिखावहीं।

18 / 65 / 197

मन नाहिं चंचल प्रेम विव्हल, विभूति बल से भाव हीं
ऐश्वर्य सब माधुर्यगुण, सम्पन्न ईश्वर ध्यावहीं
विनती विनय कर जोरि डोरि, पुनीत पावन गावहीं
मनधीरता गम्भीरता, वात्सल्य–सम गुण पावहीं।

18 / 65 / 198

मद्मोहि जन सद्भक्त तन, गुण सक्त जन मन मोहहीं
गुनज्ञान सागर प्रान नागर, प्रणमामि नित् तन खोहहीं
वासुदेव सबकें देव पूजहिं, भजहिं दण्ड प्रनामहीं
करहिं सत्य–प्रतिज्ञ विज्ञ, सुधीर धीर सुनामहीं।

18 / 65 / 199

दोहा

मन्मना मद्भक्त मम, अर्पण निज सर्वस्व
नमस्कार क़रि दण्डवत्!, बार–बार मम् पश्व।

18 / 65 / 200

सत्य प्रतिज्ञा करहुँ मैं, अतिप्रिय वह मम् लाग
मन वाणी तन अर्पिकर, अनन्य प्रेम मय भाग।

18 / 65 / 201

छन्द

सर्बधर्म विसारिके, सुविचारिके मम आसरे
सम्पूर्ण अर्पित कर्म धर्म, मन समर्पित वासरे
गुणगान कृपानिधान प्रान, अपान व्यान समानरे
सब शाप पाप विनाशिहौं, शुचि मोक्ष देवहुँ खासरे।

18 / 66 / 202

शरणागत् आगत् भक्तन भावत्, मम गत् परम सुहावहीं
हे पारथ! स्वारथ तजि भजि आश्रय, परम सुखाश्रय जावहीं
मन तोर न माना मत घवराना, चंचल मन वश भावहीं
हे परमात्मा! घुसि तन आत्मा, वास मन शुचि पावहीं।

18 / 66 / 203

सम्पूर्ण पापहिं चूर्ण करि, विमुक्ति मुक्ति सो देवहीं
सत् चित् भजहुँ नित् रूप मोर, स्वरूप भूप जो सेवहीं
मन मोर भावन तन अपावन, पुनीत पावन खेवहीं
संसार सागर गगन गागर, शरण निज निज देवहीं।

18 / 66 / 204

दोहा

सकल विधि परित्याग करि, शरण गहहुँ गुणधीर
चिन्ता छोड़हुँ नहिं डरहुँ, शुद्धभक्त रणधीर।

18 / 66 / 205

कर्म धर्म सब मोर हित, ज्ञान मर्म नहिं प्रीति
छोड़ि धर्म सब आसरे, जानहुँ प्रेम की रीति।

18 / 66 / 206

मोहि शरणागत तोर मन, सकल भाव गुण रीत
सर्व पाप विमुक्तिहौं, मोक्ष देहुँ अतीत।

18 / 66 / 207

चौपाई

सकल धर्म सब आश्रय त्यागी। अनन्य शरण मम् आतम लागी।
भजहुँ एक मम् परमात्मन। शुद्ध सच्चिदानंदघन आत्मन्।।

18 / 66 / 208

सकल पाप विनशिहहुँ प्यारे। शरणागत् मम् भक्त हो सारे।
शोक मुक्त होवहुँ हे पारथ। एक धर्म गहि भक्त विशारद्।।

18 / 66 / 209

मम् शरणागत् कछु नहिं शेषा। पतिव्रता ज्यों काम न होशा
निज तन मन घर अपना नाहीं। एक ही पति परमेश्वर चाहीं।।

18 / 66 / 211

पति के गोत्र में गोत्र मिलावहिं। पति के पुत्र को गोद खिलावहिं।
तैसेहिं शरणागत् मम् जोई। गोत्र जाति निज नामहिं खोई।।

18 / 66 / 212

गीता ज्ञान कहहुँ मैं पारथ। परम रहस्य जानि तजि स्वारथ।
कहहुँ कवहुँ नहिं तुम अज्ञानी। भक्ति रहित तप रहित जो जानी।।

18 / 66 / 213

श्रवणन् इच्छा जिन को नाहीं। मोरी निन्दा रत मन माहीं।
कवहुँ न इनको ज्ञान सुनाओ। श्रद्धा रहित न गीता गाओ।।

18 / 67 / 214

दोहा

जाकें उर गुरु भक्ति नहिं, तासों तप नहिं होय
गीता मर्म सुकर्म नहिं, कहहुँ अभक्त न सोयं।

18 / 67 / 215

मम निन्दक तपहीन जन, मोहग्रस्त गुणहीन
गुणन श्रवण इच्छा नहीं, गीता ज्ञान न दीन।

18 / 67 / 216

एकनिष्ठ संयम नहीं, द्वेष भाव मोहि देखि
श्रद्धाहीन कामी पुरुष, परम् गुह्यता छेंकि।

18 / 67 / 217

चौपाई

करहिं प्रेम मम भक्त न गावहिं। सत्यप्रेम भवसागर छावहिं।
परमगुह्य गुणज्ञान सुनावहिं। अपर प्रीति जन परंतप पावहिं।।

18 / 68 / 218

भक्त परम् रहस्य बतलावहिं। शुद्धभक्ति पावै मन भावैं।
गीता चिन्तन विषय है नाहीं। दर्शनशास्त्र समझि भ्रम पाहीं।।

18 / 68 / 219

गीता वाचक ब्रह्म ही भूपा। जगदीश्वर परमेश्वर रूपा।
शुद्ध भक्तिमय जीवन जीवहिं। गीतामृत रस नित ही पीवहिं।।

18 / 68 / 220

दोहा

पुरुष जो गीता ज्ञान कहि, मम् प्रति मति न डोल
परम प्रेममय बोल से, वाणी मिसरी घोल।

18 / 68 / 221

भक्त मोर चितचोर जो, प्रेम पूर्वक गान
गीतयोग गीता पढ़हिं, नित्य सुनावैं ज्ञान।

18 / 68 / 222

वे मोरे मैं उनको प्रिय, निःसंदेह तुम मान
परम् गुह्यतम् ज्ञान यह, पावहिं मम निज धाम।

18 / 68 / 223

चौपाई

जो जन बश मन प्रीतम मोरा। जिन गुण ज्ञान–विधान निचोरा।
तेहि सम मम प्रिय कोउ जग नाहीं। सकल धरा जलगण समुदाहीं।।

18 / 69 / 224

प्रियकृत प्रियतर प्रियतम मोरा। भक्तियुक्त जन अतिप्रिय जोरा।
जीव–ईश–गुण नित्–नित् साजे। गीताज्ञान 'पथिक' गुण बाजे।।

18 / 69 / 225

छन्द

धर्ममय संवाद रूप, स्वरूप, पठ–पाठन करहिं
नित ज्ञान यज्ञ सुविज्ञ पूजहिं, भजहिं कबहूँ न डरहिं
मम ज्ञानफल विज्ञान हल, दलबल सहित जर न जरहिं
मत मोर निश्चित पथ सुनिश्चित, वीरवर महि न परहिं।

18 / 70 / 226

जो पुरुष श्रद्धायुक्त दोष, विमुक्त गीता श्रवणहीं
वो पाप मुक्त संयुक्त भुक्त, न भोग रोग भ्रमणहीं
करि कर्म उत्तम धर्म उत्तम, श्रेष्ठ लोक जे पावहीं
वह धाम परम सुज्ञान नाम, सुनाम गीता लावहीं।

18 / 71 / 227

दोहा

हे पारथ! मम वचन सुनि, मन एकाग्र सुजान
हुआ श्रवण एकाग्रचित, धरहुँ धीर मम ज्ञान।

18 / 72 / 228

विगत होइ अज्ञान तम, मोह विनष्ट जहान
मिटा सकल संदेह तब, सत्गुण ज्ञान महान।

18 / 72 / 229

अर्जुन उवाच

चौपाई

तब प्रसाद महिमा गुण गावहुँ। विगत मोह संज्ञा–स्मृति पावहुँ।
गत संदेह विगत मोह माया। पाय सुमति निज रूप लुभाया।।

18 / 73 / 230

गीताज्ञान सरस हिय छावा। मैं जड़जीव सकल हित पावा।
संशय रहित नित्य थित रूपहिं। आज्ञा पालन प्रस्तुत भूपहिं।।

18 / 73 / 231

संजय उवाच

यह अद्‌भुत संवाद सुनाया। अर्जुन–वासुदेव मन भाया।
रोमांचक गुह्य मरम सुजाना। श्री हरि मुख सुख परम सयाना।।

18 / 74–75 / 232

सो मैं सकल सुनहुँ नर भूपा। विस्मय–जनक स्वरूप अनूपा।
परमयोग गुह्यज्ञान कहानी। श्रीवसुदेव कृष्णमुख वानी।।

18 / 74–75 / 233

श्रीमुख श्रीहरि स्वयं चखानी। योगरूप योगेश्वर जानी।
व्यास कृपा–दर्शन सोइ रूपा। दिव्यदृष्टि लखि योग स्वरूपा।।

18 / 74–75 / 234

दोहा

आतम् जीव मध्य यह, अद्‌भुत गुण संवाद
योगी योगेश्वर सुनहिं, पुण्यगीत सुरस्वाद।

18 / 76 / 235

सुमिरहुँ पुनि पुनि वाद सब, परमानन्द विशाल
रोम रोम हर्षित हुआ, दीन दयाल कृपाल।

18 / 76 / 236

विश्वरूप अपार हिय, अद्भुत बहुरि विचारु
अचरज उर विस्मय भयहुँ, पुनि–पुनि हर्ष सुचारु।

18 / 77 / 237

जहाँ पार्थ धनुवान धर, तहँ केशव लोकेश
वहाँ विजय श्री नीति नय, भूति विभूति महेश।

18 / 78 / 238

जहाँ चन्द्र वहँ चाँदनी, शम्भु जहाँ भुवनेश
जहाँ अनल वहँ दाहकी, शक्तिपुंज गणवेश।

18 / 78 / 239

जहाँ दया तहँ धर्म है, जहाँ धर्म सुख–शान्ति
परमशान्त पुरुषोत्तम, मिटहि सदा दिग्भ्रान्ति

18 / 78 / 240

जहँ वसन्त वन शोभहीं, जहँ शोभा वन फूलि
वन सुमनहिं तहँ भ्रमर वहँ, शहद देंइ श्रम–भूलि।

18 / 78 / 241

गुरू जहाँ बसि ज्ञान नित, ज्ञान जहाँ संधान
आत्मा–दर्शन होहि नित, समाधान गुणखान।

18 / 78 / 242

भाग्य के पास विलास नित, सुख के हित उल्लास
भानु सदा स्वप्रकाश रत, तेजपुंज गुण खास।

18 / 78 / 243

जीव मूल शुद्धात्मा, पावहिं ईश–प्रकाश
परमाणु परब्रह्मका, अपरा–परा विकाश।

18 / 78 / 244

गीता को अभ्यास नित्, जीवन का श्रंगार
शरण गहो श्रद्धालु हो, निज प्रभाव अंगार।

18 / 78 / 245

अर्जुन रूपी जीव को, मानों एक निमित्त
निज तन का जो सारथी, मधुशूदन की भित्ति।

18 / 78 / 246

आत्म–शुद्धि गहि गीत रस, पावन–पावन भाव
गीतामृत रस जो चखैं, सुन्दर सरल स्वभाव।

18 / 78 / 247

नित नवीन सद्भाव ही, अन्तःकरण नवीन
निर्मल चित्त सुभासता, साधक पुनः नवीन।

18 / 78 / 248

साधन तत्पर नित्य जो, गहिए भक्ति के भाव
ज्ञान कर्म बहुयोग नहिं, शरणागती स्वभाव।

18 / 78 / 249

सकल योग योगेश्वर, स्वतः सिद्ध यह योग
ज्ञानयज्ञ सम्पन्न यह, कृष्ण–पार्थ भव योग।

18 / 78 / 250

छन्द

लक्ष्मी शोभा सम्पत्ति जहाँ, श्रीनाम में संचित सकल वहाँ
विजय रूप में पार्थ जहाँ, उत्साह शूरता विभो वहाँ।
विभूति रूप ऐश्वर्य जहाँ, त्याग नीति ध्रुव धर्म वहाँ
विजय श्री ध्रुव नीति जहाँ, भूति विभूति पुनीत वहाँ
सद्गुण हिय नित रहें वहाँ, शरणगत जीव हों कृष्ण जहाँ
योगेश्वर कृष्ण रहें तहाँ, जीवार्जुन शरणागती जहाँ।

18 / 78 / 251

दोहा

आनन्द सुधा समुद्र से, छलके गीता गान
भाव अर्थ गम्भीरता, व्यापकता अविराम।

18 / 78 / 252

डुबकी मनुज लगावे जो, अंबुधि सागर सिंधु
सागर समुचित ज्ञान का, नित् नवीन उदि–बिंदु।

18 / 78 / 253

रसनामृत अति दिव्य यह, पावन भगवद् ज्ञान
सरस सार्थ सुस्वादुमय, रत्न दिव्यता खान।

18 / 78 / 254

सब धर्मों का सार मथि, मथनी रसना जानि
सकल विश्व के शास्त्र सव, सार तत्व पहिचानि।

18 / 78 / 255

समता भाव को पुष्ट करि, पाठ करें जो दिव्य
जीवन ऊँचा नित उठे, स्वाद बने नित् भव्य।

18 / 78 / 256

कृष्ण सदा दिव्यात्मा, परमात्मा गुण रूप
अर्जुन जीव प्रतीक है, निरखि रूप नरभूप।

18 / 78 / 257

जहाँ नीति विभूति वहँ, विजयश्री सुपुनीति
अचल अलौकिक सम्पदा, धर्म पुनीत् पुनीत्।

18 / 78 / 258

ॐ 'रामवीर' सुधीर गुण, गुरू कृपा रणधीर
'गीतयोग' पूरा किया, सारतत्व गणवीर।

18 / 78 / 259

छन्द

ओम् भगवत् गीता रूप पुनीता, ब्रह्मसूत्र उपदेशहीं
उपनिषद् हैं सारे नर अधिकारे, योगशास्त्र गणवेशहीं
ओम् गुणगण खाना रूप बखाना, आत्म–दरस नित पावहीं
गुण ज्ञान निधाना रूप सुहाना, नित्–नित् गुण गण गावहीं।

18 / 78 / 260

ओम चित्चोरा वेद् निचोरा, ब्रह्मरूप बहुदेशहीं
धर्मरूप श्रुतिसार गुणामय, रूप अनन्त स्वदेशहीं
ओम् तत् सत् वानी गुणगणखानी, अतिउत्तम नरभेषहीं
नर पुरुषोत्तम सुनि नर उत्तम, सर्वोत्तम ग्रन्थ श्रीगणेशहीं।

18 / 78 / 261

छन्द

ओम् भगवद्गीता तत् सत् मीता, विद्याब्रह्म बिचारहीं
ब्रह्मास्त्रमय योगशस्त्रमय, जीव ब्रह्म उच्चारहीं
उपनिषद् जो गावा, ब्रह्म सुनावा, गीत पुनीत विचारहीं
जीवार्जुन आत्मा मय परमात्मा, परमानन्द प्रचारहीं।

ओम् इति डॉ. रामवीर सिह कुशवाह 'पथिक' कृत
श्रीमद्भगवद्गीतामृत गीतयोग
नामक ग्रन्थ का सन्यास–सिद्धि रूपी मोक्ष–सन्यास
योग नामक (अन्तिम)
अठारहवाँ अध्याय समाप्त हुआ।

ओम् इति श्रीमदभगवद्गीतामृत गीतयोग नामक ग्रन्थ पूर्ण हुआ।

❋ ❋❋

परिशिष्ठ – 1

हमारी पावन धरा पर अवतरित/अद्यतन मनीषियों द्वारा प्राचीनकाल से लेकर वर्तमान काल तक दिए गए दिव्य–संदेश।

मनीषीगण	कालखण्ड (पुस्तक)	दिव्य–संदेश
1. वैदिक ऋषि*	अनादिकाल (श्री नारायण सूक्त)	"कण-कण में व्याप्त ब्रह्म ही सत्य है। उसे विदित करने के अतिरिक्त मुक्ति का कोई अन्य उपाय नहीं है"
2. भगवान श्रीराम*	त्रेतायुग (रामायण)	"एक परमात्मा के भजन के बिना जो कल्याण चाहता है वह मूढ़ है"
3. योगेश्वर श्रीकृष्ण*	द्वापरयुग (परमात्मा) 5000 वर्ष पूर्व	"परमात्मा ही सत्य है। चिन्तन की पूर्ति में उस सनातन ब्रह्म की प्राप्ति संभव है, देवी-देवताओं की पूजा मूढ़-बुद्धि की देन है"
4. महात्मा मूसा	3000 वर्ष पूर्व (यहूदी धर्म)	"तुमने ईश्वर से श्रद्धा हटाई, मूर्ति बनाई, इससे ईश्वर नाराज है। अतः ईश प्रार्थना में लग जाओ।"
5. महात्मका जरथुस्त्र	2700 वर्ष पूर्व (पारसी धर्म)	"अहुरमज्दा (ईश्वर) की उपासना द्वारा हृदय के विकारों को नष्ट करो, जो दुःख के कारण है।"
6. भगवान महावीर*	2600 वर्ष पूर्व (जैन ग्रन्थ)	"आत्मा ही सत्य है। कठोर तपस्या से इसे इसी जन्म में जाना जा सकता है।"
7. गौतम बुद्ध*	2500 वर्ष पूर्व (महापरिनिव्वान सूत्र)	"मैंने उस अविनाशी पद को प्राप्त किया है, जिसे पूर्व मनीषियों ने प्राप्त किया था-यही मोक्ष है, निर्वाण है।"
8. मसीह ईसा	2000 वर्ष पूर्व (ईसाई धर्म)	"ईश्वर प्रार्थना से प्राप्त होता है। मेरे (सदगुरु के) पास आओ, इसलिए कि ईश्वर के पुत्र कहलाओगे।"

मनीषीगण	कालखण्ड (पुस्तक)	दिव्य–संदेश
9. हजरत मोहम्मद	1400 वर्ष (इस्लाम धर्म) कुरानर	'ला इलाह इल्लल्लाह मुहम्मदुर्र सूललल्लाह' अर्थात्–"जर्रे-जर्रे में व्याप्त खुदा (ईश्वर) के सिवाय दूसरा कोई पूजनीय नहीं है।" मोहम्मद अल्लाह के संदेश वाहक है।
10. आदि शंकराचार्य*	1200 वर्ष पूर्व	"जगत मिथ्या है। इसमें सत्य हैं केवल हरि और उनका नाम"
11. संत कबीर*	600 वर्ष पूर्व (कबीर वाणी)	"रामनाम अति दुर्लभ, औरन ते नहिं काम आदि मध्य और अन्त हूँ, रामहिं ते संग्राम। अर्थात्–राम से संघर्ष करो, वही कल्याणकारी है।
12. गुरु नानक जी*	500वर्ष पूर्व (श्री गुरुग्रंथ साहिब)	"एक ओंकार सतगुरु प्रसादि।" अर्थात् एक ओंकार ही सत्य है, किन्तु वह सदगुरु की कृपा का प्रसाद है।
13. स्वामी दयानंद सरस्वती*	200 वर्ष पूर्व (सत्यार्थ प्रकाश)	"अजर, अमर, अविनाशी एक परमात्मा की उपासना करें। उस ईश्वर का मुख्य नाम ओम (ॐ) है।
14. स्वामी श्री परमानंद जी*	50 वर्ष पूर्व (1911–1969 ई.)	"भगवान जब कृपा करते हैं तो। शत्रु मित्र हो जाते हैं, विपत्ति संपत्ति हो जाती है। सर्वत्र भगवान ही दिखते हैं। वह भगवान सर्वत्र से देखते हैं।"

(नोट :– *हमारे देश भारत वर्ष में अवतरित मनीषीगण)

स्त्रोत :– "श्रीमद् भगवदगीता यथार्थ गीता" स्वामी अड़गडानंद जी

"श्री परमंहस आश्रम" ग्राम पोस्ट शक्तेयगढ जिला मिर्जापुर (उ.प्र.)

परिशिष्ट – 2

श्रीमद्‌भगवद्‌गीतामृत गीतयोग ग्रन्थ के कार्य विशेष हेतु जप मंत्र

1. **सर्वकार्य सिद्धि तथा अन्तःकरण शुद्धि हेतु**

ॐ धर्मरूप कुरुक्षेत्र मँह, समरेच्छा आधीन
तनय पाण्डु अरु पुत्र मम, जुरि संजय कहकीन॥

(1/1/2) ...21 दिन में 25,000 जाप

2. **रोगनाश व मानस- तापनाश के लिए**

पार्थ कबन बिधि मोह तू लावा। सेवहिं नहिं नरश्रेष्ठ तू पावा॥

(2/2/11) ...11 दिन में 25,000 जाप

3. **स्वप्रसिद्धि तथा शरणागति की योग्यता के लिए**

दोष दीनता पाय स्वभावा। बहु विकार मन मोह प्रभावा॥

(2/7/21) ...21 दिन में 51,000 जाप

4. **स्वप्रादेश एवं अन्तःकरण शुद्धि हेतु**

अनारम्भ पारथ जगमाहीं। पद निष्काम परमपद नाहीं॥

(3/3/7 पूर्वार्द्ध) ...11 दिन में 11,000 जाप

5. **विपत्तिनाश व चित्त की चंचलता के नाश हेतु**

कर्म त्याग सन्यास गुनाहीं। सिद्धि समाधि पद परम सुनाही॥

(3/3/7 उत्तरार्ध) ...41 दिन में 1,25,000 जाप

6. **काम पर विजय तथा कामादि शत्रुभाव से छुटकारा पाने हेतु**

मन को वश में कर लिए, राजा रंग फकीर
दुर्जन काम को जीतिए, महाबाहु बलवीर॥

(3/43/140)...21 दिन में 41,000 जाप

7. **पूर्वजन्म-ज्ञान तथा विश्वास में दृढ़ता हेतु**

यह जिज्ञासा मम हित नाहीं। जे नर प्रभु विश्वासी नाहीं॥

(4/4/14) 150 दिन में 5 लाख जाप

8. **दूसरों के पूर्व जन्म का ज्ञान व भक्ति में दृढ़ता हेतु**

बीते बहुत जन्म मम प्यारे। निज-स्वरूप विस्तारे न्यारे॥

(4/5/18) ...51 दिन में 6 लाख जाप

9. **आकस्मिक द्रव्य प्राप्ति तथा सांख्य योग की योग्यता हेतु**

साध्य एक साधन बहु जानी। समता में थित योगि सुज्ञानी॥

(5/5/21) ...31 दिन में 31,000 जाप

10. **सर्व आपत्ति नाश तथा साधन के विघ्नों के नाश हेतु**

विगत क्रोध भय सकल विकारा। सतत योग अभ्यास विचारा॥

(5/29/102) ...21 दिन में 43,000 जाप

11. **द्वेषभाव के नाश हेतु**

निर्विकार मन चित्त विजेता। नित्य प्राप्त परमात्म प्रणेता॥

(6/6/28) ...21 दिन में 21,000 जाप

12. **शत्रुओं व मन पर विजय तथा ध्यान की योग्यता हेतु**

सम्यक चित्त बुद्धि मन रूपहिं। रागद्वेष उपराम स्वरूपहिं॥

(6/26/93) ...26 दिन में 13,000 जाप

13. **सर्वप्रियता एवं भक्ति की परिपक्वता हेतु**

पृथक -पृथक अभिव्यक्ति विशेषी। सर्वेश्वर ईश्वर ही देखी॥

(6/30/111) ...150 दिन में 5.10 लाखजाप

14. **ऋण मुक्ति तथा ज्ञान की परिपक्वता हेतु**

योगी एकीभाव अभिन्ना। सकल चराचर भूत विभिन्ना॥

(6/31/116) ...157 दिन में 5.10 लाख जाप

15. **असाध्य रोग नाश तथा सर्वत्र भगवद्दर्शन की योग्यता हेतु**

सकल पदारथ जगत के, प्रतिफल मोरे होय।
आत्मा सबके मूल में, नियमित विकसित होय॥

(7/6-7/34) ...75 दिन में 5.25 लाख जाप

16. **शत्रु से विछोह तथा कामादि शत्रु नाश हेतु**

लक्ष्य प्रधान ध्यान नित रूपा। दिव्य चिरंतन चित्त स्वरूपा॥

(8/8/33) ...50 दिन में 5.50 लाख जाप

17. **सन्तान प्राप्ति तथा कर्मयोग की परिपक्वता के लिए**

तेहि कारन प्रगटे बहु बारा। चक्र चराचर अद्भुत न्यारा॥

(9/9/21) ...210 दिन में 1.90 लाख जाप

18. **योगक्षेम की प्राप्ति हेतु**

तेहि बिधि रहित सहित अज्ञाना। मोहि भजौं नाना विधि जाना॥

(9/22/52) ...57 दिन में 1.25 लाखजाप

19. **सुख की प्राप्ति तथा भगवद् दर्शन की योग्यता हेतु**

पत्र पुष्प फल जल ही चाहौं। प्रेमभाव अर्पण मुदिताहौं॥

(9/26/59) ...50 दिन में 1.50 लाख जाप

20. **सत्-कर्म सिद्धि एवं भगवद् कृपा हेतु**

भगवत सकल भाव के भूखे । प्रेम सहित पावहिं सब रूखे॥

(9/26/59) ...50 दिन में 1.30 लाख जाप

21. **भयनाश व शरणागत की योग्यता हेतु**

कर्मयोग रत शुद्ध अहंता। भक्ति से परिवर्तित भगवंता॥

(9/32/81) ...50 दिन में 1.50 लाख जाप

22. **सिद्धि प्राप्ति व शरणागत की योग्यता हेतु**

नित्य निरंतर भजहुँ मोहि, नमहुँ पूजि धरि धीर
पूर्णरूप तल्लीन मम, निश्चय पाव सुधीर॥

(9/34/93) ...75 दिन में 2.10 लाख जाप

23. **विपत्तिनाश तथा योगयुक्त होने के लिए**

जे मम चित्त भक्त मम जाना। मद्गत प्राण मोहि पहिचाना॥

(10/9-10/17) ...31 दिन में 36,000 लाख जाप

24. **दुःखनाश एवं पापनाश हेतु**

त्याग अनन्य भाव तप जागी। निर्मल अन्तर प्रभुसन लागी॥

(10/13-14/30) ...50 दिन में 1.50 लाख जाप

25. **लक्ष्मीप्राप्ति तथा भगवद्कृपा प्राप्ति हेतु**

सकल भूत जग भोग विशेषा। दिव्य विभूति विशेष विशेषा।

(10/16/34) ...31 दिन में 36000 जाप

26. **सर्वविघ्न नाश हेतु**

सूर्य सहस्त्र उदित एक बारा। तबहुँ न तेज प्रकट सकि सारा॥

(11/11/18) ...15 दिन में 13000 जाप

27. **धन प्राप्ति तथा विवेक प्राप्ति हेतु**

विश्वेसर हे विश्व विधाता। आदि अन्त मध्य नहिं ज्ञाता॥

(11/16/28) ...15 दिन में 13000 जाप

28. **प्रेम वृद्धि के लिए**

सकल विज्ञ सर्वज्ञ तुम, उद्भव प्रभव अधार।
ज्ञान अनन्त ज्ञानी तुम्हीं, ज्ञेय -दिव्य सुखसार॥

(11/38/66) ...10 दिन में 50,000 जाप

29. **प्रेतवाधा नाश तथा मन संयम हेतु**

बारम्बार प्रणाम करि, बहुरि नमामि नमामि।
अन्तर्यामी नमन बहु, कोटि कोटि प्रणमामि॥

(11/39/68) ...15 दिन में 15,000 जाप

30. **दरिद्रता नाश एवं मोह नाश हेतु**

हे अनन्त समार्थ्ययुत, शौर्य प्रधान विशाल।
अनन्त रूप कराल विक्रम, सर्व व्यापहिं काल॥

(11/40/69) ...15 दिन में 13000 जाप

31. **लक्ष्मी प्राप्ति तथा विवेक प्राप्ति हेतु**

अपराधी मैं आदिप्रभु, पालहुँ मोहि सुखखान।
शरणागती भरणामती तब, रूप दर्शन ठान॥

(11/42/75) ...50 दिन में 1.50 लाख जाप

32. **गुरुजनों तथा भगवान के द्वारा अपराध-क्षमा हेतु**

पिता पति अरु स्वामि सब, सहन करें अपराध।
बैसेहि प्रभु मोहि क्षमा करि, दयाभाव भरि आध॥

(11/44/88) ...50 दिन में 1.50 लाख जाप

33. **ऐश्वर्य प्राप्ति तथा भगवद्दर्शन हेतु**

विराट रूप दर्शन करि, भारी मन भयभीत।
पुलकित पल-पल मैं हुआ, पुरुषोत्तम जगदीश॥

(11/45/91) ...50 दिन में 1.50 लाख जाप

34. **ऋण मुक्ति तथा भगवद्प्राप्ति हेतु**

मम अन्तर तम जासु चित, मैं ही सकल अधार।
नाहिं मृत्यु संसार से, करों तुरत भवपार॥

(12/7/22) ...50 दिन में 1.50 लाख जाप

35. **दु:ख वियोग व दोष नाश के लिए**

उत्तम ज्ञान श्रेष्ठ अभ्यासा। ताते उत्तम ध्यान प्रकासा।

(12/12/32) ...21 दिन में 15000 जाप

36. **सर्व सत्कार्य सिद्धि तथा भगवद्भक्ति की योग्यता हेतु**

ज्ञेय पदारथ अब कहहुँ, सुनत होहु भवपार।
परम ब्रह्म कारण रहित, नहिं सत् असत् विचार॥

(13/12/21) ...150 दिन में 5.0 लाख जाप

37. **कार्यसिद्धि एवं अन्त:करण शुद्धि हेतु**

मोरे चरन भक्त के भावा। दृष्टि न ओझल रूप सुझावा॥

(13/13/24) ... 25 दिन में 25,000 जाप

38. **मृत्युकाल का ज्ञान तथा मृत्युकाल में भगवत्स्मरण**

दृश्य नहीं अपना कभी, दृश्य सर्वथा भिन्न।
निर्विकार श्रद्धा सहित, देखहुँ रूप अभिन्न॥
(14/14/142) ...51 दिन में 1.0 लाख जाप

39. **उदर-रोग नाश तथा विवेक ज्ञान हेतु**

मै जठराग्नि वैश्वानर रूपा। सकल भूतगण देह समूचा॥
(15/14/34) ...15 दिन में 1.50 लाख जाप

40. **क्रोध शमन व शत्रु हानि हेतु**

प्रान अपान समान उदाना। व्यान पंच वायु पहिचाना॥
(15/15/38) ...110 दिन में 1.10 लाख जाप

41. **वैभव-प्राप्ति तथा निर्मल भक्ति प्राप्ति हेतु**

दोष दृष्टि विहीन नर, अनद्य पाप निवृत्त।
भगवद्भक्ति सुपात्र हों, अन्तः शुद्ध प्रवृत्त॥
(15/20/51) ...50 दिन में 1.50 लाख जाप

42. **शत्रुपक्ष में हलचल तथा दोष-नाश के लिए**

अशांति जलन संताप से, अन्तर भरा जहान।
भोग मोह पदार्थ सब, फँसे रहें मन प्रान॥
(16/16/48) ...11 दिन में 10,000 जाप

43. **काम क्रोध-लोभ पर विजय तथा शत्रु विजय हेतु**

काम क्रोध अरु लोभ अपारा। त्रिगुण अधोगति नरक के द्वारा॥
(16/21/62) ...150 दिन में 1.50 लाख जाप

44. **उदर-रोग नाश तथा विवेक ज्ञान हेतु**

मै जठराग्नि वैश्वानर रूपा। सकल भूतगण देह समूचा॥
(15/14/62) ...15 दिन में 1.50 लाख जाप

45. **प्रेम वृद्धि हेतु**

ज्ञाता ज्ञेय ज्ञान विज्ञाना। प्रेरक कर्म विधान सुजाना॥
(18/18/40) ...21 दिन में 21000 जाप

46. **विघ्न–नाश हेतु**

निज अस्तित्व उद्विग्न न रहहीं। एक भावना विघ्न न सहहीं॥

(18/58/173) ...50दिन में 1.50लाख जाप

47. **सिद्धि –प्राप्ति न शरणागत की योग्यता हेतु**

शंख चक्र गदा सदा् नित रूप भूप जे ध्यावहीं।
पद्म पाद किरीट कुण्डल, पीत भूषण भावहीं॥
वनमाल शोभ विशाल, कौस्तुभ रत्न शोभा पावहीं।
सर्वस्व अर्पण निज समर्पण, विष्णुरूप दिखावहीं॥

(18/65/197) ...50 दिन में 1.00 लाख जाप

48. **सर्वकार्य सिद्धि तथा भगवद्प्राप्ति की विशेष योग्यता हेतु**

कर्म धर्म सब मोर हित, ज्ञान मर्म नहिं प्रीति।
छोड़ि धर्म सब आसरे, जानहुँ प्रेम की रीति॥

(18/66/206) ...150 दिन में 5.00 लाख जाप

49. **ऐश्वर्य प्राप्ति सर्वमनोरथ सिद्धि तथा भगवद्कृपा प्राप्ति हेतु**

जहाँ पार्थ धनुवान धर, तहँ केशव लोकेश।

वहाँ विजय श्री नीति नय, भूति विभूति महेश॥

(18/78/238) ...50 दिन में 1.50 लाख जाप

50. **सर्व आत्मिक –शांति हेतु**

जहाँ नीति विभूति वहँ, विजय श्री सुपुनीति।
अचल अलौकिक सम्पदा, धर्म पुनीत–पुनीत॥

(18/78/258) ...150 दिन में 1.50 लाख जाप

❄ ❄❄

परिशिष्ठ – 3

श्रीमद्भगवद् गीतायोग के सम्पुट –पाठ हेतु मंत्र एवं यंत्र

इस यंत्र को सफेद चन्दन के चोड़े टुकड़े पर क्रम से 1 से लेकर 9 तक यथास्थान अंकों को फिर **कृ** से लेकर **रु** तक अक्षरों को यथास्थान अनार की कलम के द्वारा लाल चन्दन से 108 वार लिखना चाहिए तथा लिखते समय प्रत्येक बार **ॐकृष्णं वन्दे जागद्गुरुं** का उच्चारण करना चाहिए। सम्पुट–पाठ हेतु यद्यपि श्रीमद्भगवद्गीता गीत योग का प्रत्येक श्लोक / पद काम में लाया जा सकता है, क्योंकि इसके सभी पद मंत्र ही हैं जो मनोरथ सिद्धि करने वाले हैं तथापि यहाँ कुछ थोड़े से पद सम्पुट पाठ के लिए दिए जा रहे हैं।

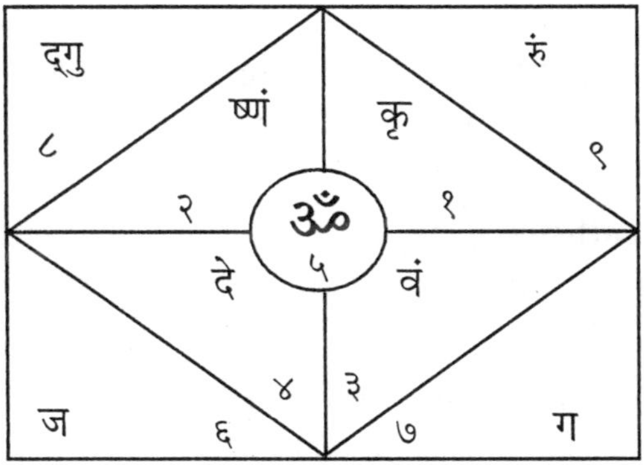

नव–कोष्ठ यंत्र

1. **रोगनाश तथा मानस ताप नाश हेतु**
   पार्थ कवन विधि मोह तू लावा। सेवहिं नहिं नरश्रेष्ठ तू पावा।
   (2/2/11) ...100 पाठ
2. **स्वप्रसिद्धि व शरण–प्राप्ति की योग्यता हेतु**
   दोष दीनता पाय स्वभावा । बहु विकार मन मोह प्रभावा ।
   (2/7/21) ...51 पाठ
3. **विपत्तिनाश, चित्त की चंचलता के नाश तथा अन्तःकरण शुद्धि हेतु**

अनारम्भ पारथ जग माहीं। पद निष्काम परम पद नाहीं॥

(3/3/17) ...100 पाठ

4. **पूर्वजन्म ज्ञान तथा विश्वास में दृढ़ता हेतु**

यह जिज्ञासा मम हित नाहीं। जे नर प्रभु विश्वासी नाहीं॥

(4/4/14) ...150 पाठ

5. **आकस्मिक द्रव्यप्राप्ति तथा सांख्य निष्ठा की योग्यता हेतु**

साध्य एक साधन बहुजानीं। समता में थित योगि सुजानी॥

(5/5/21) ...51 पाठ

6. **असाध्ययोग नाश एवं सर्वत्र भगवद्-दर्शन की योग्यता हेतु**

सकल पदारथ जगत के, प्रतिफल मोरे होंय।
आत्मा सबके मूल में, नियमित विकसित होय॥

(7/7/34) ...100 पाठ

7. **सुख प्राप्ति तथा सर्वत्र भगवद दर्शन की योग्यता**

पत्र पुष्प फल ही चाहौं। प्रेमभाव अर्पण मुदिताहौं॥

(9/26/59) ...51 पाठ

8. **सर्वविघ्ननाश हेतु**

सूर्य सहस्त्र उदित एक बारा। तबहुँ न तेज प्रकट सकि सारा॥

(11/11/18) ...51 पाठ

9. **लक्ष्मीप्राप्ति एवं विवेक प्राप्ति हेतु**

अपराधी मैं आदि प्रभु, पालहुँ मोहि सुज्ञान।
शरणागति भरणागति तब, रूप दर्शन ठान॥

(11/42/75) ...100 पाठ

10. **धनप्राप्ति तथा भगवद्-दर्शन की योग्यता हेतु**

विराट रूप दर्शन करि, भारी मन भयभीत।
पुलकित पल-पल मैं हुआ, पुरुषोत्तम जगदीश॥

(11/45/84) ...100 पाठ

11. **ऋण मुक्ति तथा भगवद्-प्राप्ति की योग्यता हेतु**

मम अन्तर तम जासु चित, मैं ही सकल अधार।
नाहिं मृत्यु संसार से, करौं तुरत भवपार॥

(12/7/12) ...100 पाठ

12. **सर्वसत्कार्य सिद्धि तथा भगवद् भक्ति हेतु**

ज्ञेय पदारथ अब कहहुँ, सुनत होइ भवपार।
परम ब्रह्म कारण रहित, नहिं सत असत विचार॥

(13/12/15) ...51 पाठ

13. **उदर व्याधि नाश तथा विवेक ज्ञान हेतु**

मैं जठराग्नि वैश्वानर रूपा। सकल भूतगण देह समूचा॥

(15/14/34) ...51 पाठ

14. **प्रेम बृद्धि हेतु**

ज्ञाता ज्ञेय ज्ञान विज्ञाना। प्रेरक कर्म विधान सुजाना॥

(18/18/43) ...50 पाठ

15. **सर्वकार्य सिद्धि हेतु**

कर्म धर्म सब मोर हित, ज्ञान मर्म नहिं प्रीति।
छोड़ धर्म सब आसरे, जानहुँ प्रेम की रीति॥

(18/66/206) ...151 पाठ

16. **सर्वमनोरथ सिद्धि हेतु**

जहाँ पार्थ धनुवान धर, तहँ केशव लोकेश॥
वहाँ विजय श्री नीति नय, भूति विभूति महेश॥

(18/78/258) ...151 पाठ

❋ ❋❋

परिशिष्ट – 4

मूल श्रीमद्भगवद्गीता एवं श्रीमद्भगवद्गीतामृत–गीत योग ग्रन्थों से सूक्ति संग्रह

अनु.	श्रीमद्भगवद्गीता	श्रीमद्भगवद्गीतामृत गीतयोग
1.	**क्लेव्यं मा स्म गमः (2/3)** (हे अर्जुनः नपुंसकता को मत प्राप्त हो।)	*पृथानंद पुरुषारथ जागो* *तुच्छ हृदय दुर्बलता त्यागो।* *(2/3/13)*
2.	**शिष्यतेऽहं शाधि** **मां त्वां प्रपन्नम्। (2/7)** (मैं आपका शिष्य हूँ अतः आपके शरण हूँ।)	*दोष दीनता पाय स्वभावा* *बहु विकार मन मोह प्रभावा* *(2/7/21)*
3.	**गतासून गतासूंश्च** **नानुशोचन्ति पण्डिताः(2/11)** (जिनके प्राण चले गए हैं उनके लिए और जिनके प्राण नहीं गए हैं उनके लिए भी पण्डितजन शोक नहीं करते।)	*करहिं शोक नहिं विज्ञ सुजाना* *जीवित–निर्जीवित जिन ज्ञाना।* *हैं अशोच्च जीवित–मृत प्रानी* *करतव चिन्ता नहिं कृत ज्ञानी।* *(2/11/34)*
4.	**आगमापायिनोऽनित्यास्तां** **स्तितिक्षस्व भारत (2/14)** (क्षण भंगुर व अनित्य इन्द्रिय– विषय संयोगों को सहन करो।)	*आवागमन अनित्य संयोगा* *सहन करो सुख दुःख गहि योगा।* *(2/14/48)*
5.	**सम दुःख सुखं धीरं** **सोऽमृतत्वाय कल्पते (2/15)** (सुख दुःख को समान सूझने वाला धीर पुरुष मोक्ष के योग्य होता है।)	*शीत–उष्ण सुख दुःख सम जानो* *विषयानुकूल–प्रतिकूल पहचानो।* *(2/15/49)*
6.	**नासतो विद्यते भावो** **नाभावो विद्यते सतः। (2/16)** (असत वस्तु का तो अस्तित्व ही नहीं है तथा सत् का तीनों कालों में अभाव नहीं है।)	*भाव न कबहुँ असत्कर कोई* *नहिं अभाव सत् नाश न होई।* *(2/16/56)*

7. अन्तवन्त इमे देहाः। (2/18) (नित्यस्वरूपा आत्मा के ये सब शरीर नाशवान् है।)	*हनहुँ मोह अज्ञान अचारा हनहुँ शरीर विकार विचारा। (2/18/69)*
8. नायं हन्ति न हन्यते (2/19) (यह आत्मा न तो मरता है, न मारा ही जाता है)	*न हन्यते हन्यमान शरीरी शाश्वत नित्य सर्वगत शूरी। (2/19/75)*
9. न हन्यते हन्यमाने शरीरे (2/20) (शरीर के नाश होने पर भी आत्मा का नाश नहीं होता।)	*आदि अन्त अरु मध्य बिहीना निर्विकार शरीरी चीन्हा। (2/20/76)*
10. वसांसि जीर्णानि यथा विहाय नवानि गृहणाति नरोऽपराणि तथा शरीराणि विहाय जीर्णान्य अन्यानि संयाति नवानि देही। (2/22) (जैसे मनुष्य पुराने वस्त्रों को त्यागकर नए दूसरे वस्त्रों को धारण करता है वैसे ही जीवात्मा पुराने शरीर को त्यागकर दूसरे नए शरीरों को धारण करता है।)	*जिमि जर जरा मलीन सब, तजि पुरान नव देह गहहि नवीन नवीन पुनि, धारहिं नित नित गेह। (2/22/81)*
11. नैनं छिन्दन्ति शस्त्राणि नैनं दहति पावकः न चैनं क्लेदयन्तापो न शोषयति मारुतः। (2/23) (इस आत्मा को शस्त्र काट नहीं कर सकते, आग जला नहीं सकती, जल गीला नहीं कर सकता एवं वायु सुखा नहीं सकती।)	अस्त्र–शस्त्र से अपर शरीरी जरा जन्म से परा शरीरी। नीर गील नहिं करहिं गुसाईं शोषि न सकहिं प्रभंजन साईं। (2/23/88)
12. नित्यः सर्वगतः स्थाणुर अचलोऽयं सनातनः। (2/24) (निःसंदेह यह आत्मा नित्य सर्वव्यापक अचल स्थिर रहने वाला और सनातन है।)	*आदि अनादि अनन्त स्वभावा नित्यलीन अभिनव सद्भावा। (2/24/91)*

13. जातस्य हि ध्रुवो मृत्युः (2/27) (जन्मने वाले की मृत्यु निश्चित है।)	*जन्मत तासु मृत्यु नित होई* *मरणशील ध्रुव जन्महि सोई।* *(2/27/96)*
14. सुख दुःखे समे कृत्वा लाभालाभौ जयाजयौ ततो युद्धाय युज्यस्व नैवं पापमवाप्स्यसि। (2/38) (सुख दुःख, लाभ–हानि, जय–पराजय को समान समझकर तू युद्ध को तैयार हो जा। इस प्रकार पाप अर्थात् आवागमन को प्राप्त नहीं होगा।)	*सुख दुःख जीत हार नहीं व्यापहिं* *जो निज कर्म करहिं सम ज्ञापहिं।* *द्वन्द्व अनन्त रहहुँसम–स्थित* *निज स्वरूप में स्वतः–प्रतिष्ठित।* *(2/38/129)*
15. स्वल्पमध्यस्य धर्मस्य त्रायते महतो भयात्। (2/40) (इस धर्म का थोड़ा सा भी साधन जन्म– मृत्यु रूप महान भय से उद्धार करने वाला है।)	*अल्प आचरण धर्म पुनीता* *जन्म मृत्यु भयनाश सुनीता।* *(2/40/138)*
16. कर्मण्येवाधिकारस्ते मा फलेषु कदाचन। (2/47) (तेरा कर्म करने में ही अधिकार होवे फल में कभी नहीं।)	*कर्म करहुँ कर्तव्य हो जोई* *फल–इच्छा तजि सकल संजोई।* *(2/47/157)*
17. समत्वं योग उच्चयते (2/48) (यह समत्वभाव ही योग नाम से कहा जाता है।)	*सिद्धि–असिद्धि होइ सम जोई* *समता योग उचैं सब कोई* *(2/48/163)*
18. बुद्धिनाशात् प्रणश्यति (2/63) (स्मृति भ्रम होने से योग–परायण बुद्धि अर्थात् ज्ञानशक्ति का नाश हो जाता है।)	*भ्रम से बुद्धि विनशि होई जाई* *बुद्धि नष्ट भव कूप समाई।* *(2/63/214)*
19. प्रसादे सर्वदुःखानां हानिरस्योपजायते। (2/65) (उस प्रसन्नचित्त पुरुष में निर्मलता के होने पर इसके सम्पूर्ण दुःखो का अभाव हो जाता है। तथा बुद्धि शीघ्र ही अच्छी प्रकार स्थित हो जाती है।)	*मित्र तासु मति थिर तब जानी* *सब विकार तजि अचल सुहानी।* *(2/65/218)*

20. **अशान्तस्य कुतः सुखम्।** (2/66) (शांति रहित (योग साधन रहित) पुरुष सुखी कैसे हो सकता है ?)	*दिव्य बुद्धि अयुक्त नर जोई अस्थिर चित्त शांति सब खोई। (2/66/222)*
21. **या निशा सर्वभूतानां तस्यां जागर्ति संयमी।** (2/69) (सम्पूर्ण भूत प्राणियों के लिए जो रात्रि सदृश है, उस नित्यशुद्ध बोध स्वरूप परमानन्द में परमानन्द भगवत् स्वरूप को प्राप्त हुआ योगी पुरुष जागता है।)	*सकल भूत निशा अज्ञानी जागहिं वहँ योगीश सुज्ञानी। दिवस अविद्या बहुजन प्रानी सोवहिं तहँ मुनीश भव ज्ञानी। (2/69/229)*
22. **स शान्तिम आप्नोति न कामकामी।** (2/70) (स्थिर बुद्धि (स्थितप्रज्ञ) पुरुष परम शांति को प्राप्त होता है, न कि भोगों को चाहने वाला।)	*विषय भोग लखि क्षुभित सुधाकर शांति परम सद्गति सुखसागर। (2/70/231)*
23. **निर्ममो निरहंकारः स शान्तिमधिगच्छति। (2/71)** (जो ममता रहित, अहंकार रहित, स्पृहारहित हुआ वर्तता है, वह परम शांति को प्राप्त होता है जिसके बाद कुछ पाना शेष नहीं रहता।	*विचरहिं काम विहाय जगत में अहंकार विसराय प्रकट में। ममता तृष्णा माया त्यागी मिलहि शांति विषमता भागी। (2/71/233)*
24. **तदेकं बद निश्चित्य येन श्रेयोऽहमाप्नुयाम्। (3/2)** (उस एक बात को निश्चय कर कहिए कि जिससे मैं कल्याण मोक्ष को प्राप्त होऊँ।	*कहि मिश्रित छल वचन प्रभु, मोहत मम बुधिपाल निश्चित मत कल्याण कर, कहिए एक गोपाल। (3/2/2)*
25. **न हि कश्चित् क्षणमपि जातु तिष्ठत्य कर्मकृत्। (3/5)** (कोई भी पुरुष किसी काल में क्षण मात्र भी बिना कर्म किए नहीं रहता है।)	*कर्म विहीन टिकै नहिं प्रानी किसी काल क्षणभर नहिं जानी। (3/5/11)*
26. **यज्ञार्थात् कर्मणोऽन्यत्र लोकोऽयं कर्मबन्धनः।** (3/9) (यज्ञ कर्म के सिवाय अन्य कर्म में लगा हुआ मनुष्य कर्मो द्वाग बँधता है।)	*कर्म सदा संसार हित, जग–बन्धन सब छूटि योग मिले अपने लिए, नित परमातम लूटि। (3/9/30)*

27. परस्परं भावयन्तः श्रेयः परमवाप्स्यथ। (3/11) (आपस में कर्तव्य समझकर उन्नति करते हुए परम कल्याण को प्राप्त होवें।)	*यज्ञ सकल कर्म होई पावन वेद वचन सब पाप नसावन। (3/11/40) इन्द्रिय तृप्ति जे भोजन भावा पापखाय नित चोर स्वभावा। 13/13/48)*
28. भुंजते ते त्वधं पापा ये पचन्त्यात्मकारणात्। (3/13) (पापी लोग अपने शरीर पोषण के लिए ही पकाते हैं, वे तो पाप ही खाते हैं।)	यज्ञ शेष अन्न जेहि पावा तासु पाप सब दोष नसावा। (3/13/46)
29. अन्नादि्भवन्ति भूतानि पर्जन्यादन्न सम्भवः यज्ञाद्भवति पर्जन्यो यज्ञः कर्म समुद्भवः। (3/14) (सम्पूर्ण प्राणी अन्न से ही उत्पन्न होते हैं। अन्न वर्षा से उत्पन्न होता है। वर्षा से यज्ञ होता है। कर्मो से यज्ञ उत्पन्न होता है। कर्म से यज्ञ पूर्ण होता है।)	*अन्न से प्रकट भूत सब कोई अन्न मेघ से उद्भव होई। मेघ यज्ञ से प्रकटें भाई यज्ञ कर्मफल होय सुहाई। (3/14/49)*
30. एवं प्रवर्तितं चक्र नानुवर्तयतीह यः अघायु रिन्द्रियारामो मोघं पार्थ स जीवति। (3/16) (जो पुरुष इस लोक में इस प्रकार चलाए हुए सृष्टि चक्र के अनुसार नहीं वर्तता है वह इन्द्रियों का सुख भोगने वाला पाप आयु पुरुष व्यर्थ ही जीता है।)	*चक्र सृष्टि गति जे न सुहावा ते न पुरुष जग निरखि सुनावा। पापी इन्द्रियसुख सोई भोगी। वृथा तासु जग जीवन रोगी। (3/16/53)*
31. नैव तस्य कृते नार्थो नाकृतेनेह कश्चन। (3/18) (इस संसार में उस पुरुष का कर्म किए जाने से भी कोई प्रयोजन नहीं है और न किए जाने से भी प्रयोजन नहीं है अर्थात् उसका सम्पूर्ण प्राणियों में कोई स्वार्थ–सम्बन्ध नहीं रह जाता।	*ते नर अन्य जीव नहिं निर्भर कर्म न करहिं ईश ही झर–झर। ईश ही चिंतन नित्य निरन्तर हृदय कलषु घुलि घुलहिं चिरन्तर। (3/18/60)*

32. तस्मादसक्तः सततं कार्यं कर्म समाचरः। (3/19) (इससे तू अनासक्त भाव से निरन्तर कर्तव्य–कर्म का भली भाँति अच्छी प्रकार आचरण कर। क्योंकि अनासक्त पुरुष कर्म के आचरण से परमात्मा को प्राप्त होता है।)	करहिं कर्म परिहर जे संगा पावहिं परमानन्द अभंगा। (3/19/63)
33. यद्यदाचरति श्रेष्ठस्तत्त देवतरो जनः स यत्प्रमाणं कुरुते लोकस्तदनुवर्तते। (3/21) (श्रेष्ठ पुरुष जो जो आचरण करता है अन्य पुरुष भी उस उसके अनुसार ही वर्तते हैं। वह महापुरुष जो कुछ प्रमाण कर देता है लोग उसके अनुसार वर्तते हैं। अर्थात् उसका अनुसरण करते हैं।)	*श्रेष्ठ पुरुष आचरण जे करहीं* *देखि अपर जन सब अनुसरहीं।* *(3/21/66)*
34. अहंकार विमूढात्मा कर्ताहमिति मन्यते (3/27) (अहंकार से मोहित हुए अन्तःकरण वाला पुरुष मैं कर्ता हूँ ऐसा मान लेता है।)	*अहंकार वश मूढ़ अयाना* *यो आपनि करतूतं बखाना* *तन इन्द्रिय गम गुण सब जानी* *कर्म विभाग सफल पहिचानी* *(3/27/80, 81)*
35. तत्व वित्तु महावाहो गुणकर्म विभागयोः गुणा गुणेषु वर्तन्ते इति मत्वा न सज्जते। (3/28) (हे महावाहो! गुण व कर्म विभाग के तत्व को जानने वाला ज्ञानी संपूर्ण गुण गुणों में ही वर्त रहे हैं ऐसा मानकर आसक्त नहीं होता।)	*निर्विकार नित अचल एक रस* *शाश्वत द्वन्द्व विहीन सर्व रस।* *प्रकृति वियोग पाय नितयोगा* *ज्ञान कर्म गुण ही सब भोगा।* *(3/28/85)*
36. स्वधर्मे निधनं श्रेयः परधर्मो भयावहः। (3/35) (नित स्वभाव से उत्पन्न अपना धर्म (कर्तव्य) अति उत्तम है, अपने धर्म आचरण में मरना भी कल्याणकारक है और पर धर्म भय को देने वाला है।)	*निधन श्रेय निज धर्महि जानी* *भयकारी परधर्महि मानी।* *पालहुँ निज कर्त्तव्य स्वधर्मा* *विरत रहहुँ परधर्म अधर्मा।* *(3/35/102, 103)*

37. जहि शत्रुं महावाहो कामरूपं दुरासदम्। (3/43) (मन को वश में करके हे महावाहो! अपनी शक्ति को समझकर इस दुर्जय रूपी काम रूपी शत्रु को मार।)	*मन को वश में कर लिए, राजा रंक फकीर दुर्जय काम को जीतिए, महाबाहु बलवीर। (3/43/140)*
38. यदा यदा हि धर्मस्य ग्लानिर्भवति भारत अभ्युत्थानम धर्मस्य तदात्मानं सृजाम्यहम् (4/7) (हे भारत! जब–जब धर्म की हानि और अधर्म की वृद्धि होती है तब–तब ही मैं अपने रूप को रचता हूँ। जब–जब परमधर्म परमात्मा के लिए हृदय ग्लानि से भर जाता है, जब अधर्म की बृद्धि से भाविक पार पाते नहीं देखता–ऐसी परिस्थिति में मैं अपने स्वरूप को रचता हूँ।)	*जब जब धर्म गलानि जहाना तब तब रूप रचेहुँ विधि नाना। जब अधर्म प्रगटे बहु रूपा बढ़े अनीति प्रदूषित भूपा तब मैं धरहुँ देह महि धारा प्रगटेहुँ जग में धरि अवतारा। 4/7/25–26)*
39. परित्राणाय साधूनाम् विनाशाय च दुष्कृताम् धर्म संस्थापनार्थाय सम्भवामि युगे युगे। (4/8) (साधु पुरुषों का उद्धार करने के लिए और दूषित कर्म करने वालों का नाश करने के लिए तथा धर्म स्थापना करने के लिए युग–युग में मैं प्रकट होता हूँ।)	*दुष्ट संहार असुर गुण हारा मम अनुचर अनुरूप व्यवहारा। धर्म विनाश कबहुँ नहिं होई शाश्वत प्रगटेहुँ जब जग जोई। धापेहुँ धर्म हरेहुँ महि भारा युग–युग होइ मोर अवतारा। (4/8/28–30)*
40. जन्म कर्म च में दिव्यम्। (4/9) (हे अर्जुन! मेरा वह जन्म और कर्म दिव्य अर्थात अलौकिक है।)	*जे मम कर्म अलौकिक जानहुँ पुनि मम जन्म दिव्य पहिचानहुँ। (4/9/31)*
41. ये यथा मां प्रपद्यन्ते तांस्तथैव भजाम्यहम। (4/11) (जो मुझे जैसे भजते हैं, मैं भी उनको वैसे ही भजता हूँ।)	*जो जस भावहिं सो तसि पावहिं बुद्धिमान नर बुधि–पथ जावहिं। (4/11/42)*

42. चातुर्वण्यं मया सृष्टं गण कर्म विभागशः। (4 / 13) (गुण और कर्म के विभाग से मेरे द्वारा चारों वर्ण रचे गये हैं।)	*कर्मज गुणज विभाग सजावा* *चारिहुँ वरण सकल उपजावा।* *(4/13/48)*
43. गहना कर्मणो गतिः (4 / 17) (कर्म की गति गहन है। प्राप्ति के पश्चात् महापुरुषों के कर्म विकल्प शून्य होते हैं। विशुद्ध होते हैं।	*कर्म अकर्म गहन सब रूपा* *पुनि विकर्म विस्तार स्वरूपा।* *(4/17/68)*
44. यज्ञायाचरतः कर्म समग्रं प्रविलीयते (4 / 23) (आशक्ति से रहित ज्ञान में स्थित हुए चित्तवाले यज्ञ के लिए आचरण करते हुए मुक्त पुरुष के सम्पूर्ण कर्म नष्ट हो जाते हैं। उन्हें अपने लिए कर्म की आवश्यकता समाप्त हो जाती है।)	*अनासक्त नित ज्ञानथित,* *चित्त ज्ञानरत होय* *यज्ञाचरण विमुक्त नर,* *कर्म विनिष्ट हों सोय।* *(4/23/86)*
45. ब्रह्मार्पण ब्रह्माह्विर, ब्रह्मणाहुतम् ब्रह्मैव तेन गन्तव्यं ब्रह्म कर्म समाधिना। (4 / 24) (अर्पण व हवि , हवन करने योग्य द्रव्य ब्रह्म हैं। ब्रह्म रूप अग्नि में जो हवन किया गया है, वह भी ब्रह्म ही है। अतः ब्रह्मरूप कर्म में समाधिस्थ हुए पुरुष द्वारा जो प्राप्त होने योग्य है। वह भी ब्रह्म है।)	*ब्रह्म रूप जठराग्नि है,* *भोज्य पदारथ ब्रह्म* *किया ब्रह्म नर ब्रह्म है,* *भोजनफल परब्रह्म। (4/24/88)*
46. यज्ञ शिष्टामृत भुजो यान्ति ब्रह्म सनातनो। (4 / 31) (यज्ञ शेष ज्ञानामृत भोगने वाले ज्ञानी पुरुष योगीजन सनातन ब्रह्म को प्राप्त होते हैं।)	*करि मख प्रथम ज्ञानामृत भोगा* *योगि सनातन ब्रह्म सुयोगा।* *(4/31/108)*
47. सर्व कर्माखिलं पार्थ ज्ञाने परिसमाप्यते। (4 / 33) (सम्पूर्ण यावन्मात्र कर्म ज्ञान में शेष होते हैं। अर्थात ज्ञान उनकी पराकाष्ठा है।)	*सकल कर्मफल ज्ञान समावहिं* *ज्ञानपान कल्याण सोहावहिं।* *(4/33/114)*

48. तद्विद्धि प्रणिपातेन परिप्रश्नेन सेवया उपदेक्ष्यन्ति ते ज्ञानं ज्ञानिनस्तत्वदर्शिनः। (4 / 34) (दण्डवत् प्रणाम, सेवा, निष्कपट भाव से किए प्रश्न द्वारा उस ज्ञान को ज्ञान के मर्म को जानने वाले ज्ञानीजन तुझे उस ज्ञान का उपदेश करेंगे।)	*करहुँ प्रनाम बहुत विधि सेवा सविनय प्रश्न कीन्ह चहुँ देवा। तब उपदेश करहिं मुनिज्ञानी जिन संसार तत्व पहिचानी। (4 / 34 / 115)*
49. यज्ज्ञात्वा न पुनर्मोहम्। (4 / 35) (जिसको जानकर उस ज्ञान को उनके द्वारा समझकर तूं फिर इस प्रकार कभी मोह को प्राप्त नहीं होगा।	*जानि सकल विधि ज्ञान प्रकाशा मोह नसाहिं व्यपि शुचि भाषा। (4 / 35 / 122)*
50. श्रद्धावाँल्लभते ज्ञानं। (4 / 39) (श्रद्धावान आचरणरत संयतेन्द्रिय पुरुष ज्ञान को प्राप्त होता है।)	*श्रद्धावान् जितेन्द्रिय माना विजितं ज्ञान तत्श्रण भगवाना (4 / 39 / 136)*
51. संशयात्मा विनश्यति। (4 / 40) (श्रद्धा रहित तथा संशययुक्त पुरुष परमार्थ से भ्रष्ट हो जाता है।)	*श्रद्धाहीन हृदय अज्ञानी संशयलीन विनाशत प्रानी। (4 / 40 / 138)*
52. कर्मयोगो विशिष्यते। (5 / 2) (निष्काम कर्मयोग साधन में सुगम होने से श्रेष्ठ हैं।)	*कर्मयोग निष्काम अपावन श्रेष्ठ कर्म संन्यास ते पावन। (5 / 2 / 3)*
53. निर्द्वन्दो हि महाबाहो सुखं बन्धात्प्रमुच्यते। (5 / 3) (हे अर्जुन रागद्वेषादि द्वन्द्वों से रहित हुआ पुरुष सुखपूर्वक संसार रूप भव बन्धन से मुक्त हो जाता है।)	*द्वन्द्व असत् को सत्ता देवहिं होई निर्द्वन्द्व सदा सत सेवहिं। राग जगत का विनशहिं जबहीं एक मात्र प्रभु विस्मृहिं तबहीं। (5 / 3 / 11)?*
54. फले सक्तो निबध्यते। (5 / 12) (फल में आसक्त हुआ कामना के द्वारा बँधता है।)	भोगी गहि अति काम विकारा बँधहि सकाम जगत् से मारा। (5 / 12 / 40)

55. **इहैव तैर्जितः सर्गो** **येषां साम्ये स्थितं मनः। (5/19)** (जिनका मन समत्व भाव में स्थित है उनके द्वारा इस जीवित अवस्था में ही सम्पूर्ण संसार जीत लिया गया अर्थात् वे जीते हुए ही संसार से मुक्त हैं।	*अचल जासु मन समता पावहिं* *विजित जीव जग जीवन खावहिं।* *ब्रह्म सदा सम दोष विहीना* *ब्रह्मस्वरूप शुद्ध चित लीना।* *(5/19/59)*
56. **निर्दोषं हि समंब्रह्म ब्रह्मविद् (5/20)** **ब्रह्मणि स्थिताः** (जीवित अवस्था में ही सम्पूर्ण संसार जीत लिया गया वह ब्रह्मवेत्ता पुरुष सच्चिदानंदघन परब्रह्म परमात्मा में एकीभाव से नित्य स्थित हैं। वह ब्रह्म निर्दोष व सम है।)	ब्रह्मलीन निर्दोष निरन्तर ब्रह्म ही ब्रह्म दिखे चहुँ अन्तर। (5/20/63) *मन एकत्व समत्व थित,* *जन्म–मृत्युं को जीत* *ब्रह्म सदृश निर्दोष सोइ,* *सदा ब्रह्म सन प्रीति।* *(5/20/64)*
57. **ये ही संस्पर्शजा भोगा दुःखयोनय** **एव ते आद्यन्तवन्तः कोन्तेय** **न तेषु रमते बुधः *(5/22)*** (जो यह इन्द्रिय तथा विषयों के संयोग से उत्पन्न होने वाले सब भोग हैं वे निःसंदेह दुःख के ही हेतु हैं और अनित्य हैं। इसलिए हे अर्जुन! बुद्धिमान पुरुष उनमें नहीं रमता।	विषम भोग भूत परसादा निश्चय दुखकर हेतु फसादा। आदि अन्त नहिं होय अनन्ता बुद्धिमान पारथ भगवन्ता। (5/22/67)
58. **भोक्तारं यज्ञ तपसां** **सर्व लोक महेश्वरम्** **सुहृदं सर्वभूतानां** **ज्ञात्वा मां शान्तिमृच्छति। (5/29)** (मेरे को यज्ञ और तप का भोगनेवाला और सम्पूर्ण लोकों के ईश्वरों का भी ईश्वर तथा सम्पूर्ण भूत प्राणियों का सुहृद् स्वार्थरहित हितैषी तत्व से जानकर शान्ति को प्राप्त होता है।)	*भोक्ता सकल ईश तुम जानहुँ* *अपना कछु नहिं राम ही मानहुँ।* *सकल जगत् सुहृद् जगदीशा* *सकल पदारथ व्यक्ति मुनीशा।* *परम हितैषी जग उपकारी* *मम रत पूर्ण पुरुष गुणकारी।* *(5/29/100–104)*

59. नहिसंन्यस्त संकल्पो योगी भवति कश्चन। (6/2) (संकल्पों को न त्यागने वाला कोई भी पुरुष योगी नहीं होता।)	*विनु संकल्प त्याग जिन लाई* *नहिं योगी सो अधम गति पाई।* (6/2/4)
60. आरु रुक्षोः मुनेर्योगं कर्म कारण मुच्यते। (6/3) (समत्व बुद्धि रूपी योग में आरूढ़ होने की इच्छा वाले मनन शील पुरुष के लिए निष्काम भाव से कर्म करना ही हेतु कहा गया है।)	*जे मुनि मित्र ज्ञान गति जाहीं* *तिन कह कर्म सुगम मग माहीं।* *पुनि जिन गूढ़ योग गति जानी* *कर्म–त्याग जेहिं सुख नहिं मानी।* (6/3/11)
61. उद्धरेदात्मनात्मानं नात्मानमवसादयेत् आत्मैव ह्यात्मनो बन्धुरात्मैव रिपुरात्मनः। (6/5) (अपने द्वारा आपका उद्धार करे और अपने आत्मा को अधोगति में न पहुँचावे, क्योकि यह जीवात्मा आप ही अपना मित्र है और आप ही अपना शत्रु है। अर्थात् और कोई दूसरा इसका शत्रु या मित्र नही है।)	*सकल प्रकार सकाम मन,* *त्यागहुँ निज उद्धार* *बद्धजीव का मित्र रिपु,* *मन तन आत्माधार।* (6/5/19) *विषयलीन बन्धन सदा,* *विषय–विरक्ति हो मुक्ति* *मन से ही आसक्ति है,* *मन ही मन हो भक्ति* *(6/5/21)*
62. समबुद्धिर्विशिष्यते। (6/9) (समता में स्थित बुद्धि वाला वह अति श्रेष्ठ है।)	*दृष्टि अनित्य बुद्धि सत लेखी* *पत्थर स्वर्ण माटि सम देखी।* *(6/9/36)*
63. युक्ताहार विहारस्य युक्त चेष्टस्य कर्मसु युक्त स्वप्नाव बोधस्य योगो भवति दुःखहा। (6/17) (दुःखों का नाश करने वाला यह योग तो यथायोग्य उचित आहार–विहार करने वालें का, तथा कर्मों में यथायोग्यचेष्टा करने वाले का और संतुलित शयन–जागरण करने वाला का ही सिद्ध होता है।)	*यथायोग्य आहार विहारहिं* *उचित स्वप्न जागरन अचारहिं* *तिन्हहिं योग दुख पुंज नसावहिं* *लाघव–सिद्ध योग नित पावहिं।* *(6/17/61)*

64. यं लब्ध्वा चापरं लाभं मन्यते नाधिकं ततः यस्मिन्स्थितो नः दुःखेन गुरूणापि विचाल्यते। (6/22) (परमेश्वर–प्राप्ति से बढ़कर अन्य लाभ न मानने वाला योगी बड़े भारी दुःख से भी चलायमान् नहीं होता अर्थात अर्थात् भगवत् तत्व में स्थिर रहता है।)	*पाइ अमित आनन्द अचारहिं* *अधिक नहीं लघु लाभ निहारहिं।* *(6/22/79)* *शुद्ध–चित्त योगी परम,* *अचल रूप भगवन्त।* *इन्द्रियातीत सूक्ष्म बुधि,* *गहि आनन्द अनन्त (6/22/83)*
65. तं विद्यां दुःख संयोग वियोगं योग संज्ञितम्। (6/23) (दुःख रूपी संसार के संयोग–वियोग से रहित इस योग तत्व को इस आत्यन्त्रिक सुख के मिलन को जानना चाहिए।)	*जहाँ दुःख सम्पर्क सब,* *होय वियोग कुरोग* *मुनिवर ताहि बखानहीं,* *योगि कहावत लोग।* *(6/23/86)*
66. शनैः शनैरूपपरमेद्बुद्धया धृति गृहीतया आत्मसंस्थं मनःकृत्वा न किंचिदपि चिन्तयेत्। (6/25) (क्रम–क्रम से अभ्यास करता हुआ उपरामता को प्राप्त होवे। चित्त का निरोध और क्रमशः विलय हो जाय तदन्तर वह धैर्ययुक्त बुद्धि द्वारा मन परमात्मा में स्थित करके परमात्मा–तत्व के सिवाय और कुछ भी चिन्तन न करें। अर्थात् निरन्तर परमतत्व पाने का ही विधान करे।)	*शनैः शनैः विश्वासयुत,* *बुधि समाधि थित होय* *विचरहिं स्थिर होय मन,* *चंचलता सब खोय।* *(6/25/96)*
67. यो मां पश्यति सर्वत्र सर्वं च मयि पश्यति तस्याहं न प्रणश्यामि स च में न प्रणश्यति। (6/30) (जो पुरुष सम्पूर्ण भूतों में आत्मस्वरूप मुझ वासुदेव को ही व्यापक देखता है तथा सम्पूर्ण भूतों को मुझमें ही देखता है उसके लिए न तो मैं ही अदृश्य होता हूँ तथा न ही वह मेरे लिए अदृश्य होता है।)	*सर्वत्र मुझे मुझमें सब देखहिं* *तेहिको नहिं अदृश्यहि लेखहिं।* *पृथक–पृथक अभिव्यक्ति विशेषी* *सर्वेश्वर ईश्वर ही देखी।* *(6/30/111)*

68. **आत्मौपम्येन सर्वत्र समं पश्यति योऽर्जुन सुखं वा यदि वा दुखं सा योगी परमो मतः। (6/32)** (हे अर्जुन। जो योगी आत्मभाव से सम्पूर्ण भूतों में तथा सुख दुःख में भी सबको सम भाव से समान देखता है वह योगी परम श्रेष्ठ है।)	*योगी एकीभाव अभिन्ता* *सकल चराचर भूत विभिन्न* *वासुदेव सर्वत्र सदा हीं* *सर्वभूत हित रत समुदाहीं।* (6/32/116–117)
69. **अभ्यासेन तू कौन्तेय वैराग्येण च गुह्यते। (6/35)** (हे कुन्तीपुत्र! चंचल मन, अभ्यास और वैराग्य से ही वश में होता है। अतः इसे कठिन मानकर छोड़ मत दो, प्रयत्नपूर्वक लगकर योग को प्राप्त कर।)	*अभ्यास–सिद्धि वैराग्य निरन्तर* *मन–निग्रह कर यहि विधि अन्तर।* *(6/35/134)*
70. **न हि कल्याणकृत् कश्चित् दुर्गतिम् तात गच्छति (6/40)** (कोई भी शुभ कर्म करने वाला दुर्गति को नहीं प्राप्त होता है।	*योगी नित कल्याण हित,* *विनशहिं कबहुँ न लोक* *मित्र भलाई रत रहे,* *विजित बुराई रोक।* (6/40/152)
71. **मत्तः परतरं नान्यत्किंचिदस्ति धनंजय। (7/7)** (हे अर्जुन! मेरे सिवाय किंचित् मात्र भी दूसरी वस्तु नहीं है।)	*सकल पदारथ जगत के,* *प्रतिफल मोरे होंय* *आत्मा सबके मूल में,* *नियमित विकसित होंय।* *(7/7/34)*
72. **मामेव ये प्रपद्यन्ते मायामेतां तरन्ति ते। (7/14)** (जो पुरुष मेरे को ही निरन्तर भजते हैं वे इस माया को लांघकर इसको पार पाकर संसार से तर जाते हैं।	*त्रिगुणमयी माया मम,* *दुस्तर अति बहु होय* *नित्य भजहुँ नहिं मोहि कों,* *माया तरि सोइ सोय।* *(7/14/58)*
73. **वासुदेवः सर्वम् (7/19)** (सब कुछ वासुदेव ही हैं अर्थात् वासुदेव के सिवाय अन्य कुछ है ही नहीं।	*'वासुदेव सर्वम्' जग जानी* *ब्रह्मरूपमय जग पहचानी।* *(7/19/81)* *सकल पदार्थ मूल मम सत्ता* *केन्द्र–विन्दु सब कार्य* *महत्ता। (7/19/84)*

74. मद्भक्ता यान्ति मामपि। (7 / 23) (मेरे भक्त, चाहे जैसे ही मुझको भजें, मेरे को ही प्राप्त होते हैं।	*देवपूजि जावहिं देवलोका* *भक्त मोर धाम मम लोका।* *(7 / 23 / 100)*
75. मामनुस्मर युध्य च। (8 / 7) (मुझमें समर्पित मन–बुद्धि से युक्त होकर तू निरन्तर मेरा स्मरण कर और युद्ध भी कर।)	*ते कारण मम ध्यान धरावहिं* *नित कर युद्ध कराल गुनावहिं* *(8 / 7 / 30)* *परमेश्वर धरि ध्यान चित्त में* *सतत योग अभ्यास नित्त में।* *(8 / 7 / 31)*
76. दुःखालयमशाश्वतम्। (8 / 15) (दुःखों के स्थान स्वरूप क्षण भंगुर हैं पुनर्जन्म को प्राप्त नहीं होते।)	*मोहि पाय जिन जन्म न धरहहीं* *तिन दुःख रूप असार न तरहीं।* *(8 / 15 / 47)*
77. मामुपेत्य तु कौन्तेय पुनर्जन्म न विद्यते। (8 / 16) (हे कुन्तीपुत्र! मेरे को प्राप्त होकर फिर उस पुरुष का पुनर्जन्म नहीं होता।)	*आदि अनादिहीन मोहि लोका* *सो पुनि जन्म न धरहिं त्रिलोका।* *(8 / 16 / 49)*
78. भूतग्रामः स एवायं भूत्वा भूत्वा प्रलीयते। (8 / 19) (यह भूत समुदाय ही उत्पन्न हो होकर लय होता है। जब तक बुद्धि है, तब तक इसके अन्तराल में विद्या–अवद्यिा का क्रम चलता रहता है।)	*सर्ग भूतगण बरम्बारहिं* *पुनि लै होहिं महीप कुतारहिं।* *(8 / 19 / 56)*
79. यं प्राप्य न निवर्तन्ते तद्धाम परमं मम। (8 / 21) (जिन सनातन अव्यक्त–भाव को प्राप्त होकर मनुष्य पीछे नहीं आते हैं, वह मेरा परमधाम है।)	*सोह अक्षर अव्यक्त पर,* *जासु परमगति नाम* *पाइ सनातन जाहि भव,* *मम पुनीत सोई धाम।* *(8 / 21 / 60)*
80. क्षीणे पुण्ये मर्त्यलोकं विशन्ति।(9 / 21) (उस विशाल स्वर्ग लोक को भोगकर पुण्य क्षीण होने पर मृत्युलोक अर्थात् जन्म–मृत्यु को प्राप्त होते हैं।)	*सुर लोकन्ह सुखभोग करि,* *भोग भोगि सुख पाइ* *नाश पुण्यफल अन्त जब,* *जन्म अनेक विचारि।* *(9 / 23 / 48)*

81. **गतागतं कामकामा लभन्ते। (9 / 21)** (भोगों की कामना वाले पुरुष बारम्बार आने–जाने अर्थात् पुनर्जन्म को प्राप्त होते हैं।)	*वेद विज्ञ आचरन सब,* *फल चाहन नर नारि* *आवागमन गतागति,* *जन्म अनेक विचारि।* *(9 / 21 / 49)*
82. **योगक्षेमं वहाम्यहम्। (9 / 22)** (उन नित्य एकीभाव से संयुक्त हुए पुरुषों का योगक्षेम मैं स्वयं वहन करता हूँ अर्थात् उनके योगी की सुरक्षा की सारी जिम्मेदारी मैं अपने हाथ में लेता हूँ।) टीप –भगवतस्वरूप की प्राप्ति का नाम योग है। भगवत् प्राप्ति के निमित्त किए गए साधन की रक्षा का नाम क्षेम है।	*त्रयीधर्म आश्रय गहहुँ* *योग क्षेम नित पाय* *चिन्तामुक्त विरक्त नर,* *सब संकल्प नशाय। (9 / 22 / 51)*
83. **पत्रं पुष्पं फलं तोयं** **यो मे भक्त्या प्रयच्छति** **तदहं भक्त्युहृतमश्नामि** **प्रयतात्मनः। (9 / 26)** (पत्र पुष्प फल जल आदि जो भी कोई मुझे प्रेम से अर्पण करता है, उस शुद्ध–बुद्धि निष्काम प्रेमी भक्त का प्रेम पूर्वक अर्पण किया हुआ वह पत्र–पुष्प आदि मैं समग्र रूप से प्रकट होकर प्रीति सहित खाता हूँ अर्थात् स्वीकार करता हूँ।	*पत्र पुष्प फल जल ही चाहौं* *प्रेम भाव अर्पण मुदिताहौं।* *भगवत सकल भाव के भूखे* *प्रेम सहित पावहिं सब रूखे।* *(9 / 26 / 59)*
84. **यत्करोषि यदश्नासि यज्जुहोषि** **ददासियत यत्तपस्यसि कौन्तेय** **तत्कुरुष्व मदर्पणम्। (9 / 27)** (हे अर्जुन तू जो कुछ कर्म करता है, जो कुछ खाता है, जो कुछ हवन करता है, जो कुछ दान देता है, जो कुछ स्वधर्माचरणरूप तप करता है, वह सब मेरे अर्पण कर अर्थात् मेरे प्रति समर्पित होकर यह सब कर। समर्पण करने से योग के क्षेत्र की जिम्मेदारी में ले लूँगा।)	*कर्म करहि जे अन्नत जल खावहिं* *होम करहिं पुनि दान कमावहिं।* *धर्माचरण स्वरूप रूप तप* *मोहि समर्पहिं कर्म अर्प जप।* *(9 / 27 / 60)*

85. समोऽहं सर्वभूतेषु। (9/29) (मैं सब भूतों में समभाव से व्याप्त हूँ। सृष्टि में न मेरा कोई प्रिय है और न अप्रिय है।)	*व्याप्त सकल भूत सचराचर* *जगत मोहि नहिं प्रिय अप्रिय कर।* *(9/29/67)*
86. अपि चैत्सुदुराचारो भजते माम्नन्यभाक् साधुरेव, स मन्तव्यः सम्यक् व्यवसिंतोहि सः (9/30) (यदि कोई अतिशय दुराचारी भी अनन्यभाव से मेरा भक्त हुआ मुझे निरन्तर भजता है, वह साधु ही मानने योग्य हैं क्योंकि वह यथार्थ निश्चय वाला है अर्थात् उसने भली भाँति निश्चय कर लिया है कि परमेश्वर के भजन के समान अन्य कुछ भी नहीं है।	*नीति कुनीति अनीति दुराई* *दृढ़ निश्चय करि भजि मोहि भाई।* *अनन्यभाव भजि दुर्गुणचारी* *साधु समान स्वरूप विचारी।* *(9/30/71)*
87. क्षिप्रं भवति धर्मात्मा शाश्वच्छान्तिंनिगच्छति कौन्तेय प्रति जानीहि न में भक्तः प्रणश्यति। (9/31) (इस भजन के प्रभाव से वह दुराचारी भी शीघ्र ही धर्मात्मा हो जाता है और सदा रहने वाली परम शांति को प्राप्त होता है। हे अर्जुन! तू निश्चय पूर्वक जान कि मेरा भक्त कभी नष्ट नहीं होता है। अतः सदाचारी व दुराचारी सभी को मेरा भजन करने का अधिकार है।)	*भजन मोर धर्मात्मा होवहि* *परमशांति गहि दुर्मति खोवहिं* *पारथ जानहुँ गहि दृढ़ आशा* *विनशहि नहिं मम भक्त प्रकाशा।* *(9/33/88)*
88. अनित्यमसुखं लोकमिमं प्राप्य भजस्व माम्। (9/33) (तू सुखरहित और क्षण भंगुर इस मनुष्य शरीर को प्राप्त होकर निरंतर मेरा ही भजन कर।)	*क्षण भंगुर मानव तन पावा* *पारथ भजु मम नित नित गावा।* *पुण्यशील विप्र जन राजा* *भक्त परम मम पावहिं खाजा।* *(9/33/89)*
89. मन्मना भव मद्भक्तो मद्याजी मां नमस्कुरू। (9/34)	विनय करहुँ कर जोरि अपावन शरण हुआ प्रभु पावन पावन। (9/33–34/90–91)

(अर्जुन! केवल मुझ सच्चिदानंदघन वासुदेव परमात्मा में ही अनन्य प्रेम से नित्य निरंतर अचल मन वाला हो जा और मुझ परमेश्वर को ही श्रद्धा प्रेम सहित निष्काम भाव से नाम गुण और प्रभाव से श्रवण, कीर्तन, मनन और पठन–पाठन द्वारा निरन्तर भजने वाला हो जा और मेरा मन वाणी तथा शरीर द्वारा सर्वस्य अर्पण करके अतिशय श्रद्धा भक्ति शक्ति और प्रेम से विव्हलतापूर्वक पूजन करने वाला हो जा और मुझ सर्वशक्तिमान् विभूति, बल, ऐश्वर्य, माधुर्य, गम्भीरता, उदारता, वात्सल्य व सुहृदयता आदि गुणों से सम्पन्न सबके आश्रय–स्वरूप मुझ वासुदेव को विनयभाव पूर्वक भक्ति सहित साक्षात् साष्टांग दण्डवत् प्रणाम कर।)	*विनय भाव से दण्ड–प्रनामा* *बारम्बारि नमामि नमामा। (9/34/90–92)* *बारम्बार प्रणाम करि,* *नित नूतन जगदीश* *करहिं दण्डवत् नित्य नित* *आत्मरूप दृगईश।* *(9/34/92)*
90. **यज्ञानां जप यज्ञोऽस्मि। (10/25)** (सब प्रकार के यज्ञों में मैं जप यज्ञ हूँ।)	*मैं भृगु सकल महर्षिगण,* *अक्षर मैं ओमकार* *यज्ञों में जपयज्ञ मैं,* *हिमगिरि अचल पुकार।* *(10/25/53)*
91. **अध्यात्म विद्या विद्यानाम्। (10/32)** (विद्याओं में मैं आध्यात्म विद्या– ब्रह्मविद्या हूँ।)	*वाद–विवाद वादगण जानहुँ* *विद्या महिं ब्रह्म–विद्या मानहुँ।* *(10/32/60)*
92. **यद्यद्विभूतिमत्सत्वं श्रीमदूर्जित मेव वा तत्तदेवावगच्छ त्वं मम तेजोंऽश संभवम्। (10/41)** (जो जो भी विभूति युक्त, ऐश्वर्य युक्त कान्ति युक्त वस्तु है उस उसको तूं मेरे तेज के अंश से ही उत्पन्न हुआ जान।	*अनन्त असीम अगाध है,* *प्रकृति अतीव सुगन्ध* *सकल विभूती तत्व एक,* *पहिचाने सोइ संत।* *(10/41/76)*

93. निमित्त मात्रं भव सव्य– सचिन्। (11/33) (हे सव्यसाची तूं तो केवल निमित्त मात्र ही होजा।)	*सव्यसाचि निमित्त तू वन जा* *खड़ग युद्ध हित यशमय तन जा।* *(11/33/56)*
94. नमो नमस्तेऽस्तु सहस्त्र कृत्वः पुनश्च भूयोऽपि नमो नमस्ते। (11/39) (आपको हजारों बार नमस्कार है, नमस्कार है, पुनः पुनः बार–बार नमस्कार है।	*बारम्बार प्रणाम करि,* *बहुरि नमामि नमामि।* *अन्तर्यामी नमन बहु* *कोटि–कोटि प्रणमामि।* *(11/39/68)*
95. न त्वत्समोऽस्त्यभ्यधिकः कुतोऽन्यो। (11/43) (आपके समान दूसरा कोई नहीं है, फिर अधिक कैसे होवें?।	*आप समान न दूसर कोई।* *प्रभु से ज्यादा कौन है सोई ?* *(11/43/83)*
96. ते प्राप्तुवन्ति मामेव सर्वभूत हिते रता। (12/4) (सम्पूर्ण भूतों के हित में रत हुए सबमें समान भाव वाले पुरुष मुझको ही प्राप्त होते हैं।)	सर्वभूत हित रत जे लोगा। भाव समत्व बुद्धि नहिं भोगा। (12/4/9)
97. स्त्यागाच्छान्तिरनन्तरम्। (12/12) *(त्याग से तत्काल ही परम शान्ति* *प्राप्त होती है।)*	*पुनि अति श्रेष्ठ त्यागफल जानहुँ* *त्याग करहिं बहु विधि कल्यानहुँ।* *(12/12/23)*
98. जन्म मृत्यु जरा व्याधि दुख दोषानुदर्शनम्। (13/8) (जन्म, मृत्यु, जरा और रोग आदि में दुःख दोषों का बारम्बार विचार चिन्तन करना।)	*जन्म मृत्यु भय रोग अचारी* *बारम्बार विचारि विचारी।* *(13/8/15)*
99. सर्वतः पाणिपादं तत् सर्वतोऽक्षि शिरोमुखम् सर्वतः श्रुतिमल्लोके सर्वम् आवृत्य तिष्ठिति। (13/13) (वह सब ओर से हाथ पैर वाला एवं सब ओर से नेत्र, सिर और मुख वाला एवं सब ओर से श्रोत वाला है क्योंकि वह संसार मे सबको व्याप्त कर स्थित है।	*हाथ पैर सर्वत्र चहुँ ओरा* *नयन सीस मुख अंत न घोरा।* *कर्ण अनन्त श्रेष्ठ चहुँ फेरा* *व्याप्त सकल जग अविचल घेरा।* *(13/13/22)*

100. ज्योतिषामपि तज्ज्योतिः। (13 / 17) (वह ब्रह्मज्योतियों का भी ज्योति है।)	ब्रह्म ज्योति रविचन्द्र कलादी तासु प्रकाशक ज्योति अनादि। (13 / 17 / 38)
101. **पुरुषः प्रकृतिस्थो हि भुङ्गते प्रकृतिजान्गुणान्।** **(13 / 21)** (प्रकृति में स्थित हुआ पुरुष ही प्रकृति से उत्पन्न होते हुए त्रिणुणात्मक सब पदार्थों को भोगता है। प्रकृति–गुणों का संग समाप्त हो जाने पर ही जन्म–मृत्यु चक्र से मुक्ति मिलती है।)	*त्रिगुण संग कारण बहु जन्मा* *भली बुरी बहु योनि में जन्मा।* *(13 / 21 / 57)* *सब जग भूत सकल बहुताए* *माया मोह निकल नहिं पाए।* *(13 / 21 / 59)*
102. **देहेस्मिन पुरुषः परः। (13 / 22)** (इस देह में स्थित हुआ पुरुष भी पर अर्थात् त्रिगुणमयी माया से सर्वथा अतीत ही है।)	*देहेस्मिन थित पुरुष पर,* *उपदृष्टा ही होइ* *भर्ता भोक्ता होय सो,* *अनुमन्ता शुचि सोइ।* *(13 / 22 / 64)*
103. **समं सर्वेषु तिष्ठन्तं परमेश्वरम् विनश्यत्स्व विनश्यन्तं यः पश्यति स पश्यति। (13 / 27)** (जो पुरुष नष्ट होते हुए सब चराचर भूतों में नाश रहित परमेश्वर को समभाव से स्थित देखता है, वही यथार्थ देखता है।)	*समत्व अभिन्न भाव पहिचानी* *परम तत्व अवलोकहिं ज्ञानीं।* *(13 / 27–28 / 99)* नित्य प्राप्त सम्यता लेखहिं मोह असत् जग कारण देखहिं। (13 / 27–28 / 100)
104. **न हिनस्त्यात्मनात्मानं ततो याति परां गतिम्।** **(13 / 28)** (जो शरीर का नाश होने से आत्मा का नाश नहीं मानता है, वह परम–गति को प्राप्त होता है।)	*स्वतः सिद्ध ज्ञानी जग जानी* *सकल ईश ईश्वर पहिचानी।* (13 / 27–28 / 101)
105. **यदा भूत पृथग्भावम् एकस्थम् अनुपस्थिति तत एव च विस्तारं ब्रह्म संपद्यते तदा। (13 / 30)** (जिस काल में भूतों के न्यारे–न्यारे भाव	*प्रलयकाल भूत बहु भावहिं* *प्रकृति लवलीन बहुरि प्रकटावहिं।* *सकल भूत ब्रह्म विस्तारा* *एक ईश लखि ब्रह्म प्रकारा।* *(13 / 29–30 / 107)*

को एक परमात्मा के संकल्प के आधार पर स्थित देखता है तथा उस परमात्मा के संकल्प से ही सम्पूर्ण भूतों का विस्तार देखता है, उस काल में सच्चिदानंद घन ब्रह्म को प्राप्त होता है।)	
106. **शरीरस्थोऽपि कौन्तेय न करोति न लिप्यते। (13/31)** (यह अविनाशी परमात्मा शरीर में स्थित हुआ भी गुणातीत होने के कारण वास्तव में न करता है और न देह के गुणों से लिपायमान होता है।)	*रहि निर्लिप्त जगत सब कोई* *तनु विराजि तिमि नहिं फल सोई।* *(13/31–32/118)*
107. **ऊर्ध्वं गच्छन्ति सत्वस्था मध्ये तिष्ठन्ति राजसाः जघन्य गुण वृत्तिस्था अधो गच्छन्ति तामसाः। (14/18)** (सत्वगुण में स्थित हुए पुरुष स्वर्गादि उच्च लोकों को जाते हैं। रजो गुण में स्थित राजस पुरुष मध्य में अर्थात् मनुष्य लोक में ही रहते हैं। तमोगुण के कार्यरूप निद्रा प्रमाद और आलस्यादि में स्थित हुए तामस पुरुष अधोगति को अर्थात् कीट पशु आदि योनियों को प्राप्त होते हैं।)	*सत्व प्रधान आचरण जे नर* *ऊर्ध्व लोक प्रस्थित विहंगवर।* *रजोगुणी भूतत्व प्रधाना* *नर शरीर पावहिं बहु नाना।* *निन्दित कर्म तमोगुणि करते* *सदा अहित सोचत नित मरते।* *(14/17–18/56–57)*
108. **ऊर्ध्वमूलम् अधःशाखम् अश्वत्थम् प्राहुः अव्ययम् धनदांसि यस्य पर्णानि यस्तं वेद स वेदवित्। (15/1)** (आदि पुरुष परमेश्वर रूप मूल वाले, ब्रह्मा रूप मुख्य शाखा वाले संसार रूपी पीपल के वृक्ष को अविनाशी कहते हैं। जिसके वेद पत्ते कहे गए हैं। उस संसार वृक्ष को जो पुरुष मूल सहित तत्व से जानता है वह वेद के तात्पर्य को जानने वाला है।	*आदि पुरुष मूल अव्यय* *पीपल तरु संसार* *पातल–पातल वेद सब,* *ब्रह्मरूप श्रुति–सार।* *(15/1/1)*

109.न तद्भासयते सूर्यो, न शशांको न पावकः सदगत्वा न निवर्तन्ते तद्धाम परमं मम। (15/6) (उस स्वयं प्रकाशमय परमपद को न सूर्य प्रकाशित कर सकता हैं, न चन्द्रमा और अग्नि ही प्रकाशित कर सकता है। जिस परमपद को प्राप्त होकर मनुष्य पीछे संसार मे नहीं आते हैं, वही मेरा परमधाम है।)	*भानु शशी अरु अनल जेहि, नहिं प्रवास कटि पाय गहि जेहि पद पुनिजन्म नहिं, परमधाम सोइ भाय। (15/6/12)*
110. ममैवांशो जीवलोके। (15/7) (इस देह में यह जीवात्मा मेरा ही सनातन अंश है।)	*नदियों का जल जलज है, सागर मिलि थिर होय जीव अंश मोसे मिलाहिं, तब ही सुखिया सोय।* (15/7/16)
111. विमूढ़ा नानुपश्यन्ति पश्यन्ति ज्ञान चक्षुषः। *(15/10)* (अज्ञानी जन मुझे नहीं जानते। केवल ज्ञानरूपी नेत्रों वाले ज्ञानीजन ही तत्व से जानते हैं)	*अविवेकी देखहिं नहिं कोई देखहिं ज्ञानी जन सोइ सोई। 15/10/23)*
112. सर्वस्य चाहं हृदि संनिविष्टो मत्तः स्मृतिर्ज्ञाम पोहनं च। *(15/15)* (सब प्राणियों के हृदय मे अन्तर्यामी रूप से स्थित हूँ।)	*हृदयास्थित मैं अन्तर्यामी स्मृतिज्ञान अपोहन नामी। (15/15/39)*
113. दैवी संपद्विमोक्षाय निबन्धायासुरीमता। (16/5) (दैवी संपदा तो मुक्ति के लिए और आसुरी सम्पदा बाँधने के लिए मानी गई है।)	*सुर–सम्पदा विमुक्त करि, आसुरि बन्धन देइ पाण्डव शोक विव्हल क्यों, जन्में सुर–सम्पत् लेइ। (16/5/15)*
114. कामोप भोग परमा एता वदिति निश्चताः। (16/11) (विषय भोगों के भोगने में तत्पर हुए इतना मात्र ही आनन्द है ऐसे मानने वाले हैं।)	*काम भोग अरु सुख आरामा संग्रह आसाबन्ध अभिरामा। (16/11/34)*

115. **त्रिविधं नरकस्येदं द्वारं नाशनमात्मनः कामः क्रोधस्तथा लोभस्तस्मादेतन्त्रयंत्यजेत् (16/20)** (काम क्रोध तथा लोभ यह तीन प्रकार के नरक के द्वार आत्मा का नाश करने वाले हैं अर्थात् अधोगति में ले जाने वाले हैं। अतः इन तीनों को त्याग देना चाहिए।)	*काम क्रोध अरु लोभ अपारा* *त्रिगुण अधोगति नरक के द्वारा।* *(16/20/62)*
116. *तस्माच्छास्त्रं प्रमाणं ते* **कार्य कार्य व्यवस्थितौ। (16/24)** (इससे तेरे लिए इस कर्तव्य और अकर्त्तव्य की व्यवस्था में शास्त्र ही प्रमाण है।)	*तेहि लगि शास्त्र प्रमाण गहि,* *नियत अचार–विचार* *करहुँ कर्म परमार्थ हित,* *शास्त्र नियत श्रुति सार।* *(16/24/74)*
117. **श्रद्धामयोऽयं पुरुषो यो यच्छ्द्धः स एव सः। (17/3)** (जो पुरुष जैसी श्रद्धावाला है, वह स्वयं भी वही है। अर्थात् जैसी जिसकी श्रद्धा है, वैसा ही उसका स्वरूप वृत्ति है।)	*श्रद्धायुत सद्भाव अचारा* *जस श्रद्धा तस गति सुविचारा।* *(17/3/10)*
118. **दातव्यमिति यद्यानं दीयतेऽनुपकारिणे देशे काले च पात्रे च तद्दानं सात्विकं स्मृतम्। (17/20)** (दान देना ही कर्तव्य है, ऐसे भाव से जो दान देश काल और पात्र के प्राप्त होने पर प्रत्युपकार न करने वाले के लिए दिया जाता है, वह दान तो सात्विक दान कहा गया है।)	*दान प्रधान सो धर्म हित,* *देश काल कर्त्तव्य* *प्रति उपकार चाहौ नहीं,* *सात्विक दान है भव्य।* *(17/20/57)*
119. **अश्रद्धया हुतं दत्तं तपस्तप्तं कृतं च यत् असदित्युच्यते पार्थ न च तत्प्रेत्य नो इह। (17/28)** (हे अर्जुन बिना श्रद्धा के होम हुआ हवन तथा दिया हुआ दान एवं तपा हुआ तप और जो कुछ भी किया हुआ कर्म है वह समस्त असत् ऐसे कहा जाता है। अतः वह न तो इस लोक में लाभदायक है और न मरने के पीछे ही लाभदायक है।)	*श्रद्धा विनु सब कर्म जेई,* *हवनादिक तप दान* *विकल लोक–परलोक तेंइ।* *असत् सकल पहचान।* *(17/28/85)*

120. यस्तु कर्मफलत्यागी स त्यागीत्यभिधीयते। (18 / 10) (जो पुरुष कर्मों के फल का त्यागी है वह ही वास्तविक त्यागी है ऐसा ही कहा जाता है।)	*जे नर कर्मफलहिं नहिं रागी* *सकल विराग कहहिं श्रुति त्यागी।* *(18 / 10 / 26)*
121. यष्य नाहंकृतो भावो बुद्धिर्यस्य न लिप्यते हन्वापि स इमांल्लोकान्न हन्ति न निबध्यते। (18 / 17) (जिस पुरुष के अन्तः करण में मैं कर्ता हूँ ऐसा भाव नही है तथा जिसकी बुद्धि सांसारिक पदार्थों में और सम्पूर्ण कार्यों में लिपायमान नहीं होती, वह पुरुष इन सब लोगों को मारकर भी वास्तव में न तो मारता है ओर न पाप से बँधता है।)	*सकल ज्ञान–विज्ञान प्रमानहिं* *बुद्धि संसार विकार न मानहिं।* *कर्त्ताभाव विलोप सुलोपा* *बन्धन कटहिं पाप सब लोका।* *(18 / 17 / 41)*
122. यत्तदग्र विषमिव परिणामेऽमृतोपमम्। (18 / 37) (वह सुख प्रथम साधन के आरम्भकाल में यद्यपि विष के सदृश भासता है, परन्तु परिणाम में अमृत–तुल्य है।)	*प्रथम जो सुख साधन विषभासाहिं* *अमृत तुल्य सकल दिसि रासहिं।* *(18 / 37 / 197–2)*
123. स्वे स्वे कर्मण्यभिरतः संसिद्धिं लभते नरः। (18 / 45) (अपने–अपने स्वाभाविक कार्य में लगा हुआ मनुष्य भगवद्प्राप्ति रूपी परमसिद्धि को प्राप्त होता है।)	*निज कर्त्तव्य पालन रत होई* *सम्यक् सिद्धि परम पद कोई।* *(18 / 45 / 117–2)*
124. स्वकर्मणा तमभ्यर्च्य सिद्धिं विंदति मानवः। (18 / 46) (अपने स्वाभाविक कर्म द्वारा पूजकर मनुष्य परमसिद्धि को प्राप्त होता है।	*निज कर्त्तव्य कर्म गुण पालन* *सिद्धि पाय तेहि नर मोहि लालन।* *(18 / 46 / 118–1)*

125. सर्वारम्भा हि दोषेण धूमेनाग्निरिवावृताः। (18 / 48) (धुएँ से अग्नि के सदृश सब ही कर्म किसी न किसी दोष से आवृत हैं।)	*कर्मारम्भ सदोष सदाहीं जिमि पावक तम धूम समाहीं। (18 / 48 / 128)*
126. मच्चित्तः सर्वदुर्गाणि मत्प्रसादात्तरिष्यसि। (18 / 58) (मेरे में निरन्तर मनवाला हुआ मेरी कृपा से जन्म–मृत्यु आदि सब संकटो से अनायास ही तर जायेगा।)	*मत्प्रसाद दुर्गुण सब लांघी सब अबरोध पार भव झाँखी। (18 / 58 / 173)*
127. प्रकृतिस्त्वां नियोक्ष्यति। (18 / 59) (क्षत्रियपन का स्वभाव तुझको जबरदस्ती युद्ध में लगा देगा।	*छत्र स्वभाव युद्ध नित खैंचहुँ कैसे पार्थ कालगति खैचहुँ। (18 / 59 / 174–2)*
128. ईश्वरः सर्वभूतानां हृद्देशेऽर्जुन तिष्ठति भ्रामयन्सर्वभूतानि यन्त्रारूढानि मायया। (18 / 61) (हे अर्जुन! शरीर रूपी यंत्र में आरूढ़ हुए सम्पूर्ण प्राणियों को अन्तर्यात्री परमेश्वर अपनी माया से उनके कर्मों के अनुसार भ्रमाता हुआ सब भूत प्राणियों के हृदय में स्थित है।	*सर्वभूतरत हृदय में ईश्वर प्राणि विराजि नित्य जगदीश्वर। मामाधीन कर्मभ्रम परहीं नाचु नचाव पाल तट जरहीं।* (18 / 61 / 189)
129. तमेव शरणं गच्छ सर्वभावेन भारत। (18 / 62) (हे भारत। सब प्रकार से उस परमेश्वर की ही अनन्य शरण को प्राप्त हो।)	*सबके हिय स्थित भगवाना शरण गहहुँ सोइ पद निर्वाना। (18 / 62 / 192–1)*
130. सर्वधर्मान् परित्यज्य मामेकं शरणं ब्रज अहं त्वा सर्वपापेभ्यों मोक्षयिष्यामि मा शुचः। (18 / 66) (सर्व धर्मों को अर्थात् सम्पूर्ण कर्मों के आश्रय को त्यागकर केवल एक मुझ सच्चिदानंद घन वासुदेव परमात्मा की ही अनन्य शरण को प्राप्त हो। मैं तेरे को सारे पापों से मुक्त कर दूँगा, तूँ शोक मत कर।)	*कर्म धर्म सब मोर हित, ज्ञान मर्म नहिं प्रीति छोड़ि धर्म सब आसरे, जानहुँ प्रेम की रीति। (18 / 66 / 206)*

131. **नष्टो मोहः स्मृतिर्लब्धा। (18 / 23)** (मेरा मोह नष्ट हो गया है और मुझे स्मृति वापस प्राप्त हुई है।)	*गत संदेह विगत मोह माया* *पाय सुमति निज रूप लुभाया।* *(18 / 73 / 230)*
132. **करिष्ये वचनं तव। (18 / 73)** (मैं आपकी आज्ञा का पालन करूँगा।)	*संशय रहित नित्य थित रूपहिं* *आज्ञा पालन प्रस्तुत भूपहिं।* *(18 / 73 / 231)*
133. **यत्र योगेश्वरः कृष्णो** **यत्र पार्थो धनुर्धरः** **तत्र श्रीर्विजयो भूतिः** ***ध्रुवा नीतिर्मतिर्मम।*** **(18 / 78)**	*जहाँ पार्थ धनुवान धर,* *तहँ केशव लोकेश* *वहाँ विजय श्री नीति नय,* *भूति विभूति महेश। (18 / 78 / 238)*
(जहाँ योगेश्वर श्री कृष्ण भगवान् हैं और गांडीव धनुषधारी अर्जुन हैं वहीं पर श्री, विजय विभूति और अचल नीति है, *ऐसा मेरा मत है।)*	जहाँ *नीति विभूति वहँ* *विजय श्री सुपुनीति* *अचल अलौकिक सम्पदा,* *धर्म पुनीत–पुनीत।* *(18 / 78 / 258)*

नोटः– यद्यपि श्रीमद्भगवद्गीता के सभी श्लोक तथा श्रीमद्भगवद्गीता गीतयोग के सभी पद सूक्तियाँ हैं, तथापि यहाँ (ऊपर) उनमें से कुछ सूक्तियाँ छाँटकर संस्कृत श्लोक, उनका अर्थ सहित दी गई हैं। साथ ही साथ श्रीमद्भगवद्गीतामृत गीतयोग के सम्बन्धित पद भी पाठकों की सुविधा हेतु दिए गए हैं। आशा है पाठक इससे लाभान्वित होगें।

सूक्तिः जब कोई वाक्य या वाक्यांश अपनी जगह से अलग कर देने पर भी सुनने मात्र से किसी अनुभव, उपदेश, आदि का ज्ञान कराता है, तब वह सूक्ति कहलाता है। उदाहरणः– वासुदेवः सर्वम्, नायं हन्ति न हन्यते। जातस्य हि ध्रुवों मृत्युः, समत्वं योग उच्चयते, आदि।

यहाँ सूक्ति रूप में श्रीमद्भगवद्गीतामृत गीतयोग ग्रन्थ से पूरी चौपाई या दोहा ही सूक्ति रूप में दिया गया है जो सरल हिन्दी पाठकों के लिए अति उपयोगी होगा, ऐसी आशा एवं विश्वास है। परम योगेश्वर भगवान श्रीकृष्ण आप सभी का कल्याण करें।

❄ ❄❄

परिशिष्ठ –5

श्रीमद्भगवद्गीतामृत गीतयोग में वर्णित त्रिगुणों के स्वरूप और उनेक फल तथा गुणों के अनुसार आहार–यज्ञादि के लक्षण

सत्वगुण	रजोगुण	तमोगुण
1. गुणों का स्वरूप तथा उनकी वृद्धि का प्रभाव।		
शरीर, अन्तःकरण और इन्द्रियों में चेतनता, बोध–शक्ति का प्रकाश।	सांसारिक कर्मों में, प्रवृत्ति, लोभ, स्वार्थ बुद्धि से कर्मारम्भ, मन की चंचलता व भोगों की कामना।	शरीर, अन्तःकरण व इन्द्रियों में अप्रकाश, अकर्त्तव्य में प्रवृत्ति, न करने योग्य कार्य में प्रवृत्ति (प्रमाद), मोह।
1. *सर्व द्वार इन्द्रिय सकल, अन्तःकरण प्रकाश बोध–शक्ति उपजाहि जब, वेद सत्वगुण खास।* (14/11/28)	1. *लोभ प्रवृत्ति बढ़े जब, भोग–लालसा जान चंचल मन अशांत हो, रजगुण बढ़ता मान।* (14/12/29)	1. *लोभ यत्न आरम्भ धन, इच्छा काम प्रवाह रिदय तमोगुण प्रकटता, स्वार्थ बुद्धि सोइ राह।* (14/13/36)
2. गुणों से उत्पन्न भाव		
ज्ञान	**लोभ**	**प्रमाद, मोह, अज्ञान**
2. *सतगुण पाय ज्ञान प्रकटावहिं।*	2. *राजस लोभ सदा अधिकावहिं।*	2. *मोहप्रमाद बहुरि अज्ञानहिं।*
(14/17–18/53–1)	(14/17–18/53–1)	(14/17–18/53–2)

3. गुणों की प्रवृत्ति		
सुख में लगाया जाना।	*कर्म में लगाया जाना*	*प्रमाद में लगाया जाना।*
3. *सतगुण सदा विरत सुख माहीं।* (14/9–10/23–2)	3. *रजगुण कर्म सदाही सुहाहीं।* (14/9–10/23–2)	3. *ढाँकहिं ज्ञान प्रमाद सुहानहुँ।* (14/9–10/24–1)
4. गुणों की उत्पत्ति		
ज्ञानेन्द्रियों से	प्राण व कर्मेन्द्रियों से	स्थूल पदारथ तमगुण उपजहिं
4. *सतगुण अन्तर अरु ज्ञानेन्द्रिय।* (14/9–10/22–1)	4. *रजगुण प्राण और कर्मेन्द्रिय।* (14/9–10/22–1)	4. *त्रिगुण जगत भूत सब उद्भहिं।* (14/9–10/22–2)
5. गुणों द्वारा जीव का बन्धन		
कर्मेन्द्रियों से		
सत्वगुण निर्विकार, प्रकाशमय, निर्मल सुख की आसक्ति से और ज्ञान के अभिमान से बँधता है।	राजरूप रजोगुण कामना और आसक्ति से उत्पन्न होने के कारण कर्म और उनके फल की आसक्ति से बँधता है।	सब दहाभिमानियो को मोहने वाला, अज्ञान से उत्पन्न तमोगुण प्रमाद, आलस्य व निद्रा से बँधता है।
5. *निर्मल सत्वगुणहिं सब ज्ञाना अनामयम् सुख ज्ञान सुजाना* (14/6/12)	5. *अति अनुराग काम आसक्ता तृष्णा सँग जो फल के भोक्ता*(14/7/16)	5. *अज्ञानज तम जानिअ मोही मोहजनक जगमानिअ सोही* (14/7/17)
6. <u>गुणों के फल</u>		
निर्मल सुख ज्ञान वैराग्य आदि।	**दु:ख**	**अज्ञान**
6. *सतगुण निर्मल चित्त सुजानहिं।* (14/15–16/39)	6. *फल राजस सम्बन्ध जन्मदु:ख।* (14/15–16/38)	6. *तामस मूढ़ अज्ञान बन्ध मुख।* (14/15–16/38)

सतगुण	रजगुण	तमगुण
7. किस गुण की बृद्धि में मरने वाला किस लोक में या किस गुण वाला किस योनि में जाता है।		
दिव्य लोक देवयोनि योनि	**मनुष्य लोक, मनुष्य योनि**	**पशु-पक्षी, कीट पतंग, आदि मूढ़**
7. सतगुण वृद्धि मृत्यु जे पावहिं दिव्य लोक स्वर्गाधिक जावहिं । (14/14/34)	*7. रजगुण बढ़ि तेहि तन त्यागहिं तेहि नर लोक निरन्तर भागाहिं। (14/15-16/43-1)*	*7. तमगुण मृत्यु मूढ़ जे प्रानी ते पशु कीट अधोगति जानी। (14/15-16/43-2)*
8. किस गुण से सम्पन्न पुरुष की क्या गति होती है।		
ऊर्ध्वगति । श्रेष्ठकुल में जन्म या देवता बनते हैं।	**बीच की गति कर्मासक्त मनुष्य बनते हैं**	**नीचे की गति। नरक योनि या भूत**
8. सत्व प्रधान आचरण जे नर ऊर्ध्व लोक प्रस्थित विहंगवर। (14/17-18/56)	*8. रजोगुणी भूतत्व प्रधाना नर शरीर पावहिं बहुनाना। (14/17-18/57-1)*	*8. प्रेतादि पाप योनि में जरते पाय अधोगति नित ही मरते। (14/17-18/57-2)*
9. उपासना		
देव -पूजन	**यक्ष -राक्षस पूजन**	**भूत-प्रेतादि पूजन**
9. सतगुणलीन देव चित पूजहिं। (17/4/14)	*9. राजस् यक्ष चतुर चित दूजहिं। (17/4/12)*	*9. तामस गुणी पुरुष तेहि जाना भजहिं भूत प्रेतादिक नाना। (17/5-6/16)*
10. आहार		
आयु, बल, बुद्धि, नीरोग्यता, सुख व प्रीति बढ़ानेवाले रसयुक्त, स्निग्ध, स्थिर रहने वाले तथा हृदय के अनुकूल पदार्थ, जैसे	बहुत कड़वे, खट्टे, बहुत नमकीन, बहुत गरम, तीखे, रूखे, दाहकारी, दुःख, शोक व रोग उत्पन्न करने वाले पदार्थ । जैसे उवलता	अधपके, रसरहित, दुर्गन्धयुक्त, बासी, जूँठे व अपवित्र पदार्थ। जैसे मांस, अण्डे शराब, प्याज आदि।

दूध, रोटी, फल आदि।	हुआ दूध, बहुत गरम अन्न, मिर्च, अचार, चटनी, इमली आदि।	
10. बल आयु वृद्धि आरोग्य शुद्धि सुख प्रीति नीति बढ़ावहीं सुख स्वाददायक रस विनायक आहार सात्विक खावहीं। (17/8/25)	*10. कटु लवणयुत अति गरम रूखे तीखे सूखे चावहीं। ये रोग ग्राहक भोज्य नाहक राजस गुणी नित भावहीं। (17/9/32)*	*10. रसहीन भोजन अति अपावन एक प्रहर बितावहीं दुर्गन्धयुत आहार खावहिं मलिन वासी चावहीं। (17/10-/33)*
11. <u>यज्ञ</u>		
विधि संगत, निष्काम भाव से किया जाय।	विधि संगत, फलेच्छा से किया जाय।	विधिहीन, मन्त्रहीन व श्रद्धाविहीन किया जाए।
11. यज्ञ कर्म कर्त्तव्य नित, मानहिं सत्व सुजान फल इच्छा सब त्यागिहौं सात्विक यज्ञ महान (17/11/36)	*11. जेहि जन मन फल इच्छा धारी निज प्रभुता चहुँ दम्भाचारी। (17/12/37-1)*	*11. मंत्रशून्य श्रद्धाविनु कीन्हा यज्ञ शास्त्र निगमागम हीना। (17/13/38-1)*
12. <u>दान</u>		
फलकांक्षा रहित, देशकाल पात्र का विचार कर।	फलइच्छा युक्त, कष्टप्रद मन से।	देश काल पात्र का बिना विचार किए।
12. दान प्रधानसो धर्म हित, देश काल कर्त्तव्य। प्रत्युपकार चाहे नहीं, सात्विक दान है भव्य। (17/20/57)	*12. निजहित सर्वस जाते जोई राजस दान मानिए सोई । (17/21/60)*	*12. अशुचि देश अवसरु बिनु जेई दान कुपात्रहिं जोहि-जन देई। (17/22/62)*

13. त्याग कर्त्तव्य बुद्धि से नियत-कर्म करना, धर्म हित, देश देश काल पात्रका विचार कर। दान प्रधान। *13. नियत कर्म आसक्ति नहिं,* *फलेच्छा दें त्याग निष्काम भाव से* *कर्म हों, सात्विकता मन लाग। (18/9/59)*	कर्म को दुःख स्वरूप समझकर शारीरिक क्लेश भयादि के कारण स्वरुप से त्याग । *13. तजहिं जो कर्म सकल दुःख पावहिं* *राजस त्याग व्यर्थ गुण गावहिं* *(18/8/19)*	देश काल पात्र का विचार किए बिना, *13. नियत कर्म मोह वश त्यागहिं* *नित्य-कर्म शुचि खान ते भागहिं* *(18/7/18)*
14. तप (अ) शारीरिक तप परम श्रद्धा निष्काम भाव से की गई देवता ब्राम्हण, गुरुजन और ज्ञानीजनों की सेवा। *14. सात्विक तप अति उत्तम जानी* *फल इच्छा नहिं भाव प्रमानी* *(17/17/49)*	सत्कार मान व पूजा पाने हेतु। *14. श्रद्धाहीन मान तप जोई,* *हित पूजा पलभर दे सोई।* *(17/18/52)*	मूर्खता दुराग्रह पूर्वक घोर शारीरिक कष्ट सहन करने की क्रिया। *14. विवेक रहित मूढ तप जोई,* *तन मन वचन दुखी कर सोई।* *(17/18/55)*
15. तप (ब) वाणी का तप परम श्रद्धा व निष्काम भावसे सुनने में प्रिय व सच्चे वचन वोलना जो किसी में उद्वेग न करें। *15. सत्य वचन हितकारी वाणी।* *कोमल सुखद सकल प्रिय जानी* *(17/15/44)*	सत्कार मान व पूजा पाने के उद्देश्य से क्षणिक व अनिश्चित फलवाले वाणी के तप का प्रदर्शन। *15. फल चल राजस तप सो जानी* *दम्भ पाखण्ड युक्त तेहि मानी।* *(17/18/52)*	मूर्खता व हठ से स्वयं कष्ट पाकर दूसरों को अनिष्ट करने के उद्देश्य से वाणी के तप का मिथ्या प्रदर्शन। *15. पर पीड़ा अनरथ आचरहीं।* *तामस तप सोई संत उच्चरहीं* *(17/19/56)*

16. <u>तप (स) मन का तप</u>		
परम श्रद्धा व निष्काम भाव से होने वाली मन की प्रसन्नता, शान्ति भगवद्चिन्तन छोड़कर संकल्प-विकल्प का अभाव, मन-निग्रह तथा भावों की पवित्रता	सत्कार मान या पूजा पाने के लिए या दम्भ के भाव से मन में सात्विक गुण न रहने पर भी उनके दिखलाने का प्रयत्न करना।	मूर्खता, हठ व कष्ट पूर्वक दूसरों का अनिष्ट करने के लिए मन के तप का ढोंग करना।
16. मन प्रसन्न नित भगवत -चिन्तन शांत स्वभाव मनोग्रह अन्तर (17/16/47)	*16. पूज्य मान-सत्कार नित चाहहिं अस्थिर अध्रुव चल फल गाहहिं (17/18/53)*	*16. निज दुख पशु पक्षी न बाँटहिं केवल तामसी स्वारथ साँटहिं। (17/19/56)*
17. <u>ज्ञान</u>		
एक अविनाशी परमात्व भाव को सबमें विभागरहित समभाव से स्थित देखना।	समस्त भूतप्राणियों में भिन्न-भिन्न अनेक भावों को अलग-अलग देखना।	शरीर को ही आत्मा समझने वाला बिना युक्ति का, तत्वार्थ रहित, तुच्छ सीमाबद्ध ज्ञान।
17. एक ही भाव भूत नित ध्यावहिं अव्यय परखि निरखि नित गावहिं (18/20/50)	*17. राजस ज्ञान जान गुण न्यारा भिन्न भाव प्रति जीव निहारा (18/24/57)*	*17. जड़ चेतन विवेक कछु नाहीं। रागदोष उपजहिं सब माहीं। (18/21/58)*
18. <u>कर्म</u>		
कर्त्तापन के अभिमान से रहित, फलेच्छा रहित, राग द्वेष मुक्त कर्म।	विशेष परिश्रम साध्य फल चाहने वाले, कर्त्तापन के अहंकार से युक्त पुरुष द्वारा किया जाने वाला कर्म।	परिणाम, हिंसा, हानि, अपनी शक्ति का विचार किए बिना, मूर्खता से, जोश में आकर किया जाने वाला कर्म।
18. सात्विक कर्म नियत अरु नियमित। राग द्वेष रहित हिय संयमित (18/23/63)	*18. राजस कर्म फल इच्छा भोगी। अहंकार तन सुख हित योगी (18/24/67)*	*18. मोहग्रस्त बिनु पौरुष धारहिं। शास्त्र अवज्ञा ईश्वर जारहिं। (18/25/70)*

19. **कर्त्ता** सिद्धासिद्धि में हर्ष-शोक, आसक्ति-अहंकार रहित होकर धीरज व उत्साह से कर्त्तव्य कर्म करना। *19. लाभ-हानि जस विजय न ममता।* सिद्धि-असिद्धि भाव में समता *(18/26/74)*	लोभी-आसक्तियुक्त, हिंसात्मक, अपवित्र तथा कर्म फल की इच्छा से कर्म करने वाला। सिद्धि पाकर हर्ष में तथा असिद्धि पाकर शोक में डूब जाने वाला। *19. राजस कर्त्ता द्वन्द्वयुत, लम्पट लोभी जान रागी दोषी हृदय से, अशुचि भाव हिय ज्ञान।* *(18/27/76)*	अव्यवस्थित चित्त, मूर्ख, धमण्डी, धूर्त शोकग्रस्त आलसी, दीर्घसूत्री व दूसरे की आजीविका नष्ट करने वाला। *19. तामस कर्त्ता मूढ अति, ज्ञान रहित शठ जान दीर्घ-सूत्री अनैष्कृतिक, सदा विषादी मान। (18/28/78)*
20. **बुद्धि** प्रवृत्ति-निवृत्ति मार्ग, कर्त्तव्य-अकर्त्तव्य, भय-अभय तथा बन्धन -मोक्ष को यथार्थ रूप से पहचानने वाली। *20. बुद्धि जो धर्म अधर्म विचारहिं।* *बन्ध भयाभय मर्म निहारहिं।* *(18/30/82)*	धर्म-अधर्म, कर्त्तव्य-अकर्त्तव्य का निर्णय न कर सकने वाली। धर्म अधर्म यथार्थ न ज्ञानहिं *20. बुद्धि कुबुद्धि सो राजस मानहिं।* *(18/31/83-2)*	अधर्म को ही धर्म मानने वाली तथा सभी बातों में विपरीत निर्णय करने वाली। *20. सत्य असत्य मानि अज्ञानी* *कुपथ गहहुँ उल्टी दिश जानी।* *(18/32/84-2)*
21. **धृति** सब विषयों को छोड़कर केवल भगवान में ही लगकर मन, प्राण और इन्द्रियों की सारी क्रियाओं को भगवत्-सानिध्य के योग द्वारा भगवदर्थ ही करवाती है। *21. सात्विक धृतिवश तन मन प्राना।* *इन्द्रिय कार्य कलाप न जाना। (18/33/87)*	फल चाहने वाले मनुष्य को अत्यन्त आसक्ति से धर्म, अर्थ, काम रूप विषयों में लगाने वाली। *21. राजस धृति नितफल आकांक्षी* *इन्द्रिय तृप्ति लिप्त बहुकांक्षी (18/34/89)*	दुष्ट बुद्धि मनुष्य केवल सोये रहने, डरने, शोक करने, उदास रहने, मतवाला बने रहने में ही स्वयं को लगाए रखता है। *21. तामस धृति अति निद्राकारी* *स्वप्न विषाद शोक भय कारी (18/35/91)*

22. सुख

अभ्यास से ही अनुभव होने वाला जो, अन्त मै दुःख को नष्ट कर डालता है। प्रारम्भ में विष सा व परिणाम में अमर कर देने वाला मोक्ष की प्राप्ति करवा देने वाला।

22. प्रथम जो सुख –साधन विष भासहिं
अमृत –तुल्य सकल दिसि रासहिं।
(18/37/97)

विषयों के साथ इन्द्रियों का सम्बन्ध होने पर आरम्भ में अमृत सा सुहावना लगता है, परन्तु परिणाम में लोक परलोक का नाश करने वाला। विष के सदृश है।

22. राजस सुख अमृत सम जागहिं
अन्त समय विष तुल्य सा लागहिं।
(18/38/100–1)

आरम्भ व अन्त दोनों में ही आत्मा को मोह में डाल ने वाला जो निद्रा, आलस्य जहर तथा प्रमाद से प्राप्त होने वाला।

22. मोहहिं जीव सकल विधि नाना
सोइ तामस सुख तुम्ह पहिचाना।
(18/39/103–2)

परिशिष्ठ - 6

श्रीमद्भागवत गीता गीतयोग में कर्म ज्ञान एवं भक्ति योग का तुलनात्मक विवेचन

विषय	कर्म योग	ज्ञान योग	भक्ति योग
1. श्रेष्ठ	**ज्ञान योग से श्रेष्ठ** 1. *कर्मयोग कर्म सन्यासा।* *उभय मुक्ति पद करैं प्रकासा* *कर्म योग निष्काम अपावन* *श्रेष्ठ कर्म सन्यास ते पावन* (5/2/3) **ध्यान योग से श्रेष्ठ** *उत्तम ज्ञान श्रेष्ठ अभ्यासा* *ताते उत्तम ध्यान प्रकासा* (12/12/32)	दृव्यमय यज्ञ से श्रेष्ठ। 1. *दृव्य यज्ञ ज्ञान सुचि पावा* *अति उत्तम तिन जान जगावा।* (4/33/113)	भक्त सम्पूर्ण योगियों से श्रेष्ठ हैं। 1. *दिव्य स्वरूप निरंतर प्रीती* *प्रेमा भक्ति जाग नित नीती।* (6/28/102)
2. सुगम	राग द्वेष न रहने व समता के कारण। 2. *जानहुँ पंथ कर्म सन्यासी* *होय बंध तजि जग सुखवासी* (5/3/8)	निर्गुण निराकार ध्यान। 2. *दिव्य प्रेम मम भक्ति जगाइ* *मम स्वरूप थित मम गति पावइ* (6/28/102)	अर्पण का भाव प्रमुख। 2. *पत्र पुष्प फल जल ही चाहौं* *प्रेम भाव अर्पित मुदिताहौं* (9/26/59)

3. शीघ्र सिद्धि	कर्म व इसके फल की आशक्ति न होने व संसार का आश्रय लेने के कारण। *3. त्यागि के कर्माशक्ति सब, मुक्त प्रेम पहिचान निज करतब रत होवहीं पूर्ण सामर्थ्य सुजान* (4/20/79)	इन्द्रिय बस, श्रद्धावान सांख्य योगी ज्ञान प्राप्त कर शीघ्र परम गति पा लेता है। *3. पाय ज्ञान पथ पुण्य तत्काला परम शांति पद परम निराला।* (4/39/136)	सर्वागत् शरणागत् भक्त की सम्पूर्ण जिम्मेदारी भगवान पर। *3. सकल विधि परित्याग कर शरण गहहुँ गुण धीर चिन्ता छोड़हुँ नहिं डरहुँ शुद्ध भक्त रण धीर* (18/66/205)
4. पापों का नाश	यज्ञार्थ कर्म करने से, कला शक्ति, कामना, संकल्प न रहने से कर्म बंधन मिट जाते हैं जिससे सम्पूर्ण पाप विलीन हो जाते हैं। *4. अनासक्ति ऋतु ज्ञान थित चित्त ज्ञान रत होंय यज्ञाचरण विमुक्त नर कर्म विनष्ट हों सोंय* (4/23/86)	स्वरूप बोध के कारण शरीर संसार आदि से संबंध विच्छेद हो जाता है जिससे सम्पूर्ण पापों से विमुक्ति हो जाती है। *4. तेपि परम तप ज्ञान सहारा तरहिं सकल दुख सागर भारा।* (4/36/126) *जिमि प्रचंड बल अनल सुजाना भस्म होंय ईधन जल जाना।* (4/37/129)	भगवान में मन लगने से पापों के नाश की जिम्मेदारी भगवान पर आ जाती है। *4. मोहि शरणागत तोर मन सकल भाव गुण रीति सर्व पाप विमुक्ति होंय मोक्ष देहुँ अतीत। कर्म धर्म सब मोर हित ज्ञान परम नहीं प्रीति छोड़ि धर्म सब आसरे जानहुँ प्रेम की रीति* (18/66/206–207)

5. **सन्तुष्टि**	सम्पूर्ण कामनाओं का सर्वथा त्याग होने से सन्तुष्टि पराधीन नहीं होती। 5. *अशुद्ध मन की शुद्धि बुद्धि विकार न मन आवने। तृप्ति इंन्द्रि विकार मुक्ति सकल नहीं सुहावने।* (2/55/190) *आत्म तृप्त आत्म अनुरागी ते पारथ निज आतम जागी* (3/17/55)	तन मन बुद्धि आदि के साथ संबंध न रहने से तथा स्वरूप का ध्यान करते हुए सांख्य योगी अपने आप में संतुष्ट हो जाता है। 5. *निरुधावस्था पावहिं योगी निर्जीव सजीव समाज सुयोगी। सुख आत्यन्तिक अनुभव कीन्हा इन्द्रियातीत सूक्ष्म भव चीन्हा।* (6/20/77,78)	भगवद् परायण रहने से भक्त भगवान के गुणों में लीन नित्य निरंतर संतुष्ट रहता है। 5. *हर्ष द्वेष इच्छा सविकारा शोक विगत मन रहित विकारा। पाप पुन्य जन सकल विसारे भक्त मोहि ते अति प्रिय सारे।* (12/17/48)
6. **शांति**	ममता कामना न रहने से संसार बंधन नहीं होता। अतः कर्मयोगी परम शांति को प्राप्त हो जाता है।	तत्वज्ञ के लिए कुछ भी जानना शेष नहीं रहता जिससे ज्ञान योगी परम शांति को प्राप्त हो जाता है।	भक्त केवल भगवान के ही आश्रय लेने के कारण शीघ्र ही परम शांति को प्राप्त हो जाते हैं।

	6. *निष्काम कर्म शुभ नित्य जो होई* *ब्रह्म स्वरूप ज्ञान थित सोई ।* (2/71/234) *निश्चल भक्त शांति नित पावा* *मम अर्पित ही कर्म सुहावा।* (5/12/41)	6. *पाय ज्ञान पथ पुनि तत्काला* *परम शांति पद परम निराला* (4/39/136)	6. *शांति परम आनंद ते पावहिं* *ब्रह्मपरायण हृदय जे ध्यावहिं।* (6/15/51) *धरम शील ज्ञानी मोहि पावा* *परम शांति नित् सत्य जनावा* (9/31/76)
7. समता	कर्म की सिद्धि असिद्धि, पूर्ति आपूर्ति में हर्ष शोक, राग द्वेष नहीं होते। समता की प्राप्ति। 7. *द्वन्द्व मुक्त संतुष्ट स्वभावा* *ईर्ष्या नहिं समभाव ही जागा।* (4/22/84)	तत्व से अभिन्नता हो जाने से समदर्शी हो समता की प्राप्ति। 7. *अन्तःकरण रूप अवलोकी* *सकल भूत निज रूप विलोकी* (6/29/105) *निर्विकार सुख दुख सम जानी* *तुल्य प्रियाप्रिय त्यागी बानी।* (14/24/89)	भक्त भगवान के सिवाय और कुछ नहीं चाहते है अतः भगवद्गुण समता को प्राप्त। 7. *भगवत् भाव आदान प्रदाना* *नित्य समत्व योग लुभाना।* (10/10/18)

8. ज्ञान	संसार आर्कषण, जड़ता न रहने से स्वतः सिद्ध स्वरूप का ज्ञान (बोध)। 8. *जस तस सकल कर्म समुदायी ज्ञान कृशानु भस्म होई जाई।* (4/38/129)	प्रकृति व उसके कार्य से संबंध विच्छेद हो जाने से परम ज्ञान रूपी महातत्व की प्राप्ति। 8. *प्रकृति विकार छूटि हिय जाना ज्ञान नेत्र ब्रह्म पहिचाना।* (13/34/127) (10/11/20)	भगवान भक्त के अज्ञान का स्वयं ही नाश करते है। 8. *भक्त विमुक्त हृदय नहिं मुक्ति रूप अभिलाष ज्ञान और वैराग्य सुत भक्ति में करहिं निवास।*
9. आनंद स्वच्छता से	अन्तःकरण शुद्धि, निर्मल, परिपूर्ण होकर परमानन्द से भर जाता है। 9. *इमि स्वाधीन विमल मन जासौं निज आनंद मगन चित तासौं* (2/64/215)	अहंकार, कामना आदि से रहित अन्तःकरण प्रसन्नता को प्राप्त हो जाता है। 9. *शोक न काम कामना भावहिं जीव प्रत्येक समभाव सुहावहिं। पूर्ण प्रसंग ब्रह्म अनुभूतहिं स्थित दिव्य दिव्यता गूँथहिं* (18/54/156)	भगवत ध्यान के कारण भक्त का अन्तःकरण प्रसन्न, स्वच्छ हो परमानन्द को उपलब्ध हो जाता है। 9. *भगवत् रसस्वादन जगे जाय सर्वरस भूल मुक्त हृदय मम चिंतन चरम लक्ष्य प्रभु मूल।* (6/14/55)

परिशिष्ठ – 7

श्रीमद्भगवद्गीतामृत गीतयोग–महात्म्य

(अ) वैष्णकीय तन्त्र सार अनुसार

शौनक उवाच

दोहा

हे सूत जी ज्ञानी विपुल, शिष्य महामुनि व्यास
नारायण हरि क्षेत्र मँह, वर्णेउ जो–जो खास। 1

सकल सुनावहुँ लोक–हित, दिव्य महात्मय ज्ञान
नारायण मुख–ग्रन्थ यह, अतुलित भव्य महान। 2

सूत उवाच

चौपाई

अति उत्तम प्रश्न तुम कीन्हा। मंगलमय अति गुप्त को चीन्हा
कौन जो सक्षम वर्णत गीता। गीतयोग महात्म्य पुनीता। 3

दिव्य गृन्थ अति भव्य सुहावा। कृष्ण जगद्गुरू सक्षम पावा।
वासुदेव कृष्ण ही जानहि। गीता मर्म सकल पहिचानहिं। 4

कुन्ती सुत कछु–कछु है ज्ञाना। जनक व्यास शुक मुनि कछु जाना।
याज्ञवल्क्य मुनि कछु पहिचाने। गीता–ज्ञान अल्प कछु जाने। 5

अन्य लोग बरनाहिं सुनि काना। लेशमात्र अज्ञान नशाना।
गुरुवर व्यास जो मोहि बताबहुँ। सो जन–हित पुनि तुम्हहिं सुनावहुँ। 6

दोहा

जो मुनि व्यास बखाने, वरनहुँ सकल सुजान
गीता–महात्म्य सुनहुँ तुम, धरिके ध्यान अजान। 7

चौपाई

सर्व उपनिषद् गऊ जनावा। दुहने वाले कृष्ण मनावा।
गोपालनन्दन ग्वाले जानहुँ। कुन्तीसुत गोसुत पहिचानहुँ। 8

गीतामृत अमृत तुम जानो। दुग्ध सकल ज्ञान पहिचानो।
विचारवान् शुचि बुद्धि चिचारा। दुग्धपानकरि सकहिं अचारा। 9

पूर्णकाल सारथी महाना। कुन्ती–सुत को ज्ञान बखाना।
गीतामृत प्रदान निज वानी। सकल लोक उपकार सुज्ञानी। 10

नमन करहुँ सोइ कृष्ण कृपाला। बारम्बार नमामि नृपाला
हे माधव हे कृष्ण मुरारी। कोटि–कोटि नमन त्रिपुरारी। 11

सोरठा

मनुज जो चाहवहिं पार, घोर जगत्सागर सकल
गीता करि उद्धार, महिमा पावन ग्रन्थ की। 12

चौपाई

गीता रूपी नाव चढ़ाई। सुख पाते जल पार पढ़ाई।
मूर्ख सदा अभ्यास न जानहिं। गीता–ज्ञान श्रवण ना पानहिं। 13

मोक्ष जो चाहवहिं। सकल विश्व उपहास ही पावहिं
अनुभव ज्ञान सत्यता पाई। सकल दुःख सब दूर भगाई। 14

नियमित सदा पाठ जो करहीं। श्रवणकरें चित् ईश में धरही
मनुज नहीं देव सम जानो। गीता ज्ञान महातप मानो। 15

गीता ज्ञान सकल उपदेशा। सम्यक् बोध भक्ति संदेशा
भगवद् कृष्ण रहस्य बताए। पारथ–सुत पुलकित मन भाए। 16

निर्गुण सगुण स्वरूप विवेचन। वर्णाश्रम गुण धर्म सचेतन
भोग–मोक्ष उपदेश सो ज्ञाना। उच्च शिखर पहुँचे इठलाना। 17

एक–एक सीढ़ी चढ़ि जाते। अध्याय अष्टदश क्रमशः गाते
भगवद्‌जन कर्त्तव्य सुहाने। चित्त शुद्धि तत्व पहिचाने। 18

दोहा

प्रेमपूर्वक पाठ करि, पाठ अठारह ज्ञान
बुद्धि शुद्ध निर्मल हुई, गीता ज्ञान महान। 19

चौपाई

गीता सागर जल स्नाना। श्रद्धायुत बहु पाठ सुजाना।
नष्ट सकल मल जगत जगाए। बुधि विवेक विज्ञान भराए। 20

श्रद्धाहीन पुरुष जो जोई। गंगास्नान भाँति सब खोई
नहान लाभ वे कबहुँ न पावहिं। श्रद्धाहीन चित्त कस यावहिं। 21

गीता पाठ न करहिं न जानहिं। मनुज लोक व्यर्थ सो मानहिं।
असद्‌वृत्ति असन्त अधम जन। असंतुष्ट आतप कातर मन। 22

गीतयोग नहिं गीता ज्ञाना। पुरुष अधमगति सो पहिचाना।
गीता अर्थ न जानहिं मानहिं। शुचि सुन्दर तन वैभव ठानहिं। 23

दोहा

गीता शास्त्र को ज्ञान नहिं, अधम पुरुष है सोइ
प्रारब्ध प्रतिष्ठा तेज को, अनहित निज नर होइ। 24

चौपाई

गीता शास्त्र बुद्धि नहिं लागी। निष्फलता सद्वृत्ति भी भागी।
व्रत निष्ठा जप तप यश लानत। निष्फल सब कुछ ज्ञान अकारथ। 25

गीता ज्ञान समर्थन नाहीं। अनुमोदन परिवर्तन नाहीं।
आसुर–वृत्ति सकल परिचायक। अधम मनुज सो हैं खलनायक। 26

गीता अनुमोदित नहिं ज्ञाना। नीति विरूद्ध ज्ञान सो जाना।
धर्म रहित निन्दित सो जानो। व्यर्थ ज्ञान सो निज पहिचानो। 27

दोहा

सकल शास्त्र शिरोमणि, सारभूत उपदेश
गीता–ज्ञान महान है, आत्म–त्याग संदेश। 28

चौपाई

वैष्णव–पर्व एकादशि पाठा। सोते–जगते चलते साथा।
हरदम नित्य–निरंतर ध्याना। लौकिक रिपु विजयी न माना। 29

शाल–ग्राम–शिक्षा देवालय। तीर्थ नदी मंदिर तट आलय।
नदीकान्त नदि स्वाध्यायरत। गीता पाठ निरन्तर अभिरत। 30

देवकी–सुत कृष्ण सोहावहिं। गीता–पाठ निमग्न कहावहिं।
वेद दान यज्ञ व्रत सेवा। गीतामृत आगे लघु देवा। 31

उत्तम भाव जे नर भव भावा। गीताशास्त्र भक्ति सब लावा
शास्त्र पुराण सकल को सारा। सार–तत्व गहि परम उदारा। 32

दोहा

योग–स्थल शुचि पीठ में, सिद्धपीठ प्रस्थान
संगोष्ठी सत् संत की, यज्ञ सभा स्थान। 33

विष्णुभक्त या भक्त सो, भक्तन गुण पहिचान
परम सिद्धि पावहिं पुरुष, गीता पाठ महान। 34

चौपाई

प्रतिदिन गीता पाठ सुनावा। भजन श्रवण मनन मन भावा।
अश्वमेघ फल सकल सुनाहीं । अर्थ सुनाहिं यज्ञ गुनाहीं। 35

गीता ज्ञान सकल जग व्यापी। ब्रह्म अनादि तत्व गुण भाँपी।
पाय परम पद अनुभव जागी। भक्तिभाग अमृत मन लागी। 36

गीतयोग पुस्तक शुचि अर्पण। शुद्ध भाव गहि पुष्प समर्पण।
अर्धांगिनि अनुकूल स्वाभावा। जीवन धन्य सफल मन भावा। 37

यश सौभाग्य निरोगी काया। उत्तम सुख भोगहिं नहिं माया।
संशय रहित बात यह जानो। गीतयोग महत्व पहिचानो। 38

जे घर नितदिन गीता पूजहिं। दुःख शाप घर निकट न दूजहिं।
त्रिविध ताप पीड़ा ना रोगी। शाप पाप दुर्गति नहिं भोगी। 39

दोहा

आध्यात्मिक अधिदैव की, अधिभौतिक संताप
त्रिविध ताप को पान नहिं, घोर नरक नाहिं श्राप। 40

चौपाई

गीतयोग अभ्यास निरन्तर। चेचक फोड़ा नहीं भगन्दर।
दासभाव प्रभु चरन सुहावा। भक्ति अनन्य अनन्त स्वभावा। 41

सकल जीव सद्भाव सदा ही। सख्य भाव मनमीत प्रजा ही।
जलज पत्र जल नहिं लिपटाना। गीता–पाठ करहिं मन भावा। 42

अनाचार दुर्वचन विचारी। जान–अजान पाप सुविचारी।
निश दिन धरहिं पाप आचारा। सकल नशावहिं ब्रह्म विचारा। 43

पाप लिप्त नहिं वो नर होई। गीता पाठ करहिं जो जोई।
रत्नयुक्त धरनी गहि दाना। सदा शुद्ध निर्मल मन माना। 44

दोहा

गीता गीतयोग नित, चित्त सदा लवलीन
महापुरुष ज्ञानी सदा, रमा रहे भव चीन्ह। 45

कर्मनिष्ठ पण्डित वही, ब्रह्म–ज्ञान नित पान
श्रीमद्भगवद् ज्ञान में, नित–नित डूबहिं प्रान। 46

गीतयोग पुस्तक जहाँ, गीतापाठ हो नित्य
प्रयागराज तीरथ सकल, सदा विराजहिं नित्य। 47

सकल देव रक्षा करें, योगी गहि मन प्रान
देव ऋषि अरु योगिजन, ग्रन्थ करहि कल्यान। *48*

चौपाई

गीता गीतयोग नित पाठन। गोपालक भगवान सुखासन।
ध्रुव नारद पार्षद साथा। आशुतोष गहहि सब हाथा। 49

दर्शन देते कृष्ण मुरारी। रक्षा करते हैं त्रिपुरारी।
गीतयोग ग्रन्थ विज्ञाना। राधा–कृष्ण विरजि मन जाना। 50

श्री भगवान उवाच

गीतयुक्त वाणी महाराजा। गोपद अनल तेज गजराजा
सदा विराजहिं माधव ज्ञानी। राधा रानी तहँ गुणधानी। *51*

दोहा

गीता मम हिय जनिए, पार्थ तत्व पहिचान
अति तेजस्वी ज्ञान है, अविनाशी गुण खान। 52
मम उत्तम स्थान है, मोर परम पद मान
परम गुह्यतम ज्ञान यह, अति उत्तम गुरु जान। *53*

चौपाई

गीतयोग गीता मम आश्रम। उत्तम गेह मोर सुखाश्रम।
मैं पालहुँ त्रिलोकहि ज्ञाना। उत्तम ज्ञान सकल पहिचाना। 54

ब्रह्मस्वरूपिणि विद्या माता। विद्या परा सकल सुखदाता।
सर्वोत्कृष्ठ नित्य–स्वरूपा। पाण्डुनन्दन सुन हिय रूपा। 55

गोपनीय अति नाम बताबहुँ। सुनहूँ ध्यान धरि काम नशावहुँ।
एकल नाम–कीर्तन जे नर करिहीं। सकल पाप विनशि भव तरिहीं। 56

गायत्री गंगा सत्या सीता। सरस्वती ब्रह्मवल्ली गीता।
मुक्तगेहिनी हे अर्धमात्रा। चिदानन्दा वेदयत्री गात्रा। 57

त्रिसंध्या भगिनी भव पारी। तत्वार्थ ज्ञान मंजरी धारी।
परानन्दा हे भगवद्गीते। गीत योग पुस्तक सुपुनीते। 58

दोहा

स्थिरचित्त मनुज जो, करहिं जप नित नाम
ज्ञान रूपि शुचि शुद्वता, सिद्धि सकल गुनिथाम। 59

चौपाई

प्रतिदिन पाठ करहिं जो जोई। पाय परमपद भव्य सो सोई।
आधीगीता पाठ करावहिं। पाप पुण्य गोदान कहावहिं। 60

एक तिहाई गीता पाठा । सोम योग फल पावहिं साथा।
छठा–अंश पाठ नित कीन्हा। भागीरथी नहानहि चीन्हा। 61

दुइ अध्याय पाठ नित होई। इन्द्रलोक पावहिं सो सोई।
एक कल्प तहँ करहि निवासा। निश्चय जानहुँ परम पिपासा। 62

प्रतिदिन एक पठ जो वांचहिं। भक्तियुक्त एकांत निवासहिं।
रुद्र लोगपावहिं नर–नारी। होई रुद्रगण ब्रह्म विचारी। 63

चौथाई अर्ध अध्याया। नित्य पाठ जो नर करि पावा।
सौ मनवन्तर करहि निवासा। सूर्य लोक पावहिं सो खासा। 64

गीतयोग पद पाठ निरंतर। चन्द्रलोक वासी विहंगवर।
श्रद्धायुत मन चित्त गुसाईं। गीता पाठ नित्य प्रति साईं। 65

दोहा

गीतयोग का पाठ नित, नित्य निरन्तर होय
श्रीमदभगवद् ग्रन्थ में, भेदभाव सब खोंय। 66

देह त्याग के समय जो, सुमिरहिं पद भवज्ञान
अन्तकाल गहि मोक्ष को, पावें पद निर्वाण। 67

चौपाई

गीता पाठ जवहिं नित होई। जन्महिं जीव नित्य नर सोई।
पुनि–पुनि गीता करि अभ्यासा। गहि उत्तम गति नित्य प्रकासा। 69

'गीता' शब्द सकल जे उच्चारहिं। सद्गति पाय मनुज तनु धारहिं।
जो–जो कर्म करहिं सद्भावा। गीतापाठ निरंतर भावा। 70

करहिं उच्च स्वर ध्यान कीर्तन। कर्म दोष हर हरि–हरि नर्तन।
पाइ पूर्णता दिव्य सुधामा। आत्म–शुद्धि परिपूर्ण सुदामा। 71

श्राद्ध–कर्म पितर उपदेशा। गीता–पाठ करहिं निज भेषा।
पितर तरहिं संतुष्ट स्वभावा। नर्क से स्वर्ग में धावहिं धावा। 72

दोहा

श्राद्ध तृप्त जो पितृगण, सुनि गीता का ज्ञान
तृष्टि महा संतुष्टि गहि, पितृलोक प्रस्थान। 73

गीता पुस्तक हाथ गहि, सम्यक् करि गो–दान
मनुज होइ कृतार्थ सोइ, आत्म–तत्व पहिचान। 74

दोहा

गीता पुस्तक स्वर्ण मँढ़ि, करि विद्वान को दान
पुनर्जन्म नहिं होय फिर, पावै पद निर्वाण। 75

गीतयोग सत् ग्रन्थ को, दानी बड़ा महान।
ब्रह्मधाम को पाइये, पुनरावृत्ति नशान्। 76

ग्रन्थ दान प्रभाव से, विष्णुलोक पद पाय
सप्त कल्प नित वास करि, सत् चित् आनन्द भाय। 77

अर्थ समझिके दान करि, गीतयोग गुण दान
मनवांछित को पाइके, भव–सागर भव मान। 78

चौपाई

हे अर्जुन जो नर तनु धारी। अमृत रूपिणि ज्ञान पखारी
श्रवण कीर्तन पाठ न भावा। सो नर अमृत फेंकि नहावा। 79

विष भक्षण कटि दुःख सन्तप्ता। भक्तिहीन नर नित नित तपता।
गीता ज्ञान पाइ निज भक्ती। सुधापान गहि अमृत शक्ती। 80

जनकादिक ब्रह्मादि मुनीशा। पाप रहित हों ब्रह्म पुनीता
गीता ज्ञान पाइ निज शुद्धी। पाइ परम पद निजता बृद्धी। 81

गीता–अध्ययन नहिं कछु भेदा। ऊँच–नीच नहिं मनुज विभेदा।
रूप समान सकल अधिकारी। गीता ज्ञान समान विचारी। 82

दोहा

ब्रह्मरूपिणी ज्ञानमह, गीतयोग जहान
सकल ज्ञान विज्ञानमय, गीताग्रन्थ महान। 83

चौपाई

अहंकारवश करहिं जे निंदा। घोर नरक वासी शर्मिन्दा।
सकल भूत प्रलय तक रहहीं। गीता निंदा फल श्रुति कहहीं। 84

गीतयोग अर्थ नहिं आदर। कुम्भीचाक पकावहि दादर।
कल्प अन्त तक दुर्गुति झेलहिं। गीता अर्थ ज्ञान मति खेलहिं। 85

निकट कथा कहि ज्ञान सरसता। सुनी–अनसुनी सकल बनावा।
कूर्म योनि बहु बार जन्मता। मनुज योनि पाने को तरसता। 86

गीता पुस्तक नर जे चुरावहिं। पाठ व्यर्थ होइ सकल भुलावहिं।
व्यर्थ ज्ञान सुनि सो अज्ञाना। मर्म न जानि सकल अनजाना। 87

अर्थ जानि पाठ जो करहीं। निष्फल श्रमरत भोगी नरहीं। 88

दोहा

श्रीमद्भगवद् ज्ञान सुनि, दान करहुँ बहु रीति
भोजन वसन स्वर्ण गहि, अर्पण करिए प्रीति। 89

हरि प्रसन्न हों भाँति बहु, द्रव्य वस्त्र करि दान
भक्ति भाव युत चित्त से, वाचक पूजहि शान। 90

सूत उवाच

चौपाई

भगवद् कृष्ण कहहिं सद्ज्ञाना। अति संक्षेप महात्म्य बखाना।
गीता–पाठ अन्त में पढ़ते। पाहि दिव्य फल भवता गढ़ते। 91

गीता–पाठ जो करहिं अकेले। श्रद्धाहीन महात्म्य न मेले
व्यर्थ होइ सो पाठ न भाता। अन्त पाठ महात्मय सुहाता। 92

महात्म्य सहित पाठ जो करहीं। श्रद्धा युत चित श्रवण जो करहीं
पाइ परम गति दिव्य सुहाते। आत्म–शुद्धि युत नर तर जाते। 93

दोहा

अर्थ सहित गीता–श्रवण, तव पढ़िए यह पाठ
महात्म्य गीता ज्ञान का, सार तत्व गहि साथ। 94

इति श्री वैष्णवी तन्त्र सारे श्री मद्भगवत्गीतामृत गीतयोग महात्मयं सम्पूर्णम्।
श्री कृष्णार्पणमस्तु

❄ ❄❄

(ब) स्कन्द पुराण अनुसार

श्रीभगवान् उवाच

दोहा

न बन्धन न मोक्ष है, सकल निरामय ब्रह्म
द्वेत न अद्वैत है, केवल ब्रह्म ही ब्रह्म। 95

शुद्ध सच्चिदानंद घन, द्वैंताद्वैंत न रूप
सार–भूत शुचि शुद्धता, ब्रह्मज्ञान मय भूप। 96

चौपाई

गीता शास्त्र सार गहि ज्ञाना। भली भॉति निश्चित भव ज्ञाना
ब्रह्मज्ञान विज्ञान महाना। विद्यमान भव ज्ञान जहाना। 97

गीताशास्त्र गूढ़ भव ज्ञाना। वेद अर्थ दर्पण लखि जाना।
सदा प्रकाशित करता पावनमनभावन शुचि पावन–पावन। 98

मन इन्द्रिय वश करि नित पाठन। सत्य सनातन विष्णु सुहावन
श्रद्धायुत गीता जो पढ़ते। विष्णु ज़ोक की सीढ़ी चढ़ते। 99

दोहा

गीता ज्ञान महात्म्य यह, महाग्रन्थ सद्ज्ञान
पाठन–पठन श्रवण करि, सकल भव्यता खान।

पाप–विनाशक ग्रन्थ यह, पुण्य बढ़ाता जाय 101
सकल दुःख को हरहिं यह, पुण्य चढ़ाता जाय।

चौपाई

पुराण अठारह चतुरो वेदा। नौ व्याकरण मन्थन भेदा
महान ग्रन्थ भारत की रचना। पुण्य 'महाभारत' संरचना। 102

मंथन पुनि महाभारत कीन्हा। वेद व्यास 'गीता' शुचि चीन्हा।
पुनि–पुनि मंथन गीता माता। गीता–सार तत्व सुख दाता। 103

अर्जुन मुख अमृत सोइ डाला। ज्ञानामृत गहि पार्थ निहाला
मोह नष्ट भई होइ निहाला। सार–तत्व गहिमुदिता हाला। 104

प्रतिदिन गंग–स्नान पुनीता। मैल दूर करि जन–जन प्रीता
गीता–सागर डूबहिं जे नर। सकल। जगत मल विनशहिं झर–झर। 105

सहस्त्र नाम गीता गहि ज्ञाना। स्तवराज उदित भव माना
कुक्षि वसहिं जो सुमिरन करते। नारायण–स्वरूप नित भरते। 106

दोहा

सकल वेदमयी यह, गीता गान पुनीत
सर्वधर्मगंगोत्री, परम पुनीत पुनीत। 107

सर्व देवमय तीर्थ मय, देवी तुम्हें प्रणाम
विष्णु देवमयी माँ, बारम्बार नमामि। 108

चौपाई

नितदिन एक चरण जो धारहिं। आधा चरण पुण्य बहु धारहिं
आधा या पूरा पदधारी। नित–दिन पाठ करहिं गुणकारी। 109

मोक्ष पाय गहि पद निर्वाणा। गीता माता चरण बखाना
मनुज रूप तरु कृष्ण सुहाना। गीत रूप प्रकटहुँ शुचि ज्ञाना। 110

अमृतमयी हरीतिकी भक्षण। कलिमल सकल विनशि संरक्षण
सर्व विकार विनाशनिकारी। निर्मल भाव सुमंगलकारी।

कलियुग गंगा गीता माता। कपिला गौ अश्वत्थ यो ज्ञाता
विष्णु पर्व एकादशी वृत। सत्–सन्यासी शुचिता सर्वस। 112

अन्य शास्त्र विस्तार प्रयोजन। गीता सम्यक् गान आयोजन।
विष्णु मुख–कमल प्रकटी माता। पठन–मनन शुचि भाग्य विधाता। 113

दोहा

नित्य प्रति स्वाध्याय में, जो नर रमता जाय
गीता ज्ञान की भव्यता, सकल विपत्ति नशाय। 114

इति श्री स्कन्दपुराणे ब्रह्म विद्यायां योगशास्त्रे श्रीकृष्ण अर्जुन संवादे गीता सारे श्री भगवद्गीतामृत गीतयोग महात्म्यं सम्पूर्णम्।

❄ ❄❄

(स) श्री बाराह पुराण अनुसार

धरा उवाच

दोहा

हे परमेश्वर हे प्रभो, जगदीश्वर भगवान
प्रारब्ध–भोग करते हुए, मनुज शक्ति केहिपान। 115

अनन्य भक्ति कैसे मिलै? प्रभो कहो गुणगान
हे माधव हे सखा मम, वासुदेव नर प्राण। 116

श्री विष्णु उवाच

चौपाई

प्रारब्ध भोग मनुज नहिं करते। गीता पाठ नित्य नित करते।
तत्पर सदा लोक–हित कामा। वही मुक्त जानो सुख धामा। 117

कर्म–लिप्त नहिं होइ गोसाईं। राग द्वेष निकट नहिं साईं।
स्वाध्याय रत नित–नित ज्ञानी। गीता गीतयोग गुण खानी। 118

मनुज महापातक रत कबहूँ। पाप कबहुँ स्पर्श न करिहीं।
कमल–पत्र जल ठहर न सकहीं। भक्त पापमय कबहुँ न रहहीं। 119

गीता गीतयोग जहँ रहहीं। नित–नित पाठ अवश्य ही गहहीं
प्रयाग आदि सब तीर्थ निवासा। नित्य–निरन्तर ईश्वर वासा। 120

सकल देवता ऋषि गण आवहिं। सर्व गोप गोपी गण छावहिं
नारद उद्धव सकल पार्षद। हाजिर सदा लोक हित हर्षित। 121

सोरठा

गीता भाव विचार, पाठन–पठन मनननित
श्रवण जहाँ आचार, नित्य निरन्तर रूप मँह। 122

निश्यच हो मम वास, जहाँ गीत मम पाठ होई
गीतयोग निवास, वहाँ सकल समृद्धि भव। 123

चौपाई

मैं गीता गृह नित्य निवासहुँ। गीता ज्ञान त्रिलोक सँवारहुँ
परा–विद्या मम गीता होई। अविनाशिनी नित्या सो सोई। 124

अर्धमात्रा पर ब्रह्म स्वरूपिणी। अनिर्वचनीय ज्ञान रूपिणी
चिदानन्दमय भगवद् वाणी। निजमुख माधव स्वयं बखानी। 125

परमानन्द स्वरूपिणी माता। वेदत्रमी जगधात्री धाता
तत्व–ज्ञान युत निर्मल वाणी। गूढ़ ज्ञान युत सत् चित् वाणी 126

स्थिर चित्त मनुज जो गहहीं। पाठ निरन्तर नित दिन कहहीं
ज्ञान रूप गहि सिद्धि स्वरूपा। पात्र परमपद नित्य निरूपा। 127

दोहा

पाठ न करि सके, प्रतिदिन आधा पाठ
गोदान जन्य फल पाइके, नित बैकुण्ठ में वास। 128

एक तिहाई पाठ से, भागीरथी नहान
छठे अंश के पाठ में, सोमयाग फलमान। 129

चौपाई

करहिं नित्य प्रति एक–एक पाठा। भकितयुक्त चित निर्मल खासा
रूद्रलोक पावहिं नर–नारी। होई रूद्र गण काल विचारी। 130

एक अध्याय एक पद पढ़ही। नित्य पाठ नियमित सुख गढ़हीं
मन्वनतर तक नर तनु पावहिं। ध्यान धरहिं मन वश में लावा हैं। 131

प्रतिदिन पाठ निरंतर होवहिं। चन्द्रलोक पावहि श्रम खोवहिं
दस सहत्र साल करि वासा। मनुज योनि भव पुण्य निवासा। 132

दोहा

गीता सुनि–सुनि मरहिं जो, पाइ मनुज तन सोइ
पुनि–पुनि गीता ज्ञान से, उत्तम गति ही होइ। 133

चौपाई

गीता' शब्द मात्र उच्चारहिं। मृत्यु समय सद्गति आचारहिं
गीता अर्थ श्रवण महिपाला। पाप विमुक्त सो नर दिक्पाला। 134

वैकुण्ठलोक सहज ही पावहिं। महान पाप छू सकहिं न भावहिं
विष्णु संग आनंदित रहहीं। परमानन्द सकल मुख गहहीं। 135

विविध कर्म करि गीता–चिन्तन। नित्य अर्थ सहित अभिनन्दन
जीवन्मुक्त समझिए ज्ञानी। पाइ परमपद मृत्यु सुहानी। 136

जनकादिक बहु ब्रह्म विचारी। राजा लोग विमुक्त प्रचारी
पाप विमुक्त सुनहिं यश गाना। पाइ परमपद ब्रह्म सुजाना। 137

गीता पाठ अन्त में भाषी। यह महात्म्य पढ़ि गुह्यता खासी
महात्म्ययुक्त गीता अभ्यासा। दुर्लभ मोक्ष पाइ नर खासा। 138

सूत उवाच

दोहा

गीता महात्म्य सनातन, अन्त करे जो पाठ
पाइ पुण्यफल दिव्यता, दिव्यलोक गहि ठाठ। 139

इति श्री बाराह पुराणे श्रीमद्भगवतगीतामृत महात्म्यम् समाप्तम्

❋ ❋❋

(द) श्रीमहाभारत ग्रन्थ अनुसार

दोहा

पवित्र चित्त हो पुरुष जो, पावन गृन्थ महान।
गीताशास्त्र पढ़हिं नित्, भय अरु शोक नशान। 140

विष्णुलोक पद पावहिं, गीताध्ययन जहान।
प्राणायाम अभ्यास नित्, पूर्व पाप नशान। 141

चौपाई

प्रतिदिन जल स्नान सोहावा। मैल मनुज तन धुलहिं धुलावा।
गीताज्ञान मृत एक बारा। मैल सकल जग विनशाहिं सारा। 142

महाभारत अमृतमय सारा। सार तत्व सर्वस्व विचारा।
प्रकटि विष्णुमुख भगवद्गीता। गीतमयी गंग–जल प्रीता। 143

नियमित गीतामृत जो चखते। पुनर्जन्म नहिं फिर वे धरते।
सकल उपनिषद् गौ के समाना। वासुदेव सुत सब जग जाना। 144

गोपालनन्दन ग्वाले जानो। को गो–सुत पार्थ सकल पहिचानो।
गोकुलनन्दन दुग्ध ही दुहते। गीतामृत मय दुग्ध ही गहते। 145

सुन्दर बुद्धि सकल जिज्ञासू। ज्ञानी पुरुष पान नित खासू।
पावन गृन्थ जानु अति पावन। गीतागीतयोग सुनि सावन। 146

दोहा

गीताशास्त्र महान है, आत्मसात् करि धारि।
सकल मनुज जिज्ञासु जे, आत्मज्ञान सुखसारि। 147

अन्य शास्त्र संग्रह नही, गीता शास्त्र जहान।
गान पठन अरु मनन करि, आत्ममंथन का ज्ञान। 148

चौपाई

पद्नाभ मुख प्रगटी गीता। भगवद् विष्णुगान सुपुनीता।
सर्व शास्त्र मय हरिमय बानी। सर्व देवमय गुणी सुहानी। 149

सर्वतीर्थमय सर्ववेदमय। सर्वगुणीमय सर्व मोदमय।

गोविन्द गंगा गायत्री गीता। चतुर्गकारयुक्त ही मीता। 150

महाभारत अमृत करि मन्थन। सार तत्व गीता सब गृन्थन।
पार्थ मुख माधव अभिनन्दन। गीता ज्ञान सार सुखचन्दन। 151

दोहा

गीतामृत रसपान करि, ज्ञानीगुणी सुधीर।
पुनर्जन्म नहिं धारते, गीतयोग गुणवीर। 152

!!इति श्री महाभारते श्रीमद्भगवद् गीतामृत महात्मयं सम्पूर्णम्!!

❄ ❄❄

परिशिष्ट – 8

श्रीमद्भगवद्गीता गीतयोग अनेकार्थ शब्दकोश

अकर्म 1. कर्म न करना (2/47; 3/5, 8)
2. कामना वासना से रहित (4/16,17,18)

अक्षर 1. सगुण–निराकार (3/15)
2. निर्गुण–निराकार (8/3, 11; 11/18, 37; 12/1, 2)
3. सगुण–निराकार, निर्गुण–निराकार एवं सगुण–साकार (8/21)
4. प्रणव (8/13; 10/25)
5. वर्णमाला (10/33)
6. जीवात्मा (15/16,18)

अचल 1. जीवात्मा (2/24)
2. निर्गुण–निराकार (12/3)
3. स्थिरता (2/53, 70; 6/13; 7/21; 8/10)

अचिन्त्य 1. जीवात्मा (12/25)
2. सगुण–निराकार (8/9)
3. निर्गुण–निराकार (12/3)

अध्यात्म 1. परमात्मा (10/32; 11/1; 13/11; 15/5)
2. जीवात्मा (7/29; 8/1, 3)
3. विवेक (3/30)

अपर 1. अन्य (2/22; 4/25, 27, 28, 29, 30; 6/22; 13/24; 16/14; 18/3)
2. जड़ प्रकृति (7/5)
3. अर्वाचीन (4/4)

अप्रमेय 1. जीवात्मा का स्वरूप (2/18)
2. विराट् स्वरूप (11/17, 42)

अमृत 1. परमात्मा (2/15; 4/31, 13/12; 14/20, 27)
2. सुधा (10/18, 27; 18/37, 38)
3. अमरता (9/19)

अवश 1. स्वभाव की परवशता (3/5; 18/60)

	2.	भोगों की परवशता (6/44)
	3.	कर्मानुसार सर्ग और प्रलय के समय की परवशता (9/8)
अव्यक्त	1.	जीवात्मा (2/25)
	2.	अप्रकट और लीन होना (2/28)
	3.	सगुण-साकार (7/24)
	4.	ब्रह्माजी का सूक्ष्म शरीर (8/18, 20)
	5.	प्रकृति (13/5)
	6.	सगुण-निराकार (8/20; 9/4)
	7.	निर्गुण-निराकार (12/1, 3, 5)
	8.	सगुण-निराकार, निर्गुण-निराकार और सगुण-साकार (8/21)
अव्यय	1.	जीवात्मा का स्वरूप (2/17, 21; 13/31; 14/5)
	2.	भगवत्-स्वरूप (4/6, 13; 7/13, 24, 25; 9/13,18; 11/4,18; 14/27; 15/17)
	3.	परमात्मा की सत्ता (18/20)
	4.	चिरकाल (2/34)
	5.	अविनाशित्व (4/1; 9/2; 11/2; 15/6, 5; 18/56)
अशुभ	1.	संसार (4/16; 9/1)
	2.	आसुरी सम्पदा (16/19)
असत्	1.	नाशवान् (2/16; 9/19; 11/37; 13/12; 17/28)
	2.	नीच योनी (13/21)
अहंकार	1.	व्यष्टि (मनुष्य-निर्मित) अहंकार (3/27; 16/18; 18/53,58,59)
	2.	समष्टि (समवेत् सत्ता) अहंकार (7/4; 13/5)
आत्मा	1.	स्वयं भगवान् (सगुण-साकार) (4/6, 7; 10/15,16,18,19; 11/3, 4, 47)
	2.	निर्गुण-निराकार परमात्मा (6/25, 26; 18/37)
	3.	सगुण-निराकार परमात्मा (2/45; 9/5; 13/24)
	4.	स्वयं (जीवात्मा) (2/55 ; 3/17, 43; 4/41, 42, 35, 38; 5/7, 21, 26; 6/5, 6, 7, 8,18, 20, 21, 22; 7/18; 9/28, 34; 13/29; 16/9; 18/16,39)
	5.	स्वयं (मनुष्य) (2/64 ; 3/13 ; 6/11; 8/12; 14/24; 16/17,18; 17/19)
	6.	शरीर (4/21; 6/10, 37; 5/7; 18/49)
	7.	अन्तःकरण (2/64; 3/27; 4/27, 40; 5/7, 11; 6/14, 29; 8/2; 9/26 ; 11/24; 15/11)

	8.	मन (6/10,15,19, 36, 47; 13/7; 17/16; 18/54)
	9.	इन्द्रियाँ (18/51)
	10.	मन, बुद्धि, इन्द्रियाँ (12/11, 14)
	11.	तदाकार होना (2/43; 14/7; 18/27; 44)
इष्ट	1.	कर्त्तव्य -कर्म (3/10, 12)
	2.	अनुकूलता (13/9; 18/12)
	3.	रूचि (17/9)
	4.	प्रिय (18/64, 70)
ईश्वर	1.	भगवान् श्रीकृष्ण (4/6; 5/29; 9/11; 10/3; 11/3 4,9,; 15/17; 18/57,7)
	2.	सगुण-निराकार अन्तर्यामी परमात्मा (13/27,28; 18/61)
	3.	जीवात्मा (13/22; 15/0)
	4.	आसुरी सम्पदा वाले (16/14)
	5.	शासक (10/43)
एक	1.	स्थिरता (6/17; 18/72)
	2.	अभाव (6/16)
	3.	अभिन्नता (5/5; 6/31; 9/15)
	4.	अकेला (6/10; 11/20; 11/42; 13/33)
	5.	अनन्यता (7/17; 10/66)
	6.	अन्य (10/3)
	7.	मन (13/5)
	8.	प्रकृति (13/30)
	9.	संख्या (2/41; 3/2; 5/1; 4/18/20; 0/13; 0/26; 10/25; 10/42; 10/22)
	10.	स्थान (11/7,13)
कर्म	1.	मात्र कर्म (2/39; 3/19 ; 3/1 ; 4/17, 41; 5/14; 8/11, 12; 3/9,28,29,31; 4/16, 33;18/3,10,15,19, 23, 24, 25,19, 37; 5/13; 4/41; 15/2)

2. सृष्टि रचना रूप कर्म (7/29; 8/1,3)		
	3.	सकाय कर्म (2/43; 49/51; 3/25,26; 18/2)
	4.	शास्त्र विहित शुभ कर्म (2/47; 3/22,23,30; 4/18,20; 5/10; 12/6,10; 14/9; 17/26; 18/45; 2/40; 10/6,41; 2/50; 3/4; 14/12; 3/7,8,15,19,24; 4/15,18, 23; 5/11; 6/1, 3; 10/24; 17/27; 16/8, 9, 23, 47,48; 3/9,14, 26; 4/12; 5/12; 5/1; 4/14, 20, 24, 32; 5/2,212,; 6/1,4,12; 7/28; 9/12; 11/55; 12/10; 12/11; 10/2; 12/12; 13/24; 14/7; 14/19; 18/3, 5; 10/11; 10/27, 42, 44, 45, 46, 56, 57, 60, 71)
	5.	क्रिया (3/7, 27; 9/19; 13/29; 4/9,14,14)
काम	1.	कामना (2/5, 43, 55, 71, 62; 3/37; 16/21; 3/39, 43; 4/19; 5/12; 5/23, 26; 6/24; 7/11,20; 9/21; 15/15; 16/10,18; 18/53; 10/12)
	2.	कामदेव (7/11; 16/8)
	3.	पदार्थो का वाचक (2/70; 3/10; 6/18; 7/22; 9/21; 10/28; 16/11,12,16,23; 17/5; 18/24)
	4.	स्वेच्छाचारिता (16/23)
	6,	सकाम पुरुष (91/21)
काल	1.	समय (2/92; 015; 4/2, 38; 7/30; 8/2; 8/7, 27; 10/30 ; 17/20; 17/22)
	2.	मार्ग (8/23)
	3.	महाप्रलय (11/25)
	4.	भगवान (10/33; 11/32)
कूटस्थ	1.	निर्विकारता (6/8)
	2.	निर्गुण निराकार (12/3)
	3.	जीवात्मा (15/16)
गति	1.	परमात्मा (6/45; 7/18; 8/131 21; 5/37; 13/28; 14/22 ; 23)

	2.	स्थान (9/18; 12/15)
	3.	जानना (6/37; 16/20/; 4/17)
	4.	प्राप्ति (2/43)
गुण	1.	सत्व, रज्, तम्, आदि (3/27, 23, 15/10; 18/19 28,29; 4/13;7/13, 14; 13/19, 21; 14/19, 20,21, 25, 26)
	2.	पदार्थ (विषय) (3/28, 29; 13/14; 14/23)
	3.	इन्द्रियाँ 420
	4.	तमोगुण 14/18
जगत्	1.	जड़ संसार (7/5)
	2.	चराचर संसार (7/6, 13; 8/26; 9/4, 10, 17; 10/42; 11/7, 13, 30; 16/8)
	3.	चेतन समुदाय (7/13; 8/26; /11; 36; 16/91;)
ज्ञान	1.	सत् असत् का विवेक (3/3; 4/27, 33; 5/16; 7/20; 9/15; 10/4; 13/2, 34; 14/9, 11,17 15/10, 15; 18/50)
	2.	कर्त्तव्य-अकर्त्तव्य का विवेक (3/39, 40, 41; 4/41; 6/8)
	3.	तत्व ज्ञान (4/19, 23, 33, 34,36, 37, 39, 39; 5/17; 10/11; 1317; 17/42; 16/5)
	4.	साधन समुदाय (13/11, 17,18)
	5.	शरणागति (18/63)
	6.	गीताध्ययन (19/70)
	7.	शास्त्र ज्ञान (4/28; 17/12; 18/42; 12/12)
	8.	सामान्य ज्ञान (3/32; 9/12; 10/38; 14/1,6; 18/1, 19, 20, 21)
	9.	दृढ़तापूर्वक मानना (4/10; 7/2; 9/1)
ज्ञानी	1.	तत्वज्ञ महापुरुष (3/33)
	2.	विवेकी साधक (3/39)
	3.	शास्त्रों को यथार्थ रूप से जानने वाला (4/34)

	4.	शास्त्रीय ज्ञान कला (6/46)
	5.	प्रेमी भक्त (7/16, 17,18)
ज्ञेय	1.	परमात्मा (1012, 17,18)
	2.	दृश्यमात्र (18/10)
तुष्ट	1.	पूर्णता (2/55; 3/17; 12/14)
	2.	संतोष (4/22; 12/19)
देव	1.	पुण्य कर्म (1/1; 18/31, 32,34)
	2.	कुल मर्यादा (1/40, 43)
	3.	कर्त्तव्य कर्म (1/43; 2/7; 3/35; 18/47, 66)
	4.	समवृद्धि (2/40)
	5.	सद्गुण सदाचार (4/7, 8; 7/11; 11/18; 14/27)
	6.	ज्ञान विज्ञान (9/3)
	7.	सकान अनुष्ठान (9/21)
पर	1.	परायणता (2/43, 61; 4/39; 6/14; 12/6; 18/52, 57)
	2.	परमात्मा (2/59; 3/19; 5/16; 11/37; 13/34)
	3.	सूक्ष्म (3/42, 43) 8/45
	4.	सर्वोत्कृष्ट (3/11; 3/39; 8/45; 7/13,24; 8/10, 28; 9/11; 10/12; 11/38, 47; 13/12; 14/1; 18/54, 62, 68, 75)
	5.	भविष्यकाल (2/12)
	6.	भूतकाल (4/4)
	7.	परलोक (4/40)
	8.	अन्य (4/35; 18/47)
	9.	जीवात्मा (7/5; 43/35)
	10.	निर्लिप्तता (8/9; 13/17; 14/19)
परमात्मा	1.	निर्गुण – निराकार (6/7)
	2.	सगुण–साकार (15/17)
	3.	जीवात्मा (13/22, 31)

पुण्य	1. पवित्र कर्म (6/41; 7/28; 8/28; 9/2, 21; 18/71)
	2. पवित्रता (7/9; 9/37; 18/76)
पुरा	1. पूर्वोक्त उपदेश (3/3)
	2. सर्ग (वृहा के दिन का आरम्भकाल) (3/10)
	3. महासर्ग (सृष्टि का आरम्भकाल (12/23)
पुरुष	1. साधारण मनुष्य (3/36; 9/3; 17/3)
	2. कर्मयोगी साधक (2/60; 3/4; 3/19)
	3. सांख्य योगी साधक (2/15, 21)
	4. जीवात्मा (13,19,20,21,22,23)
	5. क्षर-अक्षर, नाशवान-अविनाशी (15/16)
	6. ब्रह्माजी (8/4)
	7. सगुण-निराकार (8/8, 10, 22; 15/4)
	8. सगुण -साकार (10/12; 11/18, 38; 15/17)
प्रकृति	1. जड़ (समष्टि) प्रकृति (3/5, 29; 5/7,8; 7/4; 9/10; 13/ 19,21,23,2034; 15/7)
	2. स्वभाव (3/13; 9/8,12,13; 7/20; /18/59)
	3. भगवान की दिव्य चिन्मय शक्ति (4/6)
	4. जीवात्मा (7/5)
	5. स्वाभाविक स्थिति (11/51)
	6. शरीर (13/21)
प्रसाद	1. अन्तःकरण की स्वच्छता (2/64, 65; 18/37)
	2. प्रसन्नता (17/16)
	3. कृपा (18/56, 58, 62,73,75)
प्रिय	1. अनुकूलता (5/20)
	2. प्रेमी (7/17; 12/14,15,16,17,19,20; 18/65, 69)
	3. राग (9/20)
	4. रुचि (17/7, 8,10)

	5. मधुरता (17/15)
	6. पति (11/44)
	7. पत्नी (1/44)
	8. हित (1/23)
	9. प्रिकार्य (18/69)
बल	1. सेना (1/10)
	2. परवशता (3/36)
	3. शक्ति (6/34; 7/11; 8/10 ; 16/14; 17/8)
	4. हठ (16/18; 17/5 ; 18/53)
बीज	1. भगवान् (7/10; 9/18; 10/39)
	2. जीवात्मा (14/4)
बुद्धि	1. अन्तःकरण की समता (2/39, 39,50,51)
	2. अटल निश्चय (2/02, 65, 66; 18/17)
	3. सामान्य बुद्धि (2/41, 44, 53; 3/2,3, 31, 36, 40, 42,43, 5/ 11, 28; 6/25; 8/7, 16, 49; 18/30, 31, 32, 51)
	4. विवेक (2/63; 3/1; 7/10;)
	5. सात्विक बुद्धि (6/21)
	6. समष्टि बुद्धि (समतत्व) 7/4; 13/5
ब्रह्म	1. निर्गुण-निराकार (2/72; 4/25, 31; 5/24, 25,26,6,19,20,21; 6/27, 27; 7/29; 8/1; 3,24, 13/12,30; 18/59, 54,50)
	2. सगुण-निराकार (3/15; 4/24; 6/38; 17/23)
	3. सगुण-साकार (5/10; 10/12)
	4. वेद (3/15; 4/32; 6/44; 17/24)
	5. प्रजक (8/13)
	6. ब्रह्माजी (8/16, 17; /;11 15, 37)
	7. मूल प्रकृति (14/3,4)
	8. ब्राह्मण (18/42)

ब्राह्मण	1.	ब्राह्माज्ञानी (2/46)
	2.	ब्राह्माण (5/18; 9/33; 17/23; 18/41)
भाव	1.	सत्ता (2/16; 8/3; 10/11; 17/26; 18/20,21)
	2.	परमात्मा का स्वरूप (4/10; 71/24; 8/5, 20; 9/11; 13/18; 14/19)
	3.	गुण, पदार्थ, और क्रिया (7/12, 13; 8/4)
	4.	स्वभाव (7/15)
	5.	प्राणी, पदार्थ, आदि (8/6; 10 17)
	6.	मनोवृत्ति (भावना) (10/5; 17/16, 26;17)
	7.	श्रद्धा-प्रेम (10/6)
	8.	प्राणियों के शरीर (13/30)
भूत	1.	मनुष्य मात्र (2/69; 7/11; 10/5)
	2.	होना (करना) (5/7; 5/24; 6/27; 7/5; 15/7; 18/54)
	3.	मात्र-सृष्टि (8/22; 9/4,5,6,)
	4.	प्राणियों के शरीर (8/20; 15/16; 17/6)
	5.	भूत-प्रेत (9/25; 17/4)
	6.	पंच महा भूत (13/5, 34)
	7.	मनुष्य, देवता, असुर, यक्ष, राक्षस, आदि (2/34)
	8.	प्राणिमात्र (2/28, 30; 3/14, 33, 18, 3, 4/6, 35; 2/6, 26, 27; 9/29; 11/55; 15/13, 23; 4/6; 5/7, 25, 29; 6/29, 31; 8/3 19; 19/11,13; 10/215, 39; 11/15; 13/27, 30; 16/2, 6; 18/21, 54)
मन	1.	अन्तःकरण (1/30; 5/19, 13)
	2.	समष्टि मन (7/4)
	3.	अन्त करण की मनोवृति (2/60, 87; 3/40, 42; 6/12, 14, 25, 26, 34, 35; 8/12; 10/32, 45; 12/2, 8; 15/;19; 17/11)
महात्मा	1.	प्रेमी भक्त (7/19; 8/15; 18/74)
	2.	साधक भक्त (9/13)

	3.	विराट् रूप भगवान् (11/12, 20, 37)
	4.	भगवान् श्रीकृष्ण (11/50)
मौन	1.	वाणी का संयम (10/34)
	2.	मननशीलता (17/16)
यज्ञ	1.	मात्र कर्त्तव्य कर्म (3/9,1012,13,14,15; 4/23,28; 16/1)
	2.	अर्पण (4/25)
	3.	जीवात्मा (4/25)
	4.	विवेक-विचार (4/25, 33)
	5.	दान (4/28, 33)
	6.	स्वाध्याय (4/28; 18/70)
	7.	सहनशीलता (4/30)
	8.	साधन (4/32; 10/25)
	9.	होम (5/29; 8/28; 9/16, 20; 11/48; 17/12, 13,7ख11,24; 18/3,5)
	10.	नाम जप (10/25)
	11.	दिखावटी कर्म करना (16/17)
युक्त	1.	सहित (1/14; 2/50, 51; /5;6,7; 8/8, 10; 9/28; 15/14; 18/51)
	2.	लगा हुआ (2/39; 6/29; 07/17, 18,30; 8/14, 27; 9/14, 22; 10/10; 12/1,2)
	3.	समता में स्थिति (3/26; 6/8; 5/23)
	4.	यथोचित (6/17)
	5.	कर्मयोगी (2/61; 4(18; 5/12)
	6.	सांख्य योगी (5/8)
	7.	ध्यान योगी (6/14, 18)
	8.	भक्ति योगी (6/47; /12/2)
योग(अ. युजिर योगे धातु से बना योग शग्ब्द)		
	1.	कर्म योग (2/39; 4/1,2,38; 5/1, 4, 5; 6/2)
	2.	अप्राप्त की प्राप्ति (2/45; 9/22)

	3. अन्त करण की समता (2/48, 50,28,41,42; 5/6; 6/3, 4, 44; 8/27, 8; 12/9, 11; 16/1; 18/33)
	4. साध्य रूप समता (2/53; 6/237)
	5. भक्तियोग (7/1; 10/7; 12/6;)
	7. गीता–ग्रन्थ (18/75)
	8. सम्बन्ध (9/28)
	9. सांख्य योगी और भक्तियोगी (12/1)
योग	ब. *'युज् समाधौ धातु से बना योग शब्द*
	1. चित्र वृत्तियों का विरोध (4/27; 8/12)
	2. ध्यान योग (4/12, 16, 17, 23, 33, 36, 20, 29, 37)
	3. साधन (6/41)
	4. प्राणायाम (8/10)
योग	स. *'युज् संयमने' धातु से बना योग शब्द*
	1. भगवान् की सामर्थ्य (9/5; 10/7, 18; 11/8, 47)
योगी	1. कर्मयोगी साधक (3/3; 3/11; 6/1)
	2. सिद्ध कर्म योगी (6/1,8)
	3. सांख्य साधक (5/24; 15/11)
	4. सिद्ध सांख्य योगी (6/32, 42)
	5. भक्तियोगी साधक (8/14)
	6. सिद्ध भक्तियोगी (6/31, 42)
	7. ध्यान योगी साधक (6/10, 15, 28, 19, 27)
	8. सब योगी (6/2, 47; 7/27)
	9. योग भ्रष्ट (6/45)
	10. निष्काम साधक (6/46; 8/28)
	11. सकाम मनुष्य (8/25)
	12. निष्काम और सकाम दोनों मनुष्य (8/23)
	13. भगवान् (10/17)

लोक	1.	मनुष्य लोक (2/5; 3/3, 9; 4/31, 40, 12; 6/42)
	2.	मनुष्य (3/20, 25, 21, 24; 5/14; 7/25)
	3.	मनुष्य शरीर (9/33)
	4.	सम्पूर्ण प्राणियों का वाचक (11/23, 30; 12/25; 18/17)
	5.	युद्ध क्षेत्र में खड़े सैनिक (11/29, 32)
	6.	मात्र संसार (5/29; 10/3, 6,16; 11/32, 43; 13/13, 33; 15/07)
	7.	त्रिलोकी (3/22; 11/20; /15;17)
	8.	वैकुण्ठ, आदि लोक (18/71)
	9.	स्वर्गादि भोग-भूमियों का वाचक (6/41; 8/16; 14/14)
	10.	शास्त्र (15/18)
शांति	1.	अन्तः करण की शांति (2/66; 16/2)
	2.	परमात्म - प्राप्ति (2/70, 71; 4/39; 5/12, 29; 6/15, 31; 12/12)
	3.	संसार से सर्वथा उपरति (18/62)
शौच	1.	अन्तः करण और शरीर की शुद्धि (13/7; 18/427)
	2.	शरीर की शुद्धि (16/3, 7; 17/14)
श्रेय	1.	लाभ (1/31)
	2.	श्रेष्ठता (2/5; 3/35; 4/33; 12/12; 16/27; 18/27)
	3.	कल्याण (मुक्ति) (2/7,31; 3/2, 11,35; 5/1)
सह	1.	सत्ता (2/16; 9/19; 11/37; 13/12; 17/23, 26, 27)
	2.	क्रिया (3/13; 4/6; 18/16)
	3.	देवादि योनि (13/21)
सत्व	1.	चिन्मय तत्व (2/45; 18/10)
	2.	सत्व गुण (10/36; 14/5,6,10,11,14,17,18; 17/1,8
	3.	वस्तु, व्यक्ति, आदि (10/41; 18/40)
	4.	प्राणि मात्र (13/26)
	5.	अन्तः करण (16/1; 17/3)
सम	1.	परमात्मा (5/18, 19)

	2.	आत्मस्वरूप (6/29)
	3.	अन्तः करण की समता (2/48; 10/5; 18/54)
	4.	समान्ता (2/15, 38,40,22; 6/8,9,32; 9/29; 12/4, 13,18; 14/24)
	5.	सीधी सरल (6/13)
सर्ग	1.	संसार (5/19; 7/27)
	2.	सर्ग और महासर्ग (14/2)
	3.	सर्गों (14/2)
सर्वगत	1.	जीवात्मा का स्वरूप (2/24)
	2.	सगुण-निराकार परमात्मा (3/15)
	3.	आकाश (13/32)
सिद्ध	1.	साधक (7/3)
	2.	ज्ञानी महात्मा (10/26; 11/21, 22,36)
	3.	अभिमानी (16/14)
सिद्धि	1.	कार्य की पूर्ति, फल की प्राप्ति (2/;)
	2.	परमात्मा की प्राप्ति (3/4; 12/10; 14/1; 18/45, 46,49)
	3.	अन्तः करण की शुद्धि (16/23; 18/50)
सुख	1.	सामान्य सुख (1/32,33; 2/14,15,38; 6/32; 10/4; 13/6, 20; 14/24; 15/5; 18/37, 38, 39)
	2.	अनुकूल परिस्थिति (2/56; 6/7; 12/18)
	3.	सात्विक सुख (16/23; 2/66; 5/21; 6/27; 14/6,9)
	4.	सुगमता (5/3; 6/28; 9/2)
	5.	स्वाभविकता (5/13)
	6.	परमार्थिक सुख (5/21; 6/21, 28; 14/77)
संन्यास	1.	सांख्य योग (51,2,6,; 6/2; 18/1,2,7,49; 18/2)
	2.	समर्पण (9/28)
	3.	त्याग (18/7)

सन्यासी	1.	कर्मयोगी (5/3; 6/2)
	2.	त्यागी (18/12)
स्थान	1.	परमात्म तत्व (5/5; 8/28; 1862)
	2.	सगुण भगवान् (9/18)
	3.	उचित (11/36)
स्वभाव	1.	मनुष्य की प्रकृति (आदत) 5/14; 17/2; 18/41, 42, 43, 44, 47, 60)
	2.	जीवात्मा (8/3)

टिप्पणी : *कोष्ठक के अन्दर अध्याय क्रमांक तथा मूल संस्कृत गीता के श्लोक क्रमांक अंकित हैं।*

*(**स्रोत :** गीता दर्पण स्वामी रासुखदास जी महाराज गीता प्रेस गोरखपुर)*

परिशिष्ठ - 9

श्रीमद्‌भगवद्‌गीता गीतयोग परिमाण तालिका

संख्या अध्याय	मूल श्रीमदभगवद्‌ गीता श्लोक संख्या					श्रीमदभगवद्‌ गीतामृत गीतयोग पद				
	धृतराष्ट्र	संजय	अर्जुन	श्रीभगवान	पूर्ण	धृतराष्ट्र	संजय	अर्जुन	श्रीभगवान	पूर्ण
	उवाच	उवाच	उवाच	उवाच	संख्या	उवाच	उवाच	उवाच	उवाचसंख्या	
1	01	24	22	-	47	02	24	49	-	075
2	-	03	06	63	72	-	15	16	206	237
3	-	-	03	40	43	-	-	04	136	140
4	-	-	01	41	42	-	-	05	140	145
5	-	-	01	28	29	-	-	01	114	115
6	-	-	05	42	47	-	-	28	168	196
7	-	-	-	30	30	-	-	-	133	133
8	-	-	02	26	28	-	-	05	173	078
9	-	-	-	34	34	-	-	-	097	097
10	-	-	07	35	42	-	-	20	057	077
11	-	08	33	14	55	-	14	52	059	125
12	-	-	01	19	20	-	-	02	060	062
13	-	-	-	34	34	-	-	-	141	141
14	-	-	01	26	27	-	-	03	109	112
15	-	-	-	20	20	-	-	-	056	056
16	-	-	-	24	24	-	-	-	078	078
17	-	-	01	27	28	-	-	04	084	088
18	-	05	02	71	78	-	30	05	226	261
	1	40	85	574	700	2	83	194	1937	2216

संदर्भ ग्रन्थों की सूची

1. संत ज्ञानेश्वर जी महाराज द्वारा रचित श्री ज्ञानेश्वरी (हिन्दी भावानुवाद), गीता प्रेस गोरखपुर (पेज नं. 1 से 832 तक)
2. "श्रीमद्‌भगवद्‌गीता यथार्थ गीता" मानव शास्त्र स्वामी अड़गड़ानंद जी, श्री परमहंस आश्रम शक्तेयगढ़ ग्राम पोस्ट शक्तेयगढ़ जिला मिर्जापुर (उ.प्र.) (पेज न. 1 से 380)
3. "गीता साधक संजीवनी" स्वामी राम सुखदास जी गीता प्रेस गोरखपुर (उ.प्र.)
4. "गीता तत्व विवेचनी" जयन्त गोयन्का गीता प्रेस गोरखपुर (उ.प्र.)
5. "गीता रहस्य" अर्थात कर्मयोग शास्त्र बाल गंगाधर तिलक
6. "श्रीमद्‌भागवद्‌गीता यथारूप" भक्ति वेदांत स्वामी प्रभुपाद अंतराष्ट्रीय श्री कृष्ण भवनामृत संघ (ईस्कॉन)
7. "श्रीमद्‌भागवद्‌गीता"—महात्मा गांधी
8. "श्रीमद्‌भागवद्‌गीता" डॉ. सर्वपल्ली राधाकृष्णन (पूर्व राष्ट्रपति)—अंग्रेजी में।
9. "श्रीमद्‌भागवद्‌गीतामृत" स्वामी शिवानन्द ऋषीकेश (उ. प्र.)